滿漢諺語選集

莊吉發 編譯

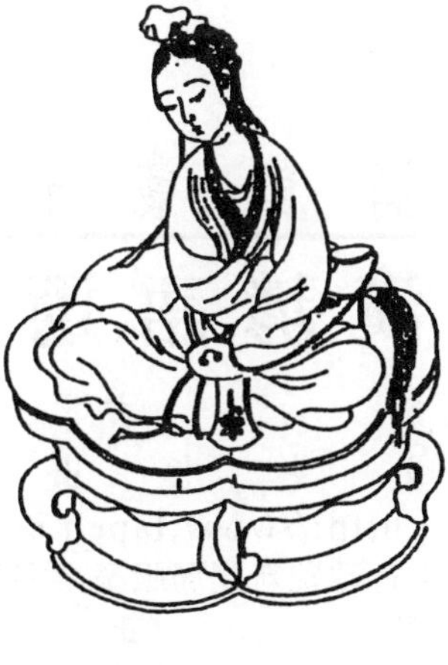

滿 語 叢 刊

文史哲出版社印行

國家圖書館出版品預行編目資料

滿漢諺語選集 / 莊吉發編譯. -- 初版. --臺北市：文史哲, 民 99 06
頁： 公分 （滿語叢刊；17）
ISBN 978-957-549-909-9 (平裝)

1.滿洲語 –諺語

802.9138　　99011830

滿 語 叢 刊 17

滿漢諺語選集

編譯者：莊吉發
出版者：文史哲出版社
http://www.lapen.com.tw
登記證字號：行政院新聞局版臺業字五三三七號
發行人：彭正雄
發行所：文史哲出版社
印刷者：文史哲出版社
臺北市羅斯福路一段七十二巷四號
郵政劃撥帳號：一六一八〇一七五
電話886-2-23511028・傳真886-2-23965656

實價新臺幣四四〇元

中華民國九十九年(2010)六月初版

ISBN 978- 957-549-909-9

滿漢諺語選集

目 次

出版說明

我國歷代以來，就是一個多民族的國家，各兄弟民族多有自己的民族語言和文字。滿文由蒙古文字脫胎而來。成吉思汗征伐乃蠻時，曾俘獲乃蠻太陽汗的掌印官塔塔統阿。成吉思汗見他爲人忠誠，就派他繼續掌管印信。因塔塔統阿是維吾爾人，故令塔塔統阿以老維吾爾文書寫蒙古語音，這是蒙古族正式使用自己新文字的開始。後世出土的碑銘，有所謂《成吉思汗石碑文書》，是宋理宗寶慶元年（1225）成吉思汗次弟合撒兒之子也孫格所豎立的紀功碑。碑文由上而下，從左至右，直行書寫，與老維吾爾文的字體相似，後世遂稱這種老維吾爾體的蒙古文字爲舊蒙文或老蒙文，其字母較容易書寫，流傳較久，從而成爲蒙古通行文字，許多精通老維吾爾文的維吾爾人開始大量登用，或任必闍赤即秘書等職，或教諸皇子讀書。蒙古文字的創制，更加促進了蒙古文化的發展。

元世祖忽必烈汗爲便於繙譯梵文和藏文佛經，於中統元年（1260）命國師八思巴喇嘛創造新字。八思巴喇嘛將梵文和藏文融合的蘭札體字母改造成四方形的音標，自左至右書寫，稱爲蒙古新字，於元世祖至元六年（1269）正式頒佈使用。元順帝至正八年（1348）所立莫高窟六字真言，分別以漢文、西夏文、梵文、藏文、老蒙文及蒙古新字等六體文字書寫。碑文居中右側爲漢文，作「唵嘛呢叭𠺗吽」（om mani padme hūm）。居中左側左起一行就是老維吾爾體由上而下直行書寫的老蒙文，滿文的創造，就是由老維吾爾體的老蒙文脫胎而來。

女真族是滿族的主體民族，蒙古滅金後，女真遺族散居於混同江流域，開元城以北，東濱海，西接兀良哈，南鄰朝鮮。由於元朝蒙古對東北女真的統治以及地緣的便利，在滿族崛起以前，女真與蒙古的接觸，已極密切，蒙古文化對女真產生了很大的影響，女真地區除了使用漢文外，同時也使用蒙古語言文字。明朝後期，滿族的經濟與文化，進入迅速發展的階段，但在滿族居住的地區，仍然沒有滿族自己的文字，其文移往來，主要使用蒙古文字，必須「習蒙古書，譯蒙古語通之。」使用女真語的民族書寫蒙古文字，未習蒙古語的女真族則無從了解，這種現象實在不能適應新興滿族共同的需要。明神宗萬曆二十七年（1599）二月，清太祖努爾哈齊為了文移往來及記注政事的需要，即命巴克什額爾德尼、扎爾固齊噶蓋仿照老蒙文創制滿文，亦即以老蒙文字母為基礎，拼寫女真語，聯綴成句，而發明了拼音文字，例如將蒙古字母的「ᠠ」（a）字下接「ᠮᠠ」（ma）字，就成「ᠠᠮᠠ」（ama），意即父親。這種由老維吾爾體老蒙文脫胎而來的初期滿文，在字旁未加圈點，未能充分表達女真語言，無從區別人名、地名的讀音。清太宗天聰六年（1632），皇太極命巴克什達海將初創滿文在字旁加置圈點，使音義分明，同時增添一些新字母，使滿文的語音、形體更臻完善，區別了原來容易混淆的語音。清太祖時期的初創滿文，習稱老滿文，又稱無圈點滿文。天聰年間，巴克什達海奉命改進的滿文習稱新滿文，又稱加圈點滿文，滿文的創制，就是滿族承襲北亞文化的具體表現。臺北國立故宮博物院典藏清史館纂修《國語志》稿本，其卷首有奎善撰〈滿文源流〉一文。原文有一段敘述說：「文字所以代結繩，無論何國文字，其糾結屈曲，無不含有結繩遺意。然體制不一，則又以地勢而殊。歐洲多水，故英、法國文字橫行，如風浪，如水紋。滿洲故里多山林，故文字矗立高聳，如古樹，如孤峰。蓋造文字，本乎人心，人心之靈，實根於天地自然之理，非偶然也。」滿文是一種拼音文字，由上而下，由左而右，直行書寫，字形矗立高聳，滿文的創造，有其文化、地理背景，的確不是偶然的。從此，滿洲有了能準確表達自己語言的新文字，由於滿文的創造及改進，更加促進了滿洲文化的發展。

諺語是流傳於民間的一種俗語，言簡意賅，通俗生動，富有啓發性和教育意義。它的內容，上涉天文，中關人事，下及地理。如果說春天是美麗的季節，諺語便是春天的花朵。滿漢諺語無論在語義內容上，還是在語言形式上，或是在語體風格上都有它的共同性。但因滿漢民族在形成、發展過程中的差異，逐漸創造出具有自己民族特色的語言藝術。滿族諺語生動地反映了早期騎射生活的特點，常以各種動物的習性構成諺語的基本題材，雖然語言樸素，但它蘊含的哲理，却十分深刻。

諺語是從長期的生活經驗中提煉出來的一種口頭語言，又稱俚語、俗言，說明了諺語的口語性及其通俗性。常用滿漢諺語，多冠以「俗諺」、「諺曰」、「俗語說」、「俗話說」、「常言道」、「古人云」、「聖人有云」等字樣。其中「俗諺」，滿文讀如"dekdeni gisun de henduhengge"；「諺曰」，滿文讀如"dekdeni henduhengge"；「俗話說」，滿文讀如"dekdeni gisun"；「俗語說」，滿文讀如"dekdeni henduhe gisun"，又讀如"dekdeni gisun de gisurehe"，又讀如"an i gisun de henduhengge"；「常言道」，滿文讀如"an i gisun"，又讀如"niyalma i henduhe gisun"，又讀如"dekdeni henduhengge"，又讀如"hendure balama"；「古人云」，滿文讀如"julgei niyalmai henduhe gisun"，滿漢文並不規範，可以說明諺語生動、形象、通俗的多元性文化的特點。

工欲善其事，必先利其器。爲了充實滿文基礎教學，蒐集滿文教材，是不可或缺的工作。我國滿漢諺語，資源豐富。滿漢文本《菜根譚》、《勸善要言》、《聖諭廣訓》、《聖祖庭訓格言》、《三國志通俗演義》、《西遊記》、《西廂記》、《聊齋志異》、《金瓶梅》、《紅樓夢》、《錫伯族諺語》等書，都含有豐富的諺語，對滿文的學習，提供了珍貴的教材。本書輯錄常用諺語，編爲六十五個篇目，將滿文轉寫羅馬拼音，對照漢文，題爲《滿漢諺語選集》，對於初學滿文者，或可提供一定的參考價值。《滿漢諺語選集》的滿文部分，在北京排版，承中國第一歷史檔案館滿文部主任吳元豐先生細心校正。漢文詞義與滿文歧異之處，亦承中國第一歷史檔案館郭美蘭女士修正潤飾，衷心感謝。羅馬拼音及漢文，由臺北中央研究院歷史語言研究所王健美小姐電腦打字、宜蘭縣立中華國中曾雨萍老師細心校對，在此一併致謝。

二〇一〇年五月一日

莊吉發 識

ᡨᠣ : ᠮᡠᠵᡳᠯᡝᠨ ᡩᡝ ᡨᡝᡥᡝᡵᡝ · ᠮᡠᠵᡳᠯᡝᠨ ᡳ ᡨᠠᡧᠠᠨ ᠪᡝ ᡨᡠᡥᡝᡨᡝᠮᠪᡳ ::

ᡨᡝ : ᡳᠮᡝᠩᡤᡝ ᠪᡝ ᠰᡝ ᡨᡠᠸᠠᠴᡳ ᡩᡝᠪᡳᠯᡝᠨ ::

ᠰᡠᠸᠠᠨ ᠯᠠᡥᡡᠯᠠᡥᡡᠨ ᠨᡳᠶᠠᠯᠮᠠ ᡩᡝ ᠰᡠᠸᠠᠨ ᠯᠠᡥᡡᠯᠠᡥᡡᠨ ᠨᡳᠶᠠᠯᠮᠠ ᠰᡠᡳᠯᡳᠮᠪᡳ ::

ᡨᡝ : ᡳᠮᠠᡥᠠ ᡴᠣᠩᡤᠣ ᠰᡠᠸᠠᡵᡤᠠ ᠨᡳᠶᠠᠯᠮᠠ ᡩᡝ ᡳᠮᠠᡥᠠ ᡴᠣᠩᡤᠣ ᠰᡠᠸᠠᡵᡤᠠ ᠨᡳᠶᠠᠯᠮᠠ ᠪᡝ ᡴᠣᡵᠣᠰᡳᠮᠪᡳ ·

ᡴᠣ : ᡴᡝᠮᡠᠨᡳ ᠨᡳᠶᠠᠯᠮᠠ ᡨᡠᠸᠠᡵᡤᡳ ᡨᡠᡳᡨᡝᡵᡝ ::

ᡴᠣ : ᠨᡳᠶᠠᠯᠮᠠᡳ ᠪᡝᠶᡝᡵᡤᡝᠨᡳᠩᡤᡝ ᡴᡝᠮᡠᠨᡳ ᠰᡠᠸᠠᡵᡤᠠ ᠰᡝ ᡤᡝᠨᡝᡥᡝᡩᡝ ᠨᡳᠩᡤᡝ ᡨᡠᠮᡝ ::

ᡴᠣ : ᠰᡠᠸᠠᠨ ᠰᡠᠸᠠᡴᠠᠮᡝ ᡴᠣᡵᠣ · ᡨᡠᠸᠠᠰᡝ ᡳᠰᡥᡝᠰᡝ ᡥᡝᠯᠴᡝ ᠪᡝ ᡨᡝᠮᡠᡴᠠᠮᡝ ::

ᡴᡝ : ᡴᠣᠨᡳᠩᡤᡝ ᡩᡝ ᠪᡳᠴᡳ ᡴᠣᠯᠣ ᡩᡝ ᠪᡳ · ᡴᠣᠯᠣ ᡩᡝ ᠪᡳᠴᡳ ᡩᡝᡨᡝᡵᡝ ᡨᡠᡥᡝᠮᠪᡳ ::

ᡴᡠ : ᡨᡠᡵᡤᡝ ᡳ ᡴᠣᠨᡳᠩᡤᡝ ᡳᠮᡝᡥᡝᠪᡝ ᡳᠮᡝᠮᡝ ᡴᠣᠷᡤᡳᠪᡝ · ᠪᡝᡩᡝᡵᡝ ᡥᠣᡩᡠᠨᡤᡝ ᠪᠣᠣ ᡩᡝ ᡥᡝᡨᡝᡴᠠᠮᡝ ::

ᡴᡝ : ᠪᠣᠣ ᡩᡝ ᠪᡳᠴᡳ ᠨᡳᠶᠠᠮᠠᠨᠨᡳᠶᠠᠮᠠᠨ · ᡨᡠᠯᡝᡵᡤᡳ ᡩᡝ ᠪᡳᠴᡳ ᡨᡠᡴᡝᡩᡝᡵᡝ ::

一、在家如春

a ：boo de bici niyengniyeri, tulergi de bici tuweri.
e ：weri i leose taktu saikan ocibe, beyei efujehe boo de isirakū.
i ：mucen de bici moro de bi, moro de bici hefeli jalumbi.
o ：duka tucirakū oci, jugūn yabure mangga be takarakū.
u ：niyalmai banjirengge fakcara delhere ci gosihon ningge akū.
ū ：fakcara niyalma ambula nasacun.
na：yasai muke tuhere niyalma de yasai muke tuhere niyalma be ucarambi, duha lakcaha niyalma de duha lakcaha niyalma teisulembi.
ne：jaka ba ci aljame wesihun.
ni ：gašan de dosici, gašan i tacin be dahanambi.

---

a ：在家如春，在外似冬。
e ：金窩銀窩，不如自己的破窩。
i ：鍋裡有了碗裡有，碗裡有了肚子飽。
o ：不出門則不知行路難。
u ：人生最苦莫過於離別。
ū ：離人多感。
na：淚眼人逢淚眼人，斷腸人遇斷腸人。
ne：物離鄉貴。
ni ：入鄉隨俗。

---

a ：在家如春，在外似冬。
e ：金窝银窝，不如自己的破窝。
i ：锅里有了碗里有，碗里有了肚子饱。
o ：不出门则不知行路难。
u ：人生最苦莫过于离别。
ū ：离人多感。
na：泪眼人逢泪眼人，断肠人遇断肠人。
ne：物离乡贵。
ni ：入乡随俗。

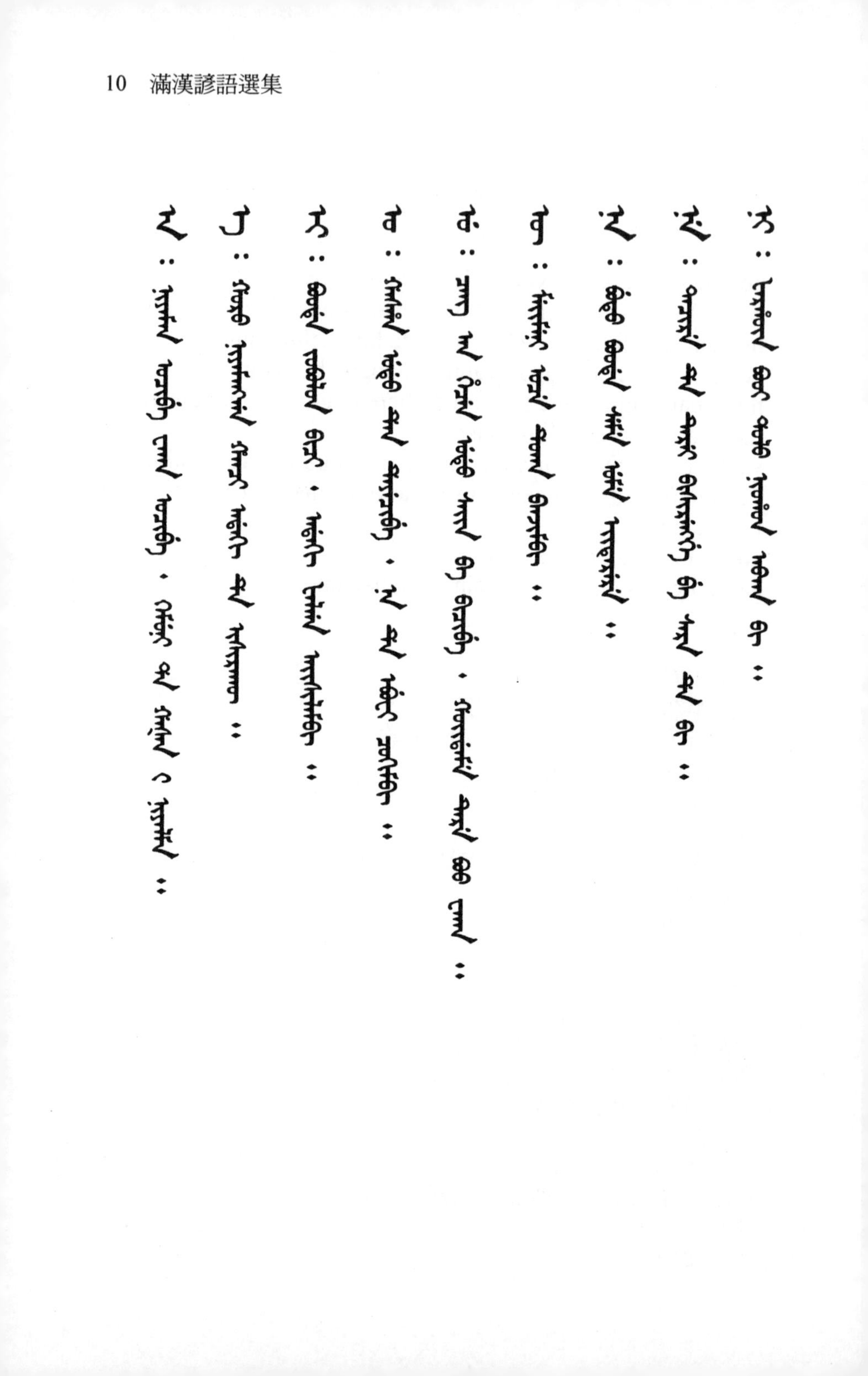

[illegible]

[illegible]

[illegible]

[illegible]

[illegible]

[illegible]

[illegible]

[illegible]

[illegible]

a ：niyaman ocibe waka ocibe, kemuni da gašan i niyalma.
e ：goro niyamangga hanci adaki de isirakū.
i ：boode jobolon bici, adaki falga aisilambi.
o ：gasha udu den deyecibe, na de ebufi cokimbi.
u ：cang an hecen udu sain ba bicibe, goidame tere boo waka.
ū ：meimeni uce duka banjimbi.
na：butu boode seme ume eiterere.
ne：tacire de terei bisirengge be sara de bi.
ni ：farhūn booi dolo niohon abka bi.

---

a ：親不親，故鄉人。
e ：遠親不如近鄰。
i ：家有憂患，鄰里相助。
o ：鳥兒飛得雖高，也要落地啄食。
u ：長安雖好，不是久戀之家。
ū ：各家門各家戶。
na：暗室不欺。
ne：學在知其所有。
ni ：暗室中有青天。

---

a ：亲不亲，故乡人。
e ：远亲不如近邻。
i ：家有忧患，邻里相助。
o ：鸟儿飞得虽高，也要落地啄食。
u ：长安虽好，不是久恋之家。
ū ：各家门各家户。
na：暗室不欺。
ne：学在知其所有。
ni ：暗室中有青天。

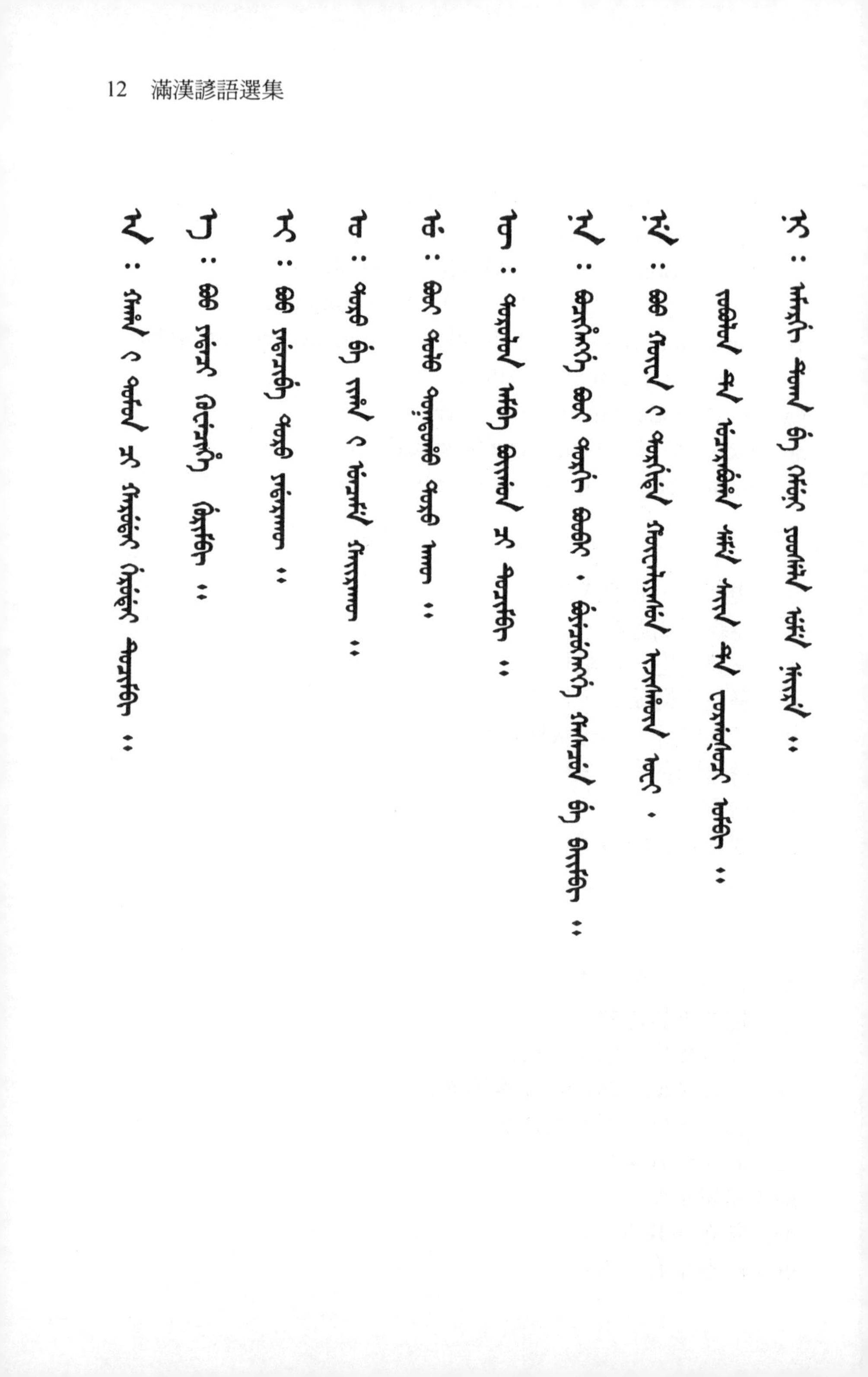

[illegible]

[illegible]

[illegible]

[illegible]

[illegible]

[illegible]

[illegible]

[illegible]

[illegible]

a ：gaha i tomon ci garudai gerudei tucimbi.
e ：boo yadaci kuwecihe gurimbi.
i ：boo yadacibe doro yadarakū.
o ：doro be jiha i uncame gairakū.
u ：booi dolo toktoho doro akū.
ū ：dorolon amba boigon ci tucimbi.
na：bocihengge booi dorgi boobai, buyecukengge gasacun be baimbi.
ne：boo hūwa i dorgide hūwaliyasun ijishūn ofi, jobolon de ucarabuha seme sain de forgošoci ombi.
ni ：amargi duka be kemuni yoosela ume neire.

---

a ：老鴰窩裡出鳳凰。
e ：家窮鴿不來。
i ：家窮禮不窮。
o ：禮不用掏錢買。
u ：家無常禮。
ū ：禮出大家。
na：醜是家中寶，美艷招煩惱。
ne：家庭和順，遇難可以成祥。
ni ：後門當鎖莫開啓。

---

a ：老鸹窝里出凤凰。
e ：家穷鸽不来。
i ：家穷礼不穷。
o ：礼不用掏钱买。
u ：家无常礼。
ū ：礼出大家。
na：丑是家中宝，美艳招烦恼。
ne：家庭和顺，遇难可以成祥。
ni ：后门当锁莫开启。

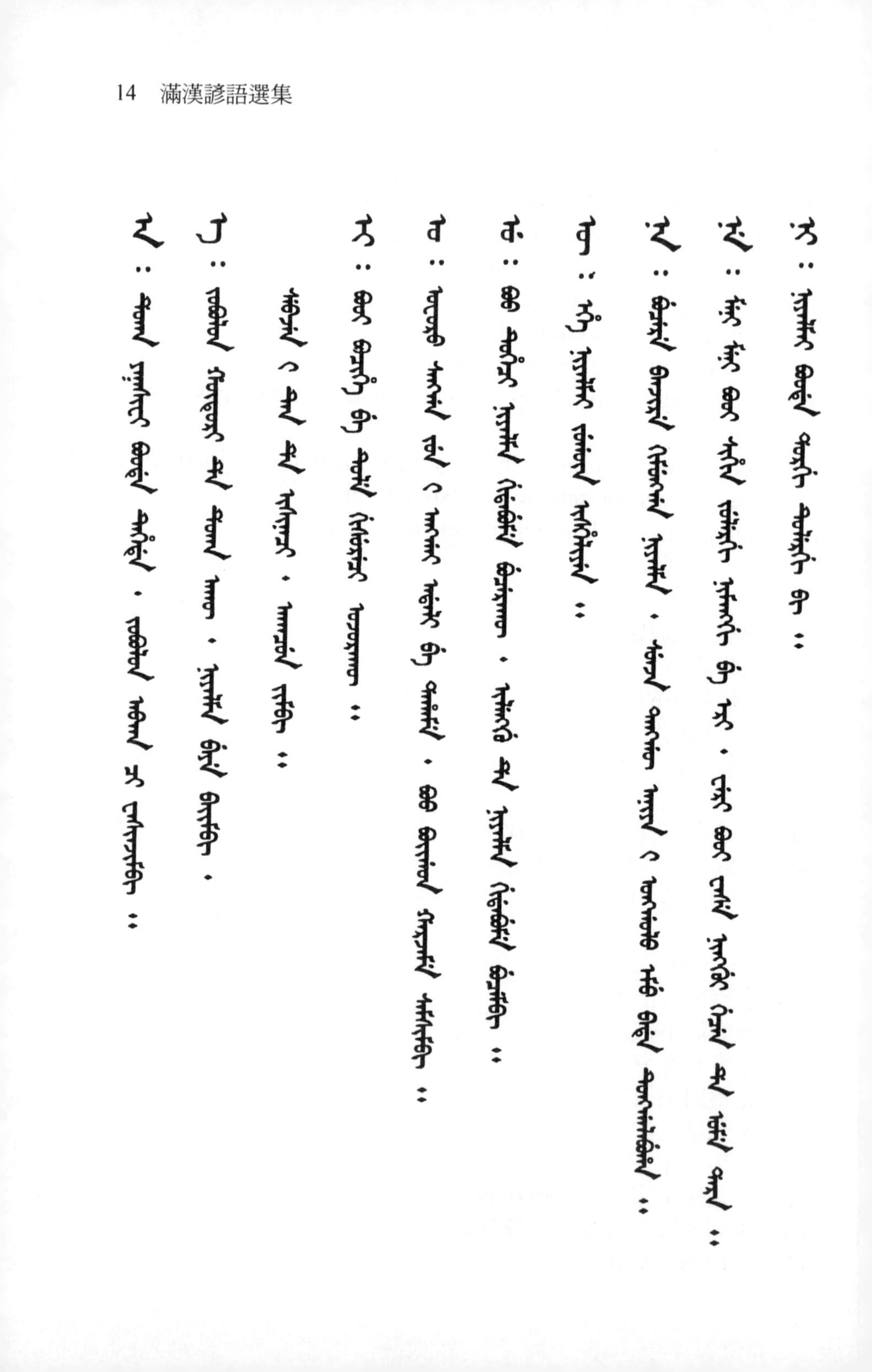

a：duka yaksifi boode tehede, jobolon abka ci wasinjimbi.
e：jobolon hūturi de duka akū, niyalma beye baimbi, sebjen i ten de isinaci akacun jimbi.
i：booi bocihe be tule gisureci ojorakū.
o：oforo sangga jun i anggai adali be dahame, boo boigon garjame samsimbi.
u：boo tuheci niyalma gidabume bucerakū, ilenggu de niyalma gidabume bucembi.
ū：ehe niyalmai jugūn isheliyen.
na：bucere banjire kimungga niyalma, sunja tanggū aniya i onggolo emu bade tunggalabuha.
ne：meni meni booi sihin julergi nimanggi be eri, weri booi wase ninggui gecen de ume dara.
ni：niyalmai boode dorgi tulergi bi.

---

a：關門家裡坐，禍從天上來。
e：禍福無門人自招，須知樂極有悲來。
i：家醜不可外談。
o：鼻若灶門，家私傾散。
u：房倒壓不死人，舌頭倒壓死人。
ū：寃家路兒窄。
na：生死寃家，五百年前撞在一處。
ne：各掃自家簷前雪，莫管他人瓦上霜。
ni：人家屋裡，各有內外。

---

a：关门家里坐，祸从天上来。
e：祸福无门人自招，须知乐极有悲来。
i：家丑不可外谈。
o：鼻若灶门，家私倾散。
u：房倒压不死人，舌头倒压死人。
ū：寃家路儿窄。
na：生死寃家，五百年前撞在一处。
ne：各扫自家檐前雪，莫管他人瓦上霜。
ni：人家屋里，各有内外。

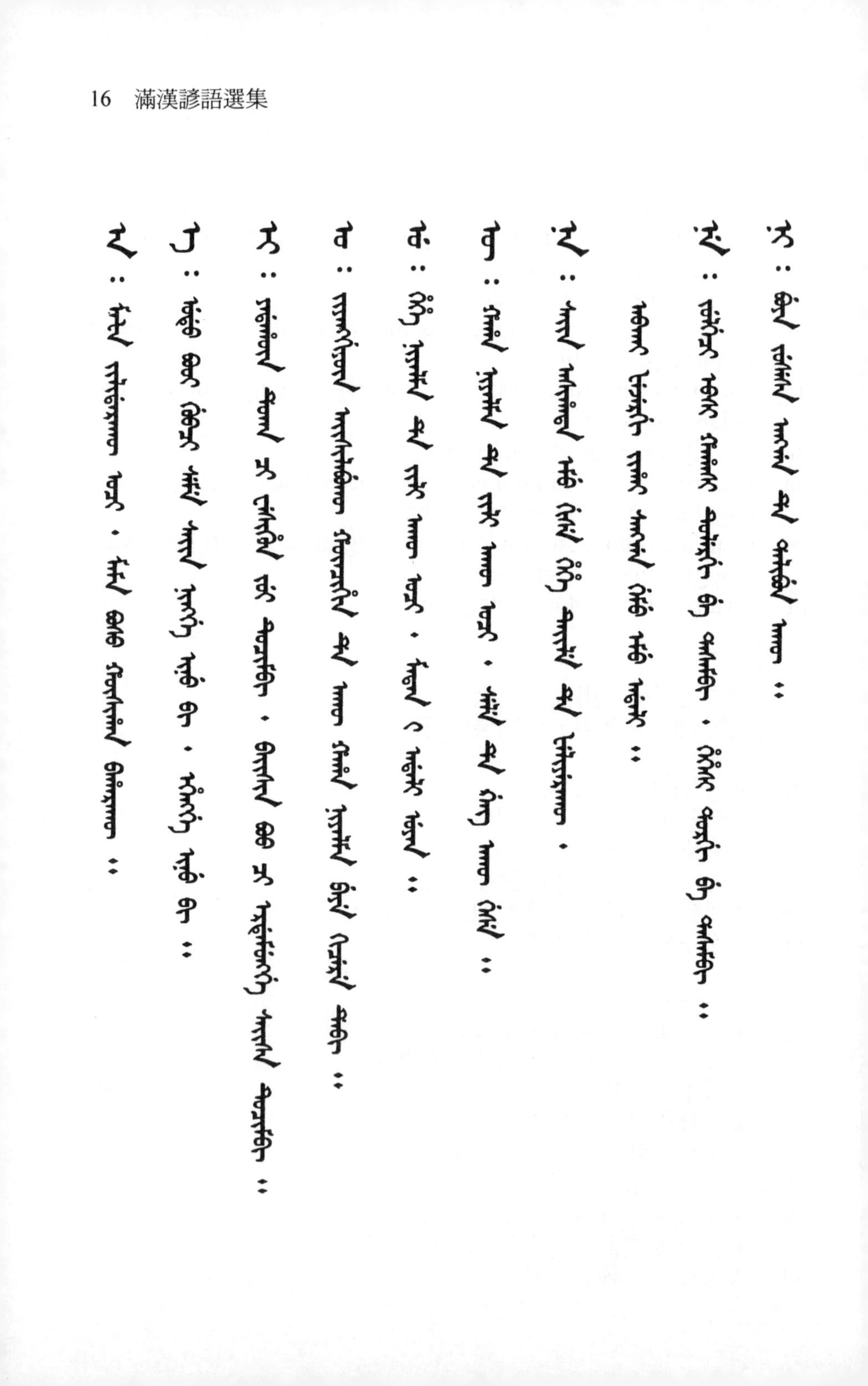

二、手足兄弟

a ：mafa jilidarakū oci, mama boso hūsihan baharakū.
e ：udu booi gubci seme sain ningge inu bi, ehengge inu bi.
i ：yadahūn duka ci wesihun jui tucimbi, baisin boo ci erdemungge saisa tucimbi.
o ：jiyanggiyūn aisilabukū hūncihin de akū haha niyalma beye kicere debi.
u ：hehe niyalma de jili akū oci, matan i adali uyan.
ū ：haha niyalma de jili akū oci, sele de g'ang akū gese.
na ：sain asihata emu gise hehe teile de feliyerakū, abkai fejergi jihai sangga gemu emu adali.
ne ：julgeci ebsi hahasi tulergi be dasambi, hehesi dorgi be dasambi.
ni ：buya jusesa angga de dalibun akū.

---

a ：老兒不發狠，婆兒沒布裙。
e ：雖是一家子，有賢亦有愚。
i ：窮門出貴子，賤戶出才子。
o ：將相本無種，男兒當自強。
u ：女人沒性，懦如麻糖。
ū ：男兒沒性，寸鐵無鋼。
na ：好子弟不闞一個粉頭兒，天下錢眼兒都一樣。
ne ：自古男治外而女治內。
ni ：小孩兒口沒遮攔。

---

a ：老儿不发狠，婆儿没布裙。
e ：虽是一家子，有贤亦有愚。
i ：穷门出贵子，贱户出才子。
o ：将相本无种，男儿当自强。
u ：女人没性，懦如麻糖。
ū ：男儿没性，寸铁无钢。
na ：好子弟不阚一个粉头儿，天下钱眼儿都一样。
ne ：自古男治外而女治内。
ni ：小孩儿口没遮拦。

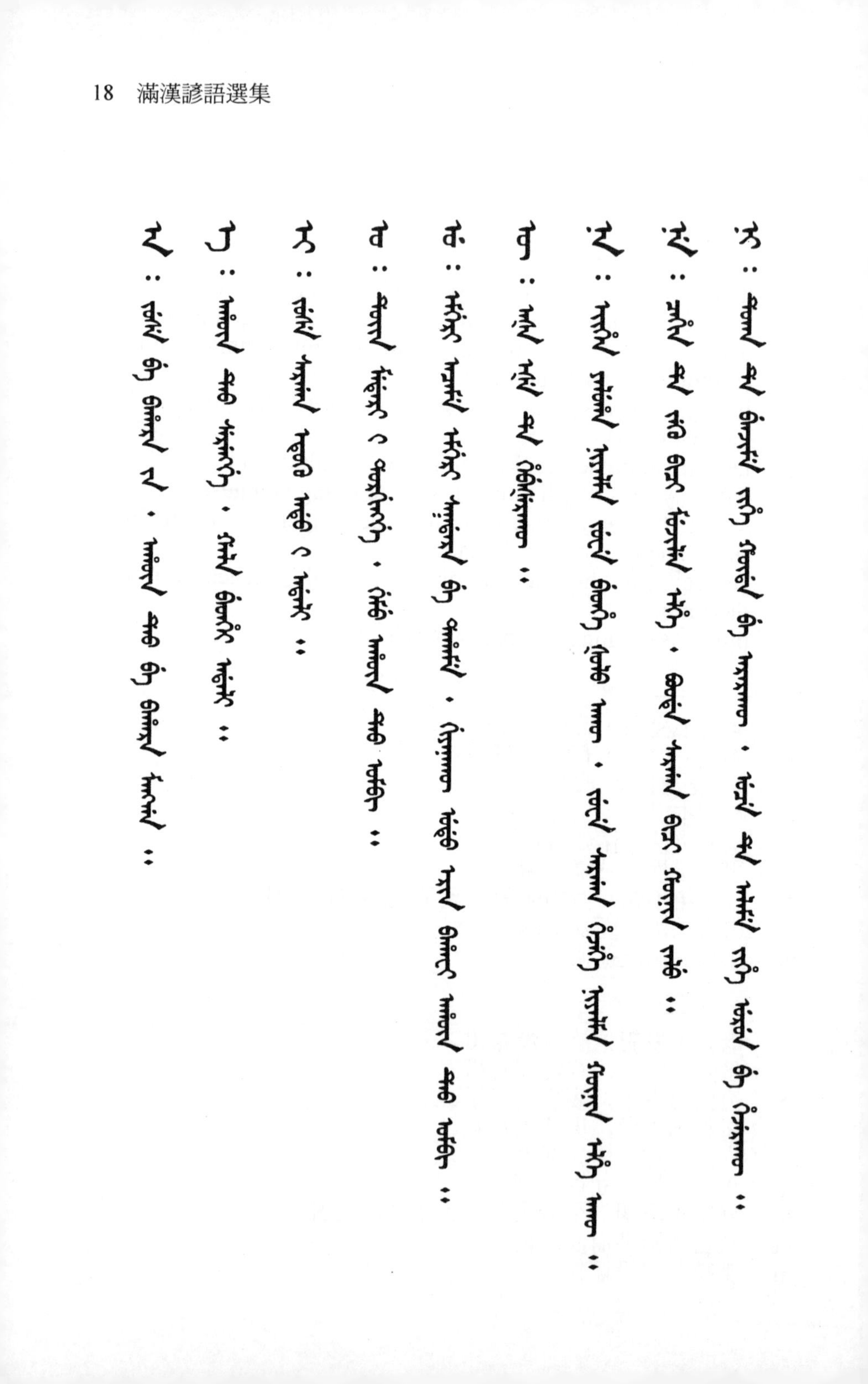

ᠪᠠ: [illegible]

ᠪᡝ: [illegible]

ᠪᡳ: [illegible]

ᠪᠣ: [illegible]

ᠪᡠ: [illegible]

ᠪᡡ: [illegible]

ᡦᠠ: [illegible]

ᡦᡝ: [illegible]

ᡦᡳ: [illegible]

a ：juse be bahara ja, ahūn deo be bahara mangga.
e ：ahūn deo serengge, gala bethei adali.
i ：juse sargan etuku adu i adali.
o ：duin mederi i dorgingge, gemu ahūn deo ombi.
u ：emgeri acame emgeri sakdara be dahame, giyanakū udu erin bahafi ahūn deo ombi.
ū ：aša eše de hebešerakū.
na：eihen yaluha niyalma juwe bethe šolo akū, juwe sargan hejehe niyalma gūnin elhe akū.
ne：cahin de jeku bici mujilen elhe, boode sargan bici gūnin jalu.
ni ：duka de benjime jihe hūda be ararakū, uce de alame jihe urun be hejerakū.

---

a ：兒女易得，兄弟難求。
e ：兄弟如手足。
i ：妻子如衣服。
o ：四海之內皆兄弟。
u ：一回相見一回老，能得幾時爲弟兄。
ū ：叔嫂不通問。
na：騎驢的兩腿不得閑，娶二妻的心不安。
ne：倉裡有穀心不慌，屋裡有妻意不亂。
ni ：尋上門的買賣不做，找上門的媳婦不娶。

---

a ：儿女易得，兄弟难求。
e ：兄弟如手足。
i ：妻子如衣服。
o ：四海之内皆兄弟。
u ：一回相见一回老，能得几时为弟兄。
ū ：叔嫂不通问。
na：骑驴的两腿不得闲，娶二妻的心不安。
ne：仓里有谷心不慌，屋里有妻意不乱。
ni ：寻上门的买卖不做，找上门的媳妇不娶。

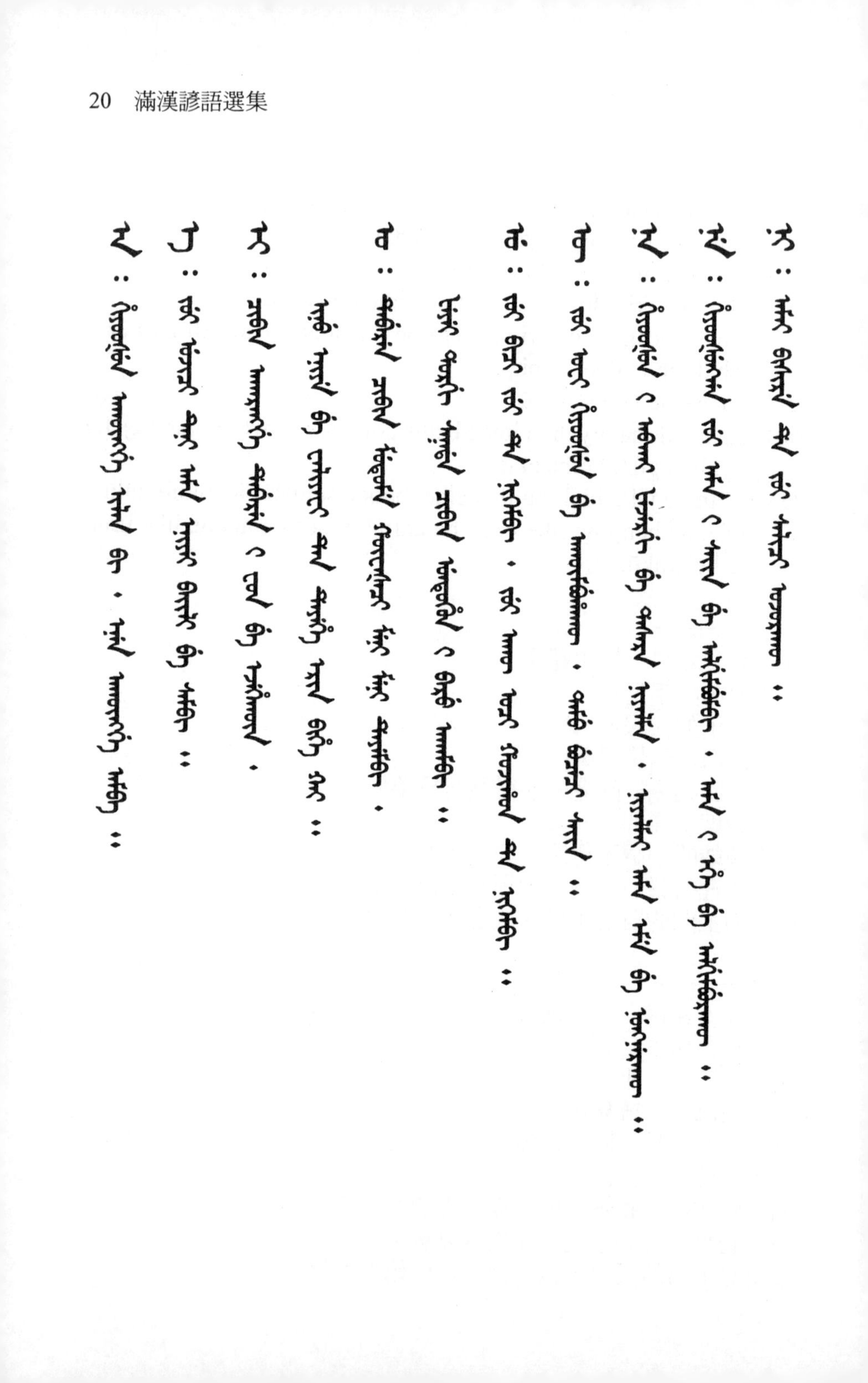

三、養兒靠兒

a ：hiyoošun akūngge ilan bi, enen akūngge amba.
e ：jui ujici teni ama eniyei baili be sambi.
i ：cibin akarangge deberen i fon be ejehekūn, inu eniye be waliyafi den deyehe erin bihe kai!
o ：deberen cibin mutume hūwašaci meni meni deyembi, feyei dorgi sakda cibin untuhun i baru akambi.
u ：jui bici jui de nikembi, jui akū oci hojihon de nikembi.
ū ：jui ofi hiyoošun be akūmbuhakū, damu buceci sain.
na ：hiyoošun i abkai fejergi be dasara niyalma, niyalmai ama eme be nungnerakū.
ne ：hiyoošungga jui ama i sain be algimbumbi, ama i ehe be algimburakū.
ni ：amai bisire de jui salici ojorakū.

---

a ：不孝有三，無後爲大。
e ：養子方知父母恩。
i ：燕悲不記爲雛日，也有捨母高飛時。
o ：新燕長成各自飛，巢中歸燕望空悲。
u ：有兒靠兒，無兒靠婿。
ū ：爲子不孝，死自甘心。
na ：以孝治天下者，不害人之親。
ne ：孝子揚父之美，不揚父之惡。
ni ：父在，子不得自專。

---

a ：不孝有三，无后为大。
e ：养子方知父母恩。
i ：燕悲不记为雏日，也有舍母高飞时。
o ：新燕长成各自飞，巢中归燕望空悲。
u ：有儿靠儿，无儿靠婿。
ū ：为子不孝，死自甘心。
na ：以孝治天下者，不害人之亲。
ne ：孝子扬父之美，不扬父之恶。
ni ：父在，子不得自专。

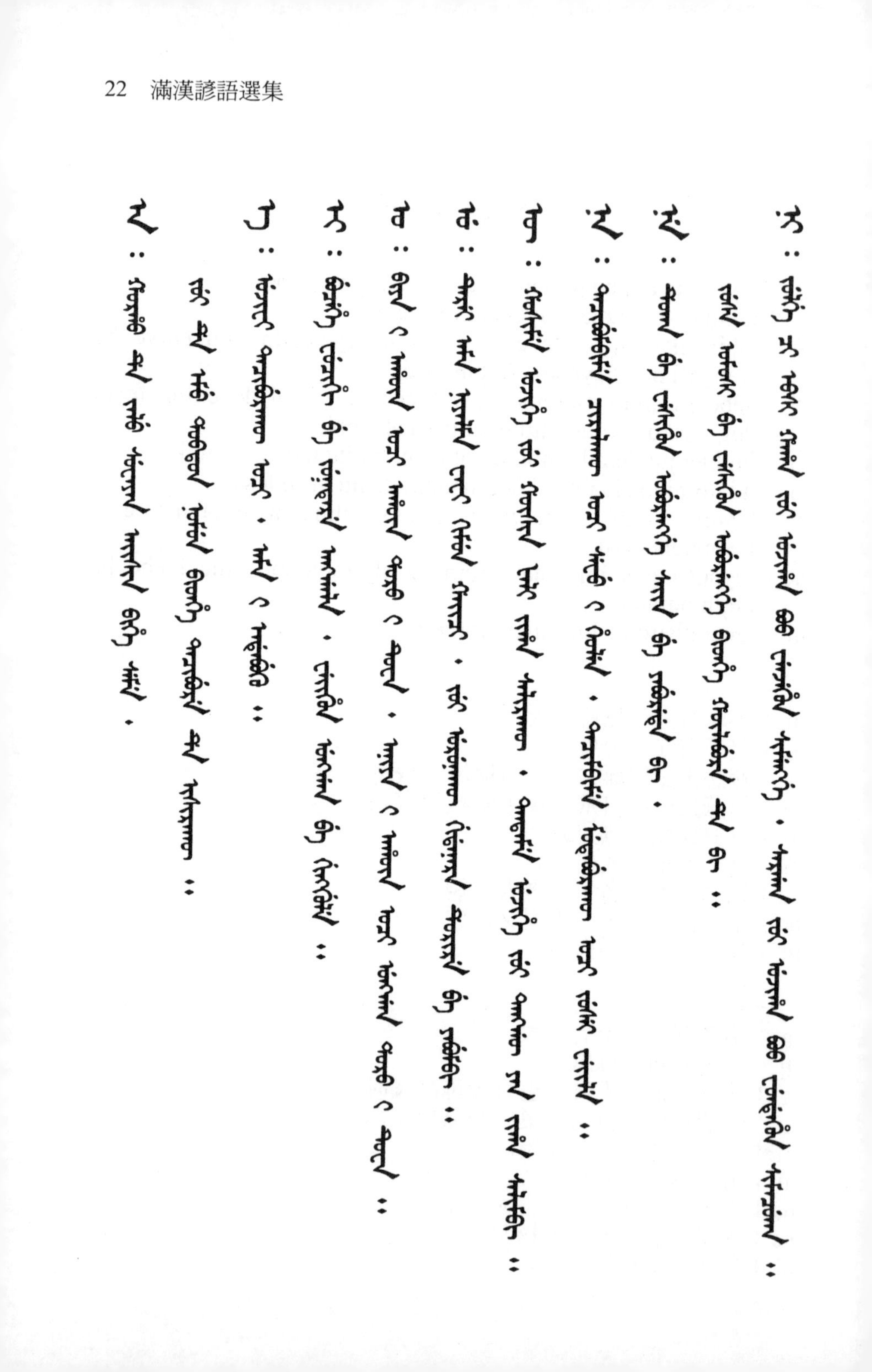

a ：horho de jalu suwayan aisin bihe seme, jui de emu dobton nomun bithe tacibure de isirakū.
e ：ujifi taciburakū oci, ama i endebuku.
i ：bucehe fucihi be juktere anggala, weihun ungga be ginggule.
o ：biya i ahūn oci ahūn doro i tuwa, aniya i ahūn oci ungga doro i tuwa.
u ：terei ama niyalma wafi kimun gaici, jui urunakū gidanara durire be yabumbi.
ū ：gosime ujihe jui gūsin fali jiha salirakū, tantame ujihe jui tanggū yan jiha salimbi.
na ：tacibumbime ciralakū oci sefu i heolen, tacimbime muteburakū oci jusei weile.
ne ：duka be wesihun oburengge sain be yaburede bi, juse omosi be wesihun oburengge bithe hūlabure de bi.
ni ：julge ci ebsi haha jui ujiha boo wenjehun simengge, sargan jui ujiha boo fundehun simacuka.

---

a ：黃金滿籯，不如教子一經。
e ：養不教，父之過。
i ：與其供奉閻羅，不如孝敬父母。
o ：大一月是兄輩，大一歲是父輩。
u ：其父殺人報仇，子必打劫搶掠。
ū ：寵愛的孩子不值三十枚銅錢，嚴教的孩子能值一百兩銀子。
na ：訓教不嚴師之惰，學而無成子之過。
ne ：欲高門第須爲善，要好兒孫在讀書。
ni ：自古養兒人家熱騰騰，養女人家冷清清。

---

a ：黄金满籯，不如教子一经。
e ：养不教，父之过。
i ：与其供奉阎罗，不如孝敬父母。
o ：大一月是兄辈，大一岁是父辈。
u ：其父杀人报仇，子必打劫抢掠。
ū ：宠爱的孩子不值三十枚铜钱，严教的孩子能值一百两银子。
na ：训教不严师之惰，学而无成子之过。
ne ：欲高门第须为善，要好儿孙在读书。
ni ：自古养儿人家热腾腾，养女人家冷清清。

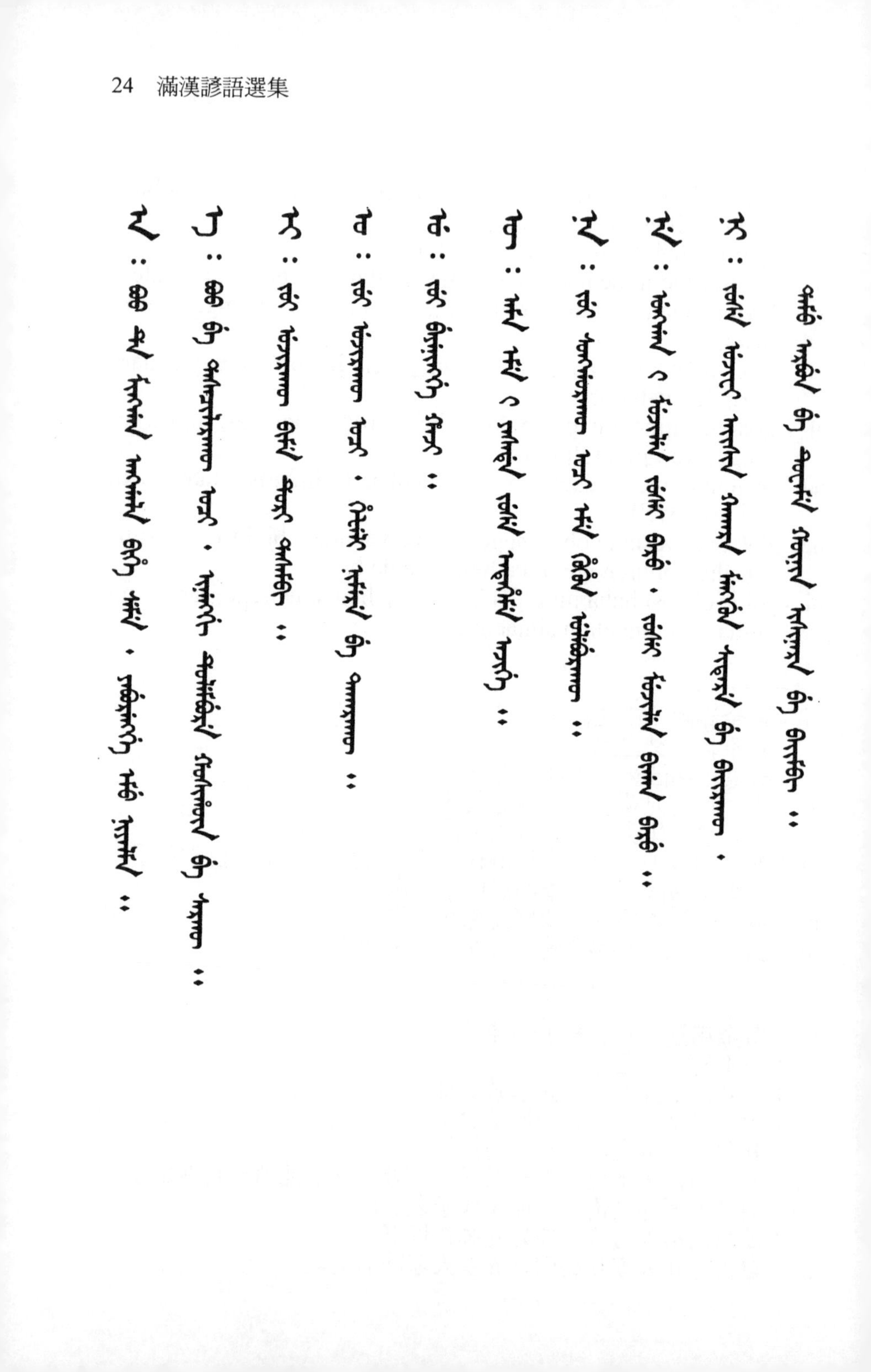

[illegible]

[illegible]

[illegible]

[illegible]

[illegible]

[illegible]

[illegible]

[illegible]

[illegible]

[illegible]

a ：boo de minggan anggala bihe seme, yaburengge emu niyalma.
e ：boo be dasacilarakū oci, inenggi dulembure gosihūn be sarkū.
i ：jui ujirakū bime duri dasambi.
o ：jui ujirakū oci, hefeli nimere be takarakū.
u ：jui beyeningge haji.
ū ：ama eme i yasade juse enteheme ajige.
na：jui songgorakū oci eme huhun uleburakū.
ne：ungga i mujilen jusei baru, jusei mujilen bigan baru.
ni ：juse ujifi aisin kakara menggun sitere be bairakū, damu arbun be tuwame gūnin isinara be baimbi.

---

a ：家有千口，主事一人。
e ：不當家不知日子苦。
i ：沒養孩子，先備搖籃。
o ：不養孩子，不知肚子疼。
u ：孩子是自己養的親。
ū ：父母眼裡兒女永遠小。
na：孩子不哭娘不餵奶。
ne：父母之心在兒女，兒女之心在山外。
ni ：養兒不求屙金溺銀，只要見景生情。

---

a ：家有千口，主事一人。
e ：不当家不知日子苦。
i ：没养孩子，先备摇篮。
o ：不养孩子，不知肚子疼。
u ：孩子是自己养的亲。
ū ：父母眼里儿女永远小。
na：孩子不哭娘不喂奶。
ne：父母之心在儿女，儿女之心在山外。
ni ：养儿不求屙金溺银，只要见景生情。

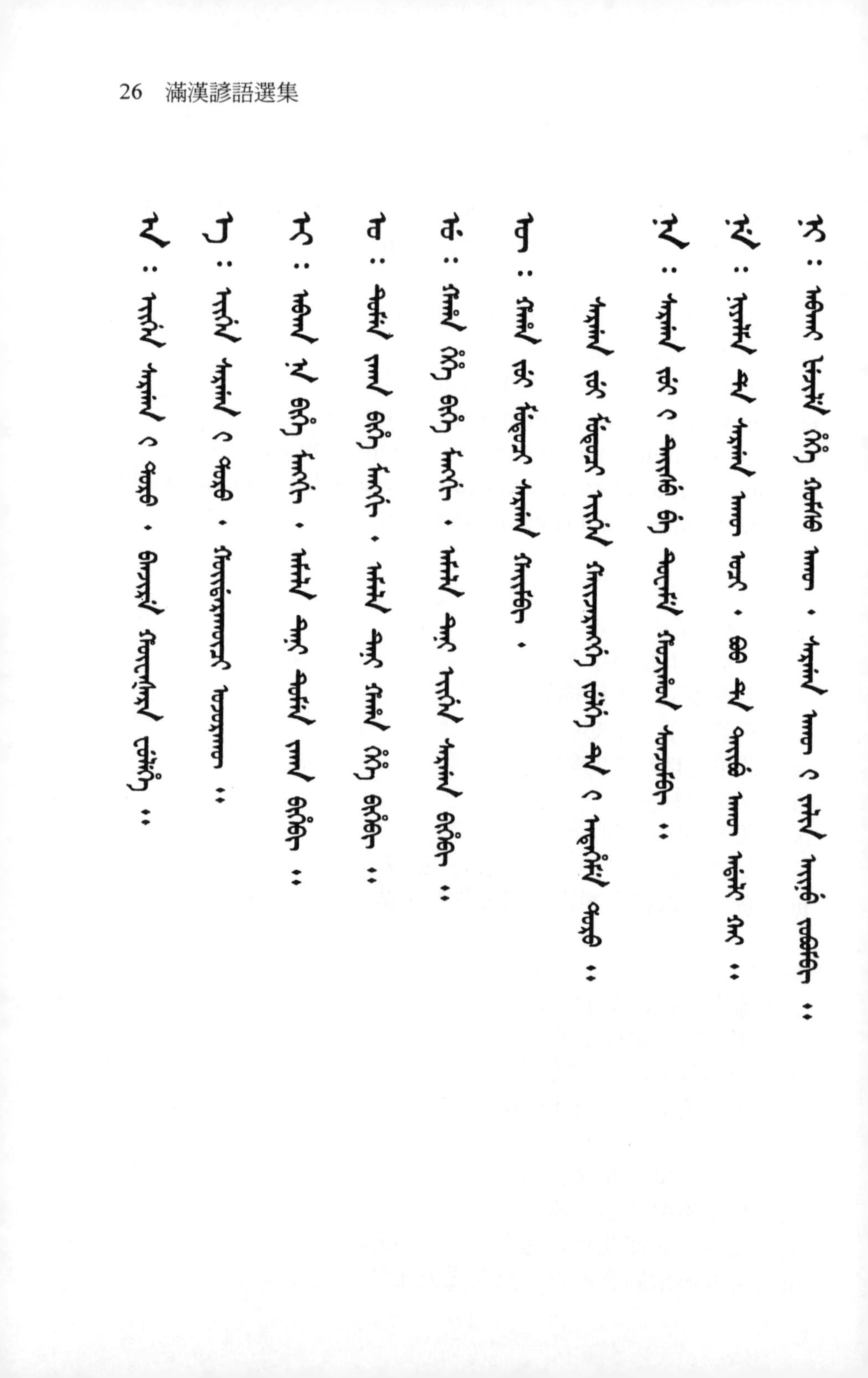

[illegible]

[illegible]

[illegible]

[illegible]

[illegible]

[illegible]

[illegible]

[illegible]

[illegible]

[illegible]

四、夫婦之道

a ：eigen sargan i doro, banjire hūwašara fulehe.
e ：eigen sargan i doro, goidarakūci ojorakū.
i ：abka na bihe manggi, amala teni tumen jaka bihebi.
o ：tumen jaka bihe manggi, amala teni haha hehe bihebi.
u ：haha hehe bihe manggi, amala teni eigen sargan bihebi.
ū ：haha jui mutuci sargan gaimbi, sargan jui mutuci eigen gaijarangge julge te i enteheme doro.
na：sargan jui i teisu be tuwame hojihon sonjombi.
ne：niyalma de sargan akū oci, boo de taibu akū adali kai.
ni ：abkai fejile hehe komso akū, sargan akū i jalin ainu jobombi.

---

a ：夫婦之道，生育之本。
e ：夫婦之道，不可不久。
i ：先有天地，後有萬物。
o ：先有萬物，後有男女。
u ：先有男女，後有夫婦。
ū ：男大須婚，女大須嫁，古今常理。
na：相女配夫。
ne：人若無妻，如屋無樑。
ni ：天下女子不少，何患無妻子。

---

a ：夫妇之道，生育之本。
e ：夫妇之道，不可不久。
i ：先有天地，后有万物。
o ：先有万物，后有男女。
u ：先有男女，后有夫妇。
ū ：男大须婚，女大须嫁，古今常理。
na：相女配夫。
ne：人若无妻，如屋无梁。
ni ：天下女子不少，何患无妻子。

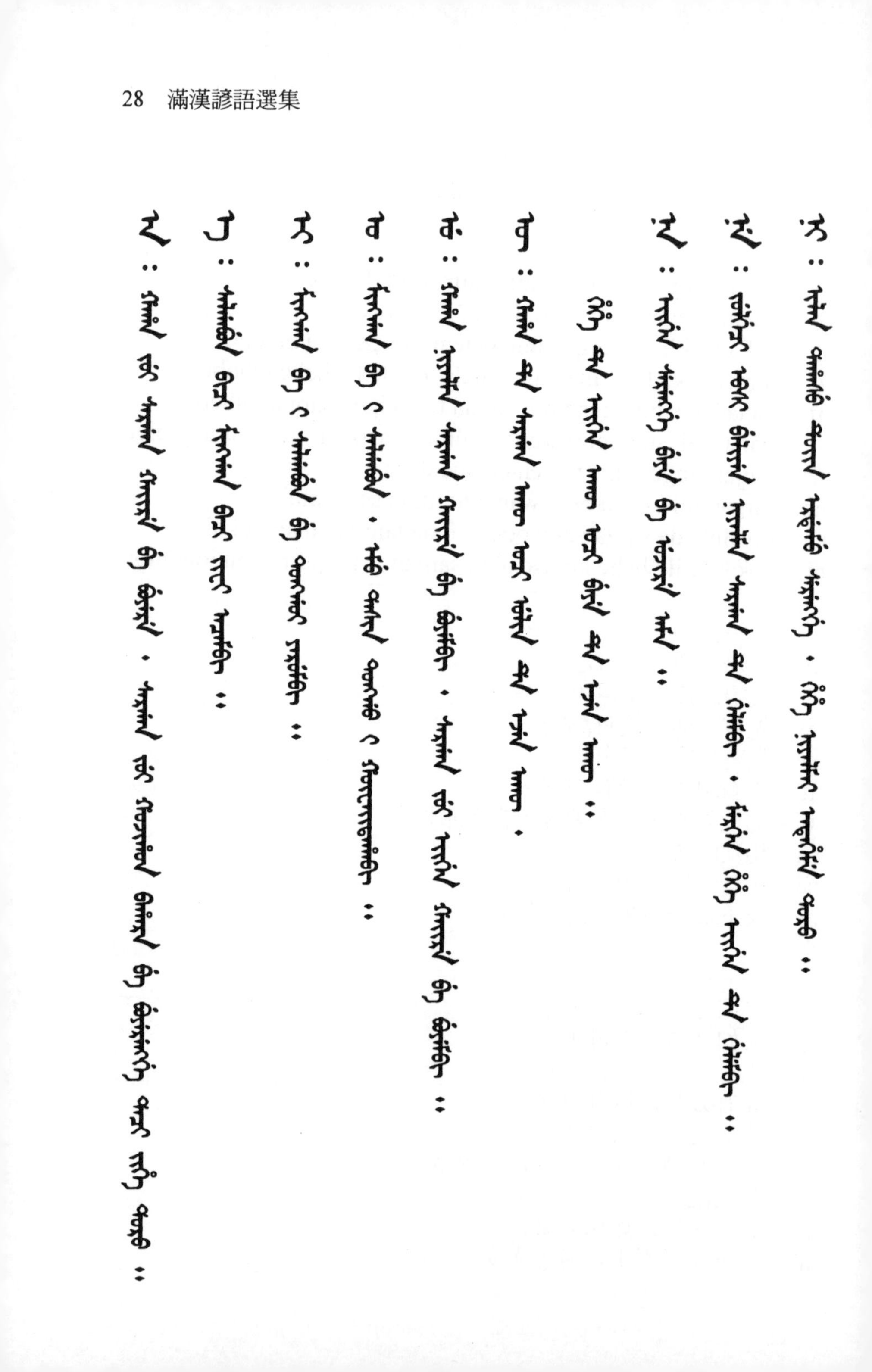

a ：haha jui sargan gaire be buyere, sargan jui hojihon bahara be buyerengge daci jihe doro.
e ：salgabun bici minggan baci jifi acambi.
i ：minggan ba i salgabun be tonggoi yarumbi.
o ：minggan ba i salgabun, emu dasin tonggo i hūwaitahabi.
u ：haha niyalma sargan gaire be buyembi, sargan jui eigen gaire be buyembi.
ū ：haha de sargan akū oci ulin de ejen akū, hehe de eigen akū oci beye de ejen akū.
na：eigen serengge beye be ujire ama.
ne：julgeci ebsi beliyen niyalma sargan de gelembi, mergen hehe eigen de gelembi.
ni ：ilan dahasu duin erdemu serengge, hehe niyalmai enteheme doro.

---

a ：男願有室，女願有家，古來之道。
e ：有緣千里來相會。
i ：千里姻緣以線牽。
o ：千里姻緣一線牽。
u ：男願有室，女願有家。
ū ：男兒無婦財無主，女子無夫身無主。
na：夫乃養身之父。
ne：自古癡人畏婦，賢女敬夫。
ni ：三從四德，婦道之常。

---

a ：男愿有室，女愿有家，古来之道。
e ：有缘千里来相会。
i ：千里姻缘以线牵。
o ：千里姻缘一线牵。
u ：男愿有室，女愿有家。
ū ：男儿无妇财无主，女子无夫身无主。
na：夫乃养身之父。
ne：自古痴人畏妇，贤女敬夫。
ni ：三从四德，妇道之常。

[illegible] : ᠨᡳᠶᠠᠯᠮᠠ [illegible] ᡩᡝ [illegible] ::

[illegible] : [illegible] [illegible] [illegible] ᡳ [illegible] ::

[illegible] : [illegible] [illegible] · [illegible] [illegible] [illegible] [illegible] ::

[illegible] : [illegible] ᠪᠣᠣ ᡩᡝ [illegible] [illegible] · [illegible] [illegible] ᡩᡝ [illegible] [illegible] ::
ᠨᡳᠶᠠᠯᠮᠠ [illegible] ᡩᡝ [illegible] [illegible] [illegible] [illegible] [illegible] ᡳ [illegible] [illegible] ::

[illegible] : ᠨᡳᠶᠠᠯᠮᠠ [illegible] ᡩᡝ [illegible] [illegible] [illegible] [illegible] [illegible] [illegible] ·

[illegible] : ᠮᡠᡴᡝ [illegible] ᠮᡠᡴᡝ [illegible] ᡩᡝ [illegible] ::

[illegible] : [illegible] [illegible] [illegible] [illegible] [illegible] [illegible] · [illegible] [illegible] [illegible] [illegible] [illegible] [illegible] ::

[illegible] : [illegible] [illegible] [illegible] ᡳ [illegible] [illegible] ::

[illegible] : ᠮᡠᡴᡝ [illegible] [illegible] ᠨᡳᠶᠠᠯᠮᠠ ᡩᡝ [illegible] [illegible] [illegible] [illegible] ::

a：emu dobori eigen sargan de tanggū dobori baili bi.
e：salgabuha salgabun mukšan i forime delherakū.
i：hahajui amba oci urunakū holboci acambi, sarganjui amba ome urunakū tusuci acambi.
o：emu sarganjui emu eigen de tusumbi.
u：sargan juwe se eyun oci suwayan aisin inenggidari nonggibumbi, sargan ilan se eyun oci suwayan aisin alin i gese iktambi.
ū：mohori bodo de yali songgombi, g'alwang hehe de eigen suilambi.
na：hehe hefeli, eme ecene, ama aldangga.
ne：mergen hehe eigen i buleku.
ni：sargan guweleku de isirakū.

---

a：一夜夫妻百夜恩。
e：是姻緣棒打不散。
i：男大當婚，女大當嫁。
o：一個女人配一個男人。
u：妻大二，黃金日日長，妻大三，黃金積如山。
ū：刀鈍肉哭，妻凶夫苦。
na：有了媳婦，遠了父母。
ne：賢慧的妻子是丈夫的明鏡。
ni：妻不如妾。

---

a：一夜夫妻百夜恩。
e：是姻缘棒打不散。
i：男大当婚，女大当嫁。
o：一个女人配一个男人。
u：妻大二，黄金日日长，妻大三，黄金积如山。
ū：刀钝肉哭，妻凶夫苦。
na：有了媳妇，远了父母。
ne：贤慧的妻子是丈夫的明镜。
ni：妻不如妾。

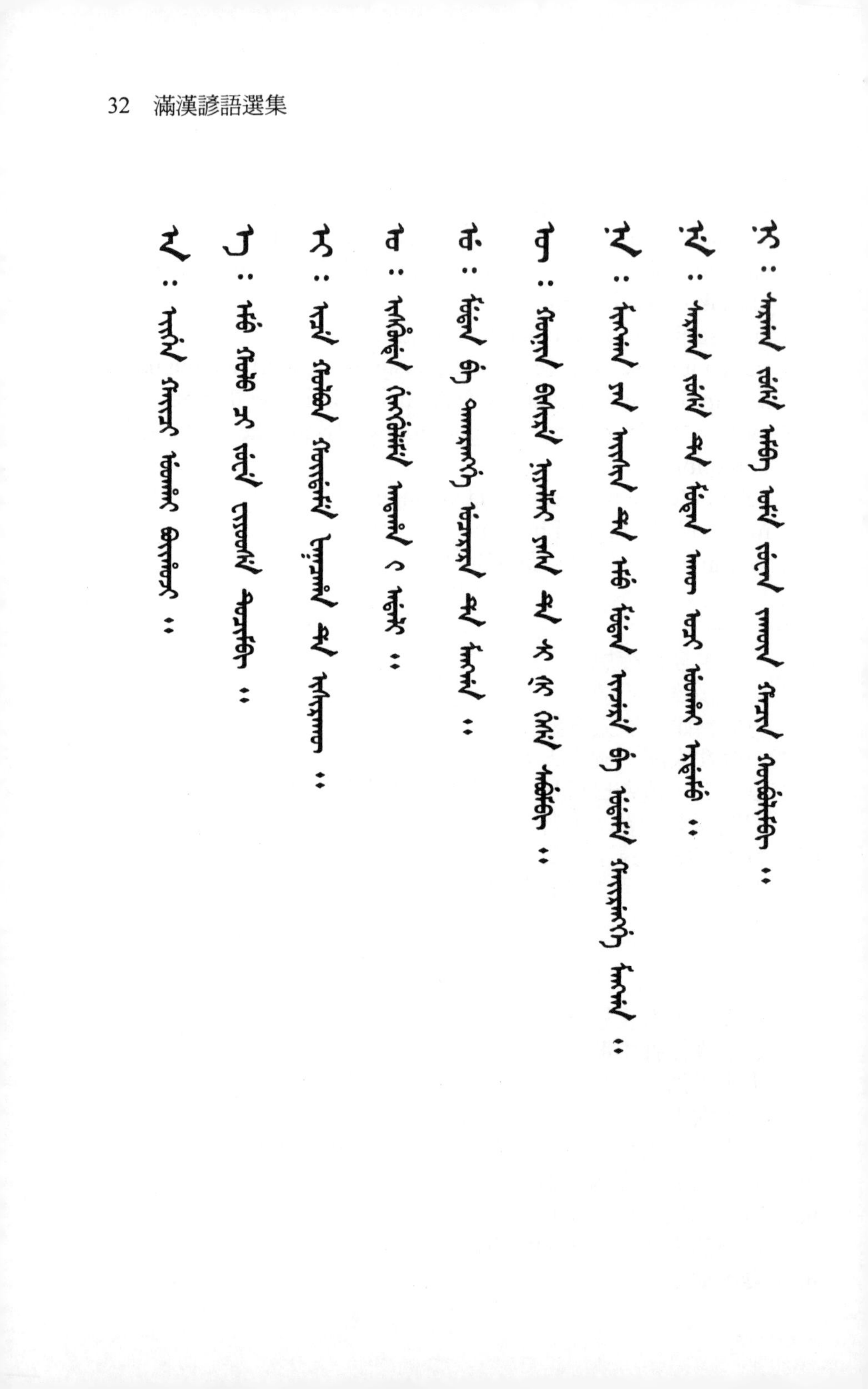

[illegible]

[illegible]

[illegible]

[illegible]

[illegible]

[illegible]

[illegible]

[illegible]

[illegible]

a ：eigen gaici uthai boihoji.
e ：emu holo ci juwe fiyoose tucimbi.
i ：ice holbon goidame fakcaha de isirakū.
o ：ishunde gingguleme antaha i adali.
u ：mudan be takarangge ucarara de mangga.
ū ：gūnin bisire niyalmai yasa de si ši gese sabumbi.
na：minggan yan aisin de emu mudan injere be udame gairengge mangga.
ne：sargan juse de muten akū oci uthai erdemu.
ni ：sargan juse amba ome juwan jakūn hacin kūbulimbi.

---

a ：嫁夫是主。
e ：一個葫蘆兩個瓢。
i ：新婚不如久別。
o ：相敬如賓。
u ：知音難遇。
ū ：情人眼裡出西施。
na：千金難買一笑。
ne：女子無才便是德。
ni ：女大十八變。

---

a ：嫁夫是主。
e ：一个葫芦两个瓢。
i ：新婚不如久别。
o ：相敬如宾。
u ：知音难遇。
ū ：情人眼里出西施。
na：千金难买一笑。
ne：女子无才便是德。
ni ：女大十八变。

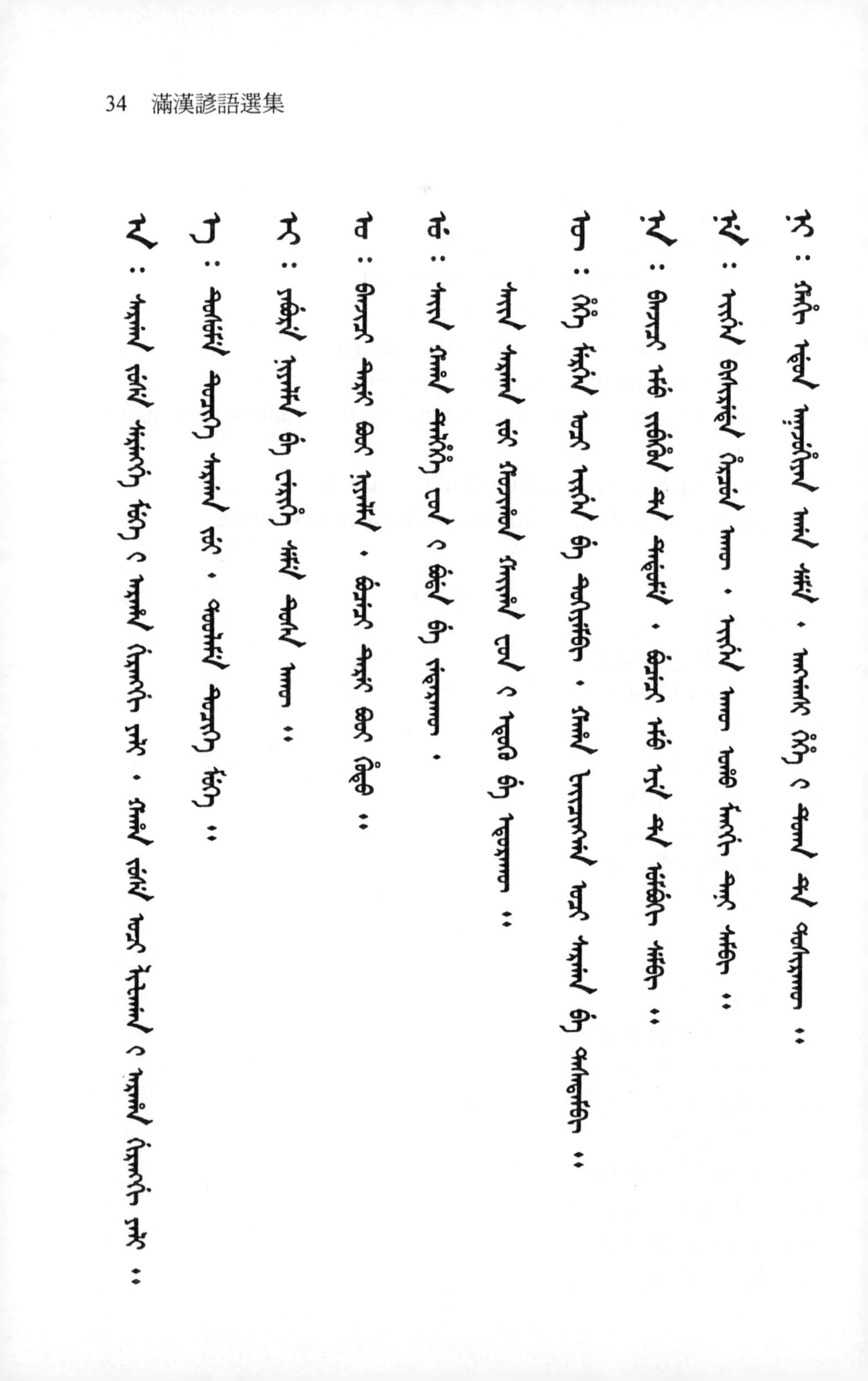

a：sargan juse serengge muke i araha giranggi yali, haha juse oci lifagan i araha giranggi yali.
e：tusume tucike sargan jui, doolame tucike muke.
i：yabure niyalma be werihe seme tusa akū.
o：banjici terei booi niyalma, buceci terei booi hutu.
u：sain haha delhehe fon i buda be jeterakū, sain sargan jui hojihon gaiha fon i etuku be eturakū.
ū：hehe mergen oci eigen be tukiyembi, haha faicingga oci sargan be dasatambi.
na：banjici emu jibehun de dedume, buceci emu eye de umbuki sembi.
ne：eigen bisirede hercun akū, eigen akū oho manggi teni sambi.
ni：hahi edun akjuhiyan aga seme, anggasi hehe i duka de dosirakū.

---

a：女兒是水作的骨肉，男兒是泥作的骨肉。
e：嫁出去的女兒潑出去的水。
i：人去不中留。
o：活是他家人，死是他家鬼。
u：好男不吃分時飯，好女不穿嫁時衣。
ū：妻子賢慧夫增光，丈夫勤快妻身亮。
na：生則同衾死則同穴。
ne：夫在不覺，夫沒才知。
ni：疾風暴雨，不入寡婦門。

---

a：女儿是水作的骨肉，男儿是泥作的骨肉。
e：嫁出去的女儿泼出去的水。
i：人去不中留。
o：活是他家人，死是他家鬼。
u：好男不吃分时饭，好女不穿嫁时衣。
ū：妻子贤慧夫增光，丈夫勤快妻身亮。
na：生则同衾死则同穴。
ne：夫在不觉，夫没才知。
ni：疾风暴雨，不入寡妇门。

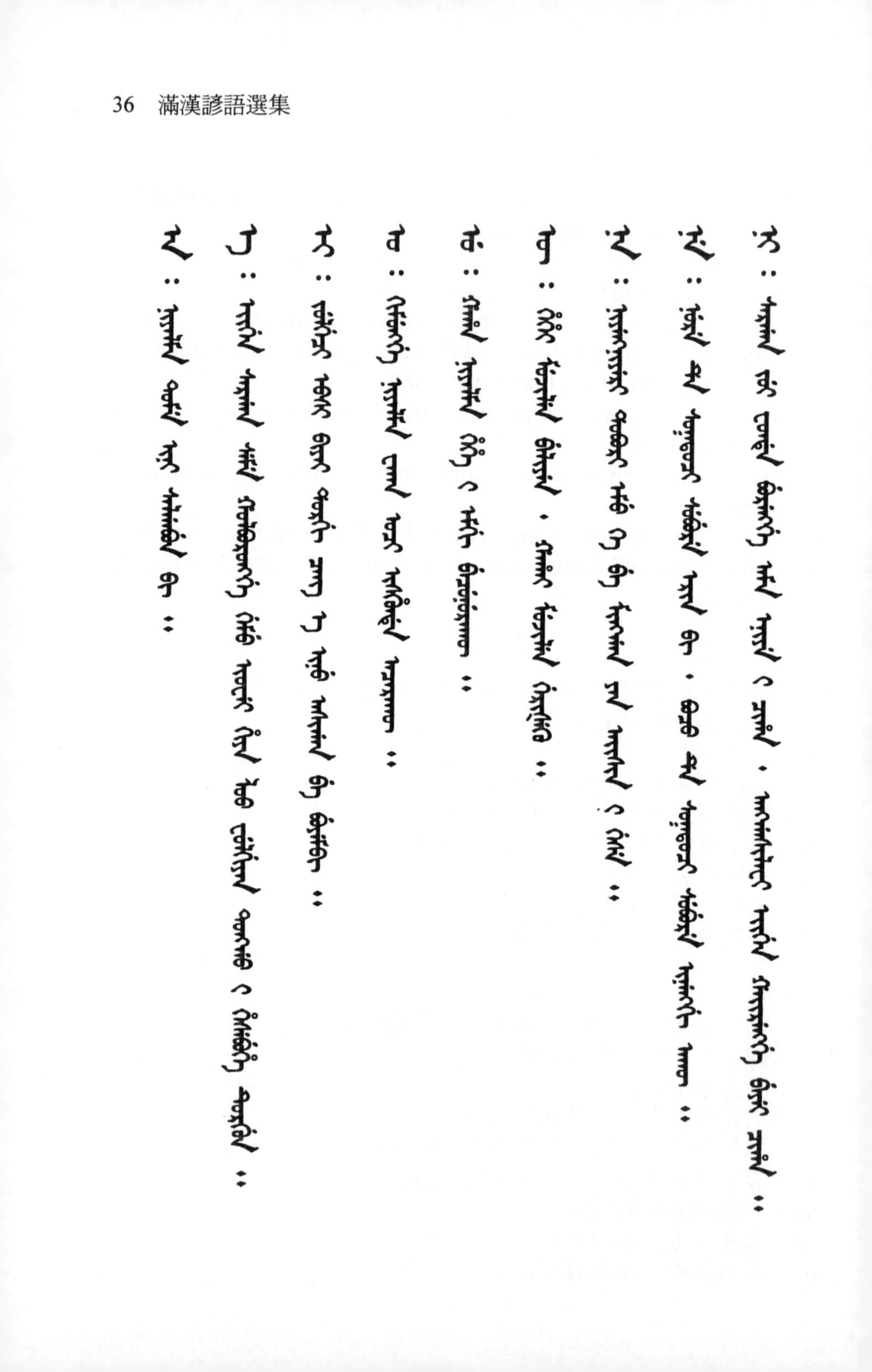

[illegible]

[illegible]

[illegible]

[illegible]

[illegible]

[illegible]

[illegible]

[illegible]

[illegible]

a ：niyalma tome ini salgabun bi.
e ：eigen sargan seme holborongge gemu iowei hiya loo fulgiyan tonggo i hesebuhe turgun.
i ：julgeci ebsi biyai dorgi cang e inu asigan be buyembi.
o ：kimungge niyalma waka oci ishunde acarakū.
u ：haha niyalma hehe i emgi becunurakū.
ū ：hehei mujilen beliyen, hahai mujilen gerišeku.
na ：niyengniyeri dobori emu ke be minggan yan aisin i gese.
ne ：nure de soktoci subure erin bi, boco de soktoci subure inenggi akū.
ni ：sargan jui fonde burengge ama eniye i ciha, anggasilafi eigen gairengge beyei ciha.

---

a ：各人有緣法。
e ：月老夫妻繫赤繩。
i ：自古嫦娥愛少年。
o ：不是寃家不聚頭。
u ：男不與女鬥。
ū ：癡心女子負心漢。
na ：春宵一刻值千金。
ne ：酒醉有醒時，色迷無悔日。
ni ：幼嫁從親，再嫁由身。

---

a ：各人有缘法。
e ：月老夫妻系赤绳。
i ：自古嫦娥爱少年。
o ：不是寃家不聚头。
u ：男不与女斗。
ū ：痴心女子负心汉。
na ：春宵一刻值千金。
ne ：酒醉有醒时，色迷无悔日。
ni ：幼嫁从亲，再嫁由身。

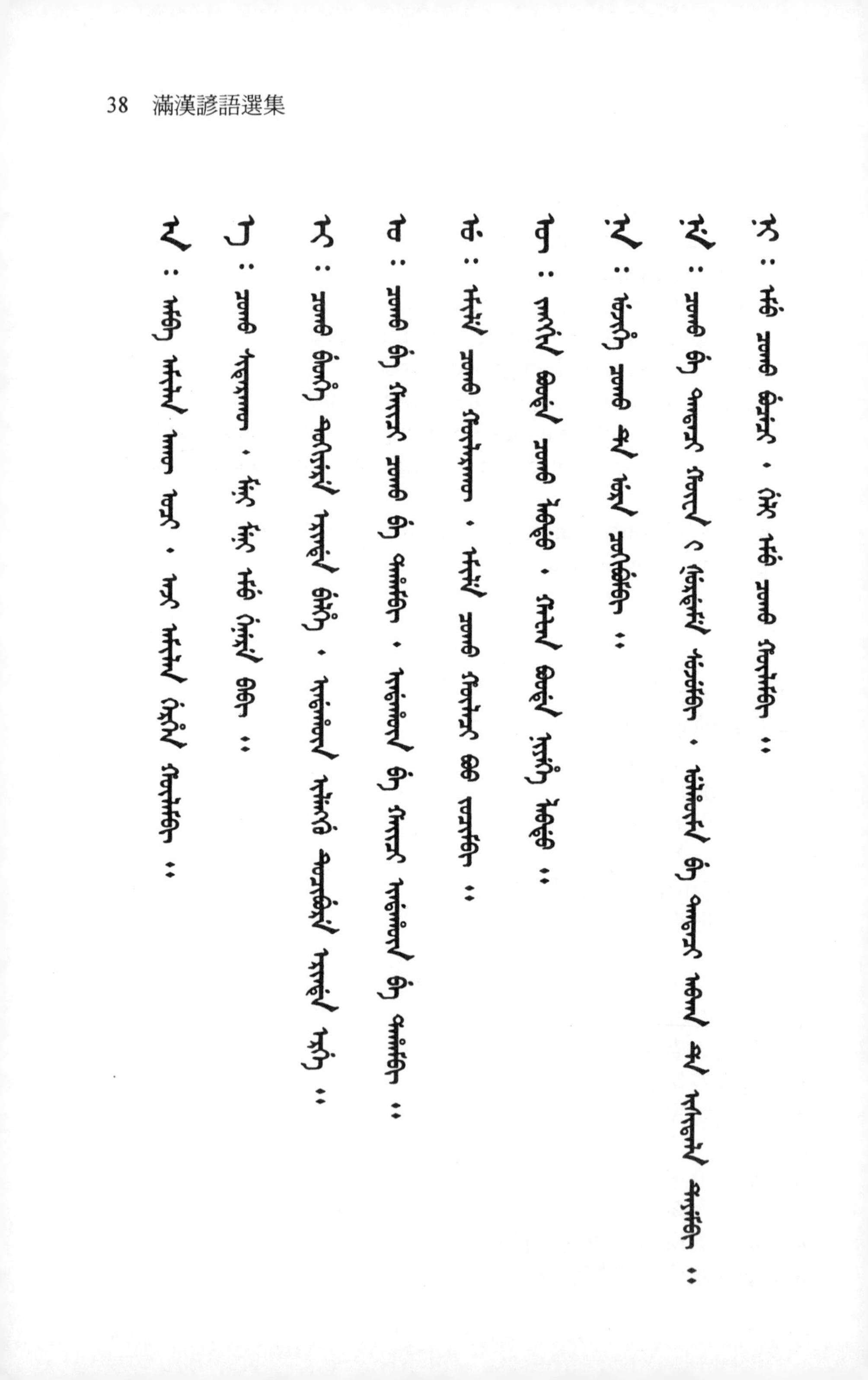

五、牝雞無晨

a ：amba amilan akū oci, aji amilan gerhen hūlambi.
e ：coko siterakū, meni meni emu genere babi.
i ：coko bethe tukiyere erinde belhe, indahūn ilenggu tucibure erinde erge.
o ：coko be gaici coko be dahambi, indahūn be gaici indahūn be dahambi.
u ：emile coko hūlarakū, emile coko hūlaci boo jocimbi.
ū ：janggin boode coko labdu, hafan boode niyehe labdu.
na：ujihe coko de ura cokibumbi.
ne：coko be tantaci hūwa i šurdeme sujumbi, ulhūma be tantaci abka de isitala deyembi.
ni ：emu coko buceci, geli emu coko hūlambi.

---

a ：沒有大公雞，自有小公雞叫明。
e ：雞兒不撒尿，各自有去處。
i ：雞擡爪時有備，狗吐舌時歇息。
o ：嫁雞隨雞，嫁狗隨狗。
u ：牝雞無晨，牝雞司晨，惟家之索。
ū ：章京家裡雞多，官吏家裡鴨多。
na：自己餵的雞，啄自己的屁股。
ne：家雞打得團團轉，野雞打得滿天飛。
ni ：一雞死，又有一雞鳴。

---

a ：没有大公鸡，自有小公鸡叫明。
e ：鸡儿不撒尿，各自有去处。
i ：鸡抬爪时有备，狗吐舌时歇息。
o ：嫁鸡随鸡，嫁狗随狗。
u ：牝鸡无晨，牝鸡司晨，惟家之索。
ū ：章京家里鸡多，官吏家里鸭多。
na：自己喂的鸡，啄自己的屁股。
ne：家鸡打得团团转，野鸡打得满天飞。
ni ：一鸡死，又有一鸡鸣。

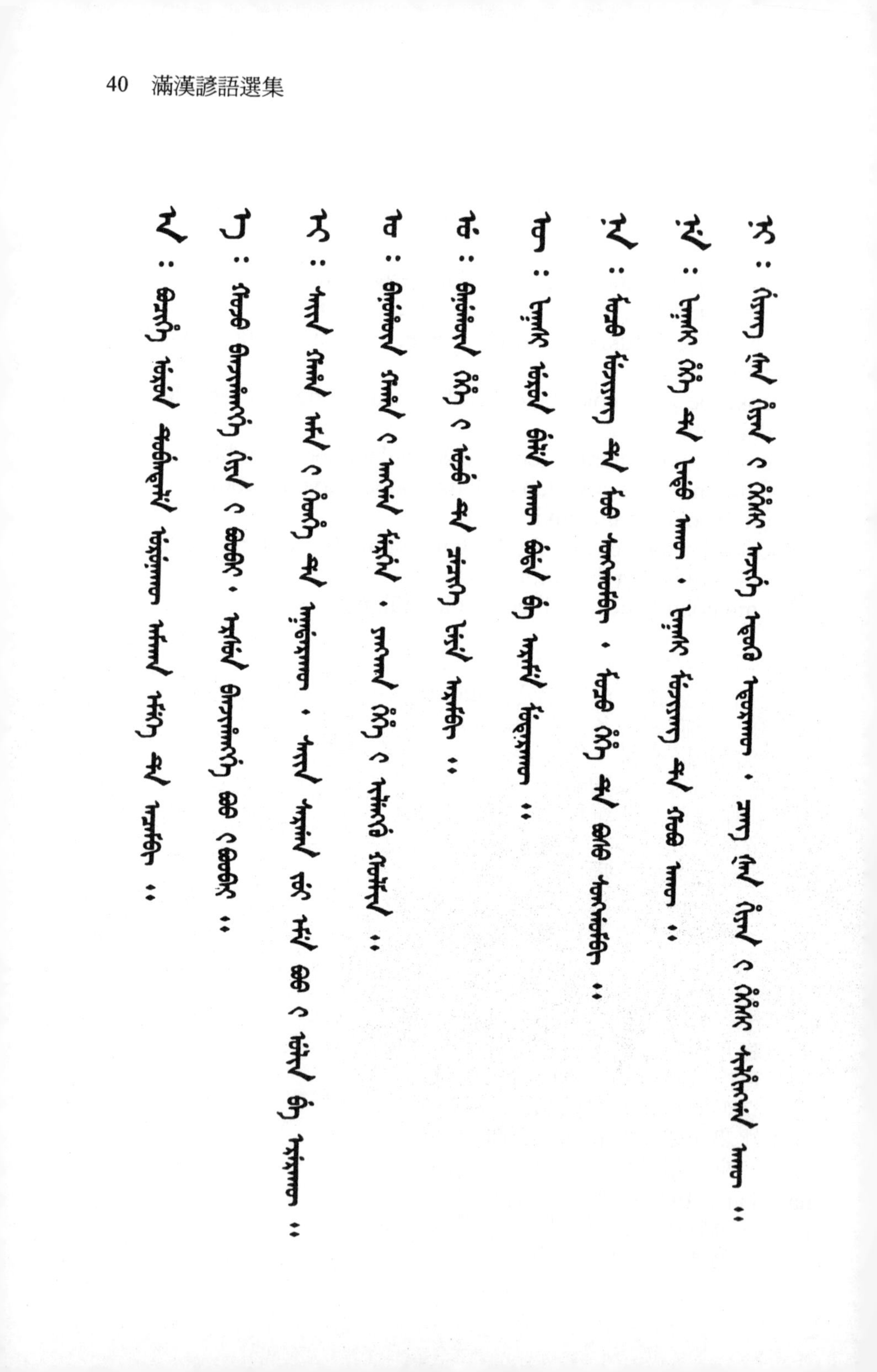

[illegible]

[illegible]

[illegible]

[illegible]

[illegible]

[illegible]

[illegible]

[illegible]

[illegible]

[illegible]

a：bocihe urun dubentele urunakū amaka emeke de acambi.
e：hojo banjihangge giya i boobi, ersun banjihangge boo i boobi.
i：sain haha ama i hethe de akdarakū, sain sargan jui eme boo i ulin be ererakū.
o：banuhūn haha i angga mergen, yangkan hehe i ilenggu golmin.
u：banuhūn hehe i uju de cecike feye arambi.
ū：faksi urun bele akū buda be arame muterakū.
na：moco mujiyang de moo songgombi, moco hehe de boso songgombi.
ne：faksi hehe de fadu akū, faksi mujiyang de hobo akū.
ni：giyang šan hiyan i hehesi ajige etuku eturakū, cang šan hiyan i hehesi silhingga akū.

---

a：醜媳婦終須見公婆。
e：俏姑娘是街上的寶貝，醜媳婦是家裡的寶貝。
i：好漢不靠家業，賢女不靠嫁妝。
o：懶漢嘴尖，潑婦舌長。
u：懶媳婦頭上麻雀做窩。
ū：巧媳婦難爲無米之炊。
na：笨木匠浪費木料，拙媳婦浪費布料。
ne：巧媳婦無香袋，巧木匠無棺材。
ni：江山縣婦人不穿褲，常山縣婦人不吃醋。

---

a：丑媳妇终须见公婆。
e：俏姑娘是街上的宝贝，丑媳妇是家里的宝贝。
i：好汉不靠家业，贤女不靠嫁妆。
o：懒汉嘴尖，泼妇舌长。
u：懒媳妇头上麻雀做窝。
ū：巧媳妇难为无米之炊。
na：笨木匠浪费木料，拙媳妇浪费布料。
ne：巧媳妇无香袋，巧木匠无棺材。
ni：江山县妇人不穿裤，常山县妇人不吃醋。

六、里仁為美

a：falga de gosingga be sain obuhabi.
e：juwan booi dolo urunakū tondo akdun ningge bi.
i：sain morin jugūn sonjorakū, sain haha weile sonjorakū.
o：niyalma acanara etuku be sonjome etumbi.
u：gasha den hailan be sonjome feyelembi.
ū：sain gasha moo be sonjofi doombi, sain amban ejen be sonjome weilembi.
na：moo gilajan de amba gasha tomorakū.
ne：weji gargiyan de amba gurgu bisirakū.
ni：na hingke oci amba jaka banjirakū.

---

a：里仁爲美。
e：十室之邑必有忠信。
i：好馬不擇路，好漢不挑活。
o：人選合適的衣服穿著。
u：鳥擇高大的樹搭窩。
ū：良禽相木而棲，賢臣擇主而事。
na：樹禿大禽不棲。
ne：林疏大獸不居。
ni：地薄大物不產。

---

a：里仁为美。
e：十室之邑必有忠信。
i：好马不择路，好汉不挑活。
o：人选合适的衣服穿着。
u：鸟择高大的树搭窝。
ū：良禽相木而栖，贤臣择主而事。
na：树秃大禽不栖。
ne：林疏大兽不居。
ni：地薄大物不产。

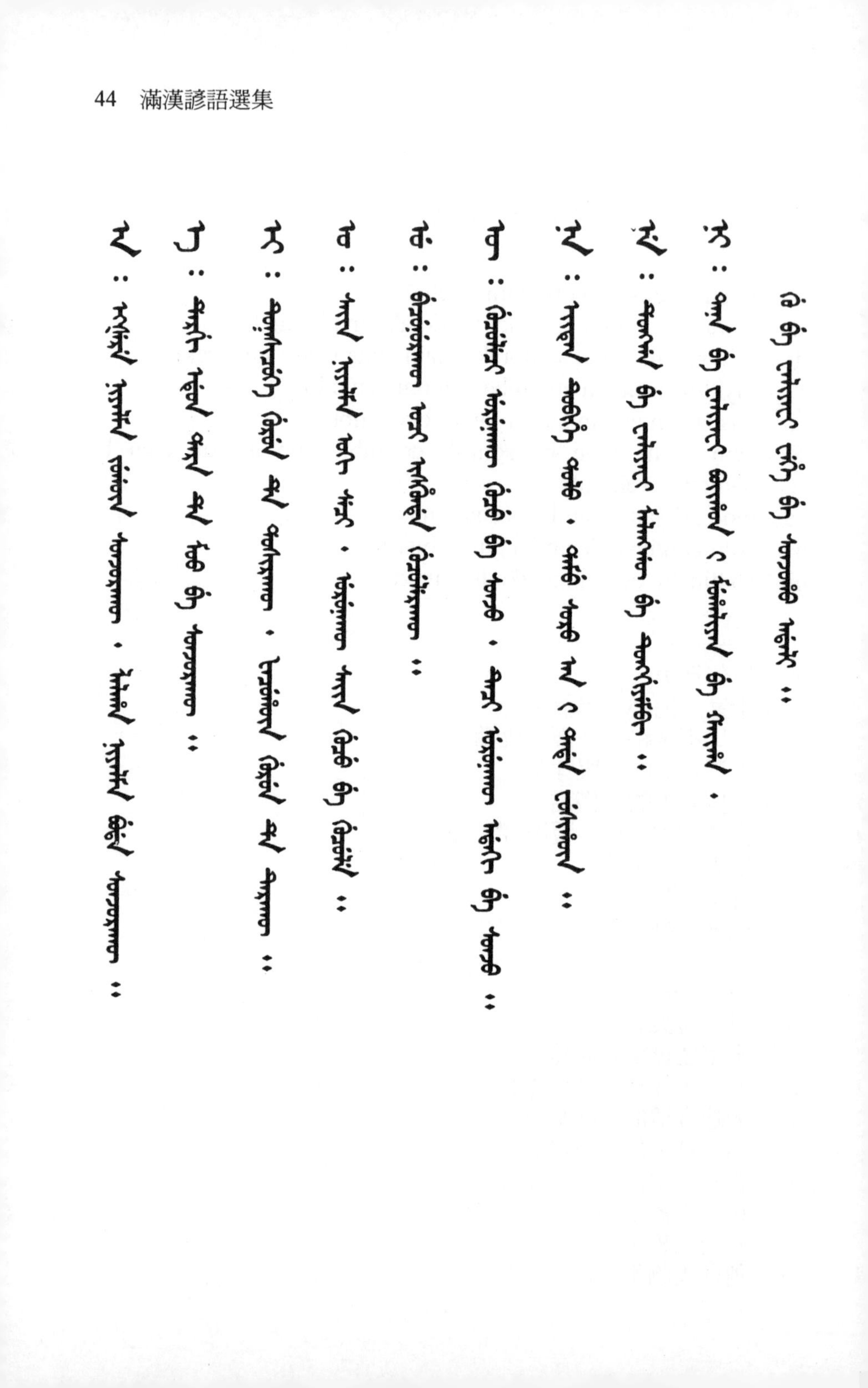

[illegible]

[illegible]

[illegible]

[illegible]

[illegible]

[illegible]

[illegible]

[illegible]

[illegible]

[illegible]

a ：ekšere niyalma jugūn sonjorakū, lalaha niyalma buda sonjorakū.
e ：dergi edun dara de moo be sonjorakū.
i ：tuksicuke gurun de dosirakū, facuhūn gurun de terakū.
o ：sain niyalma oki seci, urunakū sain gucu be gucule.
u ：becunurakū oci ishunde guculerakū.
ū ：guculeci urunakū gucu be sonjo, teci urunakū adaki be sonjo.
na ：eiten tubihe dolo, damu soro an i dade fusihūn.
ne ：dungga be waliyafi malanggū be tunggiyembi.
ni ：tana be waliyafi boihon i muhaliyan be gaiha, gu be waliyafi wehe be sonjoho adali.

---

a ：慌不擇路，飢不擇食。
e ：東風不擇木。
i ：危邦不入，亂邦不居。
o ：要成好人，須結好友。
u ：不打不成交。
ū ：交必擇友，居必擇鄰。
na ：百果中惟棗凡且鄙。
ne ：丟了西瓜揀芝蔴。
ni ：如捨明珠而就泥丸，棄良玉而抱頑石。

---

a ：慌不择路，饥不择食。
e ：东风不择木。
i ：危邦不入，乱邦不居。
o ：要成好人，须结好友。
u ：不打不成交。
ū ：交必择友，居必择邻。
na ：百果中惟枣凡且鄙。
ne ：丢了西瓜拣芝麻。
ni ：如舍明珠而就泥丸，弃良玉而抱顽石。

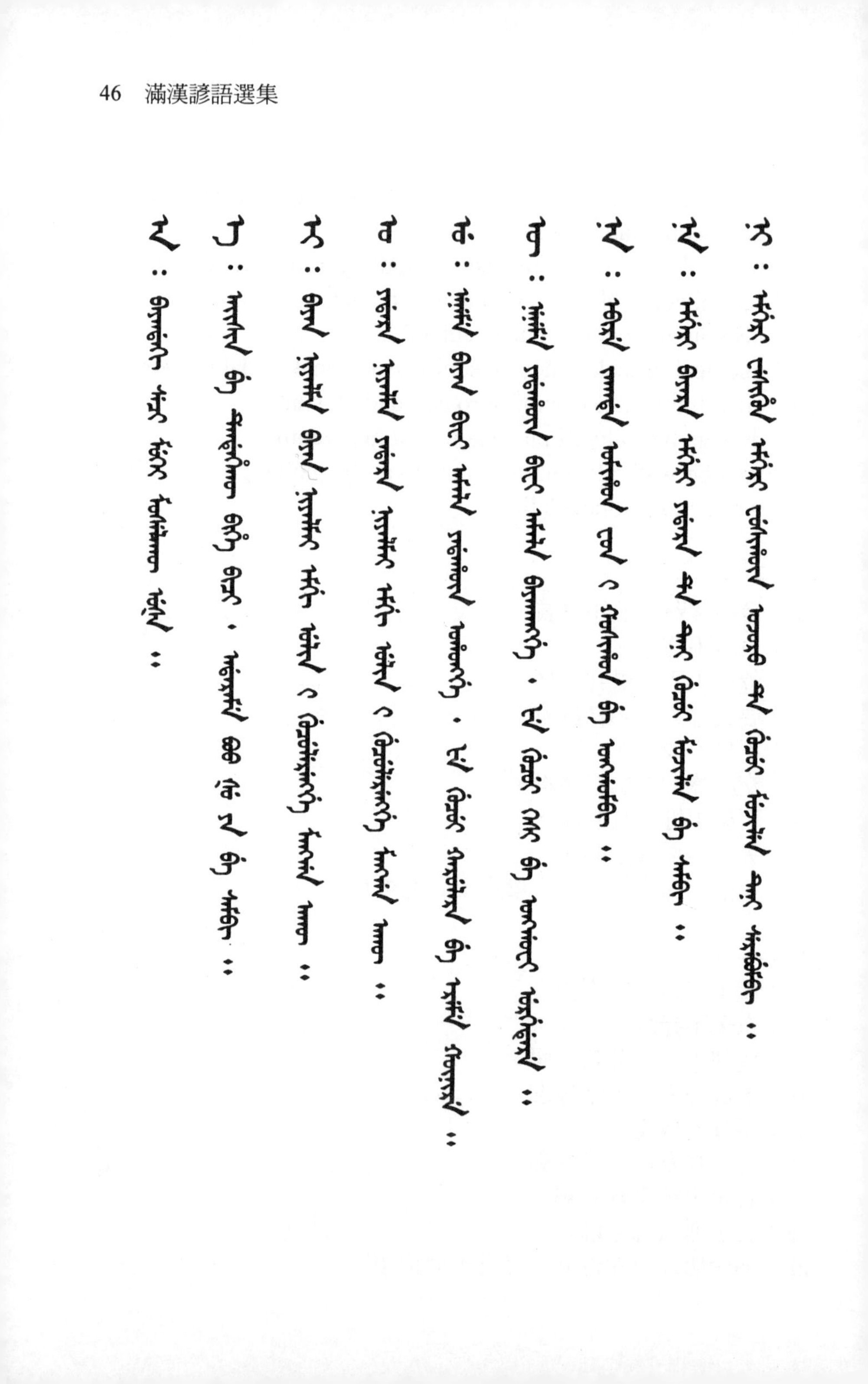

ᠠ: [illegible]

ᡝ: [illegible]

ᡳ: [illegible]

ᠣ: [illegible]

ᡠ: [illegible]

ᡡ: [illegible]

ᠨᠠ: [illegible]

ᠨᡝ: [illegible]

ᠨᡳ: [illegible]

七、一富一貧

a ：bayandaki seci mukei moselakū uša.
e ：aisin be dendehekū bihe bici, adarame boo šu ya be sambi.
i ：bayan niyalma bayan niyalmai emgi ulin i guculerengge mangga akū.
o ：yadara niyalma yadara niyalmai emgi ulin i guculerengge mangga akū.
u ：neneme bayan bifi amala yadahūn ohongge, fe gucui karulara be ereme gūnire.
ū ：neneme yadahūn bifi amala bayankangge, fe gucui kesi be onggofi urgedere.
na：ebire jakade omihon fon i gosihon be onggombi.
ne：emgeri bayara emgeri yadara de teni gucui mujilen be sambi.
ni ：emgeri wesihun emgeri fusihūn ojoro de gucui mujilen teni serebumbi.

---

a ：若要富，牽水磨。
e ：不分金，安見鮑叔牙。
i ：富與富交財不難。
o ：貧與貧交財不難。
u ：先富後貧者未免責望舊交之報。
ū ：先貧後富者未免失記舊交之恩。
na：飽時忘却饑時苦。
ne：一富一貧，乃見交情。
ni ：一貴一賤，交情乃見。

---

a ：若要富，牵水磨。
e ：不分金，安见鲍叔牙。
i ：富与富交财不难。
o ：贫与贫交财不难。
u ：先富后贫者未免责望旧交之报。
ū ：先贫后富者未免失记旧交之恩。
na：饱时忘却饥时苦。
ne：一富一贫，乃见交情。
ni ：一贵一贱，交情乃见。

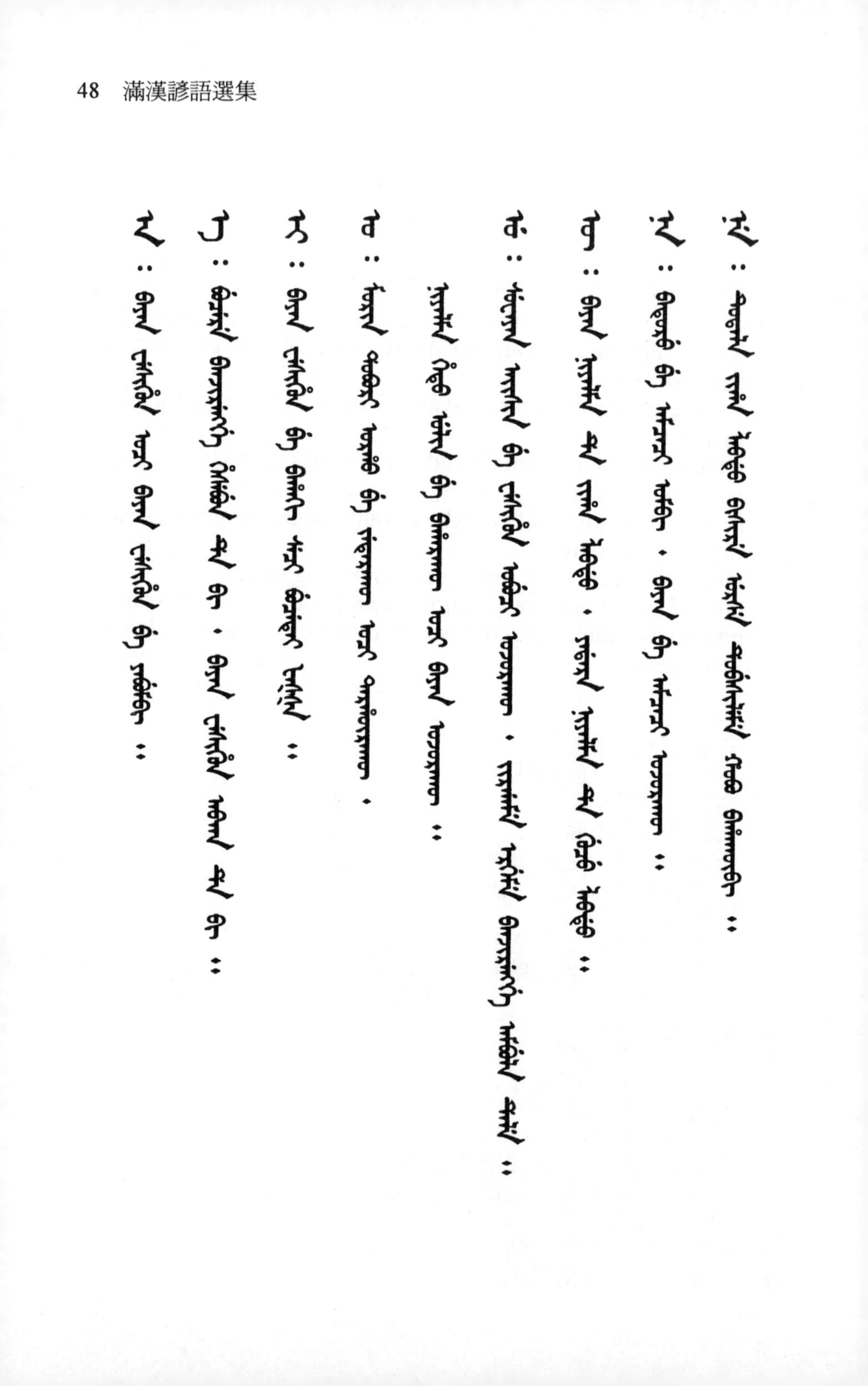

a ：bayan wesihun oci bayan wesihun be yabumbi.
e ：bucere banjirengge hesebun de bi, bayan wesihun abka de bi.
i ：bayan wesihun be bahaki seci bucetei faššа.
o ：morin dobori orho be jeterakū oci tarhūrakū, niyalma hetu ulin be baharakū oci bayan ojorakū.
u ：suwayan aisin be wesihun obuci ojorakū, jirgame ergeme banjirengge ambula dele.
ū ：bayan niyalma de jiha labdu, yadara niyalma de gucu labdu.
na：baturu be amcaci ombi, bayan be amcaci ojorakū.
ne：tutala jiha labdu bisire urse dubesileme hobo bahakūbi.

---

a：富貴行乎富貴。
e：死生有命，富貴在天。
i：欲求生富貴，須下死工夫。
o：馬無夜草不肥，人無橫財不富。
u：黃金未爲貴，安樂值錢多。
ū：富人錢財多，窮人朋友多。
na：勇可學，富不可學。
ne：多少有錢者，臨了沒棺材。

---

a：富贵行乎富贵。
e：死生有命，富贵在天。
i：欲求生富贵，须下死工夫。
o：马无夜草不肥，人无横财不富。
u：黄金未为贵，安乐值钱多。
ū：富人钱财多，穷人朋友多。
na：勇可学，富不可学。
ne：多少有钱者，临了没棺材。

[illegible] :: [illegible] [illegible] [illegible] [illegible] [illegible] · [illegible] ᡳ [illegible] [illegible] [illegible] [illegible] ::

[illegible] :: [illegible] [illegible] [illegible] [illegible] [illegible] · [illegible] [illegible] [illegible] [illegible] [illegible] ::

[illegible] :: [illegible] [illegible] [illegible] [illegible] [illegible] [illegible] [illegible] ::

[illegible] :: [illegible] [illegible] [illegible] [illegible] ::

[illegible] :: [illegible] [illegible] ᡳ [illegible] [illegible] [illegible] [illegible] · [illegible] [illegible] [illegible] [illegible] [illegible] [illegible] ::

[illegible] :: [illegible] [illegible] [illegible] ᠪᡝ [illegible] · [illegible] [illegible] [illegible] ᠪᡝ [illegible] ::

[illegible] :: ᠪᡝᠶᡝ [illegible] [illegible] [illegible] [illegible] ᠪᡝ [illegible] · [illegible] [illegible] [illegible] [illegible] [illegible] [illegible] ᡳ [illegible] ᠪᡳ ::

[illegible] :: [illegible] [illegible] [illegible] [illegible] [illegible] · [illegible] [illegible] [illegible] [illegible] [illegible] [illegible] ::

[illegible] :: ᠪᡝᠶᡝ [illegible] [illegible] [illegible] ᠪᡳ · [illegible] [illegible] [illegible] ᠪᡳ ::

a ：bayan wesihun abka de bi, bahara de giyan bi.
e ：hesebun de bici jiduji bahambi, hesebun de akū oci ume murime baire.
i ：bayan wesihun gemu hūturingga niyalma be baimbi, gebu aisi de geli gebu aisi i jobolon bi.
o ：ergen guweme ulin be gūnime, yoo duleme nimere be onggombi.
u ：ferguwecuke hacin i bayan wesihun oho seme, bucembi sere hergen ci ukcame muterakū.
ū ：eleme saci kemuni tesumbi.
na：eleme sarkū urse bayan wesihun bicibe inu jobombi.
ne：ši cung neneme bayan bihe, beye wabure gasaha ci guwebukūbi.
ni ：deng tung omihon de bucehe, teišun i alin ai baita ni.

---

a ：富貴在天，得之有道。
e ：命裡有時終須有，命裡無時莫強求。
i ：富貴自是福來投，名利還有名利憂。
o ：得命思財，瘡好忘痛。
u ：富貴驚人，難免無常二字。
ū ：知足常足。
na：不知足者富貴亦憂。
ne：石崇當日富，難免殺身災。
ni ：鄧通飢餓死，錢山何用哉！

---

a ：富贵在天，得之有道。
e ：命里有时终须有，命里无时莫强求。
i ：富贵自是福来投，名利还有名利忧。
o ：得命思财，疮好忘痛。
u ：富贵惊人，难免无常二字。
ū ：知足常足。
na：不知足者富贵亦忧。
ne：石崇当日富，难免杀身灾。
ni ：邓通饥饿死，钱山何用哉！

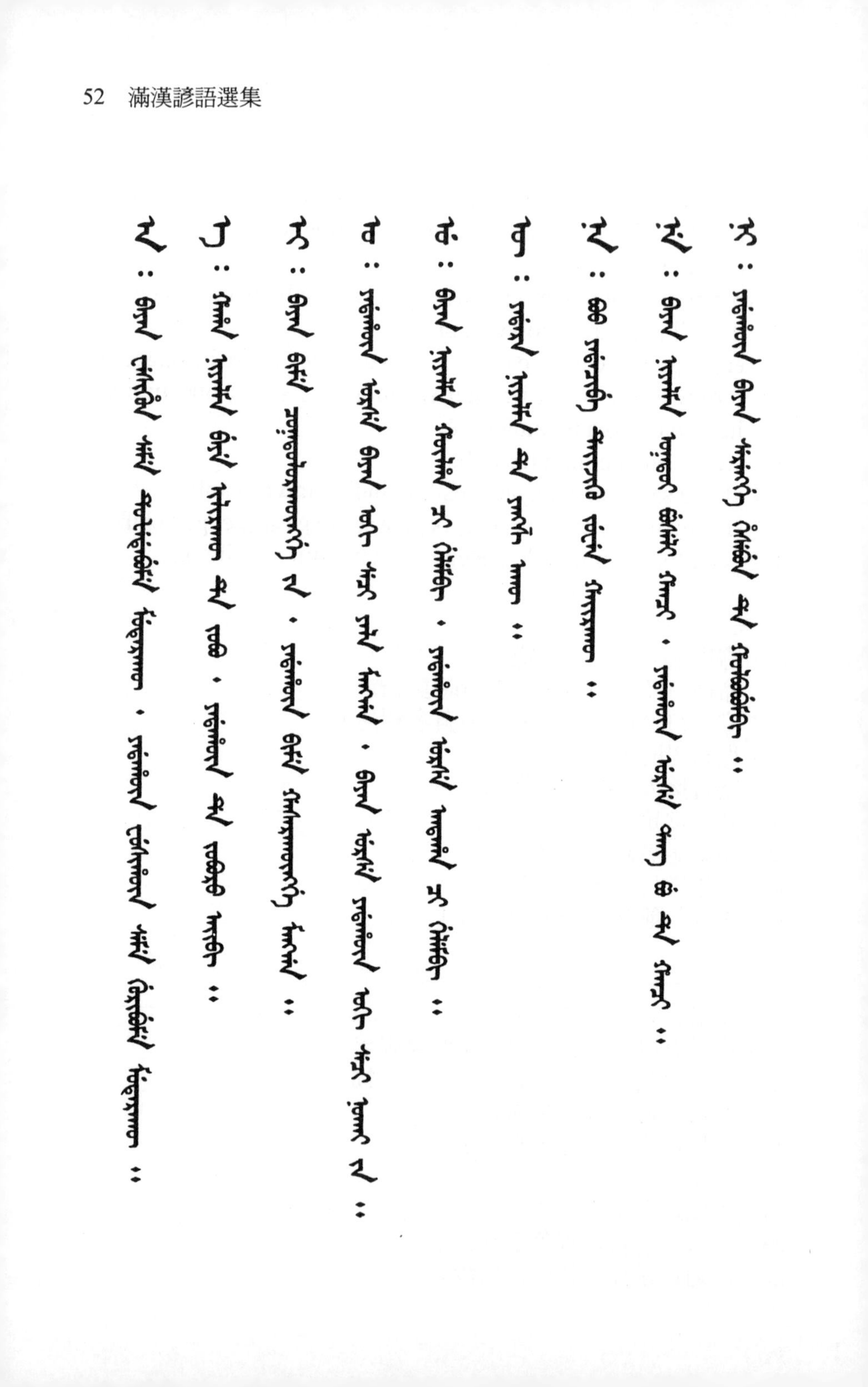

八、安貧樂道

a ：bayan wesihun seme dufedebume muterakū, yadahūn fusihūn seme guribume muterakū.
e ：haha niyalma beye ilirakū de jobo, yadahūn de joboro aibi.
i ：bayan bime coktolorakūngge ja, yadahūn bime gasarakūngge mangga.
o ：yadahūn urse bayan oki seci yala mangga, bayan urse yadahūn oki seci nokai ja.
u ：bayan niyalma hūlha ci gelembi, yadahūn urse antaha ci gelembi.
ū ：yadara niyalma de yangdz akū.
na ：boo yadacibe deijiku juwen gairakū.
ne ：bayan niyalma oktoi puseli hanci, yadahūn urse dang pu de hanci.
ni ：yadahūn bayan serengge hesebun de holbobumbi.

---

a ：富貴不能淫，貧賤不能移。
e ：男子患不自立，何患貧。
i ：富而無驕易，貧而無怨難。
o ：貧者願富為難，富者求貧甚易。
u ：富人怕賊，窮人怕客。
ū ：窮苦人不打扮。
na ：家窮柴不借。
ne ：富人近藥店，窮人近當鋪。
ni ：貧富命也。

---

a ：富贵不能淫，贫贱不能移。
e ：男子患不自立，何患贫。
i ：富而无骄易，贫而无怨难。
o ：贫者愿富为难，富者求贫甚易。
u ：富人怕贼，穷人怕客。
ū ：穷苦人不打扮。
na ：家穷柴不借。
ne ：富人近药店，穷人近当铺。
ni ：贫富命也。

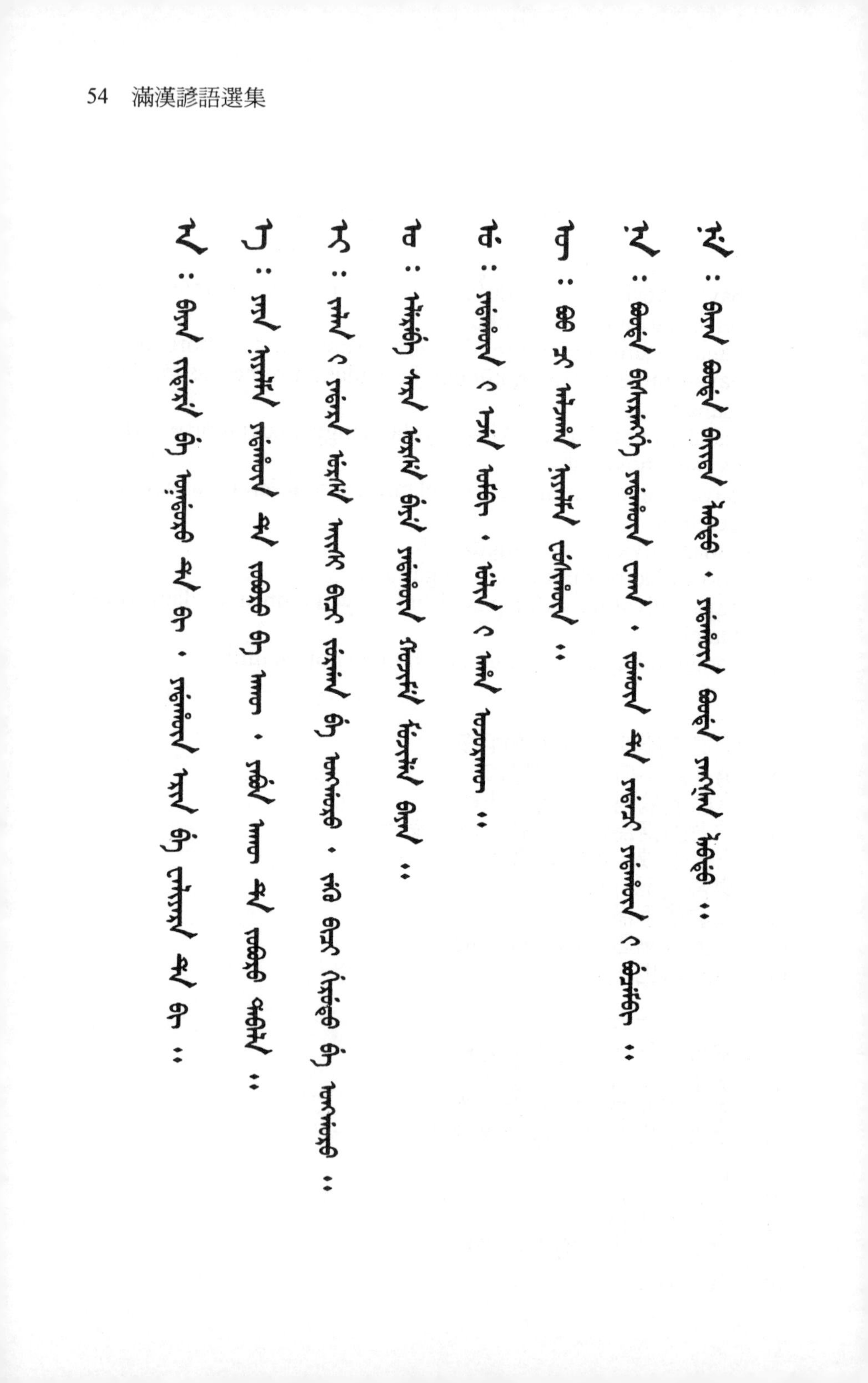

[illegible]

[illegible]

[illegible]

[illegible]

[illegible]

[illegible]

[illegible]

[illegible]

a：bayan jidere be okdoro de bi yadahūn erin be waliyara de bi.
e：yaya niyalma yadahūn de joboro ba akū, yabun akū de joboro dabala.
i：jalan i yadara urse aisi bici jurgan be onggoro, jeku bici girutu be onggoro.
o：elerebe sara urse beye yadahūn gojime mujilen bayan.
u：yadahūn i ejen ombi, ulin i aha ojorakū.
ū：boo ci aljaha niyalma fusihūn.
na：boode bisirengge yadahūn waka, jugūn de yadaci yadahūn i bucembi.
ne：bayan boode baita labdu, yadahūn boode yangšan labdu.

---

a：富在迎來，貧在棄時。
e：人不患貧，患無行耳。
i：世之貧者，利所在忘義，食所在忘恥。
o：知足者身貧而心富。
u：寧做貧窮的主人，不做財富的奴隸。
ū：人離鄉賤。
na：在家不是貧，路貧貧殺人。
ne：富貴人家是非多，貧寒人家吵鬧多。

---

a：富在迎来，贫在弃时。
e：人不患贫，患无行耳。
i：世之贫者，利所在忘义，食所在忘耻。
o：知足者身贫而心富。
u：宁做贫穷的主人，不做财富的奴隶。
ū：人离乡贱。
na：在家不是贫，路贫贫杀人。
ne：富贵人家是非多，贫寒人家吵闹多。

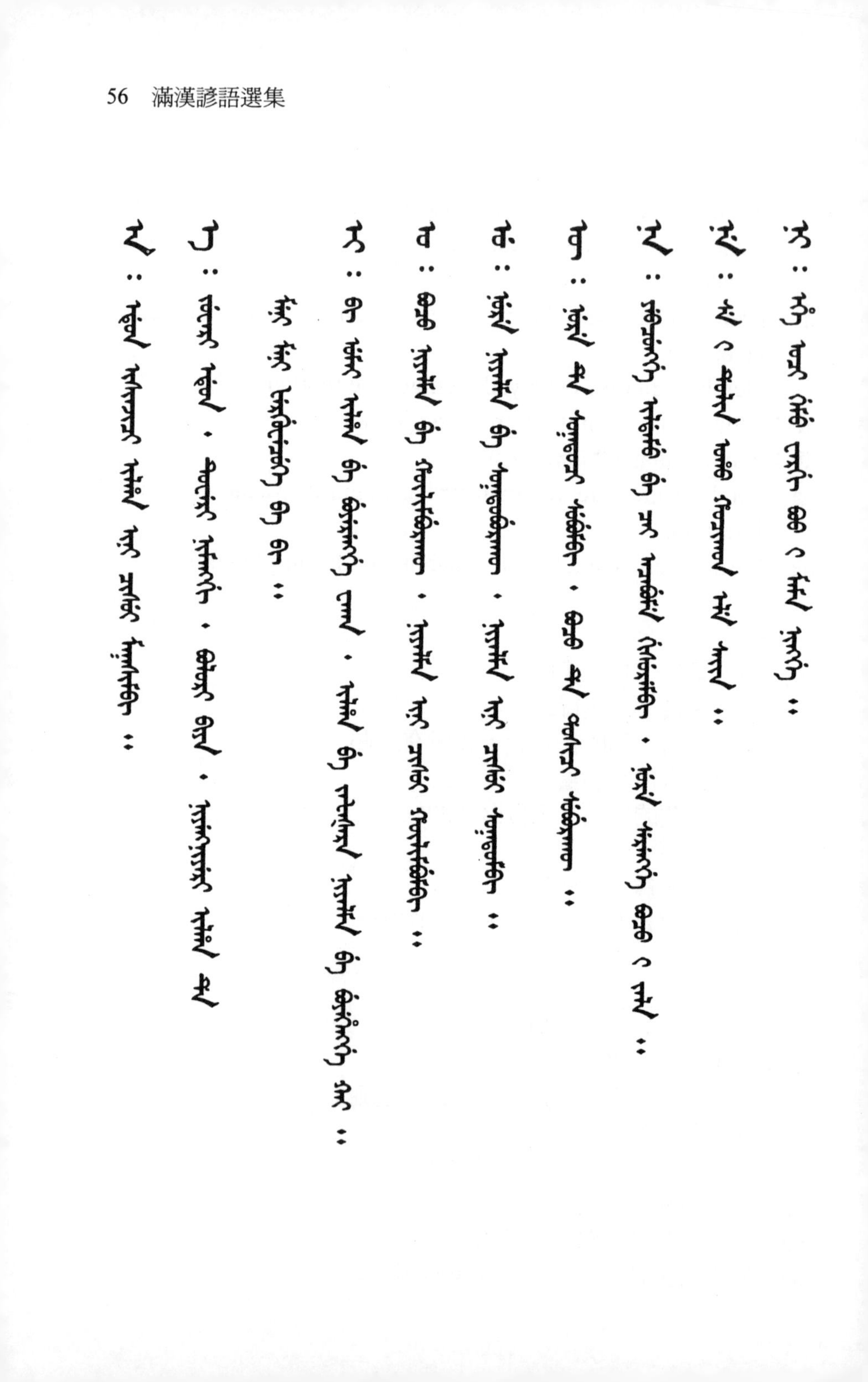

[illegible]

九、酒色財氣

a：edun isinjici ilha ini cisui maksimbi.
e：juwari edun, tuweri nimanggi, bolori biya, niyengniyeri ilha de, meni meni ferguwecuke ba bi.
i：bi umai ilha be buyerengge waka, ilha be jafašara niyalma be buyehengge kai.
o：boco niyalma be hūlimburakū, niyalma ini cisui hūlimbumbi.
u：nure niyalma be soktoburakū, niyalma ini cisui soktombi.
ū：nure de soktoci subumbi, boco de dosici suburakū.
na：yebcungge ildamu be cai acabume gisurembi, nure serengge boco i jala.
ne：se i dulin oho hocikon ele sain.
ni：ehe oci gemu wargi boo i mama ningge.

---

a：風來花自舞。
e：夏風冬雪，秋月春花，各有其妙。
i：我非愛花，愛拈花人耳。
o：色不迷人人自迷。
u：酒不醉人人自醉。
ū：酒醉易醒，溺色難醒。
na：風流茶說合，酒是色媒人。
ne：半老佳人情更長。
ni：壞事都是西家婆的。

---

a：风来花自舞。
e：夏风冬雪，秋月春花，各有其妙。
i：我非爱花，爱拈花人耳。
o：色不迷人人自迷。
u：酒不醉人人自醉。
ū：酒醉易醒，溺色难醒。
na：风流茶说合，酒是色媒人。
ne：半老佳人情更长。
ni：坏事都是西家婆的。

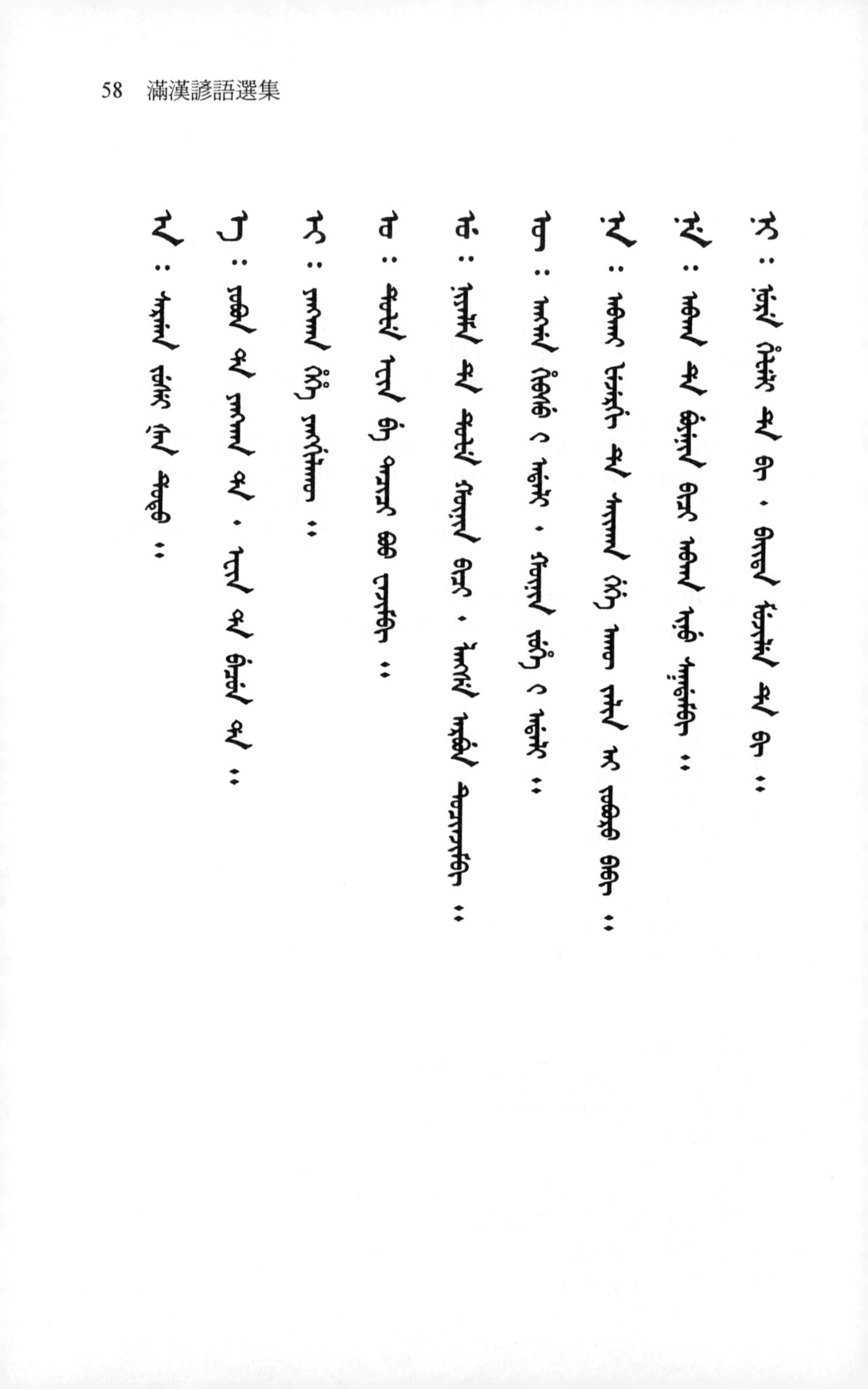

[illegible]

[illegible]

[illegible]

[illegible]

[illegible]

[illegible]

[illegible]

[illegible]

[illegible]

[illegible]

a ：sargan jusei šan dutu.
e ：yobon da yangkan da, efin da becun da.
i ：yangkan hehe yanggilakū.
o ：dufe efin be tacici boo wajimbi.
u ：niyalma de dufe gūnin bici, langse arbun tucinjimbi.
ū ：angga hibsu i adali, gūnin juhe i adali.
na：abkai fejergi de saikan gege akū jalin ai joboro babi.
ne：abka de buyenin bici abka inu sakdambi.
ni ：nure hefeli de bi, baita mujilen de bi.

---

a ：閨女的耳朵聾。
e ：調情致淫亂，玩笑招紅臉。
i ：淫婦走路愛扭腰。
o ：習淫嬉則家亡。
u ：人有淫心，是生褻境。
ū ：嘴裡甜蜜蜜，心裡冷冰冰。
na：天下何患無佳人。
ne：天若有情天亦老。
ni ：酒在肚裡，事在心頭。

---

a ：闺女的耳朵聋。
e ：调情致淫乱，玩笑招红脸。
i ：淫妇走路爱扭腰。
o ：习淫嬉则家亡。
u ：人有淫心，是生亵境。
ū ：嘴里甜蜜蜜，心里冷冰冰。
na：天下何患无佳人。
ne：天若有情天亦老。
ni ：酒在肚里，事在心头。

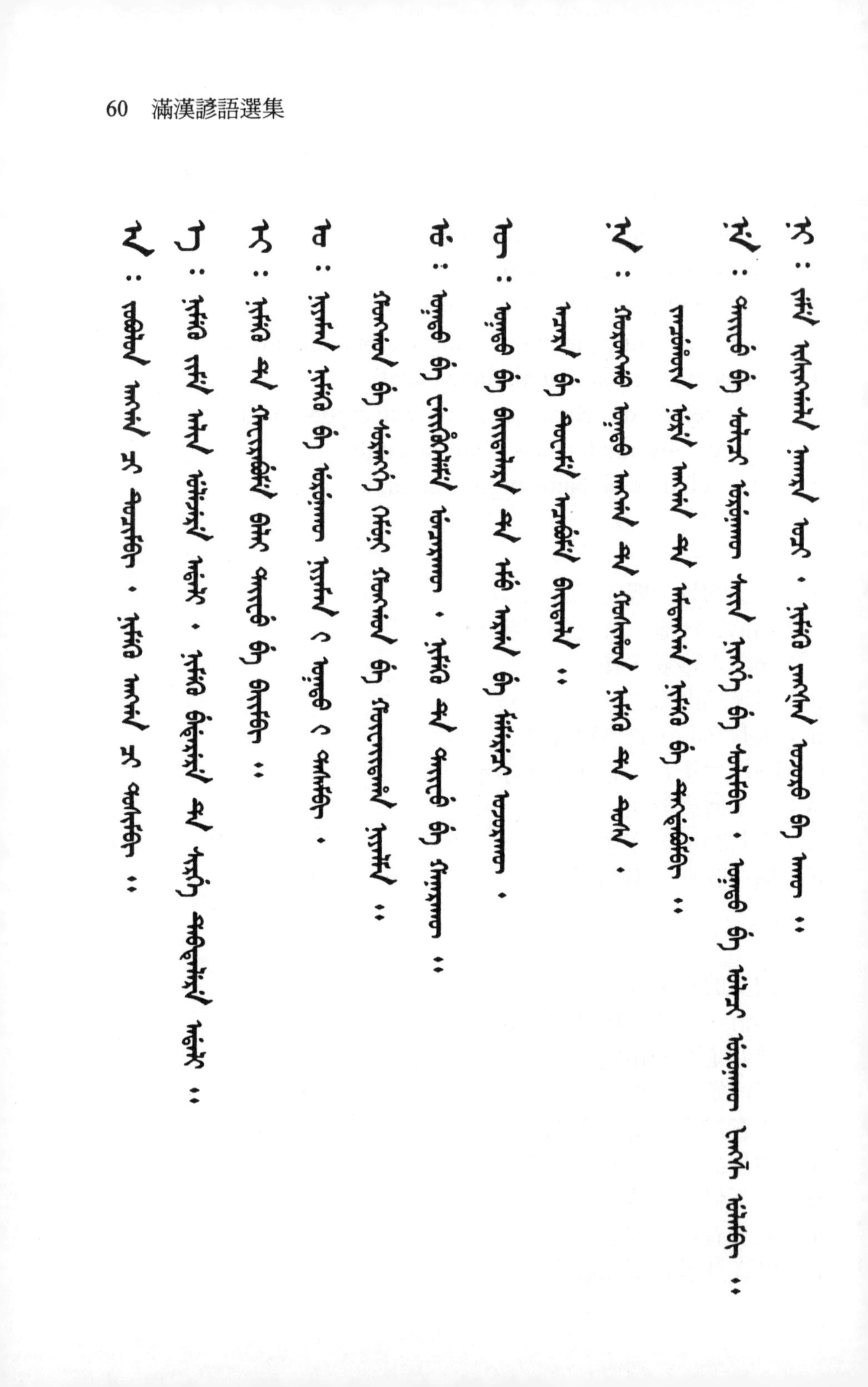

[illegible]

[illegible]

[illegible]

[illegible]

[illegible]

[illegible]

[illegible]

[illegible]

[illegible]

十、病從口入

a ：jobolon angga ci tucimbi, nimeku angga ci dosimbi.
e ：nimeku jime alin ulejere adali, nimeku bederere de sirge debtelere adali.
i ：nimeku de hafirabume balai daifu be baimbi.
o ：niyaman nimeku be urunakū niyaman i okto i dasambi, honggon be surengge kemuni honggon be hūwaitaha niyalma.
u ：okto be weihukeleme uncarakū, nimeku de daifu be ganarakū.
ū ：okto be baitalara de emu arga be memereci ojorakū, acara be tuwame acabume baitala.
na ：horonggo okto angga de gosihon nimeku de tusa, jancuhūn nure angga de amtangga nimeku be dekdebumbi.
ne ：daifu be solici urunakū sain ningge be solimbi, okto be ulaci urunakū fangdz ulambi.
ni ：jeme isinggala nakara oci, nimeku yangšan ojoro ba akū.

---

a ：禍由口出，病從口入。
e ：病來如山倒，病去如抽絲。
i ：病篤亂投醫。
o ：心病終須心藥醫，解鈴還是繫鈴人。
u ：藥不輕賣，病不討醫。
ū ：藥不執方，合宜而用。
na ：良藥苦口治病，甜酒適口生病。
ne ：請醫須請良，傳藥須傳方。
ni ：食可而止，則疾痛不作。

---

a ：祸由口出，病从口入。
e ：病来如山倒，病去如抽丝。
i ：病笃乱投医。
o ：心病终须心药医，解铃还是系铃人。
u ：药不轻卖，病不讨医。
ū ：药不执方，合宜而用。
na ：良药苦口治病，甜酒适口生病。
ne ：请医须请良，传药须传方。
ni ：食可而止，则疾痛不作。

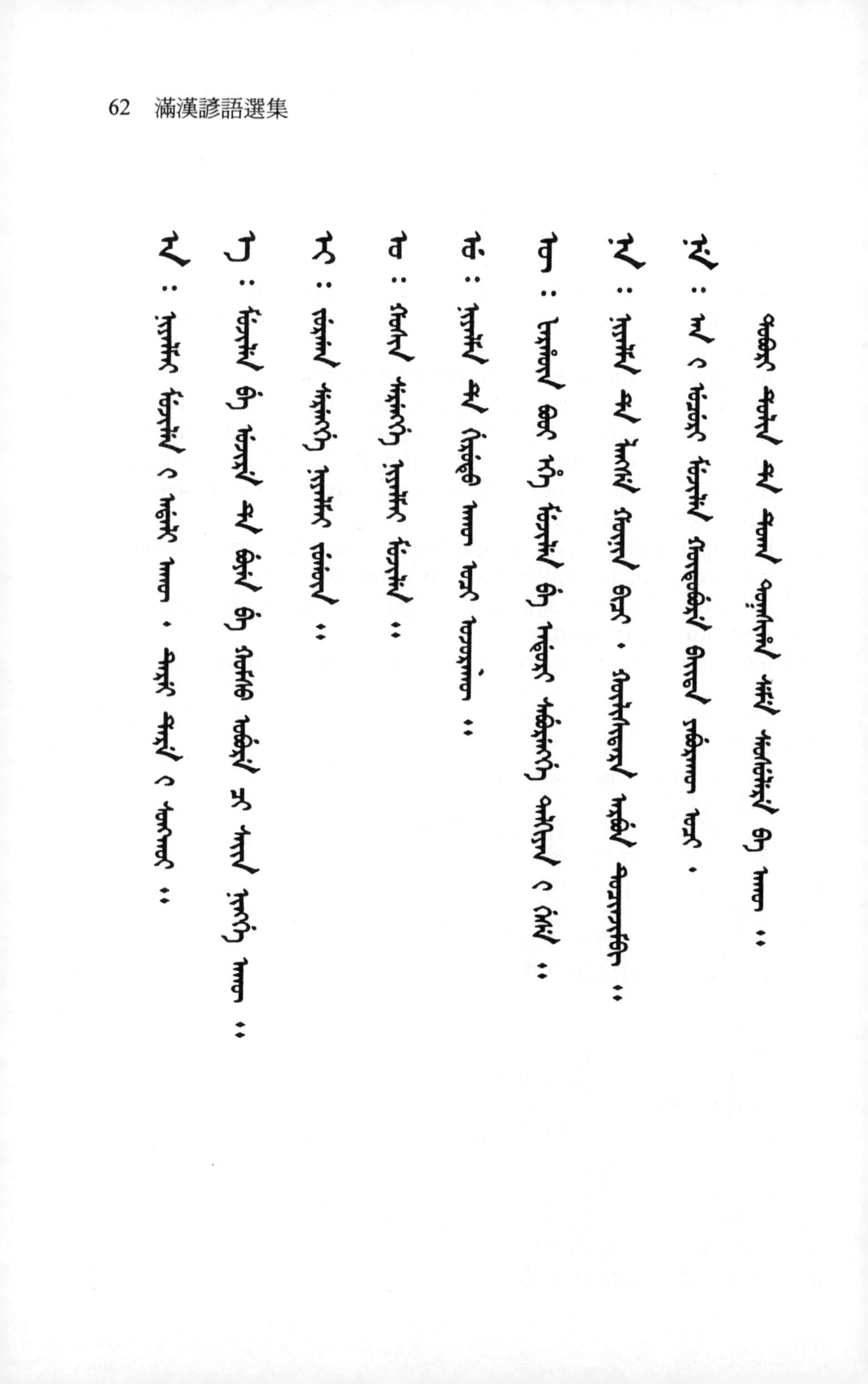

十一、人心不同

a：niyalmai mujilen i adali akū, terei dere i songkoi.
e：mujilen be ujire de buyen be komso obure ci sain ningge akū.
i：jurgan serengge niyalmai jugūn.
o：gosin serengge niyalmai mujilen.
u：niyalma de girutu akū oci ojorakū.
ū：farhūn booi ehe mujilen be, enduri saburengge talkiyan i gese.
na：niyalma de langse gūnin bici, kūlisitara arbun tucinjimbi.
ne：an i ucuri mujilen gūtubure baita yaburakū oci, dobori dulin de duka toksiha seme sesulere ba akū.

---

a：人心之不同如其面。
e：養心莫善於寡欲。
i：義者，人路也。
o：仁者，人心也。
u：人不可以無恥。
ū：暗室虧心，神目如電。
na：人有褻心，是生怖境。
ne：平時不作虧心事，半夜敲門不吃驚。

---

a：人心之不同如其面。
e：养心莫善于寡欲。
i：义者，人路也。
o：仁者，人心也。
u：人不可以无耻。
ū：暗室亏心，神目如电。
na：人有亵心，是生怖境。
ne：平时不作亏心事，半夜敲门不吃惊。

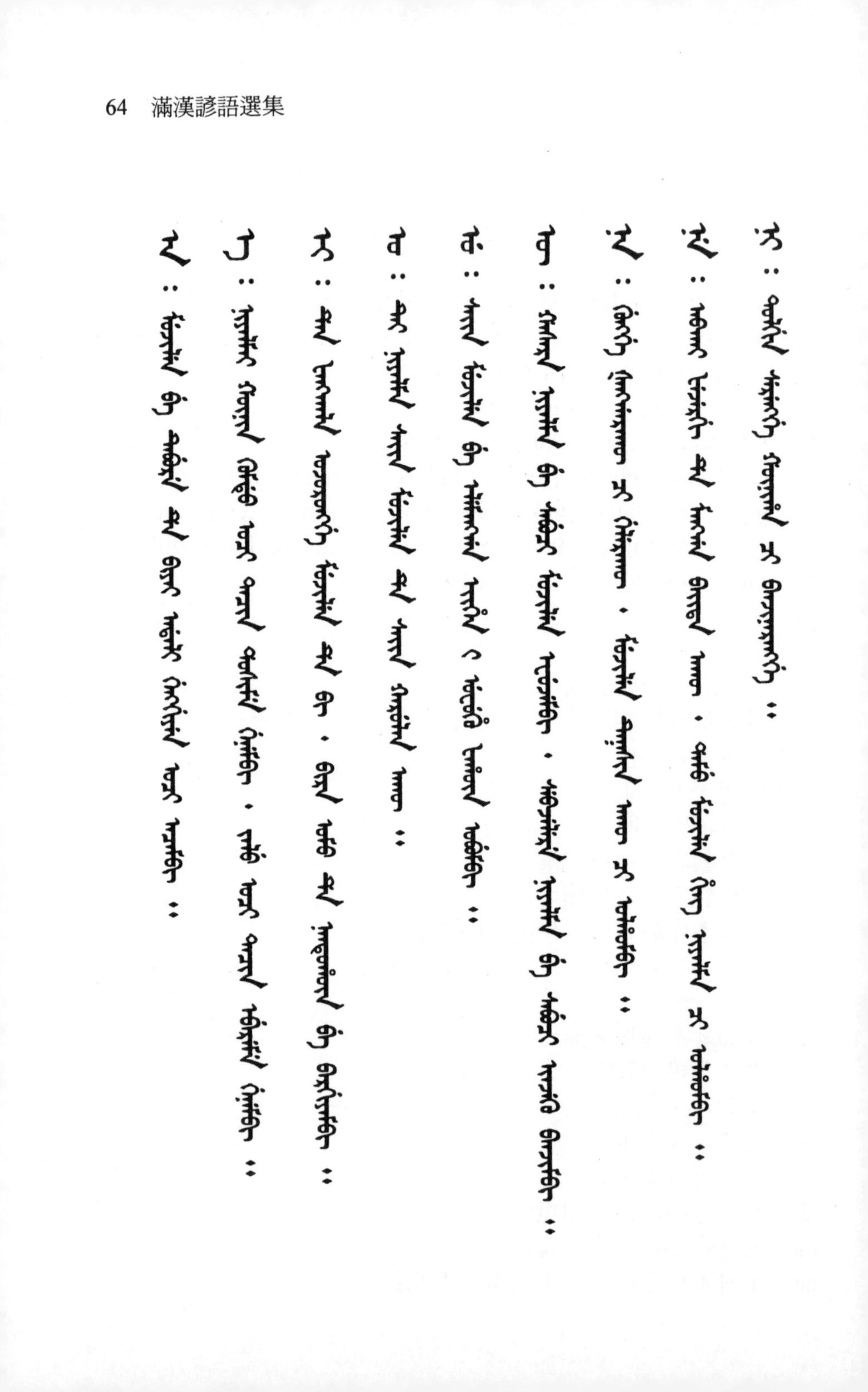

a ：mujilen be tebure de biyai adali genggiyen oci acambi.
e ：niyalmai gūnin kumdu oci tacin dosime genembi, jalu oci tacin ebereme genembi.
i ：den fangkala ojorongge mujilen de bi, bira omo de nantuhūn be bargiyambi.
o ：tei niyalma sain mujilen de sain karulan akū.
u ：sain mujilen be elemangga eihen i ufuhu fahūn obumbi.
ū ：gasara niyalma be sabuci mujilen efujembi, sebjelere niyalma be sabuci injeku banjimbi.
na ：gungge šanggarakū ci gelerakū, mujilen teksin akū ci olhombi.
ne ：abkai fejergi de mangga baita akū, damu mujilen hing niyalma ci olhombi.
ni ：tolgin serengge gūniha ci banjinarangge.

---

a ：存心當如月之明。
e ：人心虛則所學進，盈則所學退。
i ：高下在心，川澤納污。
o ：今人好心不得好報。
u ：好心倒做了驢肝肺。
ū ：見了哭的人傷心，見了樂的人長笑。
na：不怕功不成，只怕心不正。
ne：天下無難事，只怕有心人。
ni ：夢是心頭想。

---

a ：存心當如月之明。
e ：人心虛則所學進，盈則所學退。
i ：高下在心，川澤納污。
o ：今人好心不得好報。
u ：好心倒做了驢肝肺。
ū ：見了哭的人傷心，見了樂的人長笑。
na：不怕功不成，只怕心不正。
ne：天下無難事，只怕有心人。
ni ：夢是心頭想。

ᠨᠠᡴ : ᡶᡠᠯᡤᡳᠶᠠᠨ ᠪᡝ ᡧᠠᠩᡤᡳᠶᠠᠨ ᠣᠪᡠᡵᡝ ᠪᡝ ᠰᠠᡵᡴᡡ ᠣᠮᠪᡳ ::

ᠨᠠᠨ : ᠮᠣᡩᠣ ᠵᡠᠯᡤᡝᠯᡝ ᡩᡝ ᡤᡝᠯᡝᠮᠪᡳ · ᠨᡳᠶᠠᠯᠮᠠ ᡝᡵᡤᡝᠨ ᡩᡝ ᡤᡝᠯᡝᠮᠪᡳ ::

ᠨᠠᠨ : ᠨᡳᠶᠠᠯᡳ ᡳ ᡩᡠᡵᡤᡝᠨ ᠪᠠᡳᡨᠠ ᡤᡝᠮᡠ ::

ᠨᡝᠣ : ᡶᡠᠯᡝᡴᡝ ᡶᡠᠯᡝᡥᡝᠨ ᡩᡠᠯᡳᠮᠪᠠᡴᡝ ᠴᠠᠯᠠ ᠣᡵᡤᡝ · ᡩᡠᡵᡤᡝ ᡶᡠᠯᡤᡳᠶᠠᠨ ᡠᡵᡤᡠᠵᡝᠮᠪᡳ ᡤᡝᡵᡝ ::

ᠨᡝᠪᡠ : ᠪᠠᡳᠮᠪᡳᠨ ᠪᠣᠪᠣᠨ ᡤᡝᡩᡝᠪᡠ ᡤᡝᠮᠪᡳ · ᠨᡳᠶᠠᠯᠮᠠ ᠪᠠᡳᡨᠠ ᠪᠠᡳᠴᠠᡳᡳᠪᡠᠪᡠᡴᡡ ::

ᠨᡝᠣ : ᡤᡠᠯᡝᡴᡝ ᠰᠠᠪᡠ ᠰᡝᡵᡤᡝᠨᡤᡝ ᠪᡳᠮᠪᡝ · ᡤᡠᡵᡠ ᡤᡠᠯᡳᡴᡝᠮᠪᡳ ᡩᠣᠯᠣᡵᡝ ᠪᡳᡥᡝᠮᠪᡳ ::

ᠨᡝᡴ : ᠰᡝᠪᡝᠨ ᠨᡳᠶᠠᠯᠮᠠ ᡩᡝᡵᡤᡠᠨᡝ ᡠᡵᡤᡠᠨ ᠪᠠᡳᠵᡳᠨ · ᠪᠠᡳᡨᠠ ᡠᡵᡤᡠᠨ ᡩᡝᡵᡤᡠᠨᡝ ᠰᡝᡵᡤᡝᠨ ᡤᡝᠮᡠ ᡤᡝᠮᠪᡳ ::

ᠨᡝ : ᠪᡠᠪᡠ ᡤᡠᡵᡤᡝᠨ ᠰᡝᡵᡤᡝᠨ ᠪᡝ ᠨᡳᠶᠠᠯᠮᠠ ᠪᡝ ᡤᡠᡵᡤᡝᠨ ::

ᠨᡝᠨ : ᠨᡳᠶᠠᠯᠮᠠ ᠪᡝ ᠴᠠᠯᡳᠮᠪᡳᠨ ᡶᡠᠯᡤᡳᠶᠠᠨ ᠪᡝ ᠪᠠᡳᠨ ᠪᡝ ᠴᠠᠯᡳᠨ ::

a ：niyalma be wakašara mujilen be beye be wakaša.
e ：beyebe giljara gūnin be niyalma be gilja.
i ：yadahūn niyalma daruhai urgun sebjen, bayan urse daruhai gūnin elhe akū.
o ：hefeli jalu gūniha baita, gemu gisurerakū dorgide baktakabi.
u ：fayangga bimbime ejesu akū, niyaman fahūn farfabuhabikai.
ū ：musei mukūn duwali waka oci, terei mujilen urunakū encu.
na ：niohe i deberen banin eshun.
ne ：lefu tarhūn de eleburakū, niyalma sain de eleburakū.
ni ：mujilen be ajige fahūn be amba obu.

---

a ：以責人之心責己。
e ：以恕己之心恕人。
i ：人窮常快樂，人富常擔心。
o ：滿腹心事，盡在不言中。
u ：有魂沒識，心不在肝上。
ū ：非我族類，其心必異。
na ：狼子野心。
ne ：熊不嫌肥，人不知足。
ni ：心欲小而膽欲大。

---

a ：以责人之心责己。
e ：以恕己之心恕人。
i ：人穷常快乐，人富常担心。
o ：满腹心事，尽在不言中。
u ：有魂没识，心不在肝上。
ū ：非我族类，其心必异。
na ：狼子野心。
ne ：熊不嫌肥，人不知足。
ni ：心欲小而胆欲大。

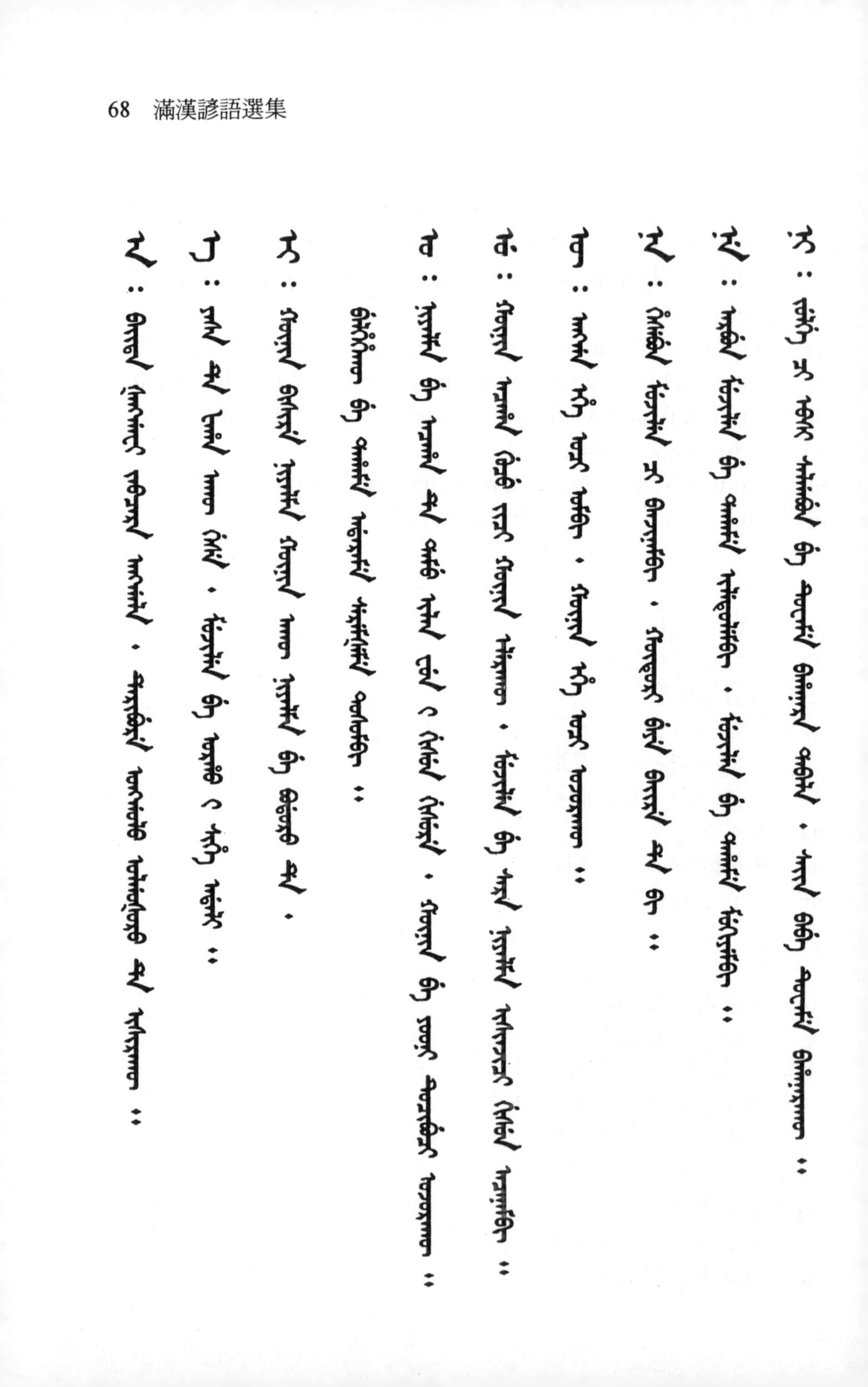

a ：baita šanggafi jabcara anggala, deribure onggolo olgošoro de isirakū.
e ：yasa de faha akū gese, mujilen be orho i sihe adali.
i ：gūnin bisire niyalma gūnin akū niyalma be bodoro de, belhehekū be dahame adarame seremšeme tosombi.
o ：niyalma be acaha de damu ilan fun i gisun gisure, gūnin be yooni tucibuci ojorakū.
u ：gūnin acaha gucu jici gūnin elerakū, mujilen be sara niyalma isinjici gisun acanambi.
ū ：angga ehe oci ombi, gūnin ehe oci ojorakū.
na ：hesebun mujilen ci banjinambi, hūturi beye baire de bi.
ne ：arbun mujilen be dahame iletulembi, mujilen be dahame mukiyembi.
ni ：julge ci ebsi salgabun be tuwame bahanara dabala, sain babe tuwame bahanarakū.

---

a ：與其埋怨於事後，不如小心於當初。
e ：眼內不生瞳子，心都被茅塞盡了。
i ：有心算無心，不備怎防備。
o ：逢人且說三分話，未可全拋一片心。
u ：得意友來情不厭，知心人至話相投。
ū ：嘴可損，心不可損。
na ：命由心造，福在自己求。
ne ：相逐心生，相隨心滅。
ni ：自古算的著命，算不著相。

---

a ：与其埋怨于事后，不如小心于当初。
e ：眼内不生瞳子，心都被茅塞尽了。
i ：有心算无心，不备怎防备。
o ：逢人且说三分话，未可全抛一片心。
u ：得意友来情不厌，知心人至话相投。
ū ：嘴可损，心不可损。
na ：命由心造，福在自己求。
ne ：相逐心生，相随心灭。
ni ：自古算的着命，算不着相。

ᠨ : ᠨᡳᠶᠠᠯᠮᠠ ᡤᡡᠨᡳᠨ ᠨᡳᠶᠠᠯᠮᠠ ᡨᡠᠸᠠᠴᡳᡥᡳᠶᠠᠩᡤᠠ ᡩᡝ ᠮᡠᠰᡝᡴᡝᠨ ᡨᡠᠮᡝᠨ ::

ᠵ : ᡤᡳᠰᡠᠨ ᠪᡝ ᡩᠣᠨᠵᡳᠴᡳ ᠰᠠᡳᠨ ᠨᡳᠶᠠᠯᠮᠠ ᠪᠠᡳ , ᡤᡳᠰᡠᠨ ᠪᡝ ᡩᠣᠨᠵᡳᠴᡳ ᠰᠠᡳᠨ ᠨᡳᠶᠠᠯᠮᠠ ::

ᠨ : ᡥᡝᠯᡝᠨ ᡨᡠᠸᠠᠴᡳᡥᡳᠶᠠᠨ ᡳ ᡥᡝᡵᡤᡝᠨ ᡳ ᠪᠣᡳᡤᠣᠨ , ᡥᡝᠯᡝ ᡥᠠᡥᠠ ᠪᡝ ᠮᡠᠵᡳᠯᡝᠨ ᡤᡳᠰᡠᡵᡝᡥᡝᠪᡳ ::

ᠮ : ᡨᡠᠸᠠᡴᠠᠨ ᠪᡝ ᡨᡠᠮᡝᠨ ᠨᡳᠶᠠᠯᠮᠠ ᠮᡠᠵᡳᠯᡝᠨ ᡨᡠᠮᡝᠨ ᡳ ᠨᡳᠶᠠᠯᠮᠠ ::

ᠰ : ᡤᡳᠰᡠᠪᡠ ᠪᡝ ᡳ ᡤᡳᡵᡠᠴᡠᡥᡳᠶᠠᠨ ᠪᡝ ᠮᡠᠵᡳᠯᡝᠨ ᡨᡠᠸᠠᠮᠪᡳ ::

ᡨ : ᡥᡝᠯᡝ ᡳ ᠪᡠᠵᠠᠨ ᡩᡝ ᡥᡝᡵᡤᡝᠨ ᠨᡳᠶᠠᡵᡳᡥᡠ , ᡤᡳᠰᡠᠨ ᡳ ᠪᡠᠵᠠᠨ ᠨᡳᠶᠠᠯᠮᠠ ᠨᡳᠶᠠᡵᡳᡥᡠ ::

ᠨ : ᠰᡠᠰᡝ ᡤᡳᠰᡠᠨ ᠪᡝᠶᡝ , ᠰᡠᠰᡝ ᡨᡠᠸᠠᠴᡳᡥᡳᠶᠠᠨ ᡳ ᡥᠠᠯᡥᡡᠨ ᠪᡠᡴᡝ ,
ᡤᡳᠰᡠᠨ ᡳ ᠪᡠᠵᠠᠩᡤᠠᠨ ᠪᡝ ᠪᡠᠵᡝᠨ ᡥᡝᡵᡤᡝᠨ ::

ᠨ : ᡤᡳᡵᡝᠨ ᠰᡝ ᠪᡝᠶᡝᡥᡠ , ᡤᡳᡵᡝᠨᠪᡳ ᠰᡝ ᠪᡝᠶᡝᡥᡠ ::

ᠨ : ᡤᠣᠰᡳᠨ ᠪᡝᠶᡝ ᡨᡠᠸᠠᠴᡳ ᡨᡠᠮᡝᠨ ::

十二、人是人非

a ：niyalmai urušere niyalmai wakašarangge ai inenggi nakambi.
e ：jidere de uru waka niyalma oci, genere de kemuni uru waka niyalma.
i ：femen weihe be elberakū be dahame, emu jalan de angga sencihe tušambi.
o ：jugūn de yabure niyalmai angga edun i adali.
u ：goro ba i mejige be akdame ojorakū.
ū ：moo i tantaci yali sukū nimembi, gisun i tantaci niyaman nimembi.
na ：sakdasi gisun hendure balama, yasai sabuhangge be yargiyan sembi, šan i donjihangge be tašan sembikai.
ne ：ici šan ci dosimbi, hashū šan ci tucimbi.
ni ：yadara boode yangšan labdu.

---

a ：人是人非何日而休。
e ：來是是非人，去仍是是非者。
i ：唇不蓋齒，一生惹是招非。
o ：路上行人口似風。
u ：遠處的傳聞不可信。
ū ：棒打皮肉痛，話刺心頭痛。
na ：可是老人家說的話，眼見的是實，耳聽的是虛啊！
ne ：右耳入，左耳出。
ni ：家窮吵嘴多。

---

a ：人是人非何日而休。
e ：来是是非人，去仍是是非者。
i ：唇不盖齿，一生惹是招非。
o ：路上行人口似风。
u ：远处的传闻不可信。
ū ：棒打皮肉痛，话刺心头痛。
na ：可是老人家说的话，眼见的是实，耳听的是虚啊！
ne ：右耳入，左耳出。
ni ：家穷吵嘴多。

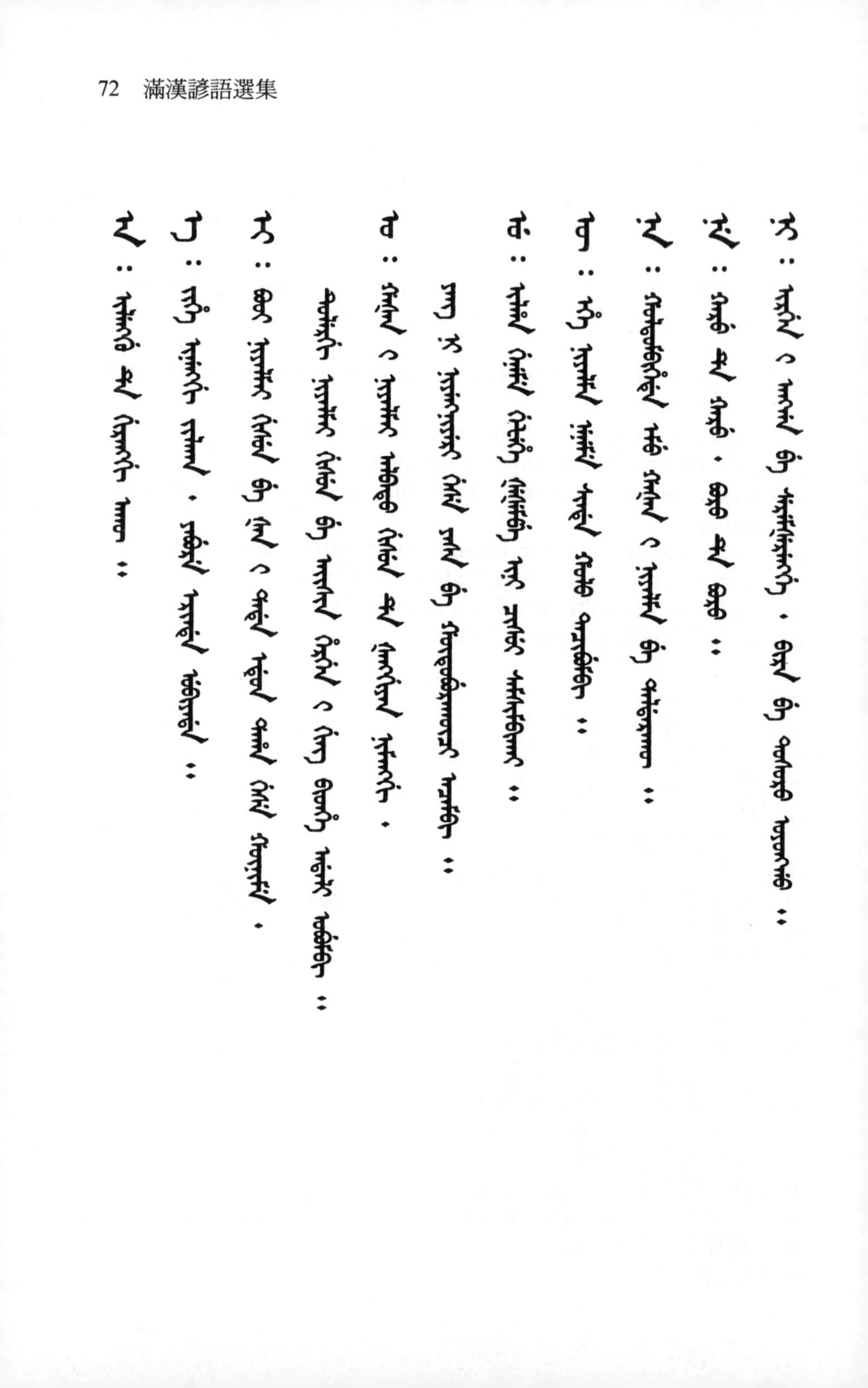

a ：ilenggu de giranggi akū.
e ：jihe inenggi jilaka, yabure erinde ubiyada.
i ：booi niyalmai gisun be šan i dade edun daha gese gūnime, tulergi niyalmai gisun be aisin hergen i ging bithe adali obumbi.
o ：gašan i niyalmai albatu gisun de šanggiyan nimanggi, yang ni niyengniyeri gese yasa be gūtuburakūci acambi.
u ：ilha geneme gefehe šešempe ini cisui samsimbikai.
ū ：ehe niyalma neneme sinde holo tacibumbi.
na：holtombihede emu gašan i niyalma be daldarakū.
ne：karu de karu, boro de boro.
ni ：irgen i angga be seremšerengge, bira be tosoro oyonggo.

---

a ：舌頭不長骨頭。
e ：來時可憐，去時討厭。
i ：家人說的話當耳邊風，外人說的話當金字經。
o ：巴人下里之句，不當污白雪陽春之目。
u ：花去而蜂蝶自散矣。
ū ：壞人先教你說謊。
na：說謊不瞞當鄉人。
ne：以牙還牙，以眼還眼。
ni ：防民之口，甚於防川。

---

a ：舌头不长骨头。
e ：来时可怜，去时讨厌。
i ：家人说的话当耳边风，外人说的话当金字经。
o ：巴人下里之句，不当污白雪阳春之目。
u ：花去而蜂蝶自散矣。
ū ：坏人先教你说谎。
na：说谎不瞒当乡人。
ne：以牙还牙，以眼还眼。
ni ：防民之口，甚于防川。

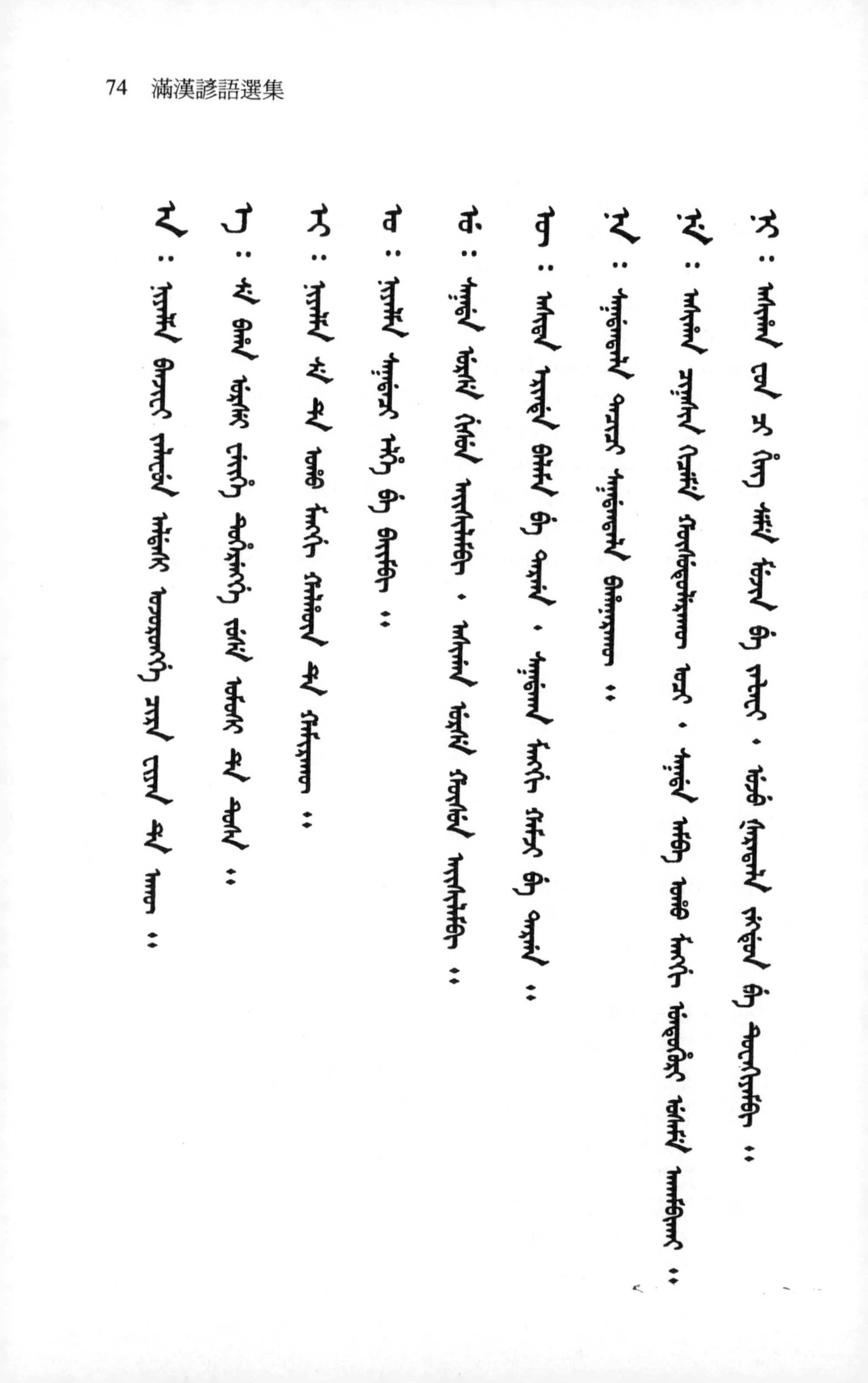

十三、老圖安寧

a ：niyalma banjifi jalafun aldasi ojorongge cira fiyan de akū.
e ：se baha ursei weihe tuherengge juse omosi de tusa.
i ：niyalma se de oho manggi halhūn de hamirakū.
o ：niyalma sakdaci elhe be baimbi.
u ：sakda urse gisun aisilambi, asigan urse hūsun aisilambi.
ū ：asita erinde balama be targa, sakdaka manggi gamji be targa.
na：sakdantala tacici sakdantala bahanarakū.
ne：asihan ciksin kiceme hūsutulerakū oci, sakda amba oho manggi untuhuri usame akambikai.
ni ：asihan fon ci hing seme mujin be jafafi, uju šaratala jekdun be tuwakiyambi.

---

a ：人生壽夭，不在容顏。
e ：老人牙齒脫落，於子孫有益。
i ：人至高年不耐暑。
o ：人老圖安寧。
u ：老年人幫出主意，年輕人幫出力氣。
ū ：年輕時戒輕狂，年老時忌貪財。
na：學到老不會到老。
ne：少壯不努力，老大徒傷悲。
ni ：青年矢志，皓首完貞。

---

a ：人生寿夭，不在容颜。
e ：老人牙齿脱落，于子孙有益。
i ：人至高年不耐暑。
o ：人老图安宁。
u ：老年人帮出主意，年轻人帮出力气。
ū ：年轻时戒轻狂，年老时忌贪财。
na：学到老不会到老。
ne：少壮不努力，老大徒伤悲。
ni ：青年矢志，皓首完贞。

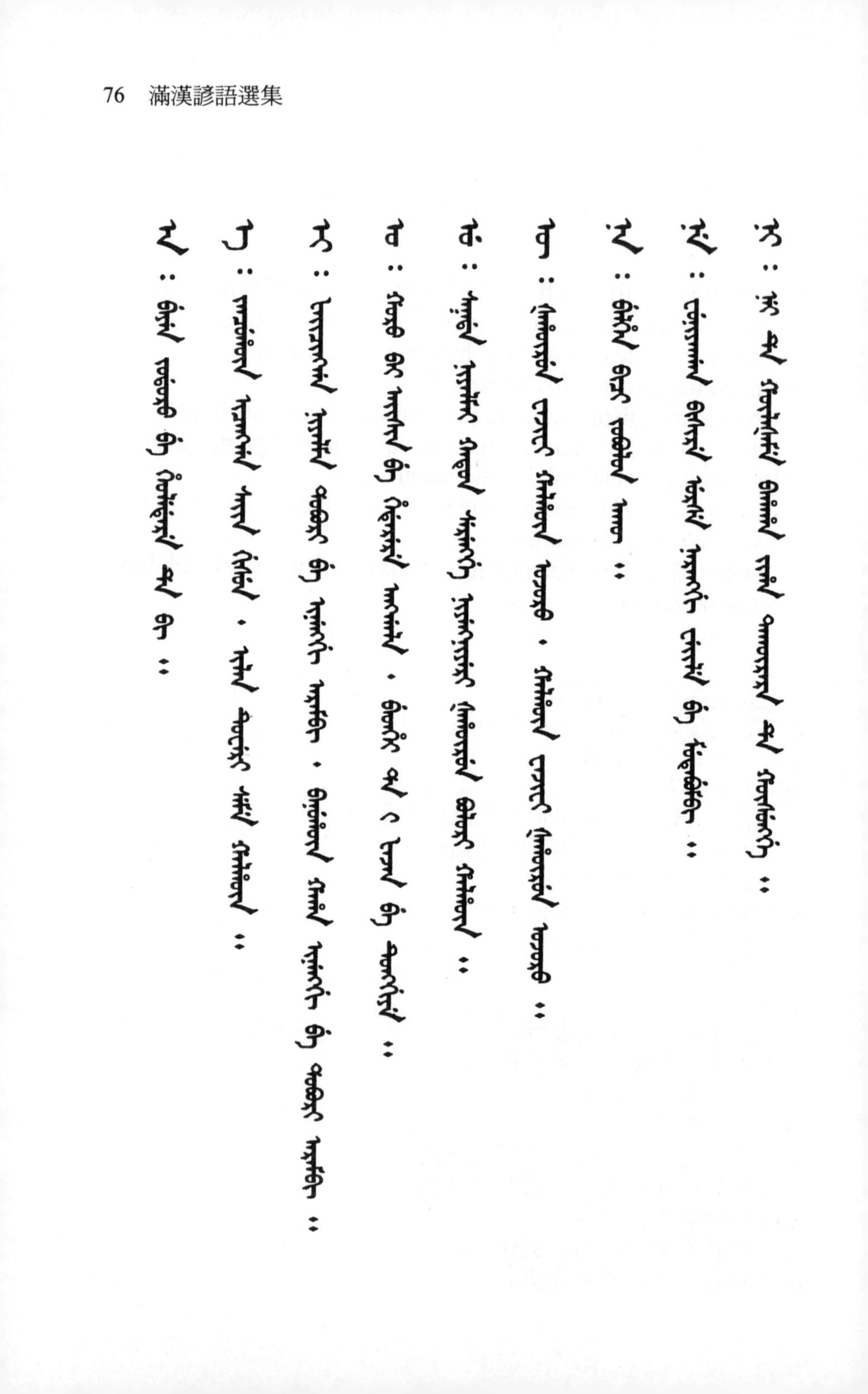

[illegible]

[illegible]

[illegible]

[illegible]

[illegible]

[illegible]

[illegible]

[illegible]

[illegible]

十四、寒在怠織

a ：beyen jodoro be heoledere de bi.
e ：jancuhūn icangga sain gisun, ilan tuweri seme halhūn.
i ：faicingga niyalma dobori be inenggi arambi, banuhūn haha inenggi be dobori arambi.
o ：goro bai aisin be hederere anggala, bethei da i fajan be tunggiye.
u ：sakda niyalmai katun serengge niyengniyeri šahūrun bolori halhūn.
ū ：šahūrun wajifi halhūn ojoro, halhūn wajifi šahūrun ojoro.
na ：belhen bici jobolon akū.
ne ：funiyangan bisire urse naranggi weile be mutebumbi.
ni ：nei de hūlašame bahaha jiha takūrara de hūsungge.

---

a ：寒在怠織。
e ：甜言美語暖三冬。
i ：勤人黑夜當白天，懶漢白天當黑夜。
o ：與其到遠方淘金，不如在近處拾糞。
u ：老健春寒秋後熱。
ū ：寒盡則暖，暖盡則寒。
na ：有備無患。
ne ：有志者事竟成。
ni ：汗水換的錢，花時有勁。

---

a ：寒在怠织。
e ：甜言美语暖三冬。
i ：勤人黑夜当白天，懒汉白天当黑夜。
o ：与其到远方淘金，不如在近处拾粪。
u ：老健春寒秋后热。
ū ：寒尽则暖，暖尽则寒。
na ：有备无患。
ne ：有志者事竟成。
ni ：汗水换的钱，花时有劲。

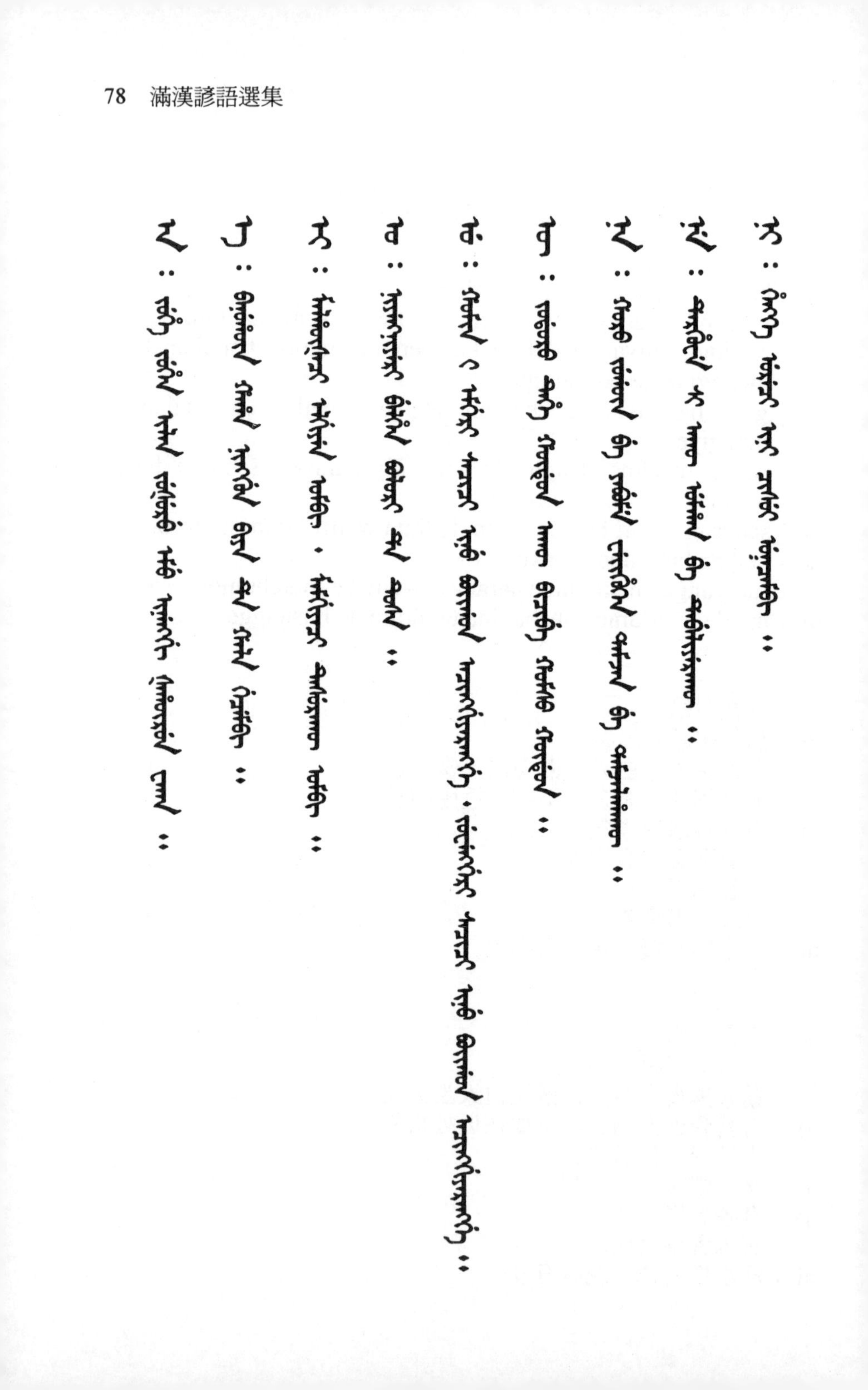

[illegible]

[illegible]

[illegible]

[illegible]

[illegible]

[illegible]

[illegible]

[illegible]

[illegible]

a ：juhe juhen ilan jušuru emu inenggi šahūrun waka.
e ：banuhūn haha ninggun biya de gala gecembi.
i ：malhūšaci elgiyen ombi, mamgiyaci tesurakū ombi.
o ：niyengniyeri belhen bolori de tusa.
u ：homin i emgeri sacici inu boigon acinggiyarangge, juwenggeri sacici inu boigon acinggiyarangge.
ū ：jodoro tehe hūdun akū bicibe homso hūdun.
na ：goro jugūn be yabume weihuken damjan be damjalahakū.
ne ：derhuwe si akū umhan be tebeliyerakū.
ni ：hengke ureci ini cisui ukcambi.

---

a ：冰凍三尺，非一日之寒。
e ：懶漢六月也凍手。
i ：儉則有餘，奢則不足。
o ：春有備，秋收益。
u ：一鋤頭是動土，兩鋤頭也是動土。
ū ：機兒不快梭兒快。
na ：遠路沒輕擔。
ne ：蒼蠅不抱無縫的蛋。
ni ：瓜熟自落。

---

a ：冰冻三尺，非一日之寒。
e ：懒汉六月也冻手。
i ：俭则有余，奢则不足。
o ：春有备，秋收益。
u ：一锄头是动土，两锄头也是动土。
ū ：机儿不快梭儿快。
na ：远路没轻担。
ne ：苍蝇不抱无缝的蛋。
ni ：瓜熟自落。

[illegible]

[illegible]

[illegible]

[illegible]

[illegible]

[illegible]

[illegible]

十五、民生在勤

a ：irgen i banjirengge kicebe de bi.
e ：boo banjire doro kicebe malhūn de bi.
i ：malhūn hibcan serengge banjin i fulehe da.
o ：malhūn serengge sain erdemu.
u ：erdemu kicen de hūwašambi, efiyen de waliyabumbi.
ū ：kicebe de gung bi, efin de tusa akū.
na：asihan ci hūsutulerakū ofi, sakdaka manggi mekele akara de isinaha.
ne：gashai saikan funggala de, niyalma i saikan kicebe de.
ni ：alikū dorgi buda be we sara, belge tome gemu jobome suilaha secina.

---

a ：民生在勤。
e ：居家之道在於勤儉。
i ：勤儉是生活之本。
o ：儉爲美德。
u ：德成於勤，荒於嬉。
ū ：勤有功，戲無益。
na：少壯不努力，老大徒傷悲。
ne：鳥美在羽毛，人美在勤勞。
ni ：誰知盤中飧，粒粒皆辛苦。

---

a ：民生在勤。
e ：居家之道在于勤俭。
i ：勤俭是生活之本。
o ：俭为美德。
u ：德成于勤，荒于嬉。
ū ：勤有功，戏无益。
na：少壮不努力，老大徒伤悲。
ne：鸟美在羽毛，人美在勤劳。
ni ：谁知盘中飧，粒粒皆辛苦。

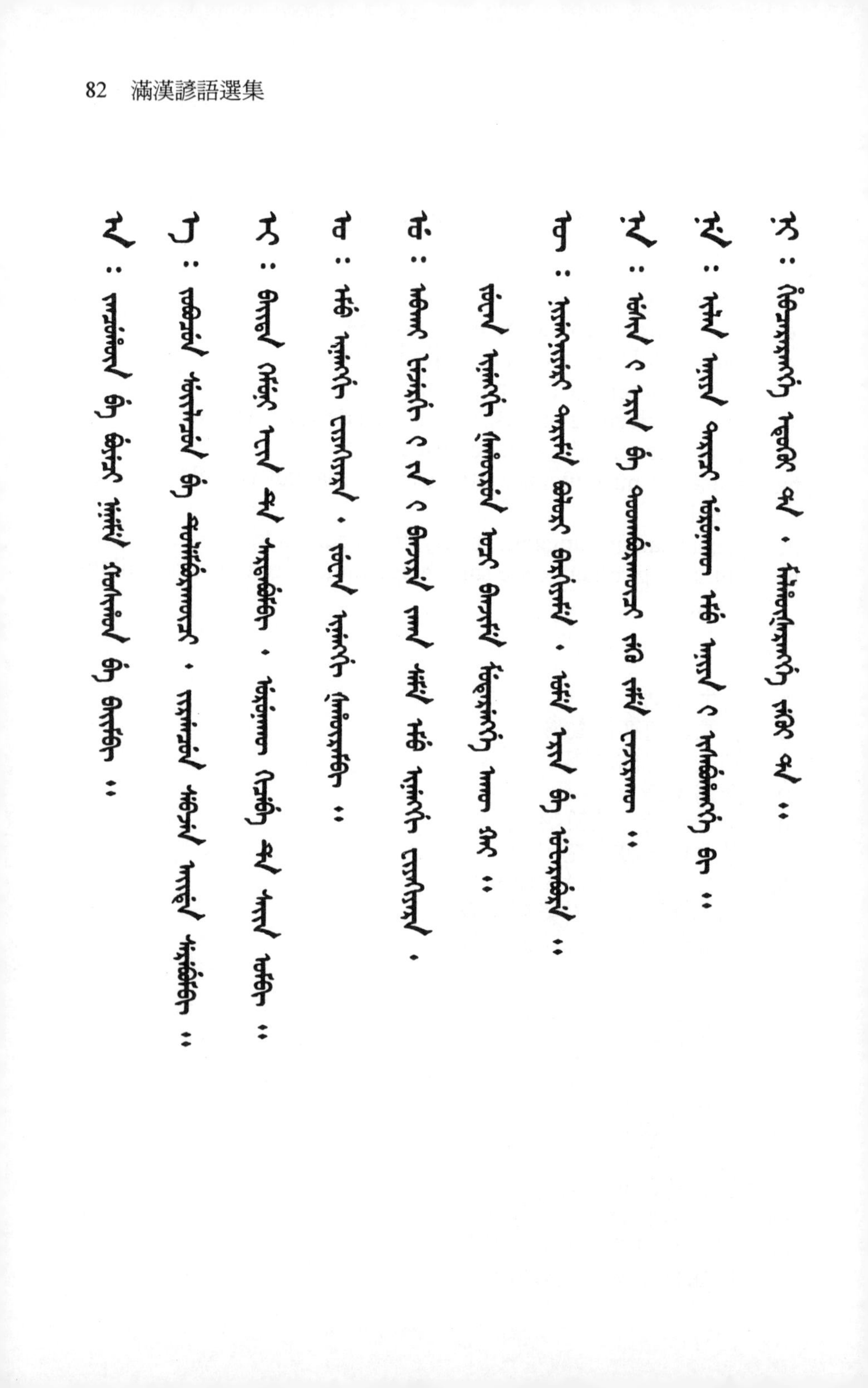

[illegible]

[illegible]

[illegible]

[illegible]
[illegible]

[illegible]

[illegible]

[illegible]

[illegible]

[illegible]

a ：jancuhūn be buyeci neneme gosihon be baimbi.
e ：jobocun suilacun be dulemburakūci jirgacun sebjen aide serebumbi.
i ：baita kemuni efin de sartabumbi, urunakū kicebe de sain ombi.
o ：emu inenggi fiyakiyara, juwan inenggi šahūrambi.
u ：abkai fejergi i ja i banjire jaka seme, emu inenggi fiyakiyara, juwan inenggi šahūrun oci, banjime muterengge akū kai.
ū ：niyengniyeri tarime bolori bargiyame, ume erin be ufarabure.
na：usin i erin be tookaburakūci, jeku jeme wajirakū.
ne：ilan aniya tarici, urunakū emu aniya i isabuhangge bi.
ni ：hibcararangge etukui da, malhūšarangge jekui da.

---

a ：要吃甜的，先嘗苦的。
e ：不經艱辛焉知安樂。
i ：業每荒於嬉，而必精於勤。
o ：一暴十寒。
u ：天下易生之物，一日暴之，十日寒之，未有能生者也。
ū ：春耕秋斂，不失其時。
na：不誤農時，不可勝食。
ne：三年耕必有一年之積。
ni ：勤儉能當衣，節約能當食。

---

a ：要吃甜的，先尝苦的。
e ：不经艰辛焉知安乐。
i ：业每荒于嬉，而必精于勤。
o ：一暴十寒。
u ：天下易生之物，一日暴之，十日寒之，未有能生者也。
ū ：春耕秋敛，不失其时。
na：不误农时，不可胜食。
ne：三年耕必有一年之积。
ni ：勤俭能当衣，节约能当食。

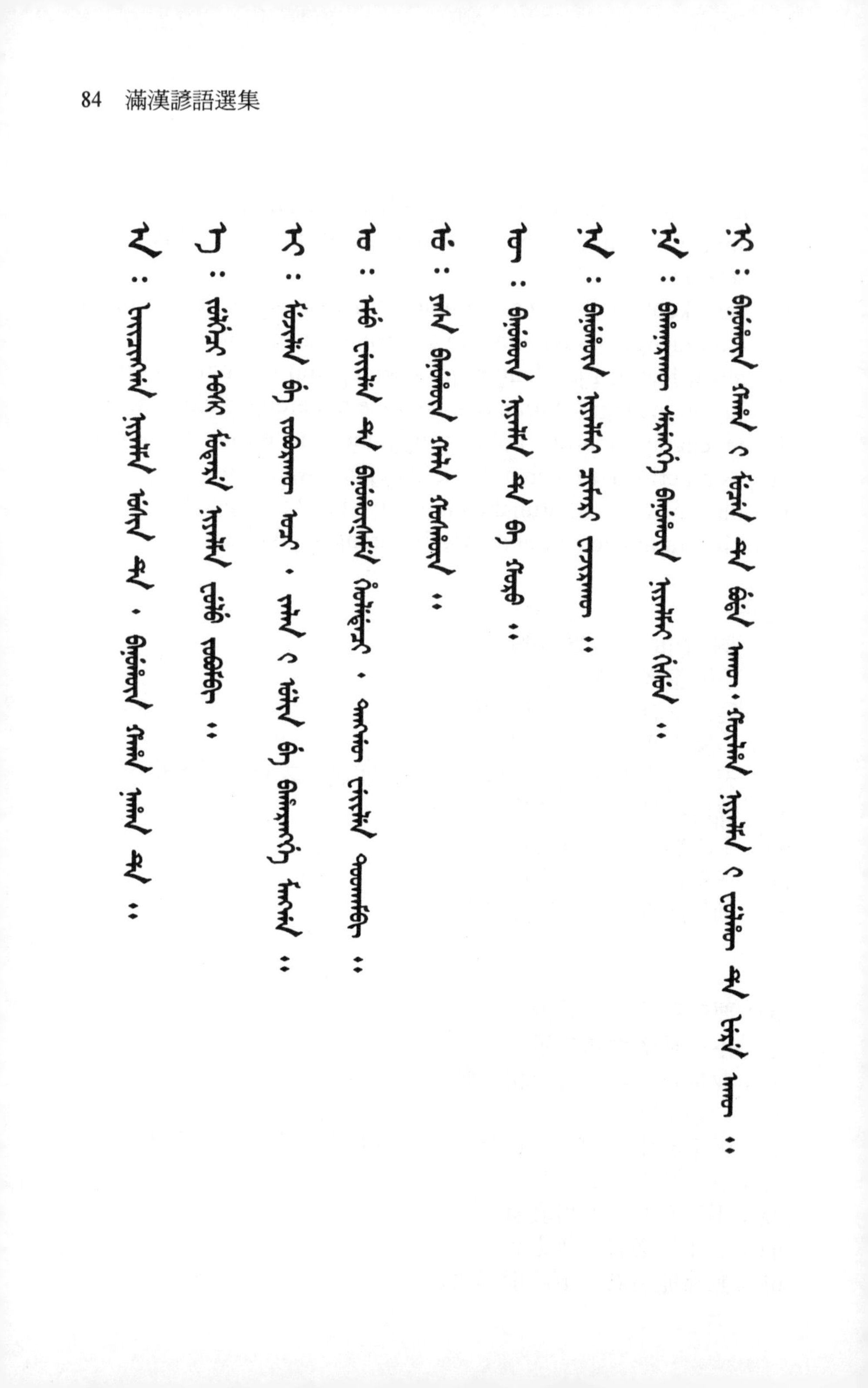

a ：faicingga niyalma usin de, banuhūn haha nahan de.
e ：julgeci ebsi mutere niyalma fulu jobombi.
i ：mujilen be joborakū oci, jalan i ulin be baharangge mangga.
o ：emu weilen de banuhūšame heoledeci, tanggū weilen tookambi.
u ：yasa banuhūn gala goshūn.
ū ：banuhūn niyalma de ba goro.
na：banuhūn niyalmai cimari wajirakū.
ne：bahanarakū serengge banuhūn niyalmai gisun.
ni ：banuhūn haha i mucen de buda akū, hūlha niyalma i fulhū de fere akū.

---

a ：勤快的人在地裡，懶惰的人在炕上。
e ：自古能者多勞。
i ：不將辛苦力，難得世間財。
o ：一事怠惰百事墮。
u ：眼睛懶，手腳勤。
ū ：懶人路遠。
na：懶漢的明天是沒完沒了的。
ne：不會是懶漢說的話。
ni ：懶人的鍋裡無米，賊人的口袋無底。

---

a ：勤快的人在地里，懒惰的人在炕上。
e ：自古能者多劳。
i ：不将辛苦力，难得世间财。
o ：一事怠惰百事堕。
u ：眼睛懒，手脚勤。
ū ：懒人路远。
na：懒汉的明天是没完没了的。
ne：不会是懒汉说的话。
ni ：懒人的锅里无米，贼人的口袋无底。

ᠨᠣ: ᠪᡳᠰᡳᡵᡝ ᠮᡝᠩᡤᡝᠨ ᡳ ᡤᡝᠯᡝᠨ ᡤᡳᠰᡠᠨ ᡠᠮᡝᠰᡳ ::

ᠨᡝ: ᠮᡝᠩᡤᡝᠨ ᠨᡳᠶᠠᠯᠮᠠ ᡤᡝᠮᡠ ᠪᡝ ᡨᡠᠸᠠᠮᡝ ::

ᠨᡳ: ᡤᡝᠯᡝᠨ ᡤᡳᠰᡠᠨ ᡤᡝᠮᡠ ᠪᡝ ᠰᠠᡵᡴᡡ ::

ᠨᠠ: ᠪᡳᡨᡥᡝᡳ ᠪᡝ ᡝᡵᡝᠮᠪᡠᡵᡝ ᡳ ᡤᡝᠯᡝᠨ ᡠᡨᡥᠠ᠈ ᡠᡳᡥᡝ ᡨᡠᠸᠠᠮᡝ ᠮᠠᠩᡤᠠ ᡳ ᡤᡝᠮᡠ ᡠᠮᡝᠰᡳ ::

ᡶᡠ: ᡶᡠᠯᡝ ᡶᡠᠯᡝᡥᡝ ᠪᡝ ᡤᡝᠮᡠ ᠮᡝᠩᡤᡝ᠈ ᡶᡠᠯᡝ ᠮᡝᠩᡤᡝᠨ ᠪᡝ ᡤᡝᠮᡠ ::

ᡶᠠ: ᡤᠣᠮᡳ ᡤᡳᠰᡠᠨ ᡳ ᡤᡝᠮᡠᡵᡝ ᠪᡝ ᡤᡝᠮᡠ ᡤᡳᠰᡠᠨ ᡳ ᡤᡝᠮᡠᡥᡝ ::

ᠨᠣ: ᡤᡝᠯᡝᠨ ᡤᡳᠰᡠᠨ ᡳ ᡳᠮᡝ ᡤᡝᠮᡠᡵᡝ ᠪᡝ ᡤᡝᠮᡠ ᡤᡳᠰᡠᠨ ᡳ ᠪᠠᡳᡨᠠᠯᠠᠮᡝ ::

ᠵᡠ: ᡤᡝᠮᡠ ᡤᡝᠮᡠᠨ ᡤᡝᠮᡠᡥᡝ ::

ᠨᡝ: ᡤᡝᠮᡠᠨ ᡳᠮᡝ ᡤᡝᠯᡝᠨ ᡤᡳᠰᡠᠨᡳᠮᡝ ᠪᡠᠪᡠ ᠰᡝᠮᡝ ᡳ ᡤᡝᠮᡠᡥᡝ ::

十六、與人為善

a ：niyalmai baru sain gisureci boso suje ci halhūn.
e ：holo niyalma hūlha.
i ：sain gisun san jio šahūrun de niyalmai gūnin be weniyebumbi.
o ：ehe gisun fu halhūn de niyalmai gūnin be gecebumbi.
u ：emu mukšan de koro akū, emu angga de koro.
ū ：gūnin de acaburengge be sain sembi, tondo sijirhūn ningge be niyalma ubiyambi.
na：sain gisun mudan de efujembi.
ne：angga faksidaci niyalma de ushabumbi.
ni ：becun angga ci sain gisun tucirakū.

---

a ：與人言善，暖於布帛。
e ：撒謊者是盜賊。
i ：好話待人三九暖。
o ：惡語傷人六月寒。
u ：棒打不傷人心，惡語可傷人心。
ū ：順情說好話，幹直惹人嫌。
na：好話變調也傷人。
ne：利口傷人。
ni ：吵架的嘴沒好言。

---

a ：与人言善，暖于布帛。
e ：撒谎者是盗贼。
i ：好话待人三九暖。
o ：恶语伤人六月寒。
u ：棒打不伤人心，恶语可伤人心。
ū ：顺情说好话，干直惹人嫌。
na：好话变调也伤人。
ne：利口伤人。
ni ：吵架的嘴没好言。

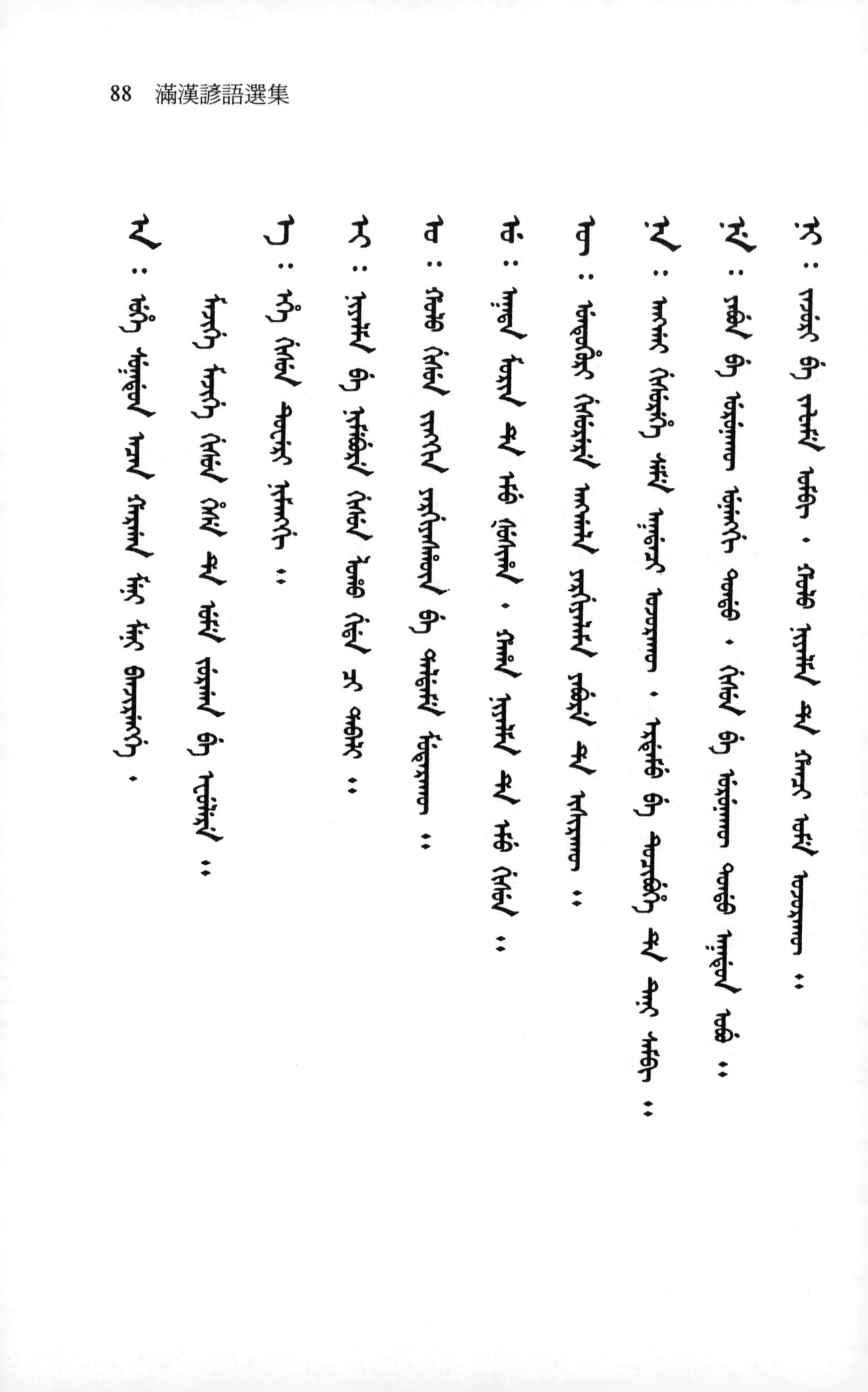

a ：uhe sukdun acan gargan meni meni banjirengge, mejige majige gisun hese de ume jurgan be efulere.
e ：ehe gisun tuweri nimanggi.
i ：niyalma be nimebure gisun loho gida ci dabali.
o ：holo gisun jingkin yargiyashūn be daldame muterakū.
u ：akta morin de emu šusiha, haha niyalma de emu gisun.
ū ：untuhuri gisurere anggala yargiyalame yabure de isirakū.
na：anggai gisurehe seme akdaci ojorakū, erdemu be tucibuhe de teni sambi.
ne：yabun be urunakū unenggi tondo, gisun be urunakū tondo akdun obu.
ni ：jajuri be jafame ombi, holo niyalma de hanci ome ojorakū.

---

a ：同氣連枝各自榮，些些言語莫傷情。
e ：壞話是冬日的雪。
i ：傷人之言，甚於矛戈。
o ：假話掩不住事實。
u ：快馬只需一鞭，男兒只憑一言。
ū ：與其空談，不如實踐。
na：口說無憑，做出便見。
ne：做事要忠誠，說話要信用。
ni ：荆棘可以抓在手，說謊的人不可近。

---

a ：同气连枝各自荣，些些言语莫伤情。
e ：坏话是冬日的雪。
i ：伤人之言，甚于矛戈。
o ：假话掩不住事实。
u ：快马只需一鞭，男儿只凭一言。
ū ：与其空谈，不如实践。
na：口说无凭，做出便见。
ne：做事要忠诚，说话要信用。
ni ：荆棘可以抓在手，说谎的人不可近。

ᠨᠠ: ᠨᡳᠶᠠᠯᠮᠠ ᡳ ᠪᠠᠨᠵᡳᠪᡠᡥᠠᠩᡤᡝ ᠪᡝ ᡨᡠᠸᠠᠴᡳ ᠰᠠᠮᡝ᠉

ᠨᡝ: ᠨᡳᠶᠠᠯᠮᠠ ᡳ ᡤᡡᠨᡳᡥᠠᠩᡤᡝ ᡨᡠᠸᠠᡥᠠᠩᡤᡝ ᠪᡝ ᡨᡠᠸᠠᠴᡳ ᠰᠠᠮᡝ᠉

ᠨᡳ: ᠪᡝᠶᡝ ᠰᡝᡵᡝ ᡩᡝ ᠪᡝᡳ ᡨᡝᠨᡳ᠈ ᡨᡝᠨᡳ ᡳ ᠰᡝᡵᡝ ᡤᡳᠰᡠᠨ ᠪᡝᡳ ᡨᡝᡴᡨᡝᠪᡳ᠉

ᠨᠣ: ᠨᡳᠶᠠᠯᠮᠠ ᠰᡝᠮᡝ ᠰᠠᡳᠨ ᡤᡠᠸᡝᡨᡝᠪᡳ ᡤᡳᠰᡠᠨ ᡝᡵᡝᠨ᠉

ᠨᡠ: ᠪᡝᠶᡝᠩᡤᡝ ᠮᡠᠰᡝ ᠰᠠᡳᠨ ᠪᡳᡥᡝ ᡩᡝ ᠰᠠᡳᠨ ᠮᡠᠰᡝᡳ᠉

ᠨᡡ: ᡠᠰᡝᠨ ᠮᡠᠪᡳᡵᡝ ᠨᡳᠶᠠᠯᠮᠠ ᠰᡝᠪᡠᠨᡝᠯᡝ ᠪᡝ ᠮᡠᠰᡝᡳ᠈ ᠰᠠᡳᠨ ᠰᡝᠮᡝᠪᡠᡵᡝᡳ ᠪᡝᡳᠪᠠ ᠮᡠᠰᡝᡳ ᡨᡝᠪᡳ᠉

ᡴᠠ: ᡠᠰᡝᠨ ᠮᡠᠪᡳᡵᡝ ᠨᡳᠶᠠᠯᠮᠠ ᠰᡝᠪᡠᠨᡝᠯᡝ ᠪᡝ ᠮᡠᠰᡝᡳ᠈ ᠪᡝᡳᠪᠠ ᡨᡝᠪᡠᠨᡝᡵᡝ ᠮᡠᠰᡝᡳ ᡨᡝᠪᡳ᠉

ᡤᠠ: ᡝᡥᡝ ᠨᡳᠶᠠᠯᠮᠠ ᠰᠠᡳᠨ ᠨᡳᠶᠠᠯᠮᠠ ᠪᡝ ᠮᡠᡩᠠᠨ᠈ ᠰᠠᡳᠨ ᠨᡳᠶᠠᠯᠮᠠ ᠰᡝᡵᡝ ᠮᡝᠮᡝᡵᡝ᠉

ᡥᠠ: ᡝᡥᡝ ᠨᡳᠶᠠᠯᠮᠠ ᠰᠠᡳᠨ ᠨᡳᠶᠠᠯᠮᠠ ᠪᡝ ᠮᡠᠰᡝᡳ᠈ ᠰᠠᡳᠨ ᠨᡳᠶᠠᠯᠮᠠ ᠰᡝᡵᡝ ᡨᡝᠪᡠᠨᡝᡵᡝ᠉

十七、罵不還口

a ：ehe niyalma sain niyalma be tantaci, sain niyalma gala karularakū.
e ：ehe niyalma sain niyalma be tooci, sain niyalma karu jaburakū.
i ：muse tantaci niyalma karulara be dahame, beyebe udunggeri tantaha adali.
o ：muse tooci niyalma karulara be dahame, angga hūlašame beyebe tooha adali.
u ：beyede dalji akū baita de angga darakū.
ū ：ajige jusei anggaci unenggi gisun tucimbi.
na：beyei emu hu babe waliyafi, weri i emu hiyase babe leolembi.
ne：niyalma i tašaraha ufaraha be ume leolere.
ni ：niyalma i banjihangge be ume leolere.

---

a ：惡人打好人，好人不還手。
e ：惡人罵好人，好人不還口。
i ：我打人還，自打幾下。
o ：我罵人還，猶如換口自罵。
u ：不干己事不張口。
ū ：小孩嘴裡吐真言。
na：不說自己一石地，却論他人一斗地。
ne：別議論他人的失誤。
ni ：不要議論人家的長相。

---

a ：恶人打好人，好人不还手。
e ：恶人骂好人，好人不还口。
i ：我打人还，自打几下。
o ：我骂人还，犹如换口自骂。
u ：不干己事不张口。
ū ：小孩嘴里吐真言。
na：不说自己一石地，却论他人一斗地。
ne：别议论他人的失误。
ni ：不要议论人家的长相。

ᠨᠠ : ᡨᡠᠮᡝᠨ ᠨᡳᠶᠠᠯᠮᠠᡳ ᡤᡡᠨᡳᠨ ᠪᡝ ᠰᠠᠮᡝ · ᡨᡠᠮᡝᠨ ᠨᡳᠶᠠᠯᠮᠠ ᠪᡝ ᡤᡡᠨᡳᠨ ᡩᡝ ᡨᡠᠸᠠᠮᡝ ::

ᠨᡝ : ᡠᡠ ᡤᡳᠰᡠᠨ ᠮᠠᠩᡤᠠ ᠪᠠᡳᡨᠠ ᡤᡳᠰᡠᠨ ᠶᠠᠪᡠᠨ ᠪᡝ ᠪᡝᡩᡝᡵᡝᠮᠪᡳ ::

ᠨᡳ : ᠴᡳᡥᠠᠩᡤᠠ ᠨᡳᠶᠠᠯᠮᠠ ᡳ ᡤᡡᠨᡳᠨ ᡨᡠᠮᡝᠨ ᠴᡳᡥᠠᠩᡤᠠ ᡤᡳᠰᡠᠨ ᡤᡳᠰᡠᡵᡝᠮᠪᡳ ::

ᠨᠣ : ᠨᡳᠶᠠᠯᠮᠠ ᡤᡡᠨᡳᠨ ᠪᡝ ᡨᡠᠮᡝᠨ ᠰᠠᠮᡝ · ᠪᡝᠶᡝ ᡳ ᠰᡠᠮᡝ ᠪᡝ ᡨᡠᠮᡝᠨ ᡤᡳᠰᡠᡵᡝᠮᠪᡳ ::

ᠨᡠ : ᠪᠠᡳᠪᡠ ᠨᡳᠶᠠᠯᠮᠠ ᠰᡠᠮᡝ ᠪᡝ · ᠶᠠᠪᡠᠨ · ᠨᡳᠶᠠᠯᠮᠠ ᡤᡡᠨᡳᠨ ᠪᡝ ᡨᡠᠮᡝᠨ ᡤᡳᠰᡠᡵᡝᠮᠪᡳ ::

ᠨᡡ : ᡳᠯᡳᠬᠠᠩᡤᠠ ᠪᡝ ᠨᡳᠶᠠᠯᠮᠠ ᡩᡝ ᠪᡝᠶᡝ ᠪᡝ ᠪᠠᡳᡨᠠ ᡩᡝ ᠠᠯᡳᡥᠠᠮᠪᡳ ::

ᡴᠠ : ᡥᡝᠯᡳᠩᡤᡝ ᠰᠣᠨᠴᠣᡥᠣ ᡩᡝ ᡠᠪᠠ ᠴᡳᡵᡤᡝ ᠪᡝ ᡨᡠᠯᡳᠩᡤᡝ ᠪᡝ ᠪᡝᡩᡝᡵᡝᠮᠪᡳ ::

ᠨᡳᠶᠠᠯᠮᠠ ᡤᡡᠨᡳᠨ ᠰᡳᡵᡤᡝ ᡩᡝ ᡥᡝᠩᡤᡝ ᡳ ᡤᡳᠰᡠᠨ ᠴᡳᠯᠠᠨ ::

ᡴᡝ : ᠰᡳᡵᡤᡝ ᡤᡡᠨᡳᠨ ᠰᡳᡵᡤᡝ ᡩᡝ ᡥᡝᠩᡤᡝ ᡳ ᠪᡝᡳᡨᡝᡵᡝᠮᡝ ᡨᡠᠸᠠᠴᡳ ·

ᡴᡳ : ᡝᠮᡠ ᡤᡳᠰᡠᠨ ᡥᠠᠰᡠᡵᡤᠠᡳ ᡨᡠᠮᡝᠨ ᠠᡴᡡ ᠨᡳᠶᠠᠯᠮᠠ ᡥᡝᠪᡝ ::

a：ehe gisun tuciburakūngge uthai sain niyalma inu.
e：gasha buceme hamika de tere i guwenderengge usacuka, niyalma buceme hamika de tere i gisun jilaka.
i：simnere kūwaran de šu fiyelen be leolere be baiburakū.
o：ehecure be nakabure de beye be dasara de isirakū.
u：damu niyalmai golmin be makta, niyalmai foholon be ume gisurere.
ū：niyalmai foholon be ume fetere, beye i golmin be ume gisurere.
na：wakjan niyalma i emgi ume wakjan gisun gisurere.
ne：hehe gisun angga faksi gisun nukacuka be baiburakū.
ni：ume niyalmai foholon be fetere, ume niyalma be bucekini seme firure.

---

a：不出惡言，便是好人。
e：鳥之將死，其鳴也哀；人之將死，其言也善。
i：場中莫論文。
o：止謗莫如自修。
u：只誇人長，休說人短。
ū：勿訐人之短，勿言己之長。
na：當著矮人，別說短話。
ne：婦言不必辯口利辭。
ni：休評人短，休咒人死。

---

a：不出恶言，便是好人。
e：鸟之将死，其鸣也哀；人之将死，其言也善。
i：场中莫论文。
o：止谤莫如自修。
u：只夸人长，休说人短。
ū：勿讦人之短，勿言己之长。
na：当着矮人，别说短话。
ne：妇言不必辩口利辞。
ni：休评人短，休咒人死。

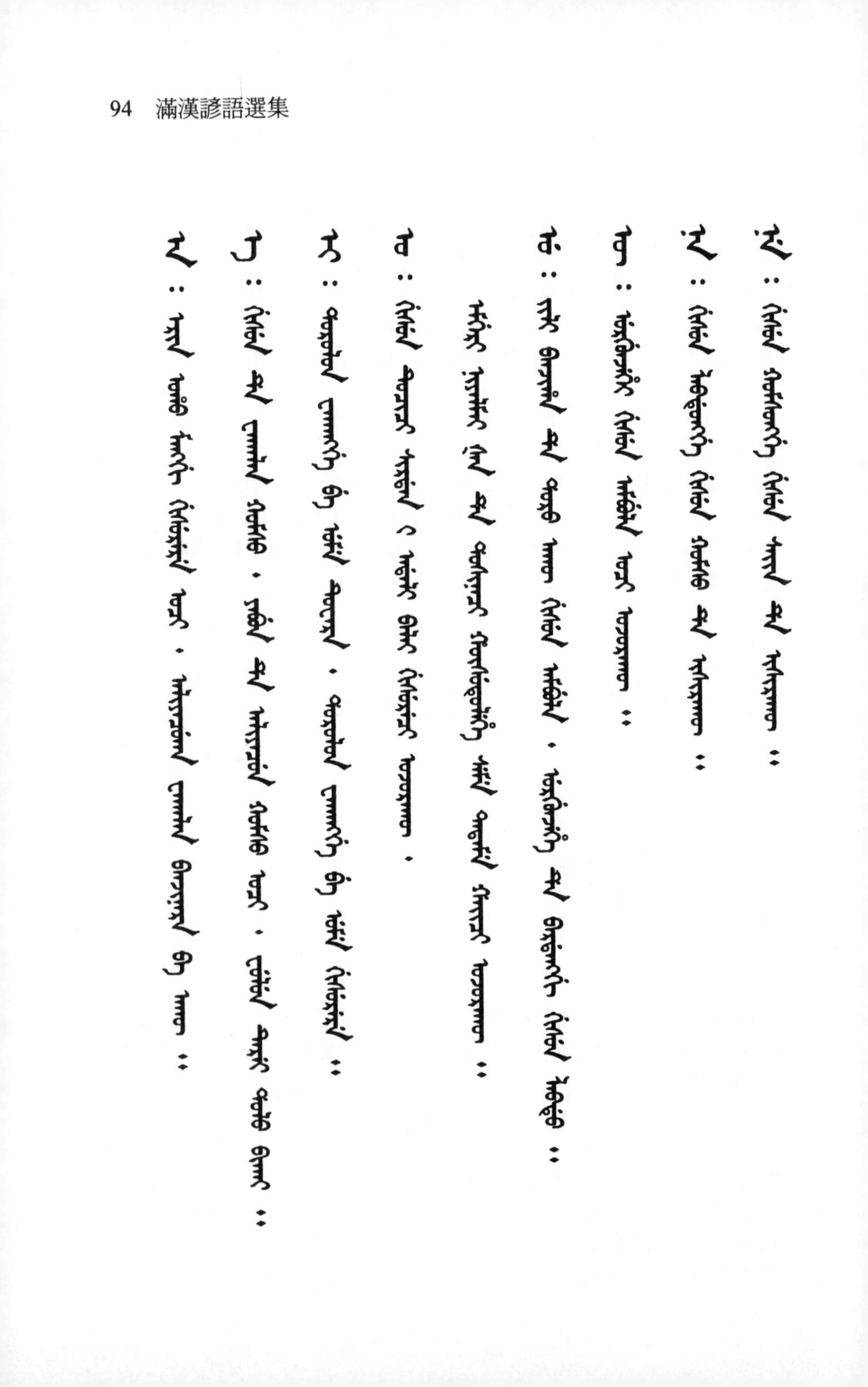

十八、時然後言

a：erin oho manggi gisurere oci, aliyacuka wakalan banjinara ba akū.
e：gisun de wakalan komso, yabun de aliyacun komso oci, fulun terei dolo bikai.
i：dorolon wakangge be ume tuwara, dorolon wakangge be ume gisurere.
o：gisun tucici sirdan i adali balai gisureci ojorakū, emgeri niyalmai šan de dosinaci, hūsutulehe seme tatame gaici ojorakū.
u：jili banjiha de doro akū gisun ambula, urgunjehe de bardanggi gisun labdu.
ū：urgunjehei gisun ambula oci ojorakū.
na：gisun labdungge gisun komso de isirakū.
ne：gisun komsongge gisun sain de isirakū.

---

a：時然後言，則悔尤不生。
e：言寡尤，行寡悔，祿在其中矣。
i：非禮勿視，非禮勿言。
o：言出如箭，不可亂發，一入人耳，有力難拔。
u：怒多橫語，喜多狂言。
ū：喜時不可妄言。
na：話多不如話少。
ne：話少不如話好。

---

a：时然后言，则悔尤不生。
e：言寡尤，行寡悔，禄在其中矣。
i：非礼勿视，非礼勿言。
o：言出如箭，不可乱发，一入人耳，有力难拔。
u：怒多横语，喜多狂言。
ū：喜时不可妄言。
na：话多不如话少。
ne：话少不如话好。

ᠨᡳ : ᠨᡳᠶᠠᠯᠮᠠ ᡨᡠᠮᡝᠨ ᡥᠠᠯᡳ ᡤᡳᠰᡠᠨ ᡳ ᠨᡳᠶᠠᠯᠮᠠ ᡩᡝ ᠨᡳᠶᠠᠯᠮᠠᡴᡡ ::

ᠨᡳ : ᠨᡳᠶᠠᠮᠪᡠᡵᡝ ᡳ ᡥᡡᠰᡠᠨ ᡩᡝ ᡤᡳᠰᡠᠨ ᠨᡳᠶᠠᠯᠮᠠ ᠠᡴᡡ ::

ᠨᠣ : ᠨᠣᡥᠣᠨ ᡨᡠᠮᡝᠨ ᡳᠨᡝᠩᡤᡳ ᡳᠨᡝᠩᡤᡳ ᡝᠮᡠ ᡤᡳᠰᡠᠪᡠᡥᡝ ::

ᠨᠣ : ᡳᠴᡳ ᡳᠨᡝᠩᡤᡳ ᠠᠰᡠ ᠨᡳᠶᠠᠯᠮᠠᡳ ᠠᡴᡡ , ᡳᠨᡝᠩᡤᡳ ᠨᡳᠶᠠᠯᠮᠠᡳ ᠠᡴᡡ ᠠᠰᡠ ᡳᠨᡝᠩᡤᡳ ᡨᡠᠮᡝᠨ ::

ᠪᡝ : ᠪᡝᠶᡝ ᡥᡡᠰᡠᠨ ᠪᡝᠶᡝᡳ ᠮᡝᠩᡤᡠᠨ ᡳᠨᡝᠩᡤᡳ ᡤᡳᠰᡠᠨ ᡳ ᠰᠠᡳᠨ ᠪᡝᠶᡝ ᡤᡳᠰᡠᠨ ᡳᠨᡝᠩᡤᡳ ᠰᠠᡳᠨ ᠠᡴᡡ ::

ᠪᡝ : ᡝᠯᡝᡴᡝ ᡳᠨᡝᠩᡤᡳ ᠪᡝ ᡝᠯᡝᠪᡠᡥᡝᡴᡡ , ᡝᠯᡝᡴᡝ ᡳᠨᡝᠩᡤᡳ ᠪᡝ ᡝᠯᡝᠪᡠᡥᡝᡴᡡ ::

ᠨᡳ : ᠨᡳᠶᠠᠯᠮᠠ ᡩᡝ ᡨᡠᡥᡝᠴᡝᡴᡡ , ᡝᠪᡠᠯᡝᠮᡝ ᡩᡝ ᡤᡳᠰᡠᠨ ᠠᡴᡡ ::

ᠨᡳ : ᠨᡳᠶᠠᠯᠮᠠ ᡳᠨᡝᠩᡤᡳᠰᡝ ᡥᡡᠸᠠᡴᡡ , ᠠᠮᠪᠠᠯᡳᠩᡤᡡ ᡳᠨᡝᠩᡤᡳ ᠪᡝ ᡨᡠᠮᡝᠨ ᠮᡝᠩᡤᡠᠨ ᡳ ᠨᡳᠶᠠᡵᡳ ᠪᡝ ᡥᡡᠸᠠᡴᡡ ::

ᠨᡠ : ᠨᠠᠨ ᡳᠨᡝᠩᡤᡳ ᠪᠣᡵᠣ ᠮᡝᠩᡤᡠᠨ ᠪᡳ ᠮᡝᠩᡤᡠᠪᡳ ::

a：erin oho manggi teni gisureme niyalma de eimerakū.
e：yamjishūn fe jugūn de gisurere niyalma akū.
i：niyengniyeri dosime gasha uthai guwembi.
o：gebu tob akū oci gisun ijishūn akū, gisun ijishūn akū oci weile muterakū.
u：sebjen sehei baita ambula oci ojorakū, urgunjehei gisun ambula ojorakū.
ū：dorgi gisun be tuciburakū, tulergi gisun be dosimburakū.
na：jetere de leolerakū, deduhe de gisurerakū.
ne：yasa gisureme bahanambi, faitan niyalma be takame mutembi.
ni：yaya gisun tucici akdun be nendembi.

---

a：時然後言，不厭於人。
e：夕陽古道無人語。
i：春至鳥能言。
o：名不正則言不順，言不順則事不成。
u：樂時不可多事，喜時不可多言。
ū：內言不出，外言不入。
na：食不語，寢不言。
ne：眼會說話，眉能識人。
ni：凡出言，信爲先。

---

a：时然后言，不厌于人。
e：夕阳古道无人语。
i：春至鸟能言。
o：名不正则言不顺，言不顺则事不成。
u：乐时不可多事，喜时不可多言。
ū：内言不出，外言不入。
na：食不语，寝不言。
ne：眼会说话，眉能识人。
ni：凡出言，信为先。

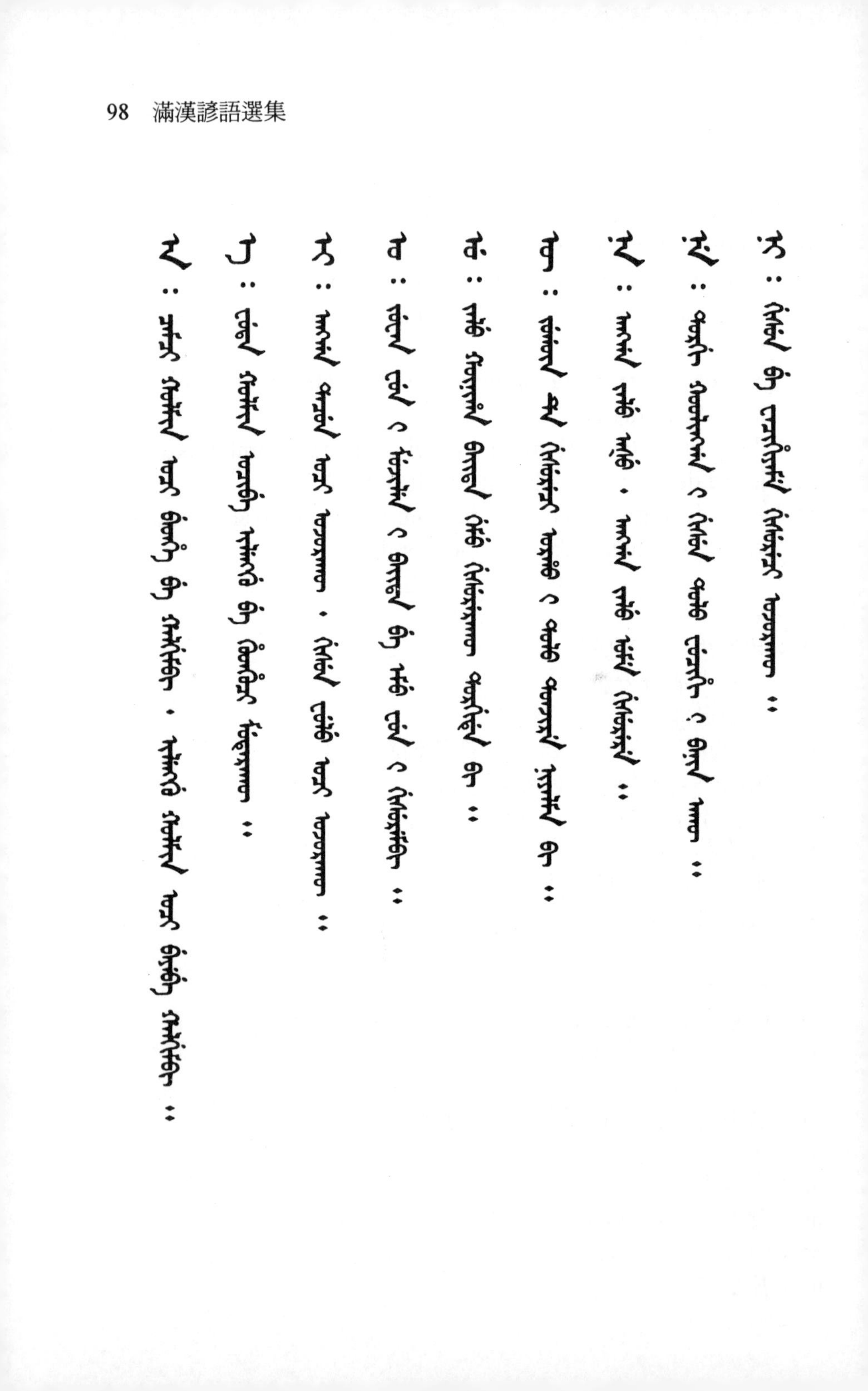

[illegible]

[illegible]

[illegible]

[illegible]

[illegible]

[illegible]

[illegible]

[illegible]

[illegible]

十九、舌長招禍

a ：camci golmin oci bethe be halgimbi, ilenggu golmin oci beyebe halgimbi.
e ：futa golmin ocibe ilenggu be huthuci muterakū.
i ：angga dacun oci ojorakū, gisun fulu oci ojorakū.
o ：juwan fun i mujilen i baita be emu fun i gisurembi.
u ：jalu gūniha baita gemu gisurerakū dorgide bi.
ū ：jugūn de gisureci orho i dolo donjire niyalma bi.
na：angga jalu ašu, angga jalu ume gisurere.
ne：dorgi koolingga i gisun dolo fucihi i banin akū.
ni ：gisun be wacihiyame gisureci ojorakū.

---

a ：衫長裹足，舌長招禍。
e ：繩子雖長，拴不住舌頭。
i ：舌不可快，語不可多。
o ：十分心事一分語。
u ：滿腹心事，盡在不言中。
ū ：路上說話，草裡有人聽。
na：滿口含，莫要滿口言。
ne：內典語中無佛性。
ni ：話不可說盡。

---

a ：衫长裹足，舌长招祸。
e ：绳子虽长，拴不住舌头。
i ：舌不可快，语不可多。
o ：十分心事一分语。
u ：满腹心事，尽在不言中。
ū ：路上说话，草里有人听。
na：满口含，莫要满口言。
ne：内典语中无佛性。
ni ：话不可说尽。

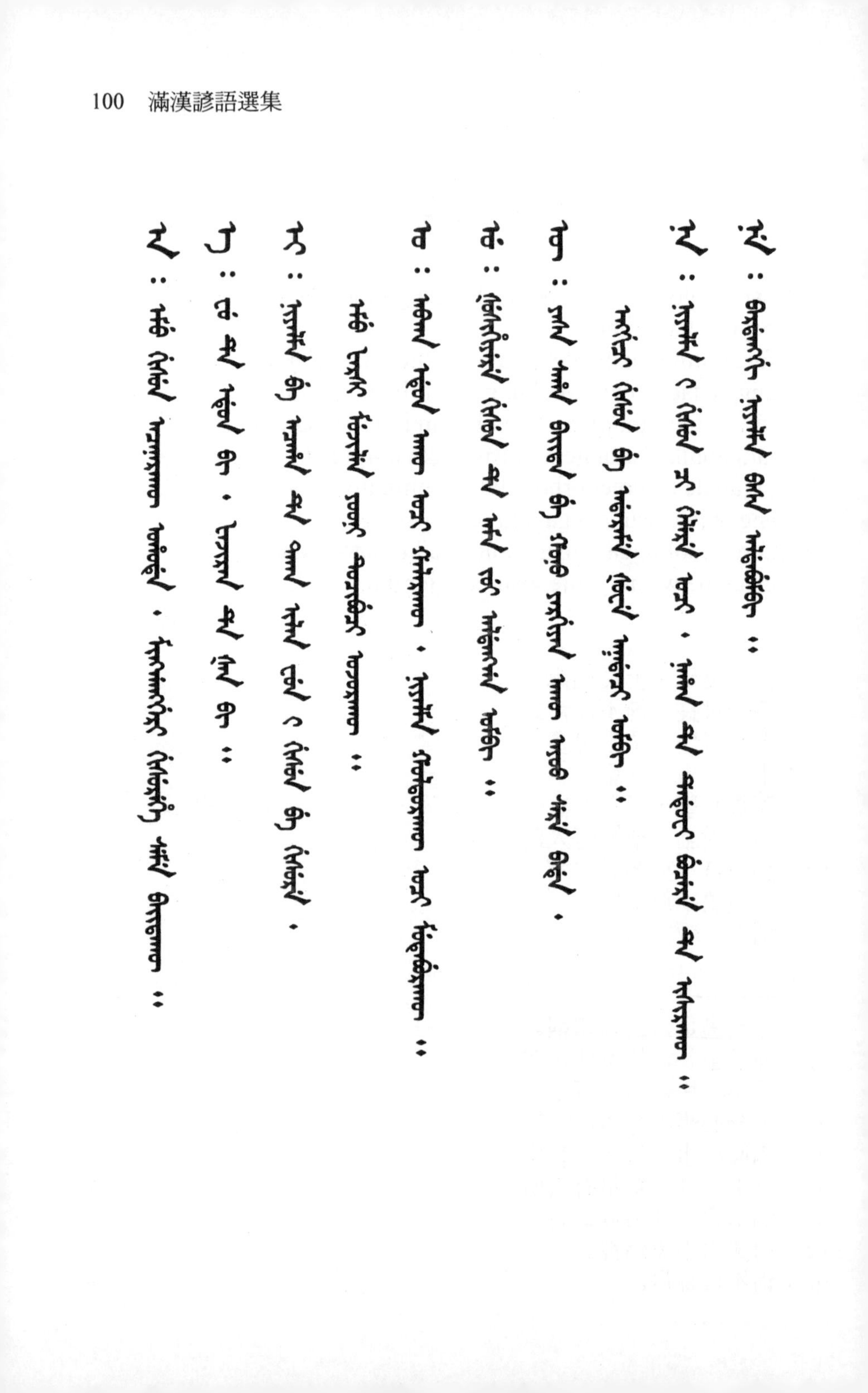

[illegible]

[illegible]

[illegible]

[illegible]

[illegible]

[illegible]

[illegible]

[illegible]

[illegible]

a：emu gisun acanarakū ohode, minggangger gisurehe seme baitakū.
e：fu de edun bi, fajiran de šan bi.
i：niyalma be acaha de taka ilan fun i gisun be gisure, emu farsi mujilen yooni tucibuci ojorakū.
o：abka edun akū oci galarakū, niyalma holtorakū oci muteburakū.
u：šusihiyere gisun de ama jui aldangga ombi.
ū：yasa saha baita be hono yargiyan akū ayoo sere bade, enggici gisun be adarame šuwe akdaci ombi.
na：niyalma i gisun ci gelere oci, nahan de dedufi bucere de isirakū.
ne：bardanggi niyalma basa aldabumbi.

---

a：一言不當，千語枉然。
e：牆有風，壁有耳。
i：逢人且說三分話，未可全拋一片心。
o：天不刮風兒晴不得，人不著謊兒成不得。
u：讒言能使父子疏遠。
ū：經目之事，猶恐未真，背後之言，豈能全信？
na：畏懼流言蜚語，不如死在炕頭。
ne：說大話者會出醜。

---

a：一言不当，千语枉然。
e：墙有风，壁有耳。
i：逢人且说三分话，未可全抛一片心。
o：天不刮风儿晴不得，人不着谎儿成不得。
u：谗言能使父子疏远。
ū：经目之事，犹恐未真，背后之言，岂能全信？
na：畏惧流言蜚语，不如死在炕头。
ne：说大话者会出丑。

二十、忠言逆耳

a ：sijirhūn gisun šan de icakū.
e ：angga deri g'an bahambi.
i ：gosihon angga sain gisun.
o ：tondo gisun be gaijarakūngge šan farhūn.
u ：oilori gisurerengge yangse, hafukiyame gisurerengge yargiyan.
ū ：weile deribure onggolo tafulaci yaya ci dele,weile wajiha manggi tafulaci yaya ci fejile.
na：safi tafularakū oci tondo niyalma waka.
ne：horonggo okto angga de gosihon gojime, nimeku de tusa.
ni ：tondo tafulara gisun šan de icakū, banjire doro de tusa.

---

a ：直言逆耳。
e ：直言招禍。
i ：苦口良言。
o ：不納忠言，是耳濁。
u ：貌言華也，至言實也。
ū ：諫於未形者上也，諫於既形者下也。
na：知而不諫則非忠人。
ne：良藥苦口利於病。
ni ：忠言逆耳利於行。

---

a ：直言逆耳。
e ：直言招祸。
i ：苦口良言。
o ：不纳忠言，是耳浊。
u ：貌言华也，至言实也。
ū ：谏于未形者上也，谏于既形者下也。
na：知而不谏则非忠人。
ne：良药苦口利于病。
ni ：忠言逆耳利于行。

? : ᡤᡳᠰᡠᠨ ᠪᡝᠶᡝ ᡤᡳᠰᡠᡵᡝᠴᡳ ᡨᡝᡵᡤᡳᠴᡳ , ᡤᡝᠨᡤᡳᠨ ᠪᡝᠶᡝ ᠪᡝᡳ ᠪᡝ ᠴ ᡤᡳᠰᡠᠨ ::

? : ᠪᡝ ᡤᡳᠰᡠᠨ ᡤᡳᠰᡠᡵᡝᡵᡝᠩᡤᡝ ᠮᡠᠰᡝ ᡤᡳᠰᡠᠨ ᡤᡳᠰᡠᡵᡝᠮᠪᡳ , ᡨᡝᡵᡝ ᡤᡳᠰᡠᠨ ᡤᡳᠰᡠᡵᡝᡵᡝᠩᡤᡝ ᠮᡠᠰᡝ ᡤᡳᠰᡠᠨ ᡤᡳᠰᡠᡵᡝᠮᠪᡳ ᠵᠠ ::

? : ᡤᡳᠰᡠᡵᡝᡵᠠᡴᡡ ᠮᠠᠩᡤᠠᡴᠠᠨ ᡤᡳᠰᡠᡵᡝᡵᠠᡴᡡ ᡥᠠᡳ ᡨᡠᠴᡳᠮᠪᡠᡵᡝ ᡩᡝ ᠮᡠᠰᡝᠪᡳ ::
ᠮᠠᠩᡤᠠᡴᠠᠨ ᠮᡝᠩᡤᡝ ᠪᡝᠶᡝ ᡤᡳᠰᡠᡵᡝᠮᡝᠪᡳ ᠮᠠᠩᡤᡳ ᠮᡝᠩᡤᡝ ᠪᡝᠶᡝ ᡤᡳᠰᡠᡵᡝᠮᠪᡳ ::

? : ᡨᡠᠪᡝᡳ ᡳᠴᡳ ᡤᡝᠨᡝ ᠴᡳᠩᡤᡳᠶᠠᠨ ᡨᡠᠯᡤᡳᠶᡝᠨ ᠣᠮᡠᠰᡳ ᠪᡝ ᠪᡳᠵᡝ ,

? : ᠮᡠᠯᡝ ᡨᡝᡵᡝ ᠰᡠᠰᡠᡴᡳᠶᠠᠨ ᠰᡠᠰᡠ , ᡨᡠᡵᡤᡠ ᠮᠠᠩᡤᠠ ᠪᡳᠶᠠᠨ ᠰᡳᠨᡝ ᡤᡳᠰᡠᡵᡝᡵᡝ ᠪᡝ ᠮᠠᠩᡤᠠ ::

? : ᠮᡠᠯᡝ ᡤᡳᠰᡠᡵᡝᡵᠠᡴᡡ ᠪᡳᠰᡠᡵᡝ ᡥᡝᠨᡩᡠ ᠮᡝᠶᡝᠨ ᡨᡝᡵᡝ , ᡳᠨ ᡤᡳᠰᡠᡵᡝᡵᠠᡴᡡ ᠪᡳᠰᡠᡵᡝ ᡥᡝᠨᡩᡠ ᠮᡝᠶᡝᠨ ᡳᠯᡳᠨᠵᡳ ᠵᡝ ::

? : ᠣᠮᡠᠰᡳ ᠪᡝ ᡨᡝᡵᡝ ᡥᠠᠰᡝ ᡤᡝᠨᡝ ᠰᡠᠰᡠᠮᠪᡳ ::

? : ᠣᠮᡠᠰᡳᠮᡝ ᠮᡠᠯᡝ ᠮᡝᠩᡤᡝ ᡨᡠᠯᡝᠮᠪᡳ ::

? : ᠰᡠᡥᡝᠨᠵᡳᡥᡝ ᡤᡳᠰᡠᠨ ᡥᠠᡵᡤᠠᡳ , ᡨᠠᠪᡠᡥᠠᠨ ᡤᡳᠰᡠᠨ ᡥᡝᠨᡩᡠ ::

a ：gosihon gisun okto, jancuhūn gisun nimeku.
e ：tafulara ambasa angga sibumbi.
i ：tafulara be mukei eyere gese gaimbi.
o ：abka gisurerakū bicibe ini cisui den, na gisurerakū bicibe ini cisui jiramin kai.
u ：abka den hūwangdi goro, udu angga bihe seme gisurere ba akū.
ū ：muduri wang hese wasimbufi sijirhūn tafulara be baici, aihūma inu bahafi gisurembime eihume inu bahafi gisurembi.
na：gisureci acambime gisurerakū oci eberhun de ombi.
ne：bai gisun gisurehei doroi gisun gisurembi, muwa gisun gisurehei narhūn gisun gisurembi kai.
ni ：gisun tome gecuheri junggin, hergen tome tana gu i gese.

---

a ：苦言藥也，甘言疾也。
e ：諍臣杜口。
i ：從諫如流。
o ：天不言而自高，地不言而自厚。
u ：天高皇帝遠，有口亦難言。
ū ：龍王下詔求直諫，鱉也得言，龜也得言。
na：當言不言謂之懦。
ne：語言有閑論之而入於理者，亦有粗言之而入於精者。
ni ：言言錦繡，字字珠璣。

---

a ：苦言药也，甘言疾也。
e ：诤臣杜口。
i ：从谏如流。
o ：天不言而自高，地不言而自厚。
u ：天高皇帝远，有口亦难言。
ū ：龙王下诏求直谏，鳖也得言，龟也得言。
na：当言不言谓之懦。
ne：语言有闲论之而入于理者，亦有粗言之而入于精者。
ni ：言言锦绣，字字珠玑。

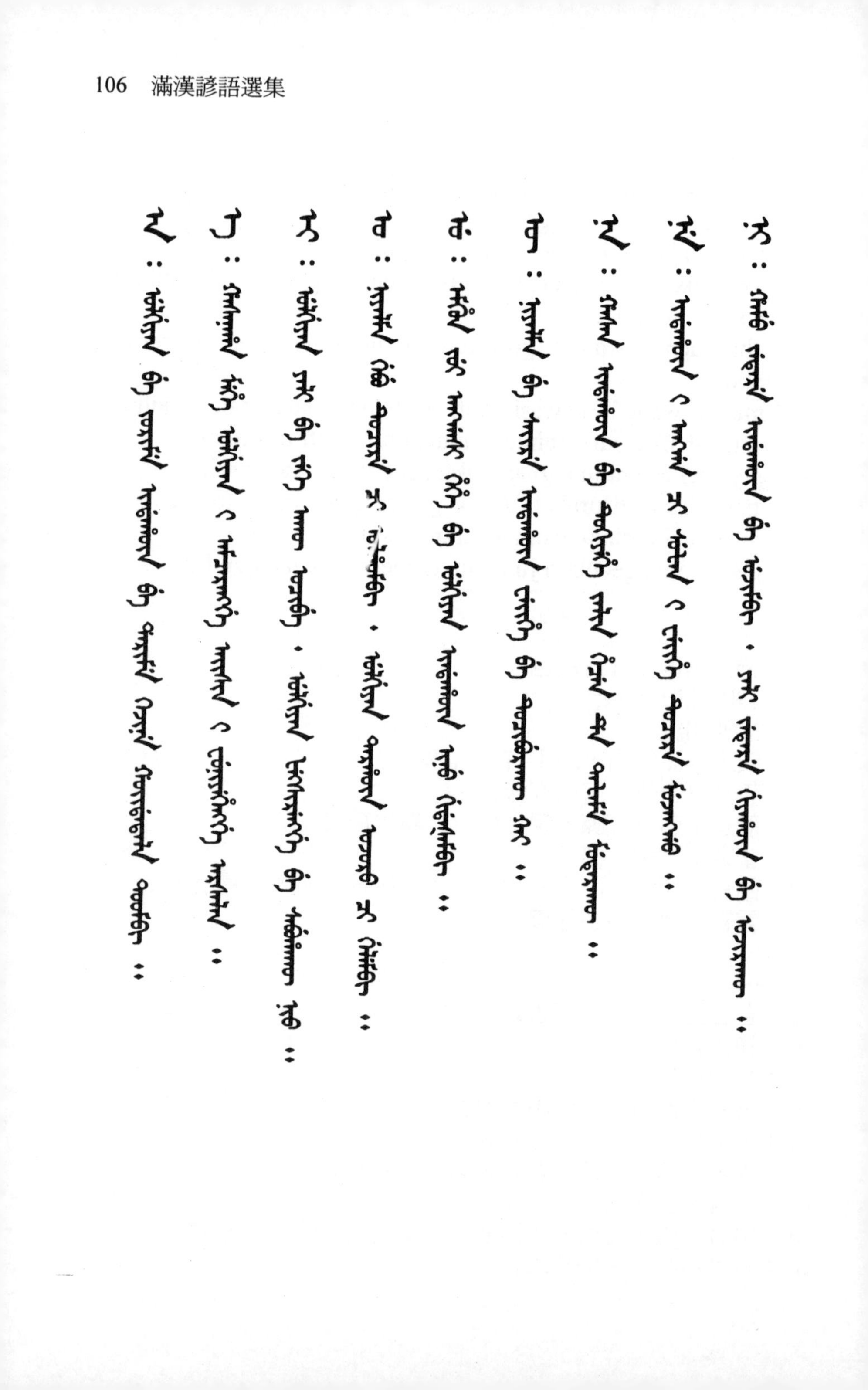

[illegible]

[illegible]

[illegible]

[illegible]

[illegible]

[illegible]

[illegible]

[illegible]

[illegible]

二十一、指豬罵狗

a ：ulgiyan be jorime indahūn be darime kejine goidatala toombi.
e ：hasanaha mehe ulgiyan i amcarangge aisin i funiyehengge arsalan.
i ：ulgiyan yali be jeke akū ocibe, ulgiyan feksirengge be sabuhakū nio?
o ：niyalma gebu tucire ci olhombi, ulgiyan tarhūn ojoro ci gelembi.
u ：emhun jui anggasi hehe be ulgiyan indahūn inu gidašambi.
ū ：niyalma be saire indahūn weihe be tuciburakū kai.
na ：hasan indahūn be tukiyehe jalin hecen de tafame muterakū.
ne ：indahūn i angga ci sufan i weihe tucire mujanggo.
ni ：hamu jetere indahūn be ujimbi, yali jetere giyahūn be ujirakū.

---

a ：指豬罵狗。
e ：癩母豬專追金毛獅子。
i ：沒吃過豬肉，沒見過豬跑路嗎？
o ：人怕出名豬怕肥。
u ：孤兒寡婦，豬狗也欺。
ū ：咬人的狗兒不露齒。
na ：癩狗扶不上墻。
ne ：狗口裡吐出什麼象牙來。
ni ：寧養吃屎的狗，不餵吃肉的鷹。

---

a ：指豬骂狗。
e ：癞母豬专追金毛狮子。
i ：没吃过豬肉，没见过豬跑路吗？
o ：人怕出名豬怕肥。
u ：孤儿寡妇，豬狗也欺。
ū ：咬人的狗儿不露齿。
na ：癞狗扶不上墙。
ne ：狗口里吐出什么象牙来。
ni ：宁养吃屎的狗，不喂吃肉的鹰。

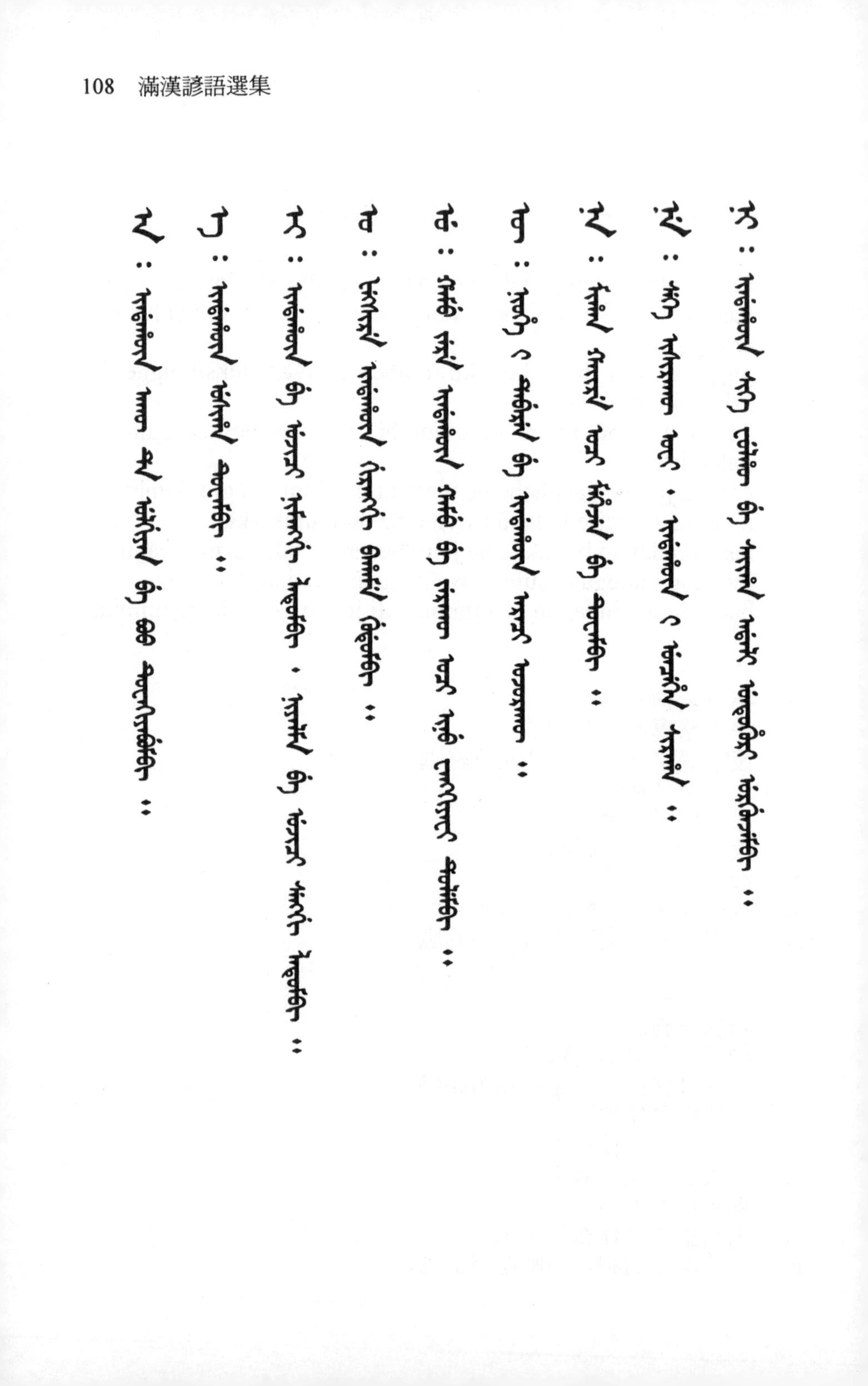

a ：indahūn akū de ulgiyan be boo tuwakiyabumbi.
e ：indahūn usiha tuwambi.
i ：indahūn be ujici nimanggi latumbi, niyalma be ujici senggi latumbi.
o ：feksire indahūn giranggi bahame gudumbi.
u ：hamu jere indahūn hamu be jerakū oci inu wangkiyafi dulembi.
ū ：niohe i deberen be indahūn araci ojorakū.
na：mihan gaire oci mehejen be tuwambi.
ne：seke isirakū ofi, indahūn i uncehen siraha.
ni ：indahūn sike fulhū be saiha adali untuhuri urgunjembi.

---

a ：沒有狗而讓豬看院。
e ：狗看星星一片白。
i ：養狗沾雪，養人沾血，意即養個沒良心的人還不如養一條狗。
o ：腿勤的狗有骨頭啃。
u ：吃屎的狗，不吃屎也要嗅一嗅。
ū ：狼崽養不成家狗。
na：買豬崽須看母豬。
ne：貂不足狗尾續。
ni ：狗咬尿胞空歡喜。

---

a ：没有狗而让豬看院。
e ：狗看星星一片白。
i ：养狗沾雪，养人沾血，意即养个没良心的人还不如养一条狗。
o ：腿勤的狗有骨头啃。
u ：吃屎的狗，不吃屎也要嗅一嗅。
ū ：狼崽养不成家狗。
na：买豬崽须看母豬。
ne：貂不足狗尾续。
ni ：狗咬尿胞空欢喜。

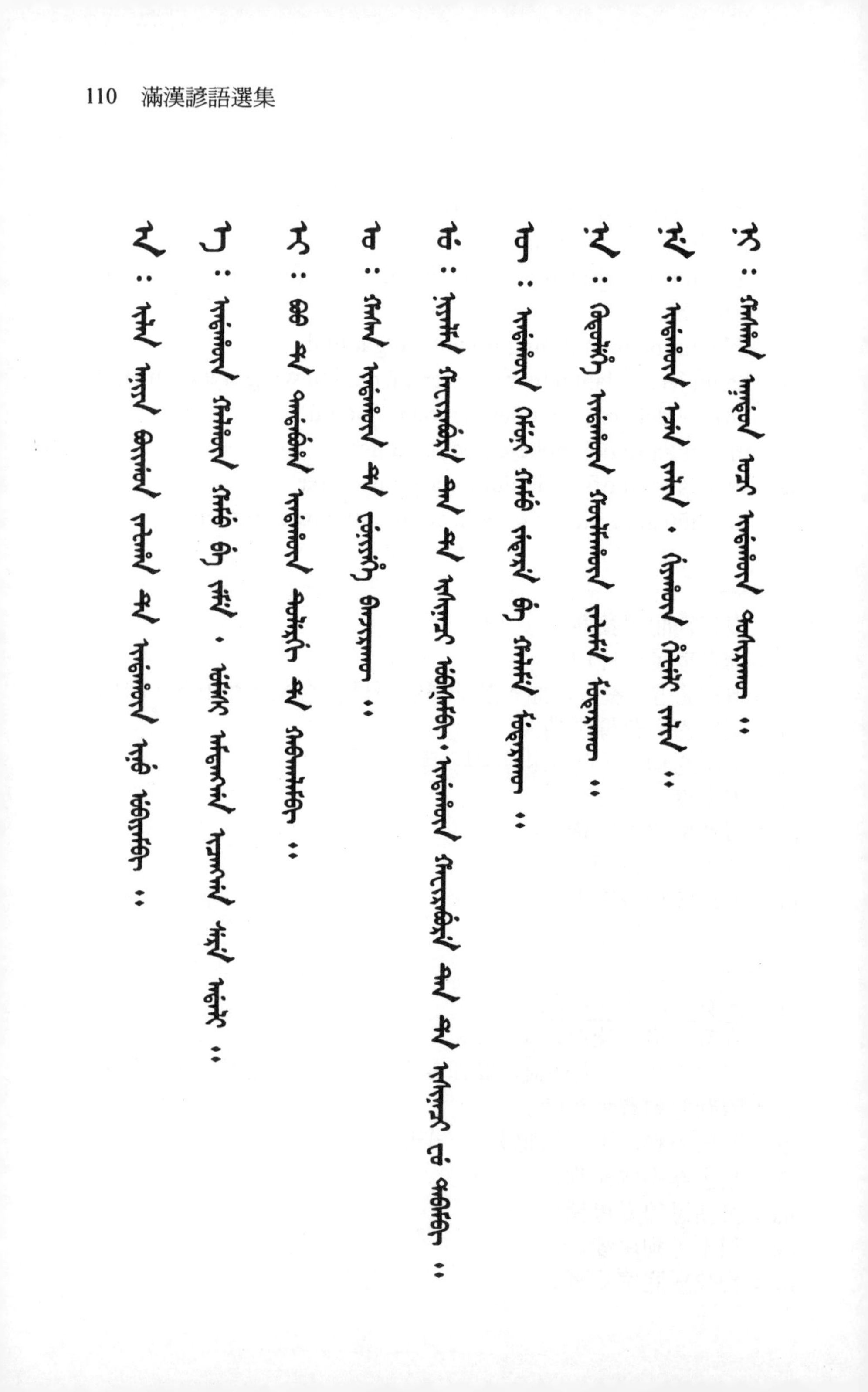

[illegible]

[illegible]

[illegible]

[illegible]

[illegible]

[illegible]

[illegible]

[illegible]

[illegible]

a：ilan aniya boigon jafaha de indahūn inu ubiyambi.
e：indahūn halhūn hamu be jeme, umesi amtangga icangga sere adali.
i：boo de tandabuha indahūn tulergi de kabkalambi.
o：hasan indahūn de funiyehe banjirakū.
u：niyalma hafirabure ten de isinaci ubašambi, indahūn hafirabure ten de isinaci fu dabambi.
ū：indahūn kemuni hamu jetere be halame muterakū.
na：kutulehe indahūn gūlmahūn jafame muterakū.
ne：indahūn ejen jalin, giyahūn hefeli jalin.
ni：hashan akdun oci indahūn dosirakū.

---

a：當家三年狗也嫌。
e：狗吃熱屎，原道是個香甜的。
i：家裡挨打的狗，到門外去咬人。
o：懶狗不長毛。
u：人急造反，狗急跳墻。
ū：狗改不了吃屎。
na：牽著的狗，逮不住兎子。
ne：狗為主，鷹為肚。
ni：籬牢犬不入。

---

a：当家三年狗也嫌。
e：狗吃热屎，原道是个香甜的。
i：家里挨打的狗，到门外去咬人。
o：懒狗不长毛。
u：人急造反，狗急跳墙。
ū：狗改不了吃屎。
na：牵着的狗，逮不住兎子。
ne：狗为主，鹰为肚。
ni：篱牢犬不入。

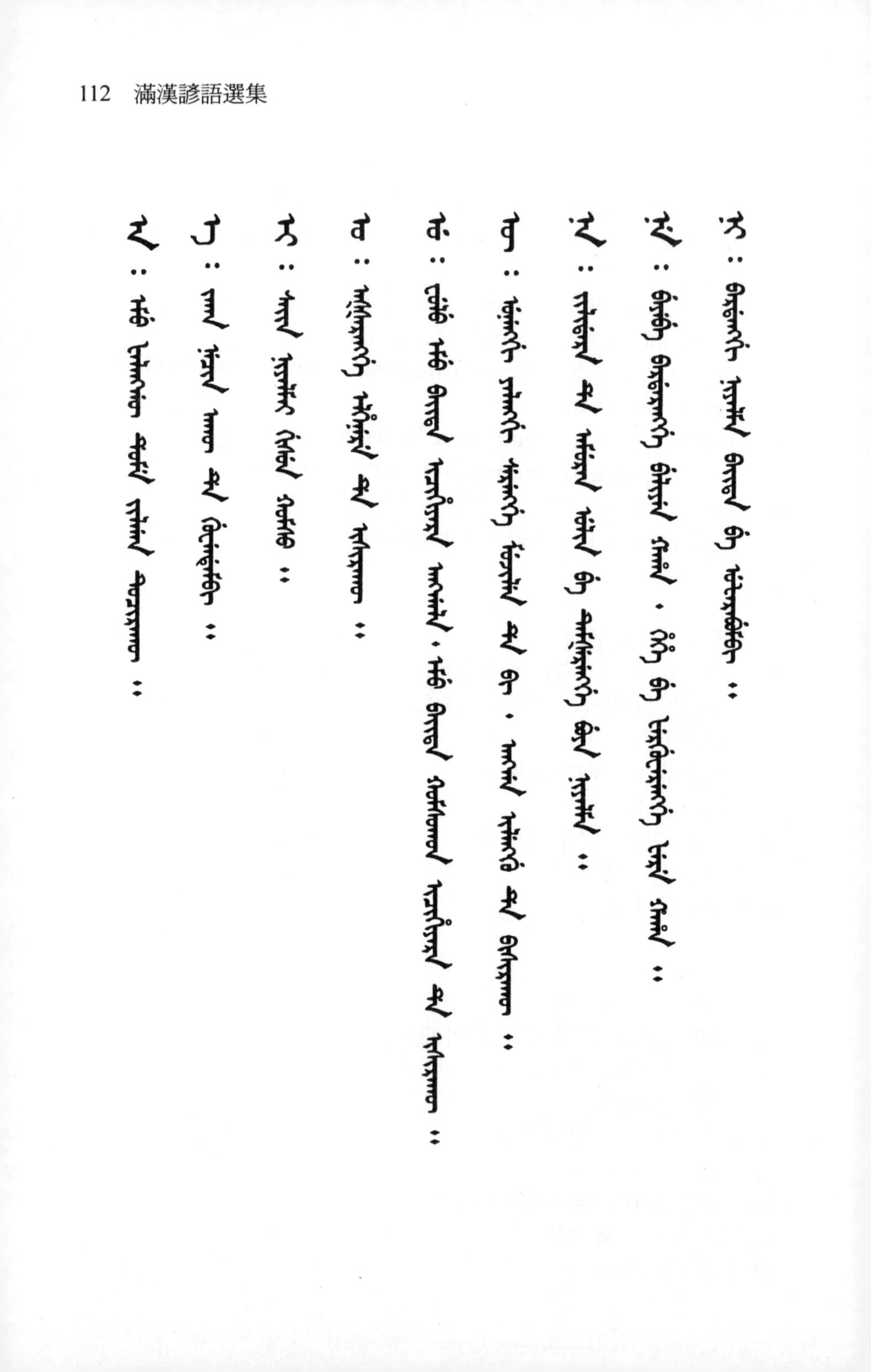

二十二、吉人辭寡

a ：emu falanggū dume jilgan tucirakū.
e ：jaka necin akū de guwendembi.
i ：sain niyalmai gisun komso.
o ：aššarangge elhenere de isirakū.
u ：fulu emu baita icihiyara anggala, emu baita komsokon icihiyara de isirakū.
ū ：unenggi yalanggi serengge mujilen de bi, angga ilenggu de bisirakū.
na：jilidara de amuran ulin be temšerengge buya niyalma.
ne：beyebe bardarangge beliyen haha, hehe be ferguwerengge fere haha.
ni ：bardanggi niyalma baita be ufarabumbi.

---

a ：一個巴掌拍不響。
e ：物不平則鳴。
i ：吉人之辭寡。
o ：一動不如一靜。
u ：多一事不如少一事。
ū ：凡誠實在心，不在口舌。
na：尚氣爭財是小人。
ne：誇自己是蠢人，誇老婆是愚人。
ni ：說大話者誤事。

---

a ：一个巴掌拍不响。
e ：物不平则鸣。
i ：吉人之辞寡。
o ：一动不如一静。
u ：多一事不如少一事。
ū ：凡诚实在心，不在口舌。
na：尚气争财是小人。
ne：夸自己是蠢人，夸老婆是愚人。
ni ：说大话者误事。

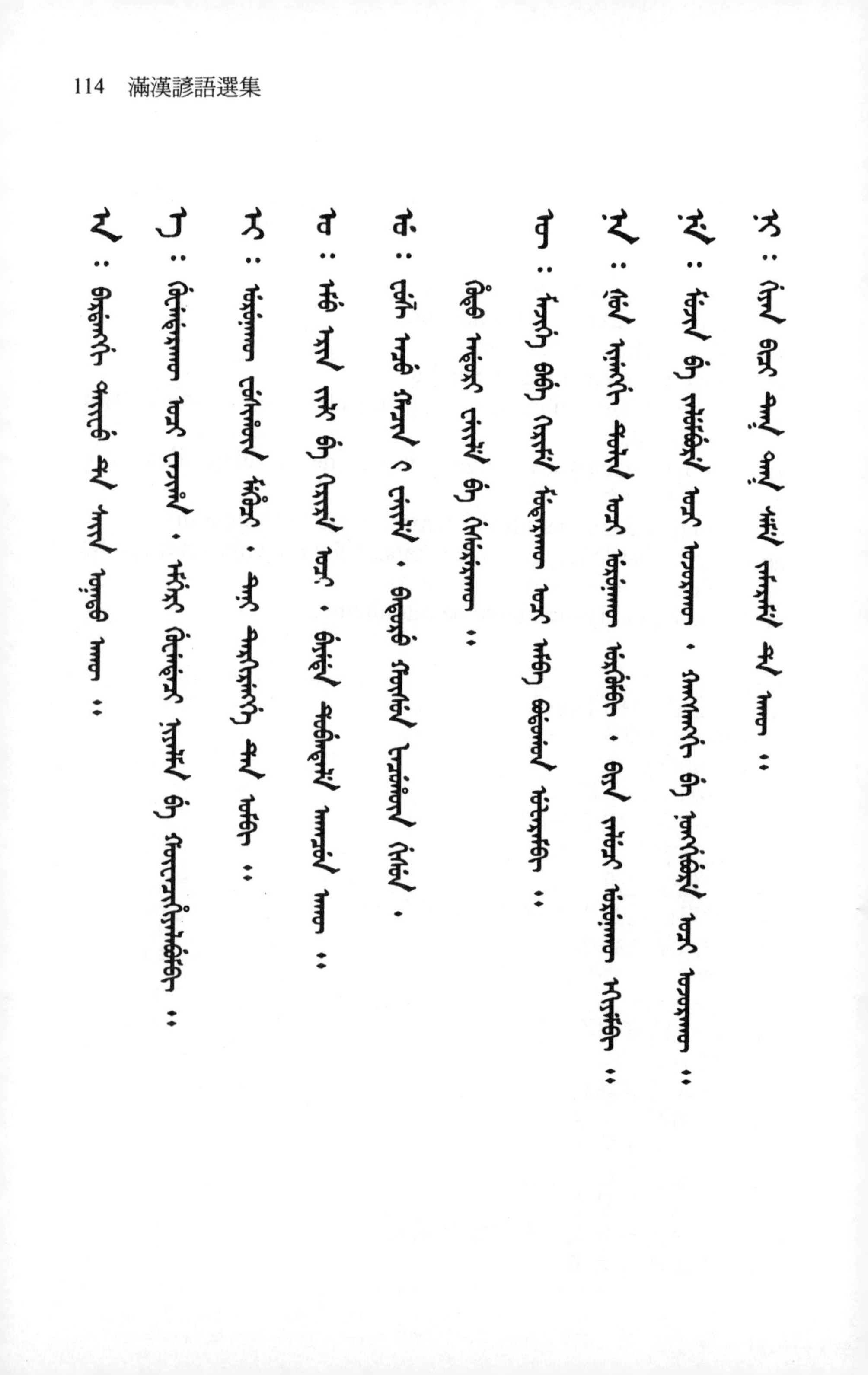

[illegible]

[illegible]

[illegible]

[illegible]

[illegible]

[illegible]

[illegible]

[illegible]

a ：bardanggi daifu de sain okto akū.
e ：guwenderakū oci wajiha, emgeri guwendeci niyalma be gūwacihiyalabumbi.
i ：urunakū fusihūn mehuci, teni terkirengge den ombi.
o ：emu erin jili be kirire oci, beyede dubentele akacun akū.
u ：fudz encu hacin i weile, baturu hūsun facuhūn gisun, hutu enduri weile be gisurerakū.
ū ：majige babe kirime muterakū oci amba bodogon ufarambi.
na ：šun inenggi dulin oci urunakū urgumbi, biya jaluci urunakū ekiyembi.
ne ：mujin be jalumbure oci ojorakū, kangsanggi be nonggibure oci ojorakū.
ni ：giyan bici tek tak seme jamarame de akū.

---

a ：誇嘴的郎中沒有好藥。
e ：不鳴則已，一鳴驚人。
i ：須屈得下，才跳得高。
o ：忍得一時忿，終身無煩惱。
u ：子不語怪力亂神。
ū ：小不忍則亂大謀。
na ：日中則昃，月滿則虧。
ne ：志不可滿，傲不可長。
ni ：有理不在聲高。

---

a ：夸嘴的郎中没有好药。
e ：不鸣则已，一鸣惊人。
i ：须屈得下，才跳得高。
o ：忍得一时忿，终身无烦恼。
u ：子不语怪力乱神。
ū ：小不忍则乱大谋。
na ：日中则昃，月满则亏。
ne ：志不可满，傲不可长。
ni ：有理不在声高。

[illegible] ： [illegible] [illegible] [illegible] [illegible] ᠈ [illegible] [illegible] [illegible] [illegible] ᠉

[illegible] ： [illegible] [illegible] ᠪᡝ [illegible] [illegible] ᠉

[illegible] ： ᠨᡳᠶᠠᠯᠮᠠ ᡩᡝ [illegible] ᠨᡳᠶᠠᠯᠮᠠ [illegible] ᠈ [illegible] ᡩᡝ [illegible] [illegible] [illegible] ᠉

[illegible] ： [illegible] [illegible] ᠨᡳᠶᠠᠯᠮᠠ [illegible] [illegible] ᠈ [illegible] [illegible] [illegible] ᠉
[illegible] [illegible] [illegible] [illegible] ᠨᡳᠶᠠᠯᠮᠠ [illegible] [illegible] [illegible] ᠉

[illegible] ： [illegible] ᡩᡝ [illegible] [illegible] ᠪᡝ [illegible] ᡩᡝ [illegible] [illegible] [illegible] ᠈

[illegible] ： [illegible] ᡩᡝ [illegible] [illegible] [illegible] ᠈ [illegible] ᡩᡝ [illegible] ᠨᡳᠶᠠᠯᠮᠠ [illegible] ᠉
[illegible] ᡩᡝ [illegible] [illegible] ᡳ ᠨᡳᠶᠠᠯᠮᠠ [illegible] [illegible] ᠉

[illegible] ： [illegible] [illegible] ᡩᡝ [illegible] ᠈ [illegible] [illegible] ᡩᡝ [illegible] ᠈

[illegible] ： [illegible] [illegible] ᠨᡳᠶᠠᠯᠮᠠ ᠈ [illegible] [illegible] [illegible] ᠪᡝ ᠈ [illegible] [illegible] [illegible] [illegible] ᡳ [illegible] [illegible] ᠉

[illegible] ： [illegible] ᡩᡝ [illegible] [illegible] ᠨᡳᠶᠠᠯᠮᠠ [illegible] ᡳ [illegible] [illegible] ᠉

二十三、有口有耳

a ：jugūn de jabure niyalmai angga wehe i bei adali.
e ：yabure niyalmai angga emu c'y muke be, juwan jang ni boljon i gese obumbi.
i ：emke juwan de ulame, juwan tanggū de ulame, jugūn de yabure niyalma i angga deyere adali.
o ：tantanure de sain gala akū, toonure de sain angga akū.
u ：dabsun de gidaha niyehe be mucen de sindafi bujuha adali, beye lalanji oho bime damu angga teile kemuni mangga.
ū ：julgeci ebsi angga mangga niyalma, emu okson nendembi.
na ：angga de ašubuci angga sula, gala de jafabuci gala sula.
ne ：beyei uncehen be beye gedumbi.
ni ：gulhun buliyaci cilirengge labdu, hūdun sujuci tuherengge labdu.

---

a ：路上行人口是碑。
e ：行人口一尺水十丈波。
i ：一傳十，十傳百，路上行人口似飛。
o ：要打沒好手，廝罵沒好口。
u ：鹹鴨子煮在鍋裡，身子爛化了嘴兒還硬。
ū ：自古嘴強的爭一步。
na ：吃人家的嘴軟，拿人家的手短。
ne ：自己啃自己的尾巴。
ni ：大嚼多噎，急步多摔。

---

a ：路上行人口是碑。
e ：行人口一尺水十丈波。
i ：一传十，十传百，路上行人口似飞。
o ：要打没好手，厮骂没好口。
u ：咸鸭子煮在锅里，身子烂化了嘴儿还硬。
ū ：自古嘴强的争一步。
na ：吃人家的嘴软，拿人家的手短。
ne ：自己啃自己的尾巴。
ni ：大嚼多噎，急步多摔。

ᠵᡳᠣ :: ᠨᡳᠶᠠᠯᠮᠠ ᡳ ᠪᠣᡩᠣᡵᠣᠩᡤᡝ ᠪᡳᠰᡳᡵᡝ ᠈ ᠠᠪᡴᠠ ᡳ ᡨᠣᡴᡨᠣᠪᡠᡥᠠᠩᡤᡝ ᠠᠯᡳᠪᡠᡥᠠ ::

ᠵᡳᠨ :: ᡠᡳ ᠪᡝ ᠠᠯᠠ ᠪᡠ ᠈ ᡩᡝᠯᡥᡝᠮᡝ ᠪᡝ ᠨᡳᠶᠠᠯᠮᠠ ᠪᡠ ::

ᠵᡳ :: ᠮᠣᠣ ᡳ ᡩᡠᠯᡝᠪᡠ ᠨᡳᠶᠠᠯᠮᠠ ᡩᡝ ᡤᡝᡵᡝ ᡨᡠᠸᠠᠪᡠᡥᠠᠩᡤᡝ ᠠᡴᡡ ᠈ ᠰᠠᡳᠨ ᡨᡠᠸᠠᠴᡳ ᠰᠠᠯᠠ ::

ᠵᠣ :: ᠰᠠᡳᠨ ᠨᡳᠶᠠᠯᠮᠠ ᠰᠠᠯᡳᠮᡝ ᡩᡝ ᡩᠣᠯᠣᠪᡠ ᠈ ᠰᠠᡳᠨ ᠰᠠᠯᠠ ᠨᡳᠶᠠᠯᠮᠠ ᠰᠠᡳᠨ ᡩᡝ ᡨᡠᠸᠠᠪᡠ ::

ᠵᠣᠣ :: ᡤᡠᠩᡤᡝ ᠪᡠᠪᡠᡥᡝ ᡩᡝ ᠵᡠᠸᡝ ᠪᡝ ᡩᠣᠪᠣᡥᠠᠩᡤᡝ ᠰᠠᡳᠨ ᠪᡝ ᡨᡠᠸᠠᠮᠠ ::

ᠵᡠ :: ᠰᡠᠪᡠᡥᠠᠩᡤᡝ ᠨᡳᠶᠠᠯᠮᠠᠩᡤᡝ ᠈ ᡨᡠᠸᠠᡥᠠᠩᡤᡝ ᡩᡠᠯᡝᡥᡝᠩᡤᡝ ::

ᠵᠠ :: ᠠᠪᡴᠠᡳ ᡨᠣᡴᡨᠣᠪᡠᡥᠠ ᠰᠠᠯᠠ ᠪᡝ ᠵᡠᠸᡝ ᠰᠠᡳᠨ ᡨᡠᠸᠠᠪᡠᡥᠠᠩᡤᡝ ᠵᡠᠪᡠᡥᡝ ᠪᡝ ᠵᡠᠸᡝ ᡤᡠᠨᡳᠨ ᡩᡝᡵᡤᡳ ᠪᠣᡩᠣᠮᡝ ᠵᠠ ᡩᡠᠯᡝᠮᠪᡳ ::

ᠵᡠᠩ :: ᠰᠠᡥᠠᡵᡤᡳᠨ ᠰᠠᠯᠠ ᠪᡝ ᠵᡠᠸᡝ ᠪᠣᡩᠣᠨ ᡨᡠᡵᡤᡠ ᡩᡠᠯᡝᠪᡠᡥᡝ ᠠᠯᡳᠪᡠᡥᡝ ᠠᡴᡡ ::

ᠵᡝ :: ᠪᡠᠯᡝᡥᡝᠨ ᠨᡳᠶᠠᠯᠮᠠ ᡨᡠᠸᠠ ᠵᡠᠸᡝ ᠰᠠᠯᡳᠪᡠ ᡩᡝᡵᡝ ᠪᠣᠣᠪᠣ ᡨᡠᠸᠠᡥᠠᠩᡤᡝ ᡩᡠᠯᡝ ::

a ：tarhūn niyalma umai emu erinde jefi tuttu ohongge waka.
e ：kangkaha erin de emu sabdan muke jancuhūn silenggi adali.
i ：yadahūšara erin de emu angga jeterengge ebihe de emu hiyase bele bahara ci wesihun.
o ：ašukangge niyalmaningge, nunggehengge beyeningge.
u ：hengke tubihe be eshun de fatahangge angga de icakū.
ū ：argangga niyalma arsalan be jafambi, arga akū niyalma angga be uncambi.
na：moo i foloho niyalma be hise uculebure adali, ergen sukdun akū.
ne：fu de jaka bi, fajiran de šan bi.
ni ：šan i donjihangge tašan, yasa i sabuhangge yargiyan.

---

a ：胖子也不是一口兒吃的。
e ：渴時一滴水如甘露。
i ：餓時吃一口，強於飽時得米一斗。
o ：含著的是人家的，嚥下的是自己的。
u ：瓜果之生摘者，不適於口。
ū ：有智者能捉獅，無謀者盡誇口。
na：提傀儡兒上戲場，還少一口氣兒。
ne：牆有縫，壁有耳。
ni ：耳聞是虛，眼見為實。

---

a ：胖子也不是一口儿吃的。
e ：渴时一滴水如甘露。
i ：饿时吃一口，强于饱时得米一斗。
o ：含着的是人家的，咽下的是自己的。
u ：瓜果之生摘者，不适于口。
ū ：有智者能捉狮，无谋者尽夸口。
na：提傀儡儿上戏场，还少一口气儿。
ne：墙有缝，壁有耳。
ni ：耳闻是虚，眼见为实。

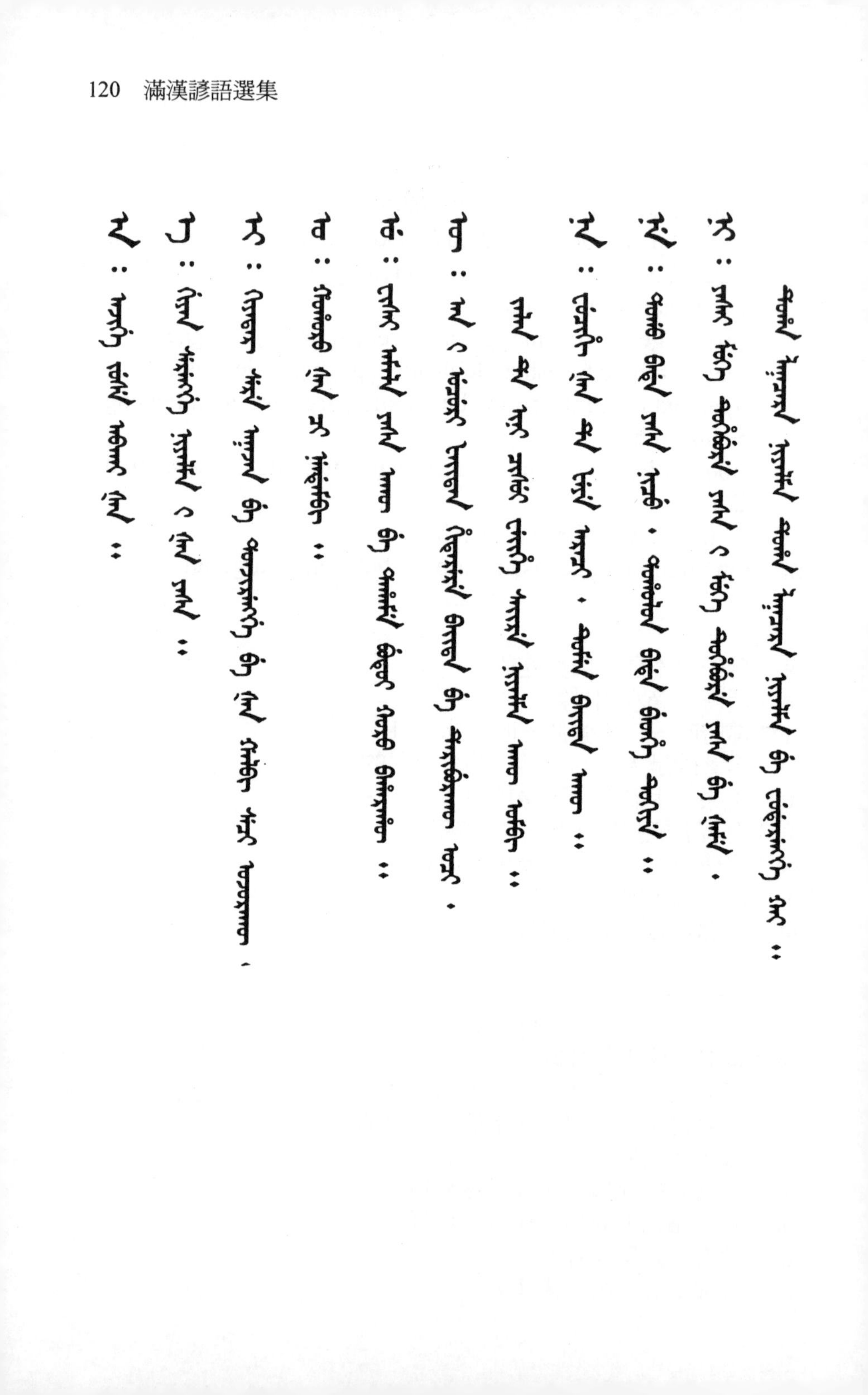

a ：ajige juse abkai šan.
e ：giyan serengge niyalma i šan yasa.
i ：kiyatar sere akjan be donjirengge be šan galbi seci ojorakū.
o ：hohoro šan ci nendembi.
u ：fisai amala yasa akū be dahame butui koro baharahū.
ū ：an i ucuri faitan hiterere baita be deriburakū oci, jalan de ini cisui weihe saire niyalma akū ombi.
na：fucihi šan de feye araci, tumen baita akū.
ne：dogo bade yasa nicu, doholon bade bethe tukiye.
ni ：yasai muke tuhebure yasa i muke tuhebure yasa be šame, duha lakcara niyalma duha lakcara niyalma be fuderengge kai.

---

a ：小孩耳聞多。
e ：真理是人的耳目。
i ：聞雷霆不爲聰耳。
o ：耳垢溢耳。
u ：人無後眼，只怕暗遭毒手。
ū ：平生不作皺眉事，世上應無切齒人。
na：佛爺耳邊做窩，萬事大吉。
ne：黑暗處閉眼睛，不平整處要抬脚。
ni ：流淚眼觀流淚眼，斷腸人送斷腸人。

---

a ：小孩耳闻多。
e ：真理是人的耳目。
i ：闻雷霆不为聪耳。
o ：耳垢溢耳。
u ：人无后眼，只怕暗遭毒手。
ū ：平生不作皱眉事，世上应无切齿人。
na：佛爷耳边做窝，万事大吉。
ne：黑暗处闭眼睛，不平整处要抬脚。
ni ：流泪眼观流泪眼，断肠人送断肠人。

[illegible] : [illegible] [illegible] [illegible] [illegible] [illegible] [illegible] ᠨᡳᠶᠠᠯᠮᠠ ᠪᡝ [illegible] [illegible] ::

[illegible] : [illegible] ᠨᡳᠶᠠᠯᠮᠠ [illegible] [illegible] [illegible] ::

[illegible] : [illegible] ᠨᡳᠶᠠᠯᠮᠠ ᠪᡝ [illegible] [illegible] ::

[illegible] : [illegible] [illegible] [illegible] · [illegible] [illegible] [illegible] ::

[illegible] : [illegible] [illegible] [illegible] · ᠨᡳᠶᠠᠯᠮᠠ ᠪᡝ [illegible] [illegible] ::

[illegible] : [illegible] [illegible] [illegible] [illegible] · [illegible] [illegible] [illegible] [illegible] [illegible] [illegible] ::

[illegible] : [illegible] ᠨᡳᠶᠠᠯᠮᠠ [illegible] ᠪᡝ [illegible] · [illegible] ᠨᡳᠶᠠᠯᠮᠠ [illegible] ᠪᡝ [illegible] ::

[illegible] : [illegible] [illegible] [illegible] [illegible] [illegible] [illegible] · ᠨᡳᠶᠠᠯᠮᠠ ᠪᡝ [illegible] [illegible] ᠨᡳᠶᠠᠯᠮᠠ ᠪᡝ [illegible] ::

二十四、萬事從寬

a ：beye dubentele jugūn anabuha seme tanggū okson mudalirakū.
e ：beye dubentele yalu anabuha seme emu delhe ufararakū.
i ：cokto niyalma be amarcabumbi.
o ：gocishūn niyalma be ibedebumbi.
u ：beyebe muribuci muribukini, niyalma be kokiraci ojorakū.
ū ：jalu oci ekiyembi, gocishūn oci nonggibumbi.
na：julesi tanggū ba tuwara anggala, amasi emu okson tuwara de isirakū.
ne：anabuha niyalma alin be tuwakiyambi, bošobuha niyalma boo be tuwakiyambi.
ni ：tusa arara oci tusa arame yabu, niyalma be guwebure oci niyalma be guwebu.

---

a ：終身讓路，不枉百步。
e ：終身讓畔，不失一頃。
i ：驕傲使人落後。
o ：虛心使人進步。
u ：寧可屈己，不可損人。
ū ：滿招損，謙受益。
na：前看百里，不如後看一步。
ne：相讓的人可以守山，被逐的人只能守家。
ni ：得方便時行方便，得饒人處且饒人。

---

a ：终身让路，不枉百步。
e ：终身让畔，不失一顷。
i ：骄傲使人落后。
o ：虚心使人进步。
u ：宁可屈己，不可损人。
ū ：满招损，谦受益。
na：前看百里，不如后看一步。
ne：相让的人可以守山，被逐的人只能守家。
ni ：得方便时行方便，得饶人处且饶人。

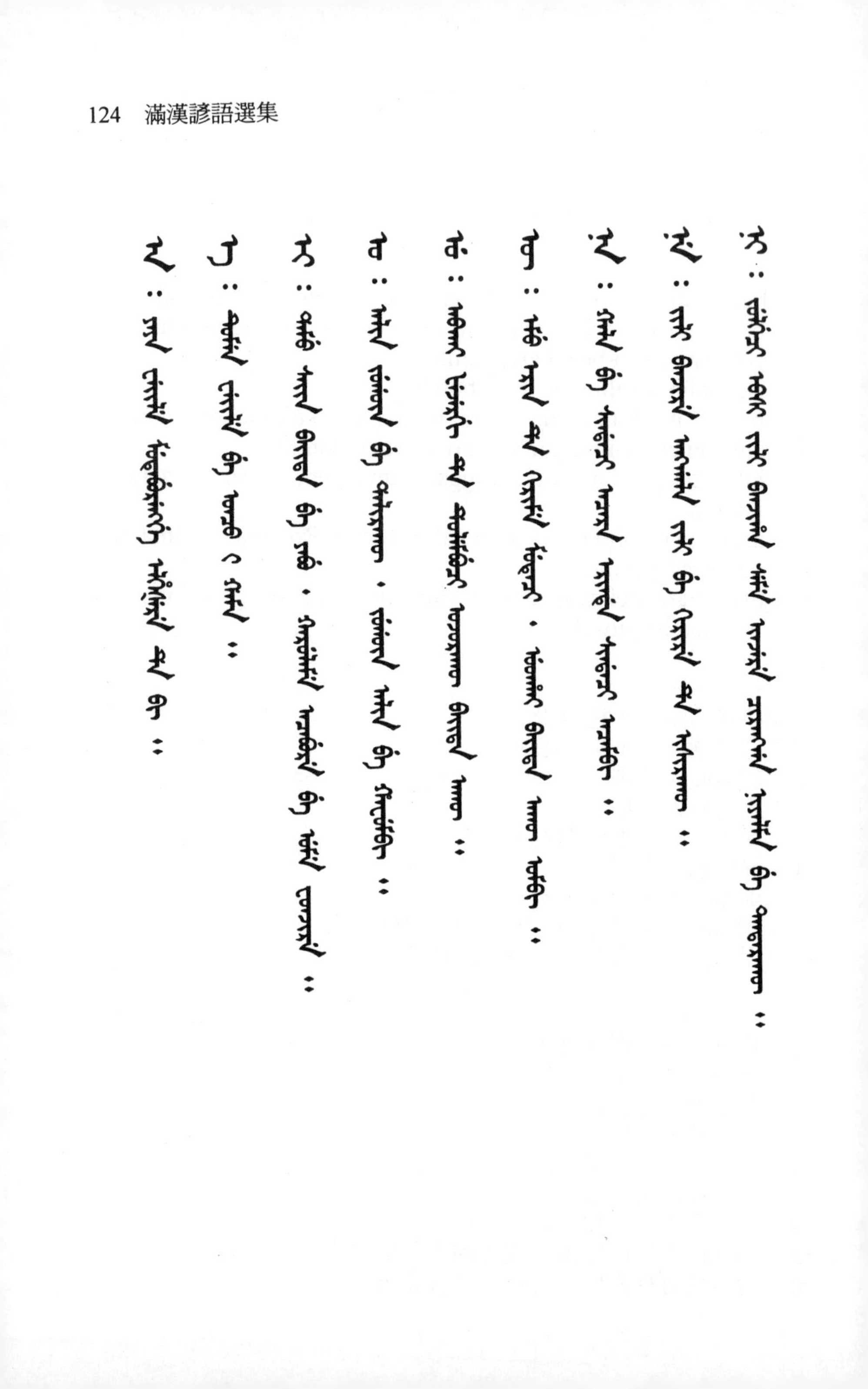

a ：yaya weile muteburengge elhešere de bi.
e ：tumen weile be onco i gama.
i ：damu sain baita be yabu, karulame acabure be ume fonjire.
o ：alin jugūn be dalirakū, jugūn alin be hafumbi.
u ：abkai fejergi de dulembuci ojorakū baita akū.
ū ：emu erin de kirime muteci, uthai baita akū ombi.
na ：gala be sindaci acara erinde sindaci acambi.
ne ：jili banjire anggala jili be kirire de isirakū.
ni ：julgeci ebsi jili banjiha seme injere cirangga niyalma be tantarakū.

---

a ：成事在緩。
e ：萬事從寬。
i ：但行好事，莫問回報。
o ：山不礙路，路自通山。
u ：天下沒有過不去的事。
ū ：忍耐一時，便可無事。
na ：得放手時須放手。
ne ：生氣何如忍氣高。
ni ：自古嗔拳不打笑面人。

---

a ：成事在缓。
e ：万事从宽。
i ：但行好事，莫问回报。
o ：山不碍路，路自通山。
u ：天下没有过不去的事。
ū ：忍耐一时，便可无事。
na ：得放手时须放手。
ne ：生气何如忍气高。
ni ：自古嗔拳不打笑面人。

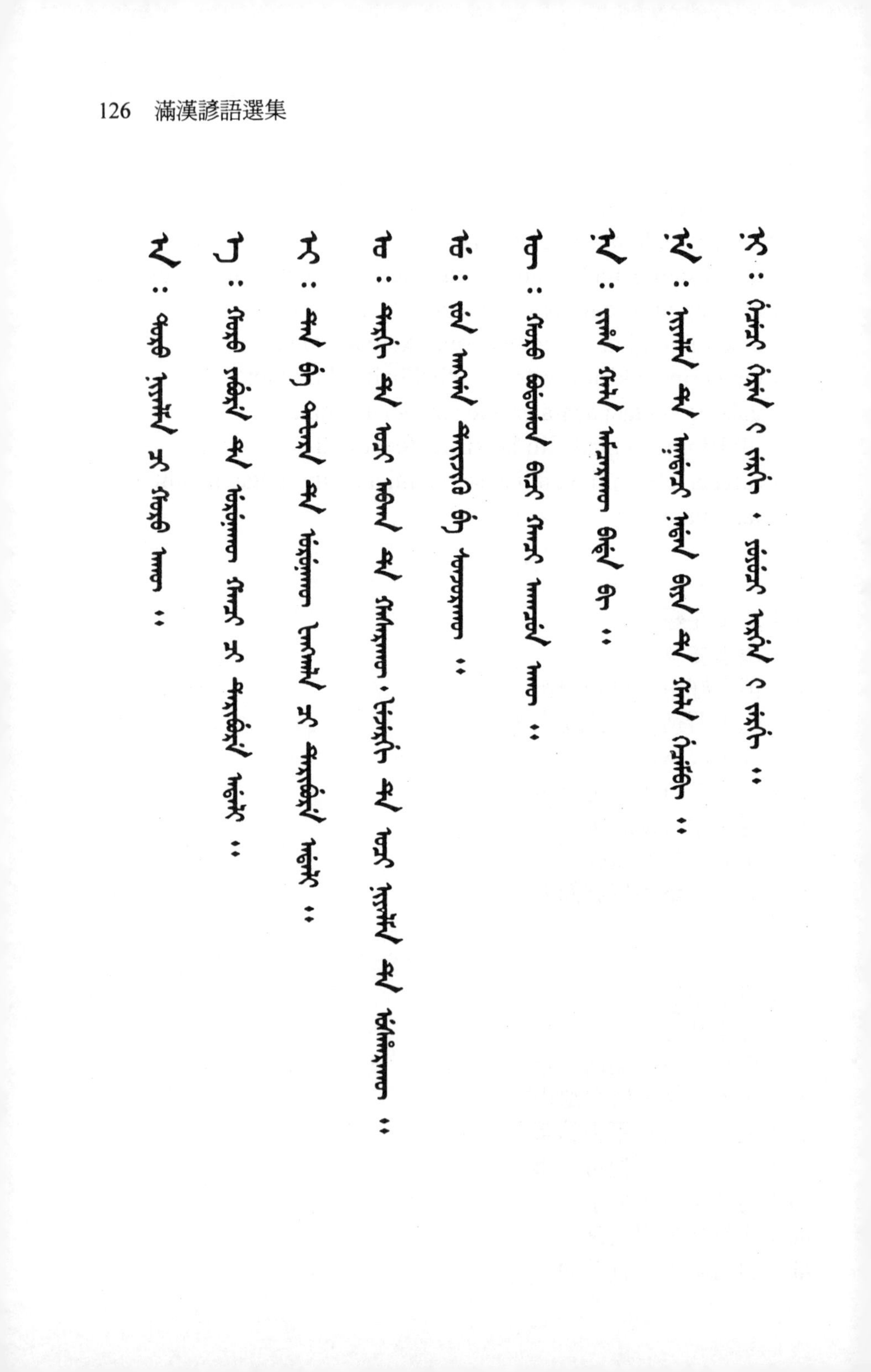

[illegible]

[illegible]

[illegible]

[illegible]

[illegible]

[illegible]

[illegible]

[illegible]

[illegible]

二十五、道不遠人

a ：doro niyalma ci goro akū.
e ：goro yabure de urunakū hanci ci deribure adali.
i ：den be tafara de urunakū fangkala ci deribure adali.
o ：dergi de oci abka de gasarakū, fejergi de oci niyalma de usharakū.
u ：jun angga deijiku be sonjorakū.
ū ：goro bodogon bici hanci akacun akū.
na ：jiha gala amcarakū bade bi.
ne ：niyalma de akdaci nadan biya de gala gecembi.
ni ：gececi geren i jergi, yuyuci irgen i jergi.

---

a ：道不遠人。
e ：行遠必自邇。
i ：登高必自卑。
o ：上不怨天，下不尤人。
u ：竈口不揀柴。
ū ：有遠慮，無近憂。
na ：錢在手够不著的地方。
ne ：靠人則七月凍壞手。
ni ：凍則眾人凍，飢則百姓飢。

---

a ：道不远人。
e ：行远必自迩。
i ：登高必自卑。
o ：上不怨天，下不尤人。
u ：灶口不拣柴。
ū ：有远虑，无近忧。
na ：钱在手够不着的地方。
ne ：靠人则七月冻坏手。
ni ：冻则众人冻，饥则百姓饥。

a：edun darakū oci orho aššarakū.
e：edun darakū oci moo aššarakū.
i：hocin be futa i miyalimbi.
o：niyalma be tuwara de damu amargi hontoho meyen be tuwambi.
u：beyei dubentele babe gūnici, yasai julergi be ume tuwara.
ū：dergi de duibuleci isirakū bicibe, fejergi de duibuleci funcetele bi.
na：labdukan i baharangge komsokon i bahara de isirakū, komsokon i baharangge ne bahara de isirakū.
ne：bisire gese ja, akū i gese mangga.

---

a：無風不起浪。
e：風不動，樹不動。
i：井多深，繩來量。
o：看人只看後半截。
u：要看終身，莫認眼前。
ū：比上不足，比下有餘。
na：多得不如少得，少得不如現得。
ne：有時容易，無時難。

---

a：无风不起浪。
e：风不动，树不动。
i：井多深，绳来量。
o：看人只看后半截。
u：要看终身，莫认眼前。
ū：比上不足，比下有余。
na：多得不如少得，少得不如现得。
ne：有时容易，无时难。

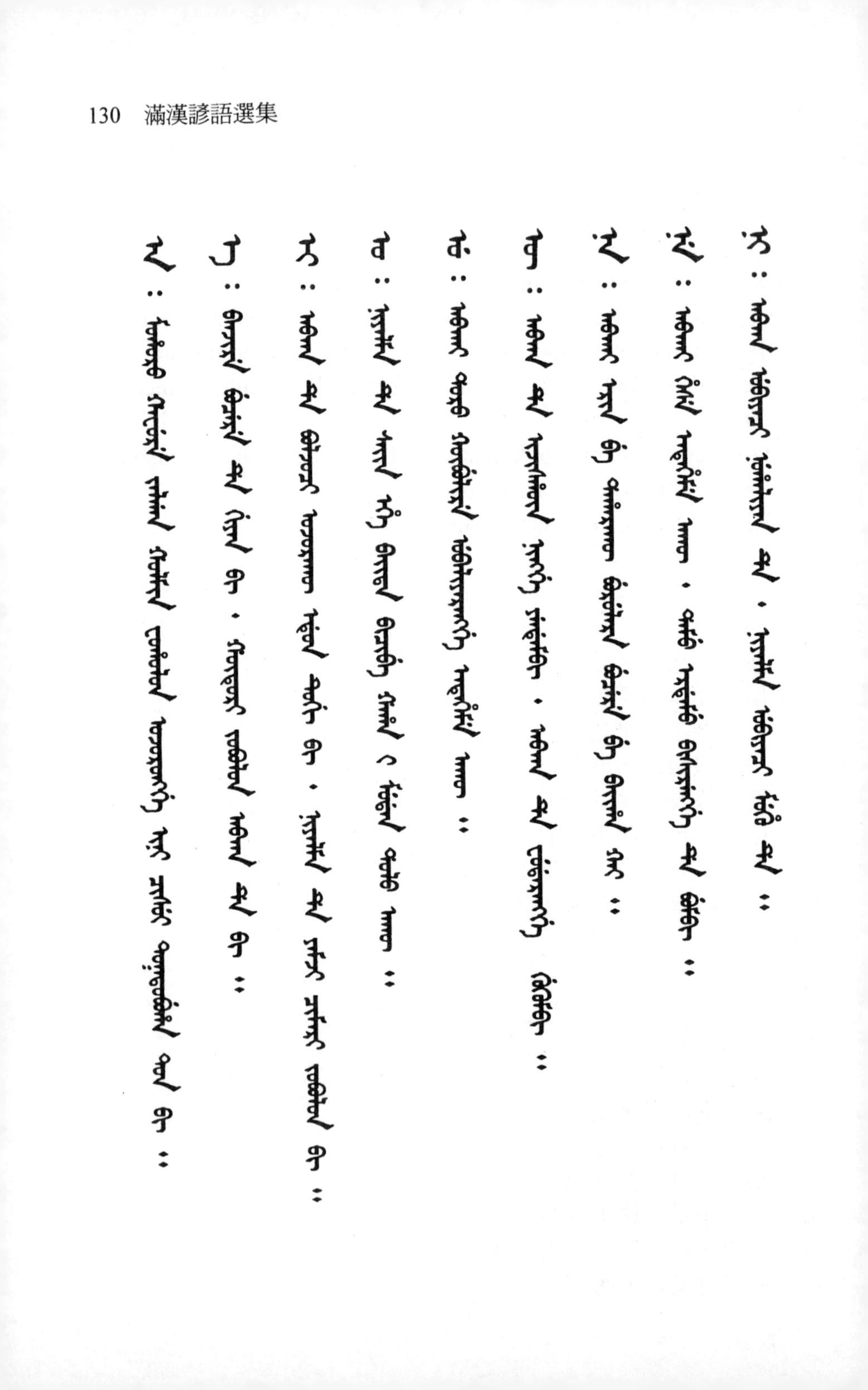

[illegible]

[illegible]

[illegible]

[illegible]

[illegible]

[illegible]

[illegible]

[illegible]

[illegible]

二十六、窮通壽夭

a ：mohoro hafure jalgan golmin foholon ojorongge ini cisui toktobuha ton bi.
e ：banjire bucere de giyan bi, hūturi jobolon abka de bi.
i ：abka de boljoci ojorakū edun tugi bi, niyalma de yamji cimari jobolon bi.
o ：niyalma de sain ehe baita bicibe gaha i mudan dolo akū.
u ：abkai doro kūbulire ubaliyarangge enteheme akū.
ū ：abka de ijishūn ningge yendembi, abka de fudarakūngge gukumbi.
na ：abkai erin be daharakū burulara bucere be baiha kai.
ne ：abkai hese enteheme akū, damu erdemu bisirengge de bumbi.
ni ：abka ubiyaci nuhaliyan de, niyalma ubiyaci muhu de.

---

a ：窮通壽夭，自有定數。
e ：生死由命，禍福在天。
i ：天有不測風雲，人有旦夕禍福。
o ：人有吉凶事，不在鳥音中。
u ：天道之理變易無常。
ū ：順天者昌，逆天者亡。
na ：不順天時，自取敗亡。
ne ：天命不常，惟歸有德。
ni ：天叫人死就得死，人叫人亡怎能亡。

---

a ：穷通寿夭，自有定数。
e ：生死由命，祸福在天。
i ：天有不测风云，人有旦夕祸福。
o ：人有吉凶事，不在鸟音中。
u ：天道之理变易无常。
ū ：顺天者昌，逆天者亡。
na ：不顺天时，自取败亡。
ne ：天命不常，惟归有德。
ni ：天叫人死就得死，人叫人亡怎能亡。

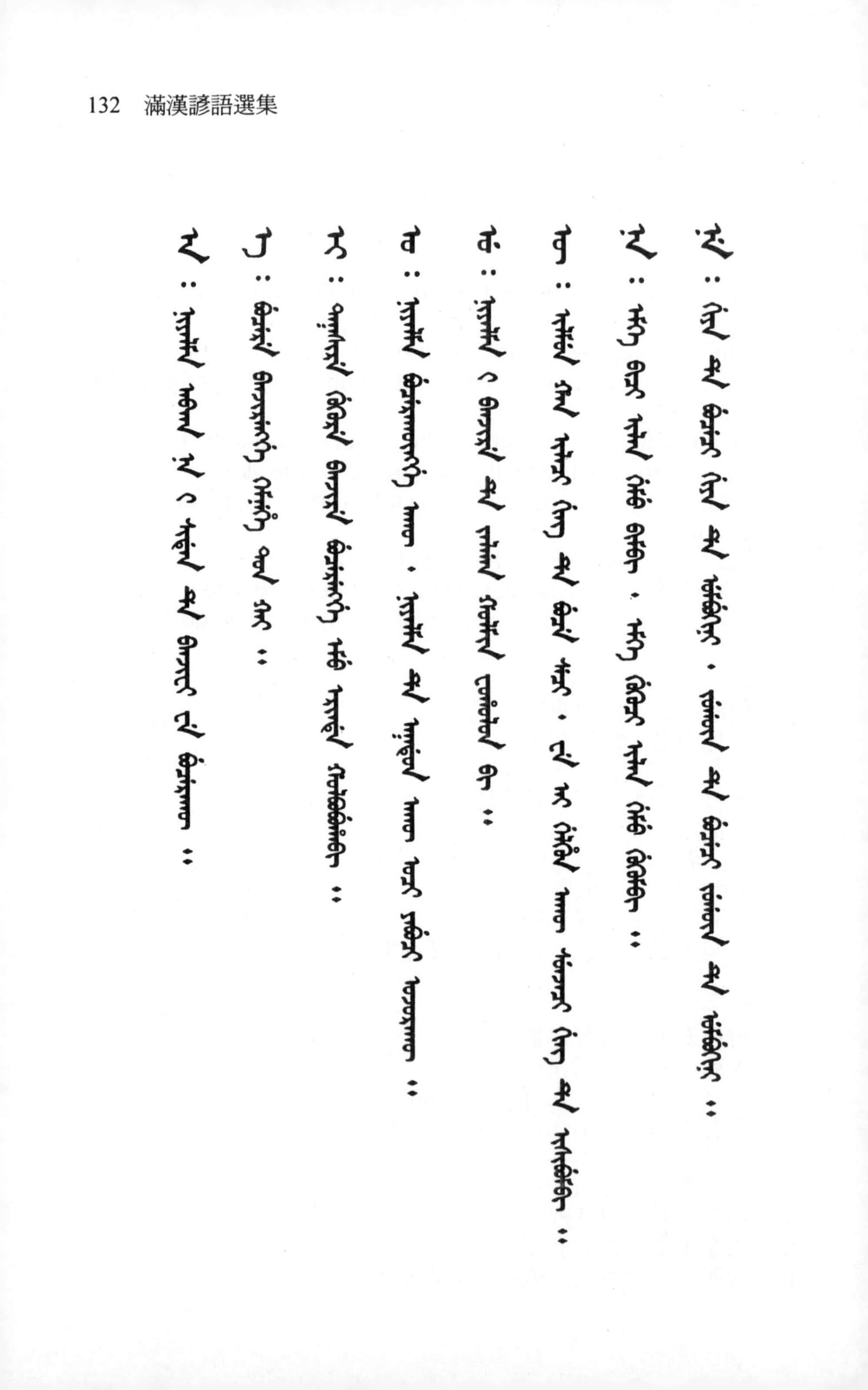

a ：niyalma abka na i siden de banjifi we bucerakū.
e ：bucere banjirengge kemnehe ton kai.
i ：taksire gukure banjire bucerengge emu erinde holbobuhabi.
o ：niyalma bucerakūngge akū, niyalma de akdun akū oci yabuci ojorakū.
u ：niyalma i banjire de jalgan golmin foholon bi.
ū ：ilmun han ilaci ging de buce seci, we ai gelhun akū sunjaci ging de isibumbi.
na：emke bici ilan gemu bimbi, emke gukuci ilan gemu gukumbi.
ne：giya de buceci giya de umbukini, jugūn de buceci jugūn de umbukini.

---

a ：人生天地之間誰不有死。
e ：生死分定。
i ：生死存亡，懸於呼吸。
o ：人皆有死，人無信不立。
u ：人生有死長短命。
ū ：閻王教你三更死，怎敢留人到五更。
na：一在三在，一亡三亡。
ne：街死街埋，路死路埋。

---

a ：人生天地之间谁不有死。
e ：生死分定。
i ：生死存亡，悬于呼吸。
o ：人皆有死，人无信不立。
u ：人生有死长短命。
ū ：阎王教你三更死，怎敢留人到五更。
na：一在三在，一亡三亡。
ne：街死街埋，路死路埋。

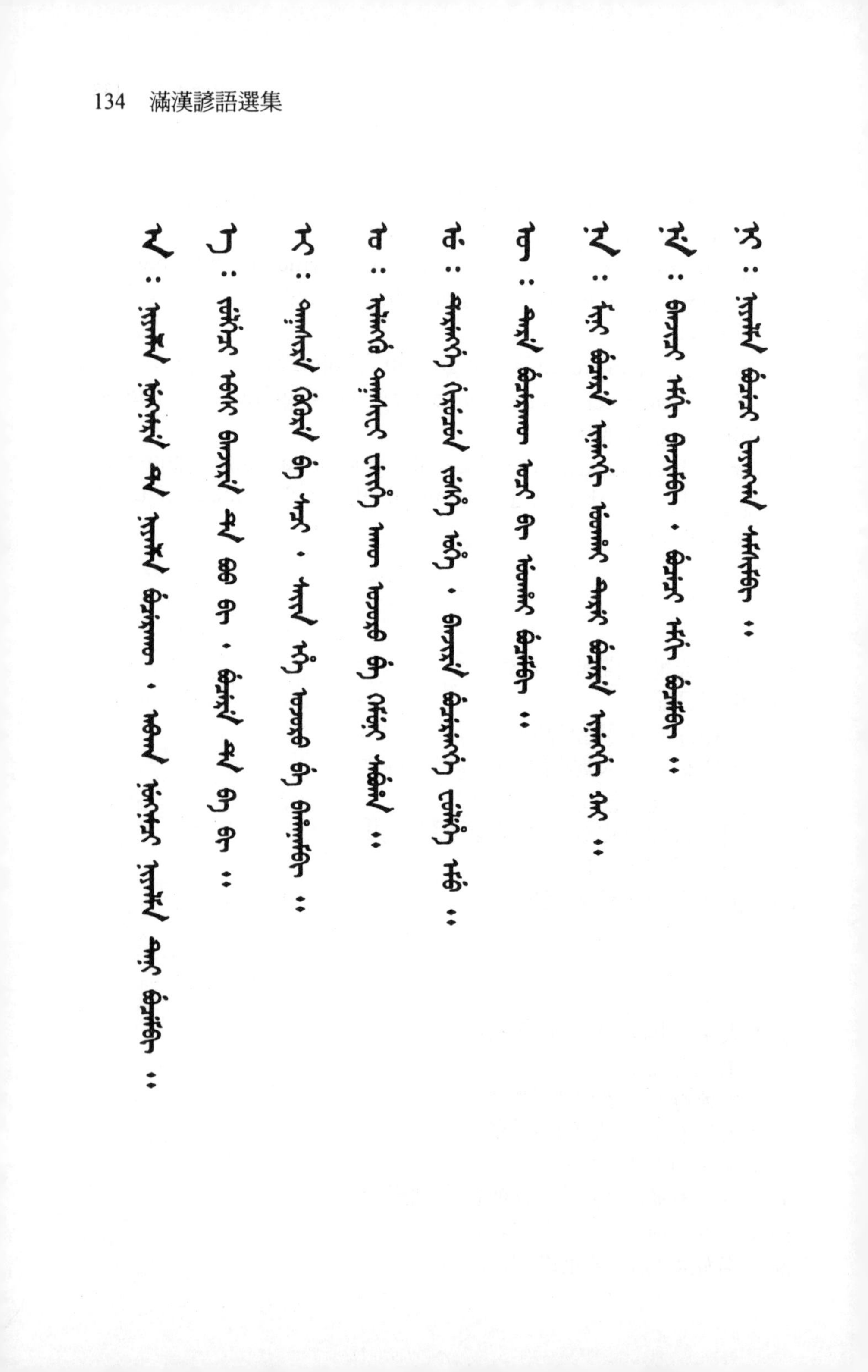

a ：niyalma nungnere de niyalma bucerakū, abka nungneci niyalma teni bucembi.
e ：julgeci ebsi banjire de boo bi, bucere de ba bi.
i ：taksire gukure be saci, sain ehe ojoro be bahanambi.
o ：ilenggu taksifi weihe akū ojoro be kemuni sabuha.
u ：derengge girucun jushe uhe, banjire bucerengge fulehe emu.
ū ：tere bucerakū oci bi uthai bucembi.
na：mini bucere inenggi uthai terei bucere inenggi kai!
ne：banjici emgi banjimbi, buceci emgi bucembi.
ni ：niyalma buceci fayangga samsimbi.

---

a ：人害人不死，天害人才死。
e ：自古生有家死有處。
i ：知存亡可識吉凶。
o ：舌存常見齒亡。
u ：榮與辱共蒂，生與死同根。
ū ：不是他死，就是我亡。
na：我之死期，即是他之死期。
ne：生則同生，死則同死。
ni ：人死則魂散。

---

a ：人害人不死，天害人才死。
e ：自古生有家死有处。
i ：知存亡可识吉凶。
o ：舌存常见齿亡。
u ：荣与辱共蒂，生与死同根。
ū ：不是他死，就是我亡。
na：我之死期，即是他之死期。
ne：生则同生，死则同死。
ni ：人死则魂散。

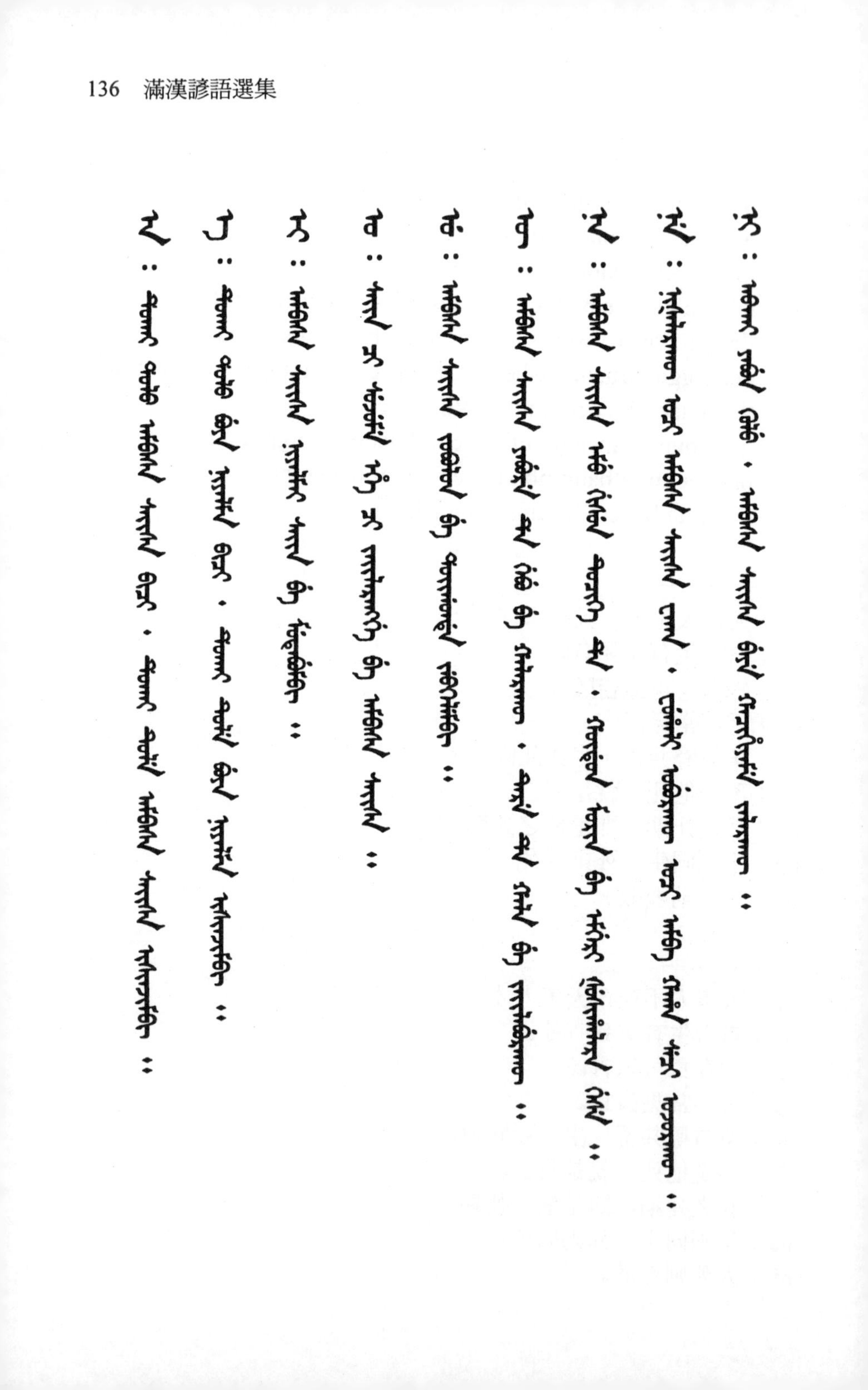

[illegible]

[illegible]

[illegible]

[illegible]

[illegible]

[illegible]

[illegible]

[illegible]

[illegible]

二十七、君子小心

a : dukai dolo ambasa saisa bici, dukai tule ambasa saisa isinjimbi.
e : dukai dolo buya niyalma bici, dukai tule buya niyalma isinjimbi.
i : ambasa saisa niyalmai sain be mutebumbi.
o : sain ci sujume ehe ci jailarangge be ambasa saisa.
u : ambasa saisa jobolon be doigonde jebkelembi.
ū : ambasa saisa yabure de gebu be halarakū, tere de hala be jailaburakū.
na : ambasa saisa emu gisun tucike de, hūdun morin be emgeri šusihalara gese.
ne : nišalarakū oci ambasa saisa waka, fuhali oborakū oci amba haha seci ojorakū.
ni : abkai yabun kulu, ambasa saisa beye hacihiyame jalarakū.

---

a：門內有君子，門外君子至。
e：門內有小人，門外小人至。
i：君子成人之美。
o：趨吉避兇者爲君子。
u：君子防患於未然。
ū：君子行不更名，坐不改姓。
na：君子一言，快馬一鞭。
ne：量小非君子，無毒不丈夫。
ni：天行健，君子自強不息。

---

a：门内有君子，门外君子至。
e：门内有小人，门外小人至。
i：君子成人之美。
o：趋吉避凶者为君子。
u：君子防患于未然。
ū：君子行不更名，坐不改姓。
na：君子一言，快马一鞭。
ne：量小非君子，无毒不丈夫。
ni：天行健，君子自强不息。

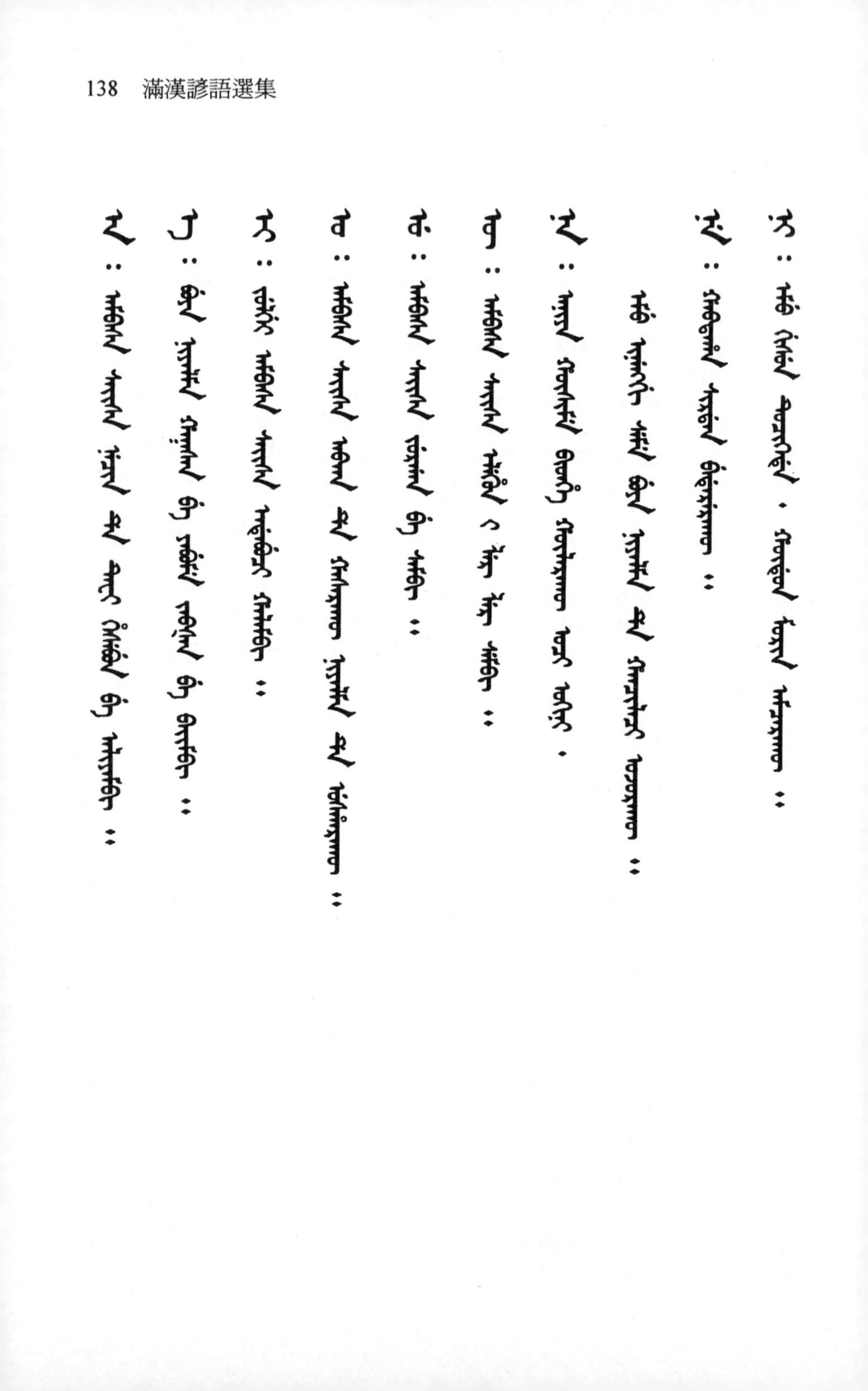

a ：ambasa saisa necin de tefi hesebun be aliyambi.
e ：buya niyalma haksan be yabume jabšan be baimbi.
i ：julgei ambasa saisa endebuci halambi.
o ：ambasa saisa abka de gasarakū niyalma de usharakū.
u ：ambasa saisa jurgan be sambi.
ū ：ambasa saisa elehun i ler ler sembi.
na：aniya hūsime bithe hūlarakū oci okini, emu inenggi seme buya niyalma de hancilaci ojorakū.
ne：gabtaha sirdan bederakū.
ni ：emu gisun tucikede, hūdun morin amcarakū.

---

a ：君子居易以俟命。
e ：小人行險以僥倖。
i ：古之君子，過則改之。
o ：君子不怨天，不尤人。
u ：君子喻於義。
ū ：君子坦蕩蕩。
na：寧可終歲不讀書，不可一日近小人。
ne：射出去的箭不回頭。
ni ：一言既出，駟馬難追。

---

a ：君子居易以俟命。
e ：小人行险以侥幸。
i ：古之君子，过则改之。
o ：君子不怨天，不尤人。
u ：君子喻于义。
ū ：君子坦荡荡。
na：宁可终岁不读书，不可一日近小人。
ne：射出去的箭不回头。
ni ：一言既出，驷马难追。

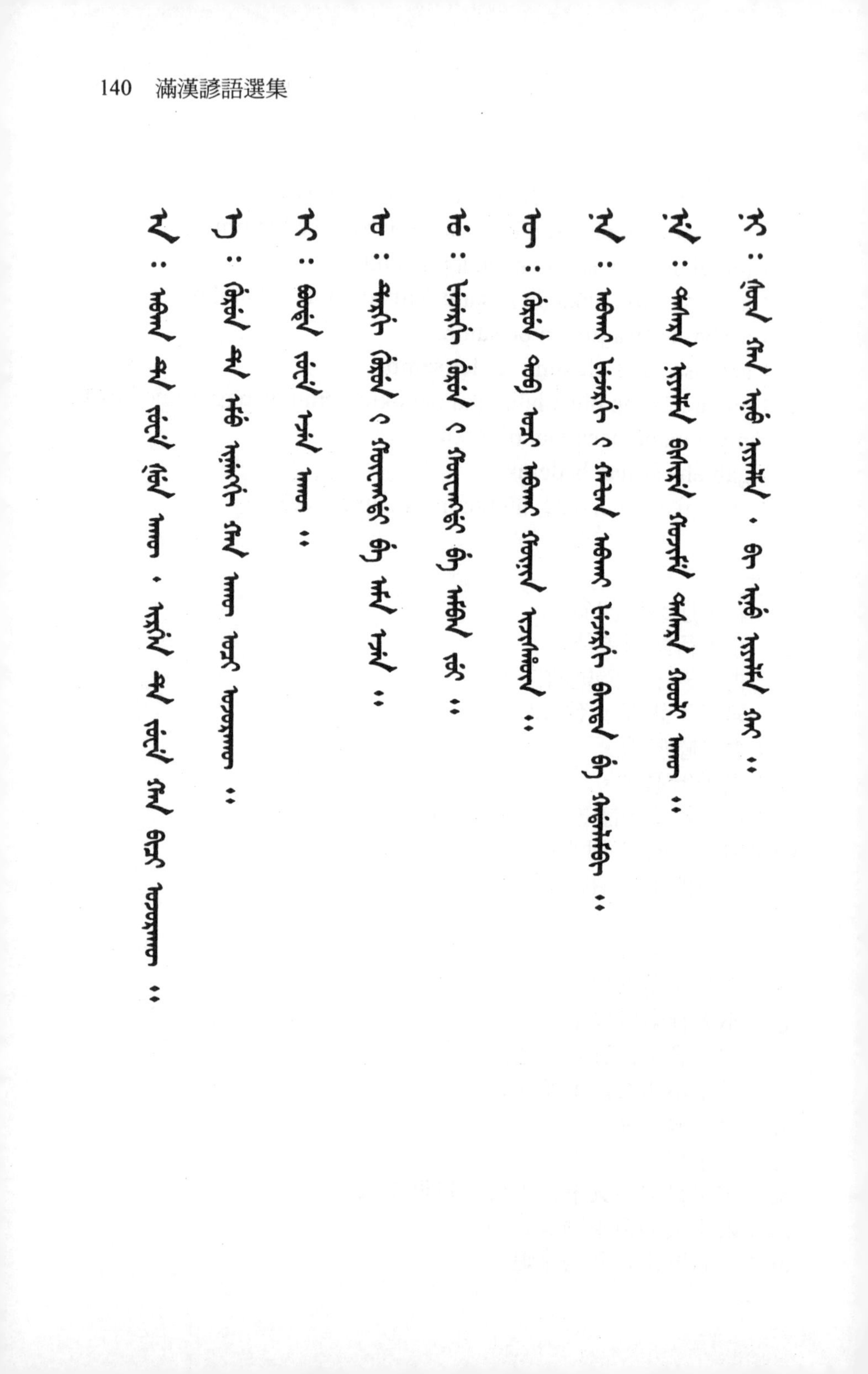

[illegible]

[illegible]

[illegible]

[illegible]

[illegible]

[illegible]

[illegible]

[illegible]

[illegible]

二十八、君臣父子

a ：abka de juwe šun akū, irgen de juwe han bici ojorakū.
e ：gurun de emu inenggi han akū oci ojorakū.
i ：boode juwe ejen akū.
o ：dergi gurun i hūwangdi be ama ejen.
u ：fejergi gurun i hūwangdi be amban jui.
ū ：gurun tob oci abkai gūnin ijishūn.
na：abkai fejergi i hafan abkai fejergi baita be kadalambi.
ne：dasara niyalma bisire gojime dasara kooli ạkū.
ni ：šūn han inu niyalma, bi inu niyalma kai.

---

a ：天無二日，民無二君。
e ：國不可一日無君。
i ：家無二主。
o ：上邦皇帝，爲父爲君。
u ：下邦皇帝，爲臣爲子。
ū ：國正天心順。
na：天下官管天下事。
ne：有治人，無治法。
ni ：舜人也，我亦人也。

---

a ：天无二日，民无二君。
e ：国不可一日无君。
i ：家无二主。
o ：上邦皇帝，为父为君。
u ：下邦皇帝，为臣为子。
ū ：国正天心顺。
na：天下官管天下事。
ne：有治人，无治法。
ni ：舜人也，我亦人也。

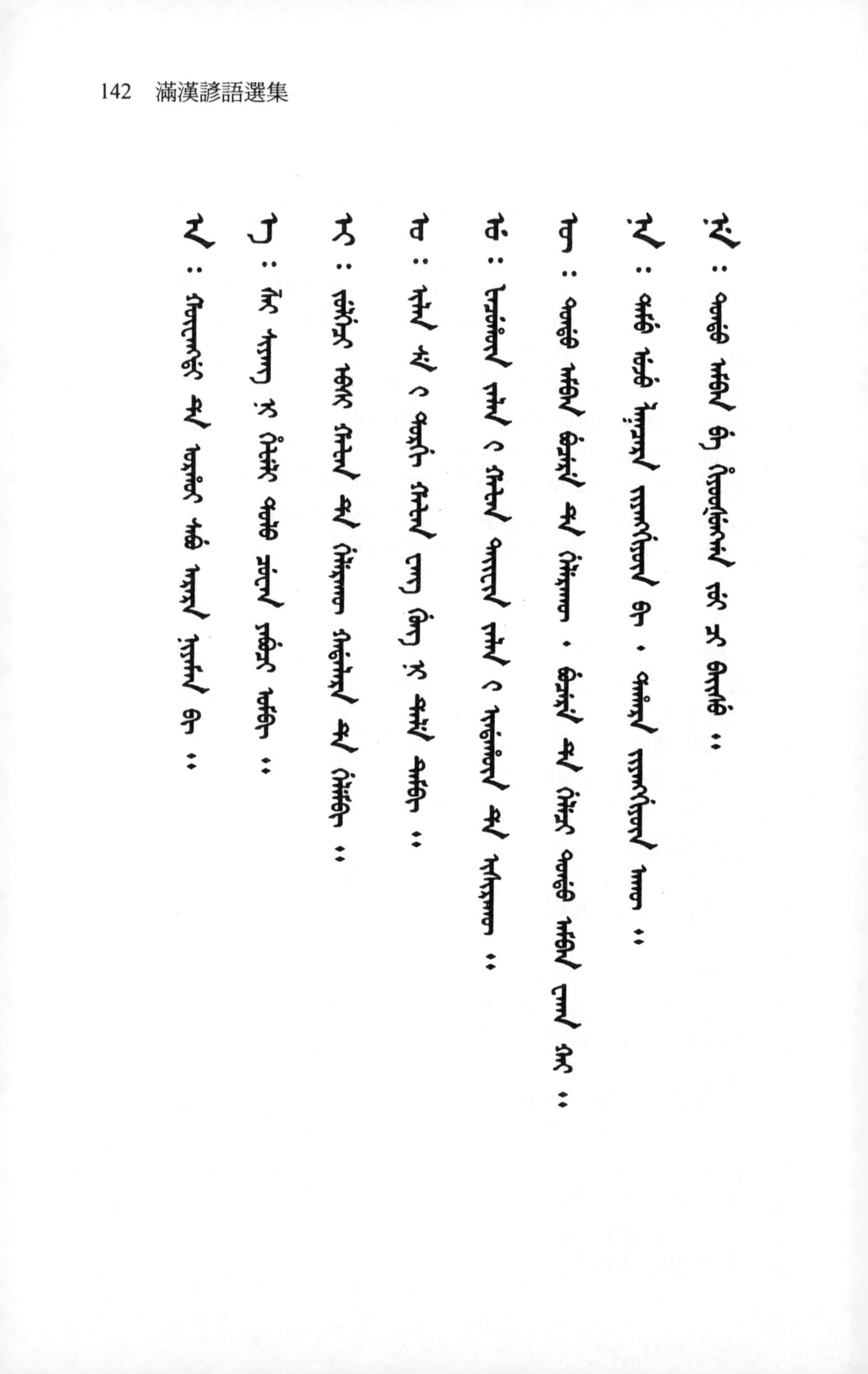

[illegible]

[illegible]

[illegible]

[illegible]

[illegible]

[illegible]

[illegible]

[illegible]

a ：hūwangdi de orhoi sabu arara niyaman bi.
e ：dzai siyang ni hefeli dolo cuwan yabuci ombi.
i ：julgeci ebsi hafan de gelerakū kadalara de gelembi.
o ：ilan se i dorgi hafan wang gung ni dele tembi.
u ：facuhūn jalan i hafan taifin jalan i indahūn de isirakū.
ū ：tondo amban bucere de gelerakū, bucere de geleci tondo amban waka kai.
na：damu uju lakcara jiyanggiyūn bi, dahara jiyanggiyūn akū.
ne：tondo amban be hiyoošungga jui ci baisu.

---

a ：皇帝也有草鞋親。
e ：宰相肚裡能行船。
i ：自古不怕官，只怕管。
o ：三歲內宦，居於王公之上。
u ：亂世的官不如太平年的犬。
ū ：忠臣不怕死，怕死非忠臣。
na：但有斷頭將軍，無投降將軍。
ne：求忠臣於孝子之門。

---

a ：皇帝也有草鞋亲。
e ：宰相肚里能行船。
i ：自古不怕官，只怕管。
o ：三岁内宦，居于王公之上。
u ：乱世的官不如太平年的犬。
ū ：忠臣不怕死，怕死非忠臣。
na：但有断头将军，无投降将军。
ne：求忠臣于孝子之门。

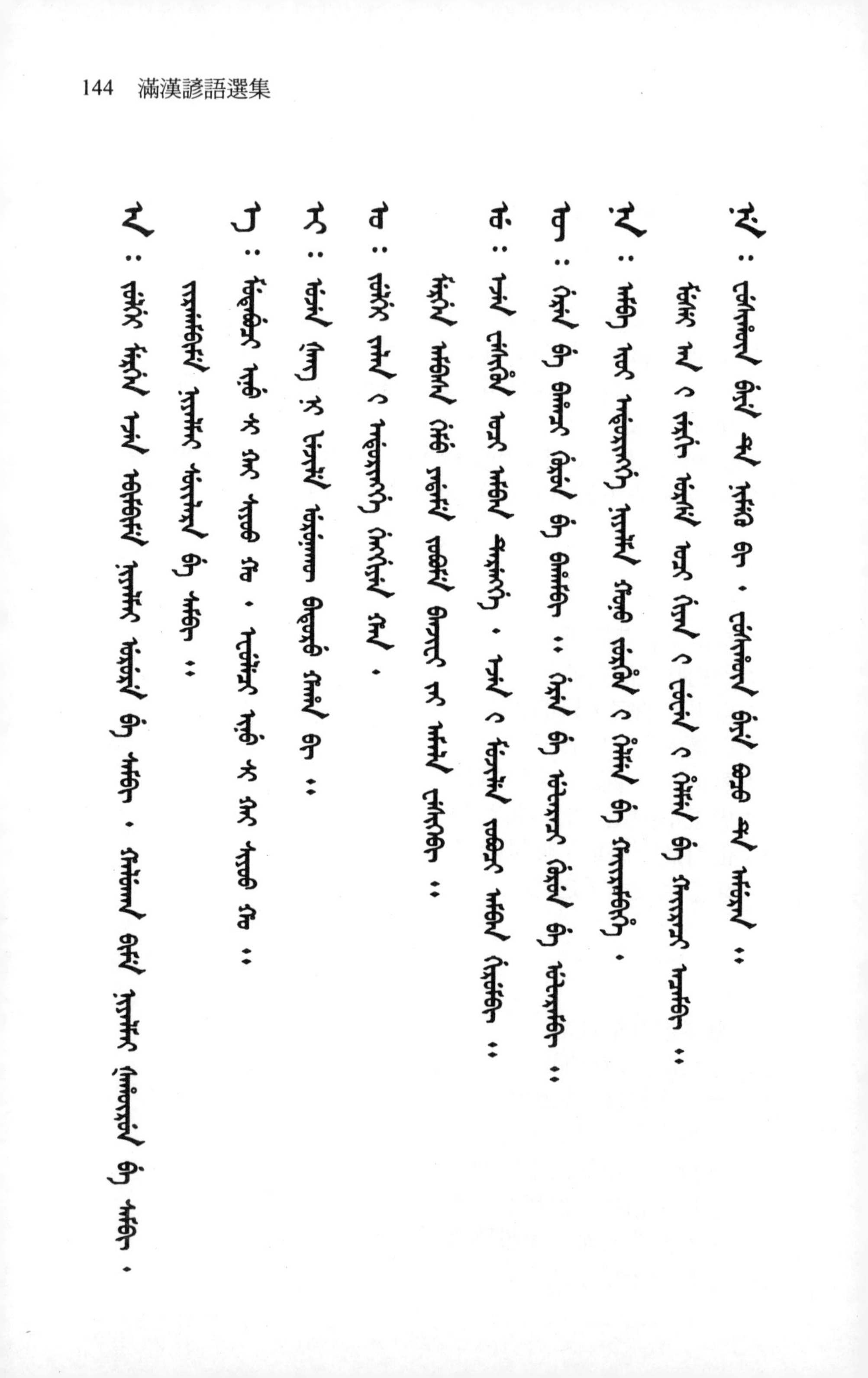

a ：julgei mergen ejen ebimbime niyalmai urure be sambi, halukan bime niyalmai šahūrun be sambi, jirgambime niyalmai suilara be sambi.
e ：mutebuci inu si kai siyoo ho, efuleci inu si kai siyoo ho.
i ：ujen šang ni fejile urunakū baturu haha bi.
o ：julgei jalan i enduringge genggiyen han, mergen ambasa gemu yadame jobome banjifi jai amala wesikebi.
u ：ejen wesihun oci amban derengge, ejen i mujilen joboci amban girumbi.
ū ：geren be bahaci gurun be bahambi geren be ufaraci gurun be ufarambi.
na ：amba ioi enduringge niyalma hono jurhun i helmen be hairambihe, musei an i jergi urse oci giyan i fuwen i helmen be hairaci acambi.
ne ：fusihūn beye de nimeku bi, fusihūn beye boco de amuran.

---

a ：古之賢君，飽而知人之飢，溫而知人之寒。
e ：成也是你蕭何，敗也是你蕭何。
i ：重賞之下必有勇夫。
o ：自古明君賢相皆由困而亨。
u ：主貴臣榮，主憂臣辱。
ū ：得眾則得國；失眾則失國。
na ：大禹聖者乃惜寸陰，至於吾人當惜分陰。
ne ：寡人有疾，寡人好色。

---

a ：古之贤君，饱而知人之饥，温而知人之寒。
e ：成也是你萧何，败也是你萧何。
i ：重赏之下必有勇夫。
o ：自古明君贤相皆由困而亨。
u ：主贵臣荣，主忧臣辱。
ū ：得众则得国；失众则失国。
na ：大禹圣者乃惜寸阴，至于吾人当惜分阴。
ne ：寡人有疾，寡人好色。

ᡤᠣ᠄ ᡥᠣᡨᠣᠨ ᡳ ᡩᠣᠯᠣ ᠰᡳᠮᡝᠪᡠ ᠠᠮᠪᠠᠯᠠ ᡥᠣᡵᡤᠣᠪᡠ ᠪᡝ ᠪᠠᡳᠮᡝ᠈ ᠰᡠᡳᡨᠠᡵᠠ ᠪᠠᠨᡳᡥᠠ ᠰᡳᠮᡝᠪᡠ ᠠᠮᠪᠠᠯᠠ ᠪᠠᡳᠮᡝ ᠪᡝ ᠪᠠᡳᠮᡝ᠉

ᡤᡝ᠄ ᠰᠠᡳᠨ ᡳ ᡥᠣᡨᠣᠨ ᠪᡝ ᡩᡝᡵᡤᡳ ᠠᡤᡝᠯᡳᠩᡤᡝ ᡨᡠᡴᠠᠯᠠ ᠯᠠᠮᡠᡵᡠ᠉

ᡤᡳ᠄ ᠪᠣᡳᡥᠣᠨ ᡤᡠᠸᠠᡩᠠᡵᠠᡵᠠ ᠨᡳᠶᠠᠯᠮᠠ ᠨᡳᡵᡤᠠᠪᡠ᠈ ᠨᡳᠶᠠᠯᠮᠠ ᠰᠠᡳᠨᠠᡵᠠ ᡤᡠᠸᠠᠪᡠ ᠠᠯᡳᠨᡩᠠᠪᡠ᠉

ᡤᡳᠣ᠄ ᠰᠠᡳᠨ ᡤᡳᠰᡠᠨ ᡝᠯᡝᡥᡝᠨ ᡝᠯᡝᡥᡝᠨ ᡝᠪᡳᠮᡝ᠈ ᡝᡵᡤᡝᡵᡝ ᠨᡳᠶᠠᠯᠮᠠ ᡝᠯᡝᡥᡝᠨᠵᡝᡵᡝ᠉

ᡤᠣᡠ᠄ ᡥᠣᠪᠣ ᠨᡳᠶᠠᠯᠮᠠᡳ ᠰᡠᠪᡠᠯᠠᠮᡝ ᡤᡝᠨᡝᡵᡝ ᡤᡠᠸᠠᠨ ᠨᡳᠶᠠᠯᠮᠠᡳ ᠰᡠᠪᡠᠨ ᡤᡝᠨᡝᠪᡠ᠉

ᡤᠣ᠄ ᡥᠣᠪᠣ ᠨᡳᠶᠠᠯᠮᠠ ᡳ ᡤᡝᠨᡝᡵᡝ᠈ ᡩᠣᠮᠣ ᠨᡳᠶᠠᠯᠮᠠ ᡳ ᡩᠣᠮᠣ᠉

ᡴᠣ᠄ ᠮᠠᠩᡤᠠ ᠪᡝ ᡩᠣᡵᡤᡳᠨᠮᡝ ᠪᠣᠣ᠈ ᠮᡠᡴᡝ ᠪᡝ ᡩᠣᡵᡤᡳᠨᠮᡝ ᠪᠠᡳᠮᡝ ᡨᡝ ᡤᡝᠨᡝᡥᡝ ᠮᡠᡴᡝ᠉

ᡴᡠ᠄ ᠮᡝᡳᡵᡝ ᡤᡠᠸᠠᠨ ᠮᠠᠩᡤᠠ ᠪᡝ ᠮᡠᠰᡝᡴᡝᠪᡠ᠈ ᠮᡝᡳᡵᡝ ᠮᡠᡴᡝᡩᡝᠨ ᠮᠠᠩᡤᠠ ᠪᡝ ᠰᡝᡴᡝᠪᡠ᠉

ᡴᡳ᠄ ᠮᠠᠩᡤᠠ ᡩᠣᡵᡤᠣ ᡤᡝᠮᡠ᠈ ᠮᡠᠪᡝ ᡩᠣᡵᡤᡳᠨᡳ ᡨᡝ ᠮᡠᡴᡝ᠉

a ：ejen ojoro mangga, amban ojorongge ja akū.
e ：sain morin ejen be ashombi, sain indahūn ejen be karmambi.
i ：ejen be tuwakiyame bici, aha be tuwakiyame bisire ci wesihun akūn.
o ：emu niyalma i fejile, tumen niyalma i dele.
u ：emu inenggi habšaha weile juwan inenggi yabufi wajimbi.
ū ：hafan šuban tašaraci tašarara dabala, takūraha niyalma tašararakū.
na：bethe šahūraci niyaman nimembi, irgen gasaci gurun suilambi.
ne：han i soorin be duriki serengge mujilen farhūn.
ni ：abka i jui ganio sabuci erdemu be dasa, goloi beise ganio sabuci dasan be dasa.

---

a：爲君難，爲臣不易。
e：好馬擇主，好狗護主。
i：守著主子，強如守著奴才。
o：一人之下，萬人之上。
u：一日官司十日打。
ū：官差吏差，來人不差。
na：足寒傷心，民怨傷國。
ne：常懷篡逆，是心濁。
ni：天子見怪則修德，諸侯見怪則修政。

---

a：为君难，为臣不易。
e：好马择主，好狗护主。
i：守着主子，强如守着奴才。
o：一人之下，万人之上。
u：一日官司十日打。
ū：官差吏差，来人不差。
na：足寒伤心，民怨伤国。
ne：常怀篡逆，是心浊。
ni：天子见怪则修德，诸侯见怪则修政。

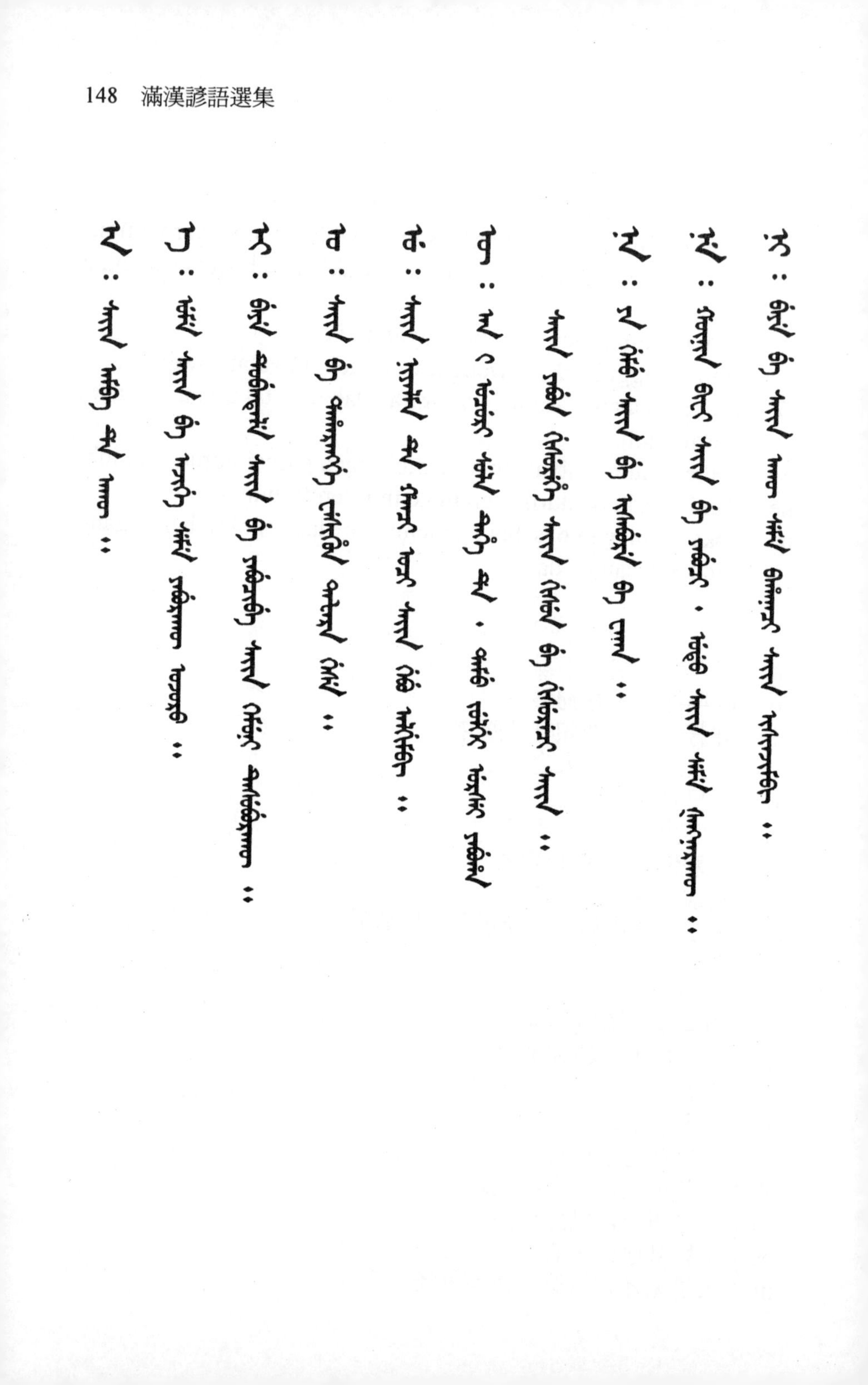

[illegible]

[illegible]

[illegible]

[illegible]

[illegible]

[illegible]

[illegible]

[illegible]

[illegible]

[illegible]

二十九、從善如登

a ：sain amba de akū.
e ：ume sain be ajige seme yaburakū ojoro.
i ：beye dubentele sain be yabucibe sain kemuni tesuburakū.
o ：sain be daharangge wesihun tafara gese.
u ：sain niyalma de hanci oci sain gebu algimbi.
ū ：an i ucuri sula tehe de, damu julgei ursei yabuha sain yabun gisurehe sain gisun be gisureci sain.
na：ya gemu sain be isabure ba waka.
ne：gūnin bifi sain be yabuci, udu sain seme šangnarakū.
ni ：beye be sain akū seme bahanaci sain isinjimbi.

---

a ：善不在大。
e ：勿以善小而不爲。
i ：終身爲善，善猶不足。
o ：從善如登。
u ：近善人，則善名揚。
ū ：燕居之時，惟宜言古人善行善言。
na：哪裡不是積善處。
ne：有心爲善，雖善不賞。
ni ：自知不善，斯善至。

---

a ：善不在大。
e ：勿以善小而不为。
i ：终身为善，善犹不足。
o ：从善如登。
u ：近善人，则善名扬。
ū ：燕居之时，惟宜言古人善行善言。
na：哪里不是积善处。
ne：有心为善，虽善不赏。
ni ：自知不善，斯善至。

[illegible] : ᠨᡳᠶᠠᠯᠮᠠ ᡩᡝ [illegible] [illegible] · [illegible] ᠪᡝ ᠨᡳᠶᠠᠯᠮᠠ [illegible] ᠨᡳᠶᠠᠯᠮᠠ [illegible] ::

[illegible] : ᠨᡳᠶᠠᠯᠮᠠ ᠪᡝ [illegible] [illegible] [illegible] ::

[illegible] : [illegible] ᡩᡝ ᠨᡳᠶᠠᠯᠮᠠ ᠪᡝ [illegible] [illegible] · [illegible] ᠨᡳᠶᠠᠯᠮᠠ [illegible] [illegible] [illegible] ::

[illegible] : [illegible] [illegible] [illegible] ᡩᡝ [illegible] · [illegible] [illegible] [illegible] ᡳ ᠨᡳᠶᠠᠯᠮᠠ ᠪᡝ [illegible] · [illegible] [illegible] [illegible] [illegible] ::

[illegible] : [illegible] [illegible] ᠨᡳᠶᠠᠯᠮᠠ [illegible] [illegible] · [illegible] [illegible] [illegible] [illegible] ::

[illegible] : [illegible] [illegible] [illegible] ᠨᡳᠶᠠᠯᠮᠠ [illegible] · ᠨᡳᠶᠠᠯᠮᠠ ᠪᡝ [illegible] [illegible] [illegible] · [illegible] [illegible] ::

[illegible] : [illegible] ᠨᡳᠶᠠᠯᠮᠠ [illegible] [illegible] [illegible] · [illegible] [illegible] [illegible] [illegible] ᠨᡳᠶᠠᠯᠮᠠ [illegible] ::

[illegible] : ᠨᡳᠶᠠᠯᠮᠠ ᠪᡝ [illegible] [illegible] ᠨᡳᠶᠠᠯᠮᠠ [illegible] · [illegible] [illegible] [illegible] [illegible] ::

[illegible] : ᠨᡳᠶᠠᠯᠮᠠ [illegible] ᠨᡳᠶᠠᠯᠮᠠ ᠪᡝ [illegible] [illegible] [illegible] ·

a ：sain de enteheme tokton akū, beye be sain araci sain isinjirakū.
e ：sain be isabuci hūturi isinjimbi.
i ：niyalma de sain be araci ume ejere, niyalma sain isibuci enteheme ume onggoro.
o ：abkai doro banjibure de amuran, niyalma emu gūnin i sain be yabuci, hūturi fengšen ini cisui isinjimbi.
u ：urgun oci sain gūnin dekdembi, jili banjici ehe gūnin dekdembi.
ū ：niyalma deribuhe mujilen sain oci, sain be udu yabure unde bicibe, sain enduri dahalambi.
na ：yaya niyalma sain gūnin tebuci, abka urunakū hūturi fengšen isibume sain i karulambi.
ne ：sain be isaburengge alin arara gese, goidaha manggi urunakū den ombi.
ni ：sain niyalma sain be yabume inenggidari elerakū.

---

a ：善無常主，自以爲善，斯不善至。
e ：積善則福至。
i ：自行善事莫掛懷，他人好處銘心裡。
o ：天道好生，人一心行善，則福祿自至。
u ：喜則動善念，怒則動惡念。
ū ：人生一善念，善雖未爲，而吉神已隨之。
na ：凡人存善念，天必綏之福祿，以善報之。
ne ：積善如造山，久而必高。
ni ：吉人爲善惟恐日不足。

---

a ：善无常主，自以为善，斯不善至。
e ：积善则福至。
i ：自行善事莫挂怀，他人好处铭心里。
o ：天道好生，人一心行善，则福禄自至。
u ：喜则动善念，怒则动恶念。
ū ：人生一善念，善虽未为，而吉神已随之。
na ：凡人存善念，天必绥之福禄，以善报之。
ne ：积善如造山，久而必高。
ni ：吉人为善惟恐日不足。

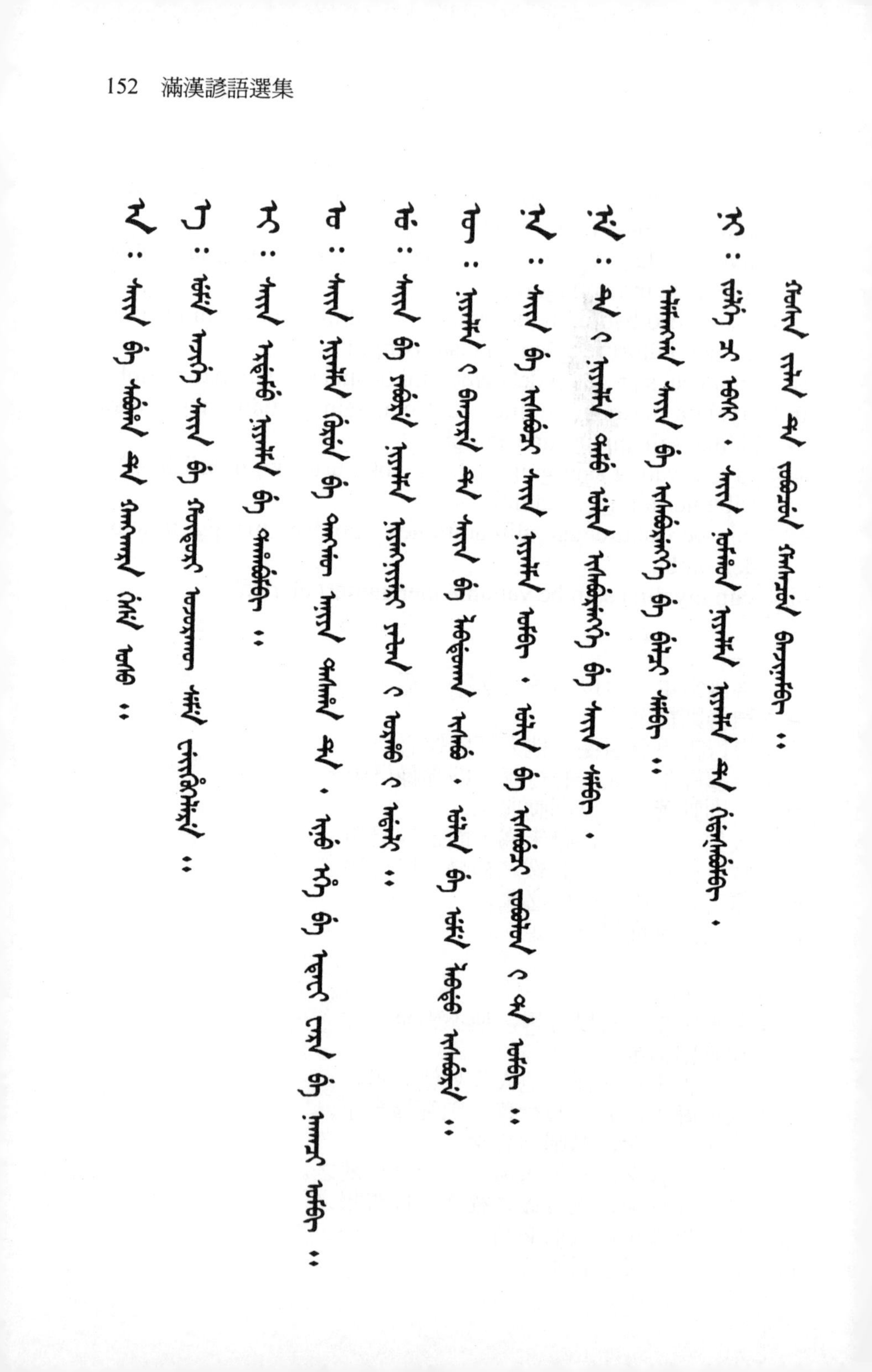

[illegible]

[illegible]

[illegible]

[illegible]

[illegible]

[illegible]

[illegible]

[illegible]

[illegible]

[illegible]

a：sain be sabuha de kangkara gese oso.
e：ume ajige sain be hūturi ojorakū seme weihukelere.
i：sain erdemu niyalma be dahabumbi.
o：sain niyalma gurun be tanggū aniya dasaha de, inu ehe be etefi wara be nakaci ombi.
u：sain be yabure niyalma niyengniyeri yafan i orho i adali.
ū：niyalma i banjire de sain be labdukan isabu, ulin be ume labdu isabure.
na：sain be isabuci sain niyalma ombi, ulin be isabuci jobolon i da ombi.
ne：te i niyalma damu ulin isaburengge be sain sembi, elemangga sain be isaburengge be belci sembi.
ni：julge ci ebsi, sain nomhon niylama niyalma de gidašabumbi, gosin jilan de jobocun gasacun banjinambi.

---

a：見善如渴。
e：勿以小善不足以爲福而輕之。
i：善德能服人。
o：善人爲邦百年，亦可以勝殘去殺。
u：行善之人，如春園之草。
ū：爲人多積善，不可多積財。
na：積善成好人，積財惹禍胎。
ne：今人只說積財好，反笑積善呆。
ni：自古善良被人欺，慈悲生憂患。

---

a：见善如渴。
e：勿以小善不足以为福而轻之。
i：善德能服人。
o：善人为邦百年，亦可以胜残去杀。
u：行善之人，如春园之草。
ū：为人多积善，不可多积财。
na：积善成好人，积财惹祸胎。
ne：今人只说积财好，反笑积善呆。
ni：自古善良被人欺，慈悲生忧患。

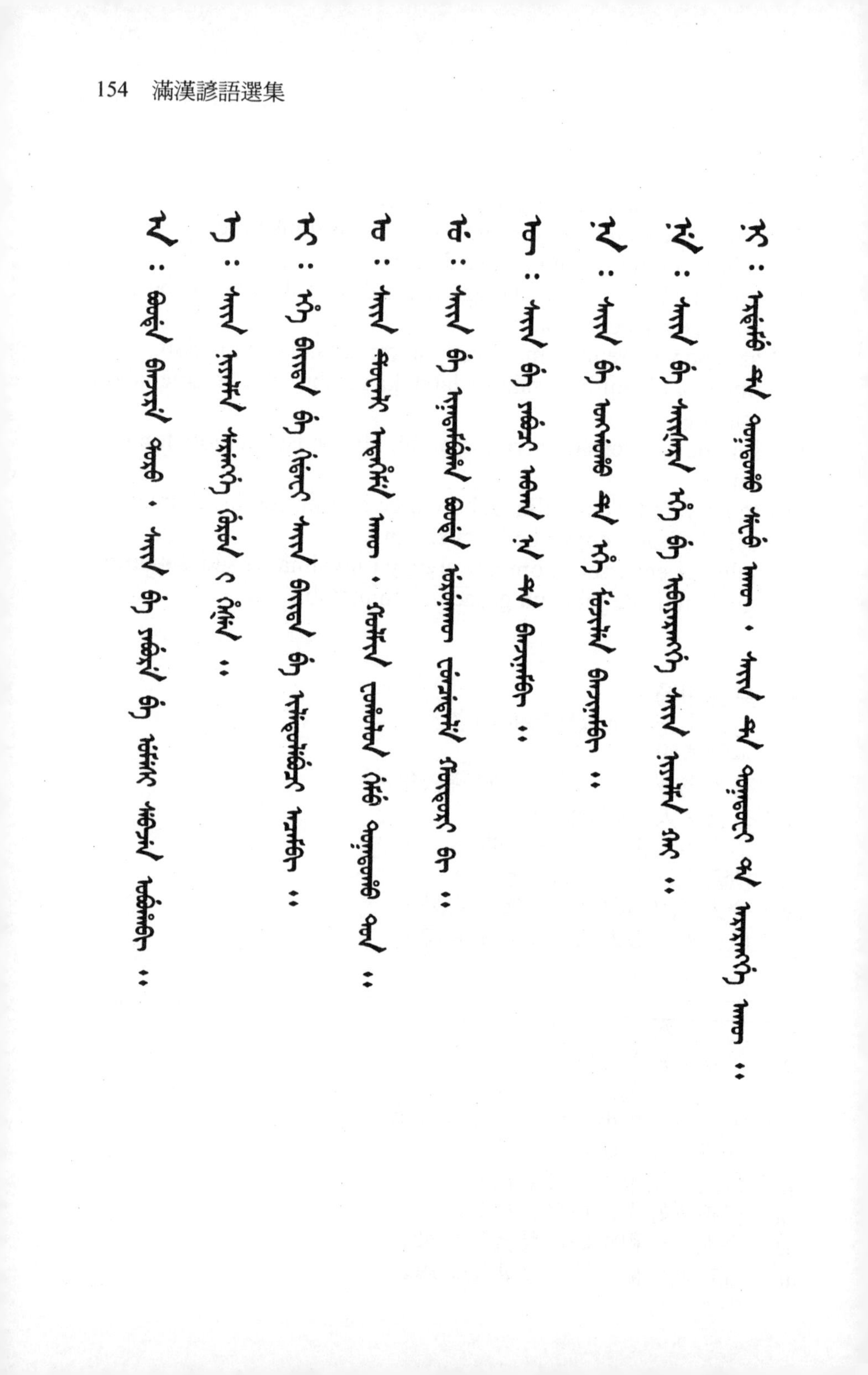

a ：boode banjire doro, sain be yabure be umesi sebjen obuhabi.
e ：sain niyalma serengge gurun i hešen.
i ：ehe baita be gidafi sain baita be iletulebuci acambi.
o ：sain duwali enteheme akū, golmin foholon gemu toktoho ton.
u ：sain be iktambuha boode urunakū funcetele hūturi bi.
ū ：sain be yabuci abka na de banjinambi.
na：sain be onggoho de ehe mujilen banjinambi.
ne：sain be saišara ehe be ibiyarangge sain niyalma kai.
ni ：erdemu de toktoho sefu akū, sain de toktofi da ararangge akū.

---

a ：居家之道，爲善最樂。
e ：善人國之紀。
i ：務當隱惡揚善。
o ：善類無常，修短有數。
u ：積善之家，必有餘慶。
ū ：爲善立天地之間。
na：忘善則惡心生。
ne：善善惡惡乃人之善也。
ni ：德無常師，善無常主。

---

a ：居家之道，为善最乐。
e ：善人国之纪。
i ：务当隐恶扬善。
o ：善类无常，修短有数。
u ：积善之家，必有余庆。
ū ：为善立天地之间。
na：忘善则恶心生。
ne：善善恶恶乃人之善也。
ni ：德无常师，善无常主。

ᠨᡳ :: ᠨᡳᠶᠠᠯᠮᠠ ᠪᡝ ᠠᡴᡡᠮᠪᡠᡵᡝ ᠮᡠᡨᡝᡵᡝ ᡩᡝ᠈ ᡤᡝᠮᡠᡵᡝᠩᡤᡝ ᠪᡳᠴᡳ ᡨᡠᠸᡝᠮᠪᡳ ᠰᡝᠮᠪᡳ ::

ᠨᡳ :: ᠮᠠᠩᡤᠠ ᠰᡠᡵᡤᡝᡵᡝ ᡥᡝᠵᡝᡵᡝ ᠨᡳᠶᠠᠯᠮᠠ ᡳᠯᡳᡥᠠ᠈ ᠨᡳᠶᠠᠯᠮᠠ ᠪᡝ ᡨᡠᠸᠠᠮᡝ ᠰᠠᡵᡝ ᡤᡝᠨᡝᡥᡝ ᠨᡳᠶᠠᠯᠮᠠ ᡨᡠᠸᠠᡵᠠ ᠰᡝᠮᠪᡳ ::

ᠨᡳ :: ᠮᠠᠩᡤᠠ ᠪᡝ ᠰᠠᠮᡝ ᡩᡝ ᠮᠠᠩᡤᠠᡵᠠ ᡳᠯᡳᡥᠠ ᠪᡝ ᡤᡝᠮᡠᡵᡝ᠈ ᠮᠠᠩᡤᠠ ᠪᡝ ᡨᡠᠸᠠᡵᠠ ᠨᡳᠶᠠᠯᠮᠠ ᡤᡝᠮᡠᠮᠪᡳ ::

ᠨᡳ :: ᠨᡳᠶᠠᠯᠮᠠ ᠪᡝ ᠰᠠᠮᡝ ᡩᡝ ᠮᠠᠩᡤᠠᡵᠠ ᡳᠯᡳᡥᠠ ᡩᡝ ᡨᡠᠸᠠᡵᠠᡴᡡ᠈ ᠨᡳᠶᠠᠯᠮᠠ ᡳ ᡤᡝᠨᡝᡥᡝ ᡤᡝᠮᡠ ᠮᠠᠩᡤᠠ ᡨᡠᠸᠠᡵᡝ ᠪᡝ ::

ᠨᡠ :: ᡤᡝᠮᡠᡵᡝ ᠠᡴᡡ ᡩᡝ ᠨᡳᠶᠠᠯᠮᠠ ᠪᡝ ᠰᠠᠮᡝᡵᡝ᠈ ᡤᡝᠮᡠ ᠨᡳᠶᠠᠯᠮᠠ ᡨᡠᠸᠠᠮᡝ ᡳᠯᡳᡥᠠᡴᡡ ::

ᠨᡠ :: ᠨᡳᠶᠠᠯᠮᠠ ᠪᡝ ᡤᡝᠮᡠᠮᠪᡠᡵᡝ ᡨᡠᠸᠠᡵᠠ ᡳᠯᡳᡥᠠ ᡤᡝᠮᡠ ::

ᠨᠣ :: ᠮᡠᡩᠠᠨ ᡨᡠᠸᠠᡵᠠ ᡥᡝᠵᡝᡵᡝ ᠨᡳᠶᠠᠯᠮᠠ ᠪᡝ ᠰᠠᠮᡝ ᡩᡝ ᠨᡳᠶᠠᠯᠮᠠ ᠮᡠᡨᡝᡵᡝ ᡳᠯᡳᡥᠠᡴᡡ ᠪᡳ ::

ᠨᠣ :: ᡤᡝᠮᡠ ᠨᡳᠶᠠᠯᠮᠠ ᠪᡝ ᠮᡠᡨᡝᡵᡝ ᡤᡝᠮᡠ ᠰᠠᠮᡝ ::

ᠨᡝ :: ᠨᡳᠶᠠᠯᠮᠠ ᡳᠯᡳᡥᠠ ᡩᡝ ᠠᡴᡡ ::

三十、從惡如崩

a ：ehe ajigen de akū.
e ：ume ehe be ajige seme yabure.
i ：emu inenggi teile ehe be yabuha de ehe uthai funcetele ombi.
o ：ehe be daharangge urime efujere gese.
u ：gūnin akū de ehe be yabuci, udu ehe seme weile ararakū.
ū ：ehe be yabure de niyalmai sara de olhoci, ehe i dorgide hono sain jugūn bi.
na ：sain be yabure de niyalmai sara be ekšeci, sain ba uthai ehei fulehe.
ne ：niyalma deribuhe mujilen ehe oci, ehe be udu yabure unde bicibe ehe enduri dahalambi.
ni ：ehe be isaburengge ulan fetere gese, goidaha manggi urunakū tuhembi.

---

a ：惡不在小。
e ：勿以惡小而爲之。
i ：一日爲惡，惡則有餘。
o ：從惡如崩。
u ：無心爲惡，雖惡不罰。
ū ：爲惡而畏人知，則惡中猶有善路。
na ：爲善而急人知，則善處即是惡根。
ne ：人生一惡念，惡雖未爲，而凶神已隨之。
ni ：積惡如堀墳，久而必陷。

---

a ：恶不在小。
e ：勿以恶小而为之。
i ：一日为恶，恶则有余。
o ：从恶如崩。
u ：无心为恶，虽恶不罚。
ū ：为恶而畏人知，则恶中犹有善路。
na ：为善而急人知，则善处即是恶根。
ne ：人生一恶念，恶虽未为，而凶神已随之。
ni ：积恶如堀坟，久而必陷。

[illegible] ᠄ ᠰᠠᡳᠨ ᠨᡳᠶᠠᠯᠮᠠ [illegible] ᠪᡝ [illegible] [illegible] [illegible] ᠄

[illegible] ᠄ ᠰᠠᡳᠨ ᠪᡝ [illegible] [illegible] ᠨ [illegible] [illegible] ᠄

[illegible] ᠄ [illegible] [illegible] ᠰᠠᡳᠨ ᠪᡝ [illegible] [illegible] [illegible] [illegible] ᠄

[illegible] ᠄ ᠰᠠᡳᠨ ᠪᡝ [illegible] ᠨᡳᠶᠠᠯᠮᠠ [illegible] ᠪᡝ [illegible] [illegible] ᠄

[illegible] ᠄ [illegible] [illegible] [illegible] ᠰᠠᡳᠨ [illegible] [illegible] ᠄

[illegible] ᠄ [illegible] [illegible] ᠪᡝ [illegible] [illegible] [illegible] [illegible] ᠪᡝ ᠄

[illegible] ᠄ [illegible] ᠨ ᠨᡳᠶᠠᠯᠮᠠ ᠪᡝ [illegible] [illegible] ᠰᠠᡳᠨ [illegible] [illegible] ᠄

[illegible] ᠄ ᠰᠠᡳᠨ ᠨᡳᠶᠠᠯᠮᠠ ᠪᡝ [illegible] [illegible] ᠰᠠᡳᠨ ᠨᡳᠶᠠᠯᠮᠠ ᠪᡝ ᠄

a：ehe niyalma sain akū be yabume inu inenggidari elerakū.
e：ehe be donjiha de dutu i gese oso.
i：ume ajige ehe be weile banjirakū seme weihukelere.
o：ehe be yabure niyalma huwesi be lekere lekei adali.
u：tanggū sain emu ehe de wajimbi.
ū：sain akū be iktambuha boode urunakū funcetele jobolon bi.
na：julgeci ebsi niyalma ehe bicibe doro ehe akū.
ne：ehe gisun i niyalma be korobuci ninggun biya seme šahūrun.
ni：ehe niyalma be ini cisui akabure ehe niyalma bi

---

a：凶人爲不善亦惟日不足。
e：聞惡如聾。
i：勿以小惡不足以致罪而輕之。
o：行惡之人，如磨刀之石。
u：一惡壓百善。
ū：積不善之家必有餘殃。
na：自古人惡禮不惡。
ne：惡言傷人六月寒。
ni：惡人自有惡人磨。

---

a：凶人为不善亦惟日不足。
e：闻恶如聋。
i：勿以小恶不足以致罪而轻之。
o：行恶之人，如磨刀之石。
u：一恶压百善。
ū：积不善之家必有余殃。
na：自古人恶礼不恶。
ne：恶言伤人六月寒。
ni：恶人自有恶人磨。

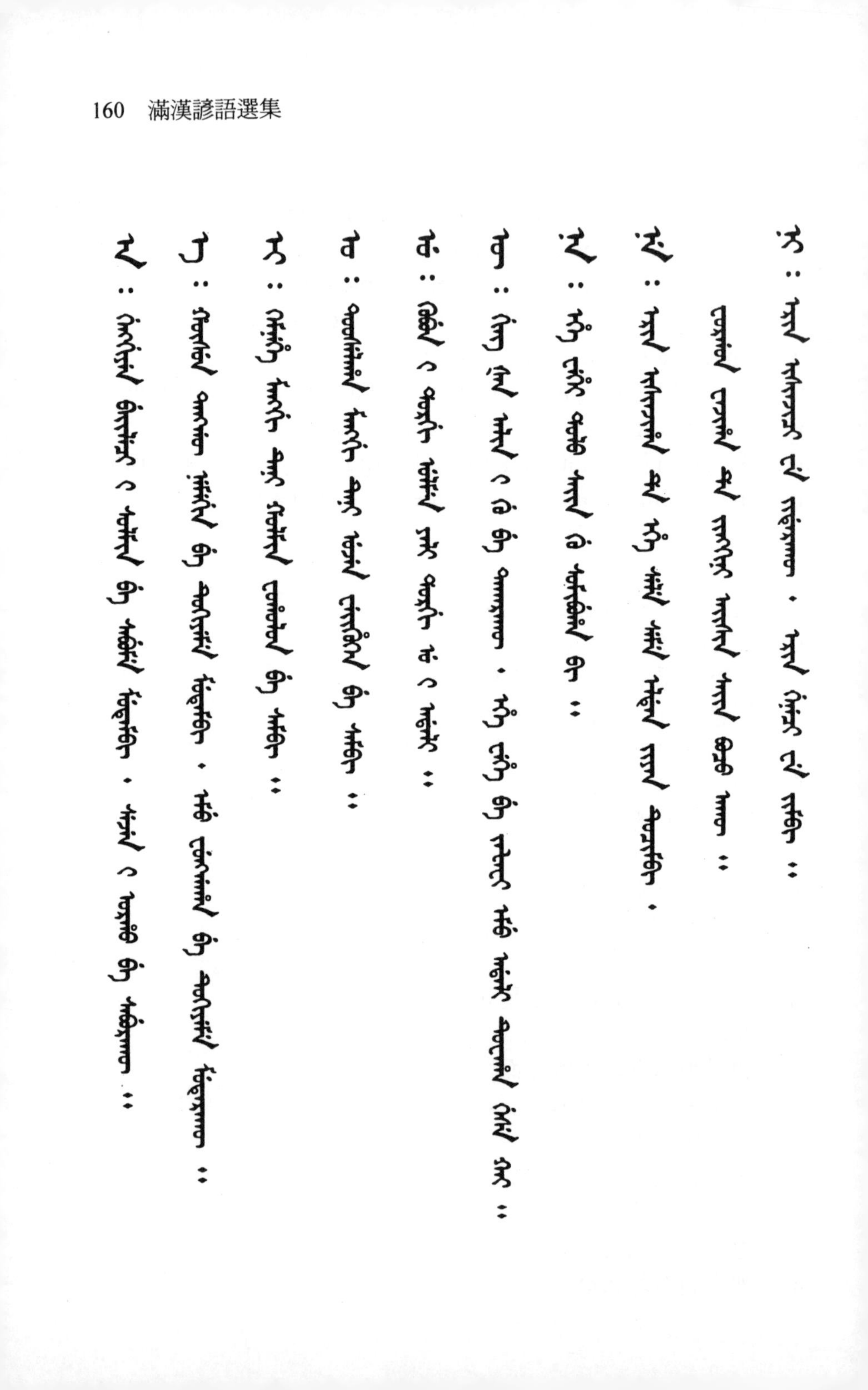

[illegible]

[illegible]

[illegible]

[illegible]

[illegible]

[illegible]

[illegible]

[illegible]

[illegible]

[illegible]

三十一、明察秋毫

a ：genggiyen beileci i solmin be sabume mutembi, sejen i orho be saburakū.
e ：hūsun tanggū nemegin be tukiyeme mutembi, emu funggaha be tukiyeme muterakū.
i ：kemnehe manggi teni golmin foholon be sambi.
o ：tooselaha manggi teni ujen weihuken be sambi.
u ：kubun i dorgi ulme yali dorgi u i adali.
ū ：ging šan alin i gu be takarakū, ehe wehe be jafafi emu adali tuwaha gese kai.
na：ehe wehei dolo sain gu somibuha bi.
ne：erin isinjiha de ehe sele seme elden jiyan tucimbi, forgon wajiha de jingkini aisin sain boco akū.
ni ：erin isinjici we jiderakū, erin geneci we jimbi.

---

a ：明足以察秋毫之末，而不見輿薪。
e ：力足以舉百鈞，而不足以舉一羽。
i ：度然後知長短。
o ：權然後知輕重。
u ：棉裡之針，肉裡之刺。
ū ：有眼不識荆山玉，拿著頑石一樣看。
na：頑石之中有美玉之藏。
ne：時來頑鐵有光輝，運退真金無豔色。
ni ：時來誰不來，時不來誰來。

---

a ：明足以察秋毫之末，而不见舆薪。
e ：力足以举百钧，而不足以举一羽。
i ：度然后知长短。
o ：权然后知轻重。
u ：棉里之针，肉里之刺。
ū ：有眼不识荆山玉，拿着顽石一样看。
na：顽石之中有美玉之藏。
ne：时来顽铁有光辉，运退真金无艳色。
ni ：时来谁不来，时不来谁来。

ᡤᡳ : ᠪᡝᡳᠶᡝ ᡳ ᡤᡳᠰᡠᠨ ᠪᡠᠯᡝᡴᡠ ᠪᡝᠶᡝᠨ ᡨᡠᠸᠠᡵᠠ ::

ᡤᡠ : ᠰᡳᠯᡝᠪᡝ ᠪᡝ ᠪᠣᠵᠣᠨ ᠪᡝ ᡨᠠᠴᡳᡥᡳ ᡨᡠᠯᡝᡵᡤᡳ , ᠰᡳᠨ ᠪᡝ ᡨᠠᠴᡳᡥᡳ ᠪᠠᡳᡨᠠ ::

ᡴᡠ : ᡴᡳᠮᡠᠨ ᡥᡡᠰᡠᠨ ᡤᡳᠰᡠᡵᡝᠨ ::

ᡴᡡ : ᡥᡠᠰᡠᠨ ᠰᡝ ᡨᠠᠴᡳᠨ ᡨᠠᠴᡳᠪᡠᡥᡝ ᠶᠠᠪᡠᡵᡝᠨ ᡳ ᡤᡠᠨᡳᠨ ᠵᠠᡴᠠᠨ ᡨᡠᠸᠠᠪᡠᡥᡝ ::

ᡴᡠ : ᡴᡠᠩᡤᡠᠯᡝᡵᡝ ᠪᠣᠵᠣ ᡨᠣᡴᠣᡥᠣ ᠴᠣᡵᠣᠪᠣ ::

ᡴᠣ : ᡥᡳᠰᡝᠨ ᡤᡝᠩᡤᡳᠶᡝᠨ ᡨᡠᠸᠠᠴᡳᠨ ᠴᠠᠯᡳᠨ ::

ᡤᡳ : ᡥᡝᡵᡤᡝ ᠰᡝ ᡥᡝᡵᡤᡝᠮᡝ ᠪᡝ , ᠴᠠᡵᡤᡳᠯᡝᠨ ᠰᡝ ᠰᡳᠪᡠ ᠴᠠᡴᡳ ᠪᡝ ::

ᡤᡳ : ᡤᡳᠶᠠᠨ ᠰᡳᠨᠵᡳᠨ ᡨᡠᠸᠠᠴᡳᠨ ᡥᡝᠵᡝᡴᡝ , ᡤᡳᠶᠠᠨ ᠰᡳᠨᡳᠨ ᡤᡳᠶᠠᡵᡤᡳᠯᡝᠨ ᡥᡝᠵᡝᡴᡝ ::

ᡤᡝ : ᡨᡠᠸᠠᠴᡳᠨ ᠰᡝᠩᡤᡳ ᡥᡝᡩᡝᡵᡤᡝᠨ , ᡨᡠᠸᠠᠴᡳᠨ ᠰᡝᠩᡤᡳ ᡨᡠᠸᠠᠴᡳᡵᠠᡴᡡ ::

a：belge i gese bengsen beyede tusa.
e：asu be boljon be tuwame makta, eyen be tuwame bargiya.
i：yasa uthai mishan.
o：jun de tuwa dulebuci hūlan ci šanggiyan tucimbi.
u：oilorgi biyoo dorgi fiyoo.
ū：sunja simhun teksin waka.
na：erhe de erdemu bi, wakšan de hono wali bi.
ne：juwan yasai tuwara adali, juwan galai jorišara adali.
ni：tuwaha seme saburakū, donjiha seme donjirakū.

---

a：米粒大的本事利於己。
e：看著波峰下網，順著激流拉網。
i：眼是準繩。
o：灶口燒火，囪裏冒煙。
u：金玉其外，敗絮其中。
ū：五指不一般齊。
na：青蛙有青蛙的本事，蛤蟆有蛤蟆的魔術。
ne：十目所視，十手所指。
ni：視而不見，聽而不聞。

---

a：米粒大的本事利于己。
e：看着波峰下网，顺着激流拉网。
i：眼是准绳。
o：灶口烧火，囱里冒烟。
u：金玉其外，败絮其中。
ū：五指不一般齐。
na：青蛙有青蛙的本事，蛤蟆有蛤蟆的魔术。
ne：十目所视，十手所指。
ni：视而不见，听而不闻。

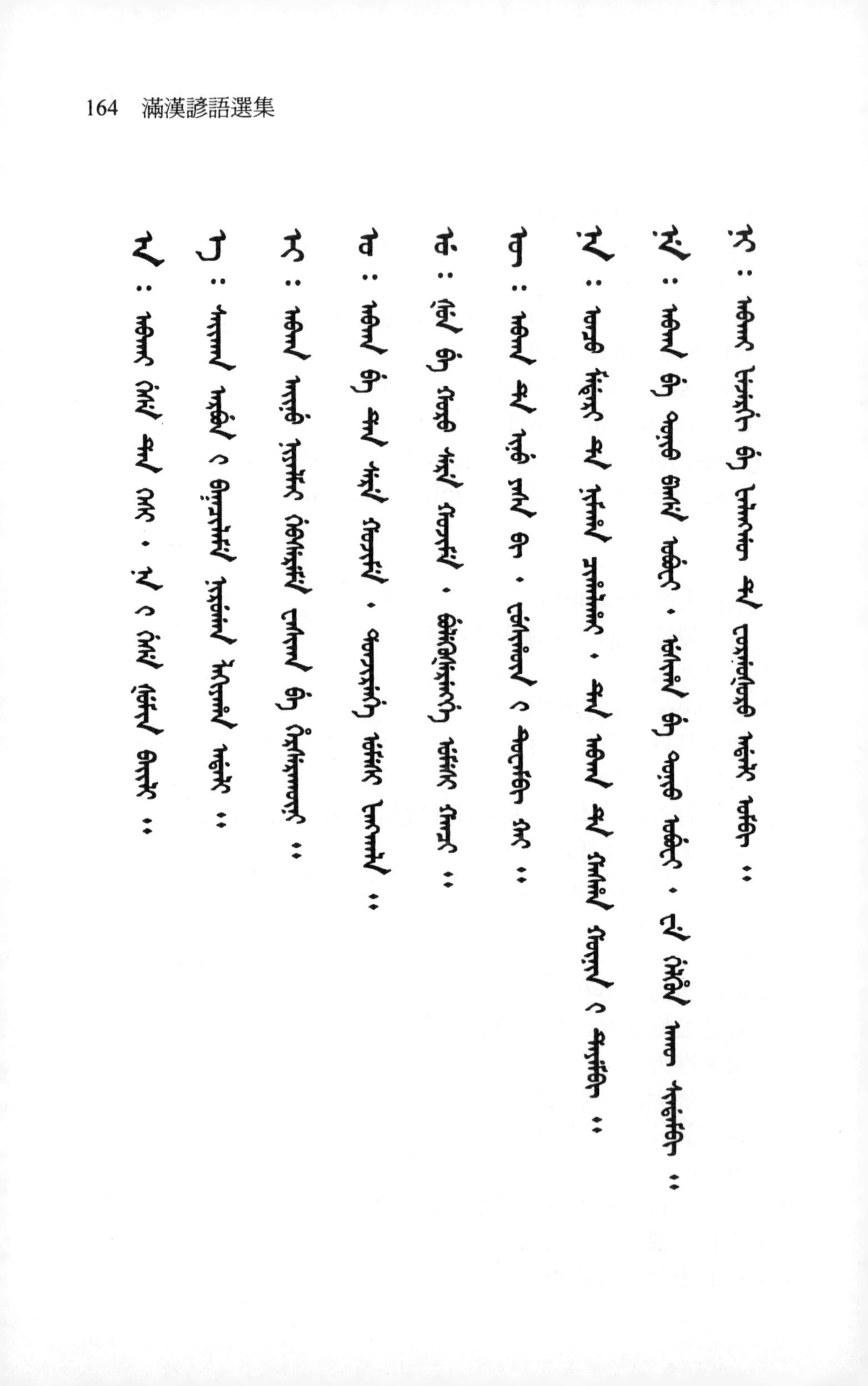

三十二、天高地厚

a ：abkai gese den kesi, na i gese šumin baili.
e ：saikan arbun i bakcilame nirugan lakiyaha adali.
i ：abka ainu niyalmai gebsereme wasika be herserakūni.
o ：abka be den sere gojime, donjirengge umesi fangkala.
u ：šun be goro sere gojime, bulekušerengge umesi hanci.
ū ：abka de inu yasa bi, fusihūn i tuwambi kai.
na ：onco mederi de nimaha cihalahai, den abka de gasha gūnin i deyembi.
ne ：abka be tonio panse obufi, usiha be tonio obufi, we gelhun akū sindambi.
ni ：abkai fejergi be falanggū de forgošoro adali ombi.

---

a ：天高之恩，地厚之情。
e ：如對景掛畫。
i ：老天不管人憔悴。
o ：天雖高而聽卑。
u ：日雖遠而照近。
ū ：天也有眼，望下看著哩！
na ：海濶縱魚躍，天高任鳥飛。
ne ：天作棋盤星作子，誰人敢下。
ni ：天下可運於掌。

---

a ：天高之恩，地厚之情。
e ：如对景挂画。
i ：老天不管人憔悴。
o ：天虽高而听卑。
u ：日虽远而照近。
ū ：天也有眼，望下看着哩！
na ：海阔纵鱼跃，天高任鸟飞。
ne ：天作棋盘星作子，谁人敢下。
ni ：天下可运于掌。

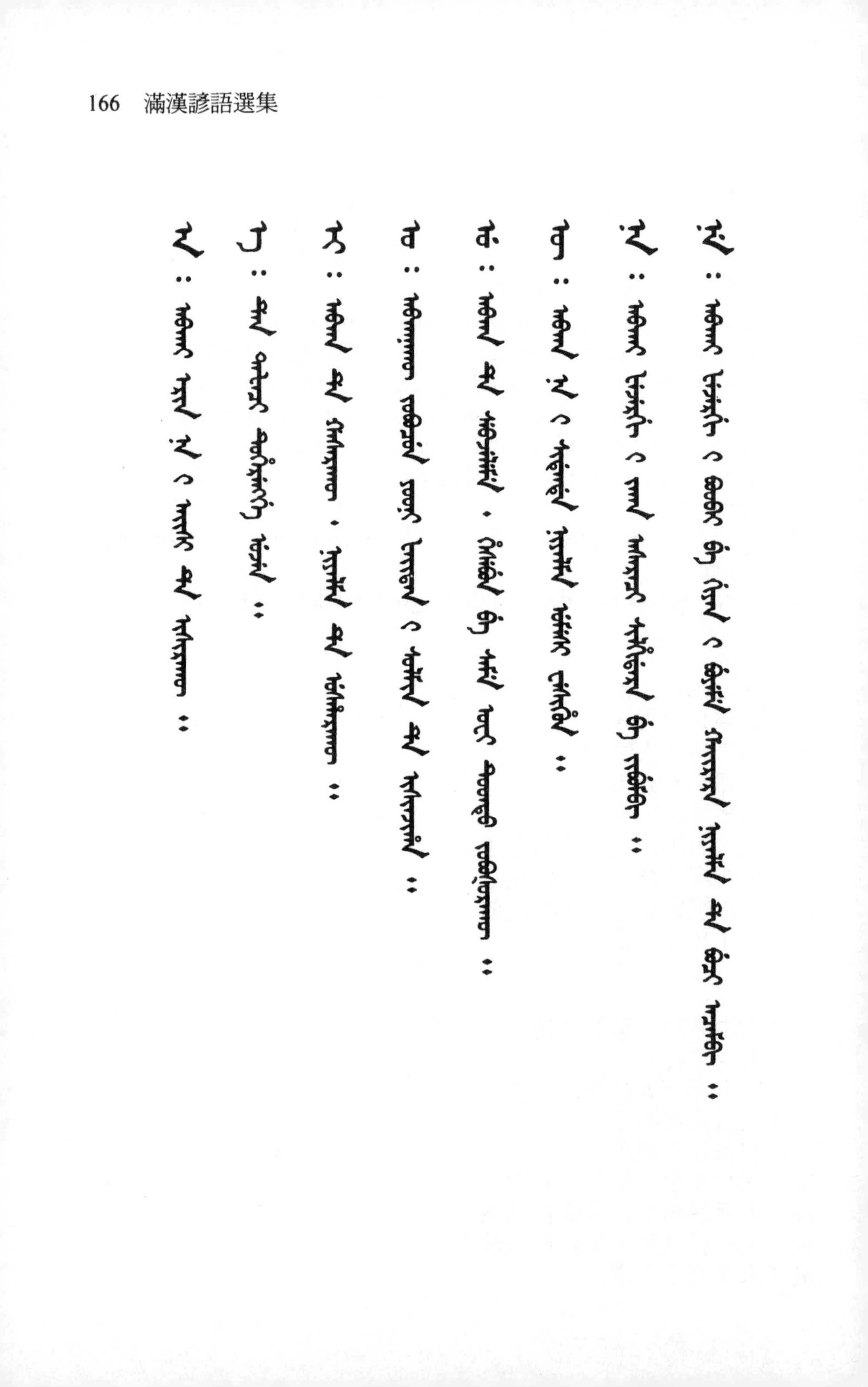

a ：abkai erin na i aisi de isirakū.
e ：den tafaci tuherengge ujen.
i ：abka de gasarakū, niyalma de usharakū.
o ：abkanakū jobocun yooni faitan i solmin de isinjiha.
u ：abka de sebjeleme, hesebun be same ofi tuttu jobošorakū.
ū ：abka na i sidende, niyalma umesi wesihun.
na：abkai fejergi i jaka asaraci silhidara be jibumbi.
ne：abkai fejergi i boobai be giyan i buyeme hairara niyalma de buci acambi.

---

a ：天時不如地利。
e ：登高必跌重。
i ：不怨天不尤人。
o ：把一天愁全撮在眉尖上。
u ：樂天知命，故不憂。
ū ：天地之間，人爲至貴。
na：天下之物，積則招妒。
ne：天下之寶，當與愛惜之人。

---

a ：天时不如地利。
e ：登高必跌重。
i ：不怨天不尤人。
o ：把一天愁全撮在眉尖上。
u ：乐天知命，故不忧。
ū ：天地之间，人为至贵。
na：天下之物，积则招妒。
ne：天下之宝，当与爱惜之人。

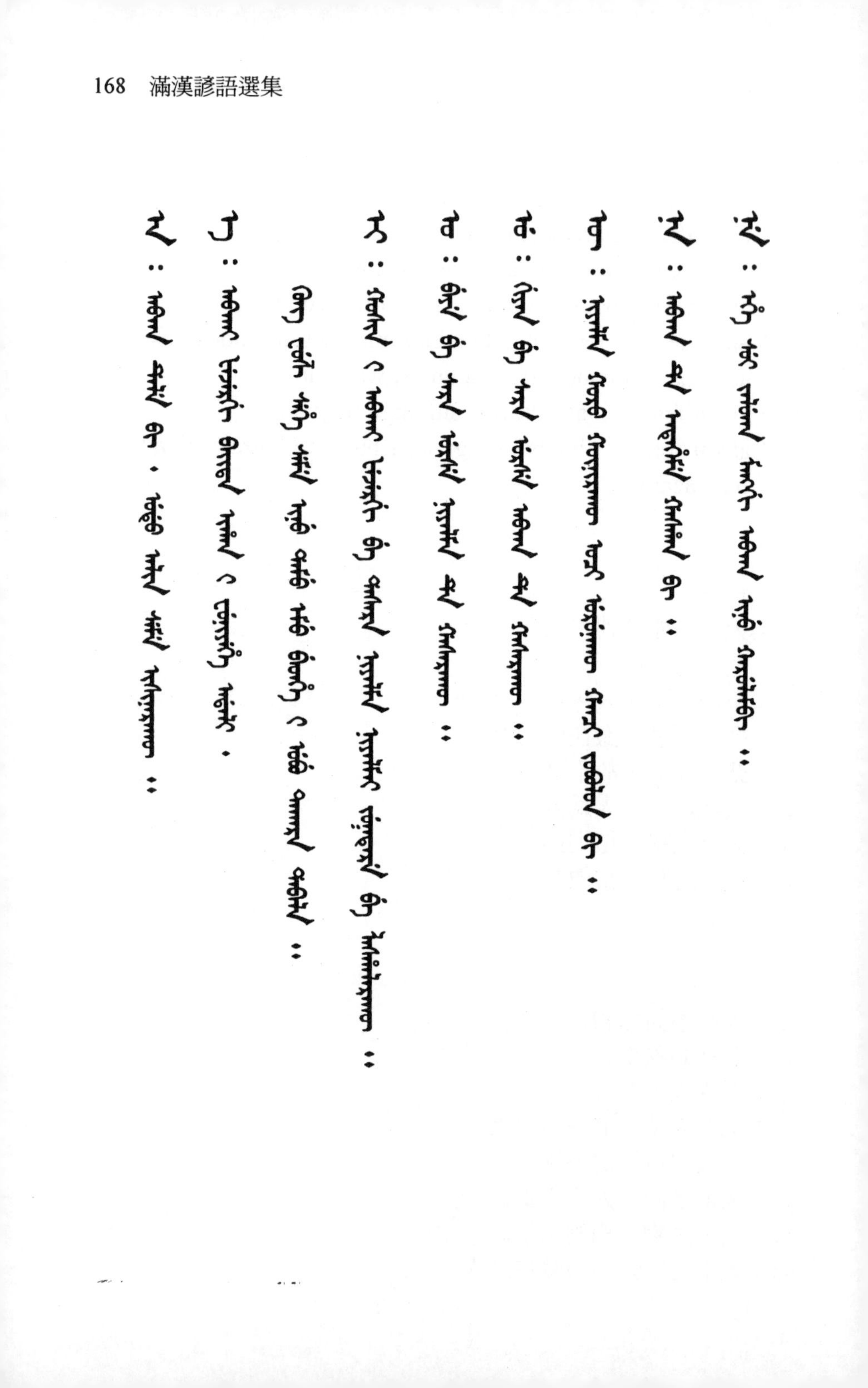

a ：abka dele bi, udu alin seme isinarakū.
e ：abkai fejergi baita ihan i funiyehe adali, kung fudz sehe seme inu damu emu bethe i ubu takara dabala.
i ：gosin i abkai fejergi be dasara niyalma niyalmai juktere be lashalarakū.
o ：beye be sara urse niyalma de gasarakū.
u ：giyan be sara urse abka de gasarakū.
ū ：niyalma goro gūnirakū oci urunakū hanci jobolon bi.
na：abka de enteheme gashan bi.
ne：ehe sui jaluka manggi abka inu karulambi.

---

a ：只有天在上，更無山與齊。
e ：天下事如牛毛，孔夫子也只識得一腿。
i ：施仁政於天下者，不絕人之祀。
o ：自知者不怨人。
u ：知理者不怨天。
ū ：人無遠慮，必有近憂。
na：天有常災。
ne：惡貫滿盈，天也報應。

---

a ：只有天在上，更无山与齐。
e ：天下事如牛毛，孔夫子也只识得一腿。
i ：施仁政于天下者，不绝人之祀。
o ：自知者不怨人。
u ：知理者不怨天。
ū ：人无远虑，必有近忧。
na：天有常灾。
ne：恶贯满盈，天也报应。

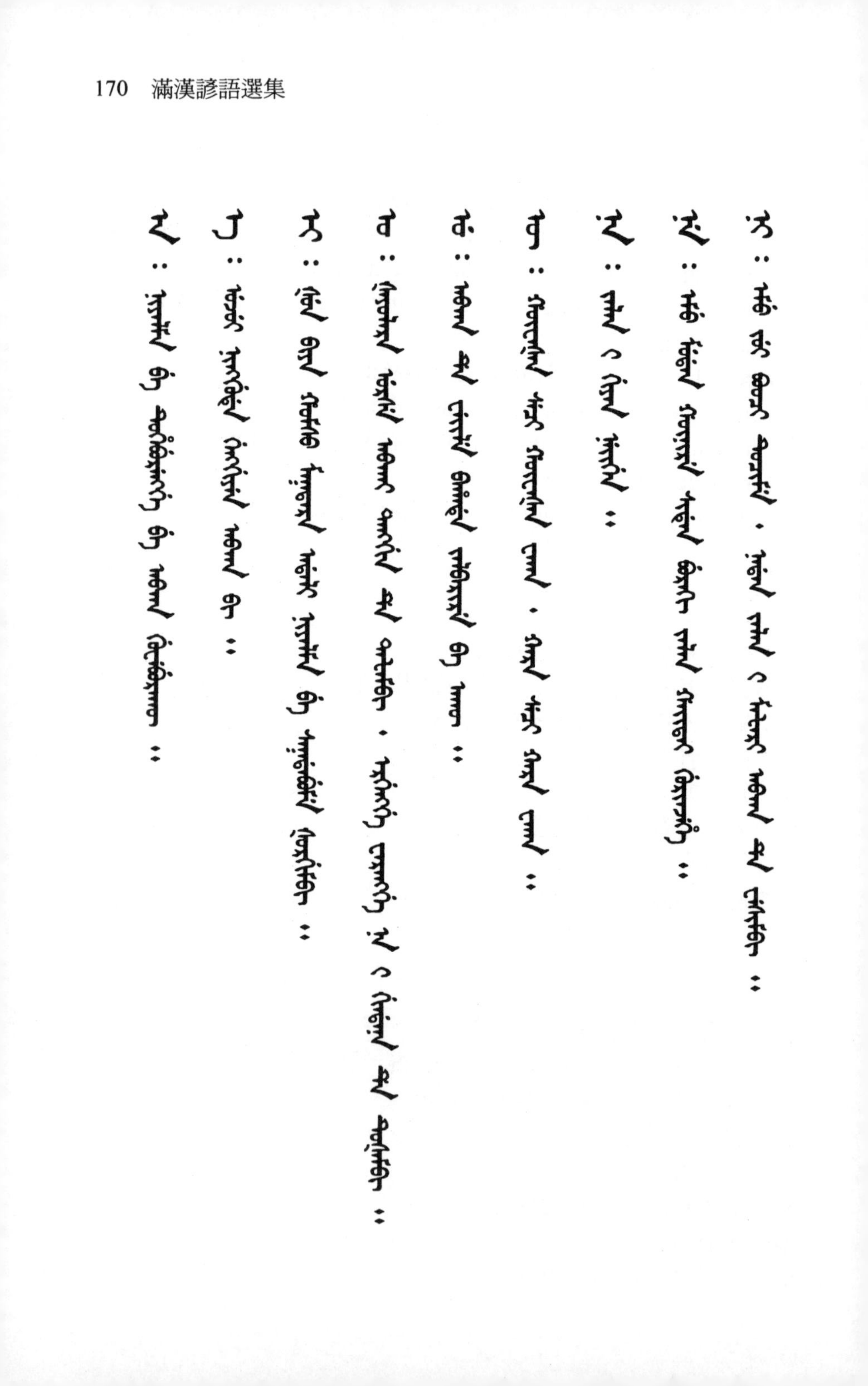

[illegible]

[illegible]

[illegible]

[illegible]

[illegible]

[illegible]

[illegible]

[illegible]

a ：niyalma be tuheburengge be abka guweburakū.
e ：ujui ninggude genggiyen abka bi.
i ：šun biya homso maktara adali niyalma be sakdabume šorgimbi.
o ：šayolara urse abkai tanggin de tafambi, ergengge warangge na i gindana de tušambi.
u ：abka de weile bahade jalbarire ba akū.
ū ：hūwašan seci hūwašan waka, kara seci kara waka.
na ：jalan i giyan neigen.
ne ：emu mudan gūnire siden buraki jalan gaitai gurinjehe.
ni ：emu jui booci tucime, nadan jalan i mafari abka de wesimbi.

---

a ：害人者天不宥。
e ：頭上有青天。
i ：日月如梭催人老。
o ：喫素的上天堂，殺牲的下地獄。
u ：獲罪於天無所禱。
ū ：僧不僧，俗不俗。
na ：世法平等。
ne ：一念之間，塵凡頓易。
ni ：一子出家，七祖昇天。

---

a ：害人者天不宥。
e ：头上有青天。
i ：日月如梭催人老。
o ：吃素的上天堂，杀牲的下地狱。
u ：获罪于天无所祷。
ū ：僧不僧，俗不俗。
na ：世法平等。
ne ：一念之间，尘凡顿易。
ni ：一子出家，七祖升天。

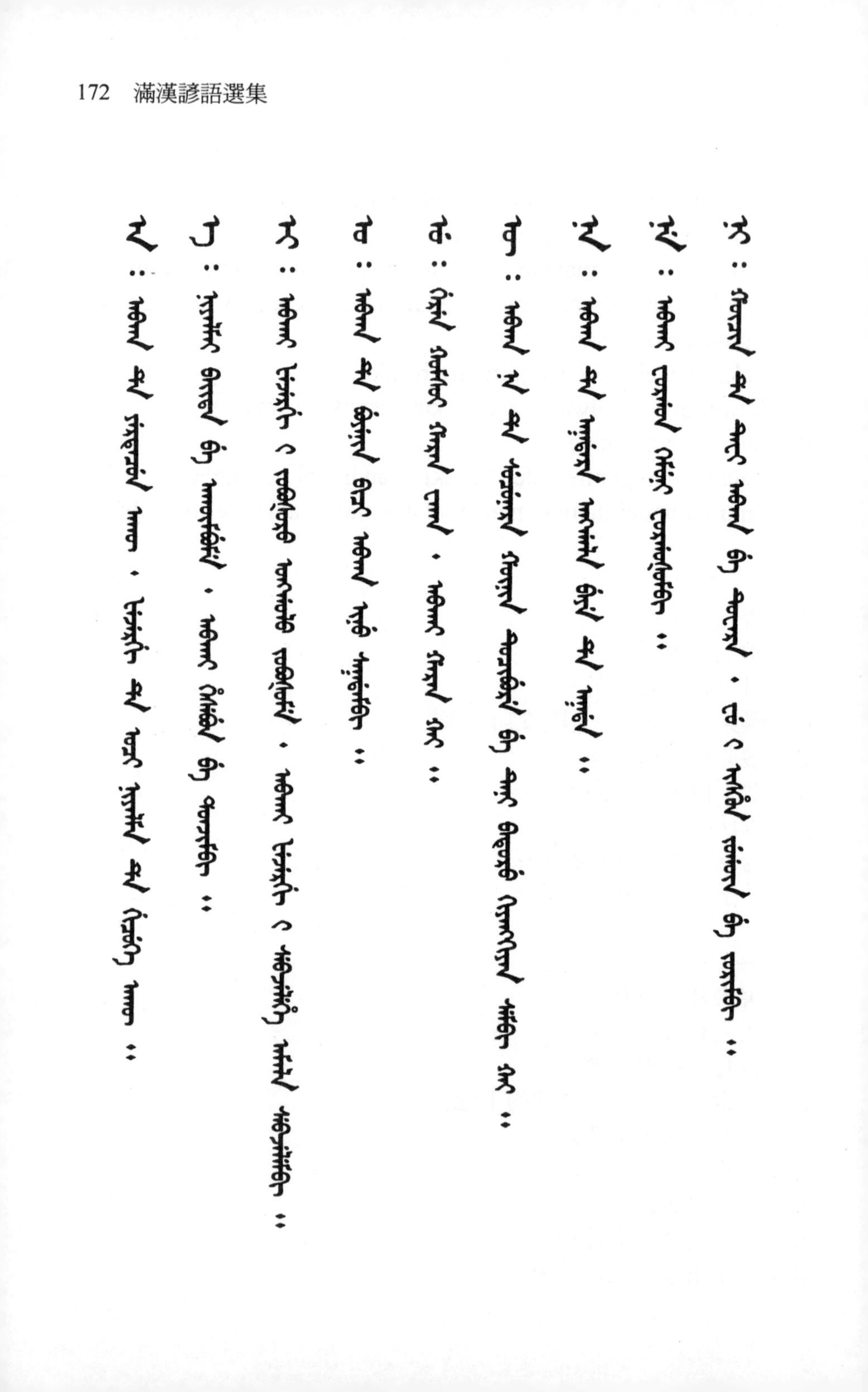

[illegible]

[illegible]

[illegible]

[illegible]

[illegible]

[illegible]

[illegible]

[illegible]

[illegible]

a ：abka de yertecun akū, fejergi de oci niyalma de gicuke akū.
e ：niyalmai baita be akūmbume, abkai hesebun be donjimbi.
i ：abkai fejergi i jobošoro onggolo jobošome, abkai fejergi i sebjelehe amala sebjelembi.
o ：abka de buyenin bici abka inu sakdambi.
u ：geren komsoi haran waka, abkai haran kai.
ū ：abka na de sucunara gūnin tucibure be teni baturu kiyangkiyan sembi kai!
na ：abka de akdara anggala beye de akda.
ne ：abkai forgon kemuni forgošombi.
ni ：hūcin de tefi abka be tuwara, fu i ishun jugūn be jorimbi.

---

a ：仰不愧於天，俯不怍於人。
e ：盡人事以聽天命。
i ：先天下之憂而憂，後天下之樂而樂。
o ：天若有情天亦老。
u ：不在眾寡，惟在乎天。
ū ：有吞天地之志方可爲英雄。
na ：與其靠老天，不如靠自己。
ne ：天命有去就。
ni ：坐井觀天，面墻定路。

---

a ：仰不愧于天，俯不怍于人。
e ：尽人事以听天命。
i ：先天下之忧而忧，后天下之乐而乐。
o ：天若有情天亦老。
u ：不在众寡，惟在乎天。
ū ：有吞天地之志方可为英雄。
na ：与其靠老天，不如靠自己。
ne ：天命有去就。
ni ：坐井观天，面墙定路。

ᠰᠠ : ᠪᡳᠶᠠᠨ ᡨᡠᡵᡤᡠᠨ ᠪᡝ ᡠᠮᡝᠰᡳᠯᡝᠮᠪᡳ ᠨᡳᠶᠠᠯᠮᠠ ᡨᡠᠸᠠᠮᠪᡳ ᡳᠯᡳᡥᠠᠩᡤᠠ ᠰᠠᡵᡴᡡᠮᠪᡳ ::

ᠰᡝ : ᠨᡳᠶᠠᠯᠮᠠ ᠪᡝ ᡤᡳᠰᡠᡵᡝᠨ ᡳ ᠪᡠᡴᡩᠠᠮᡝ ᡤᡳᠰᡠᡵᡝᠨ ᡳ ::

ᠰᡳ : ᡤᡠᠨᡳᠨ ᠪᡝ ᡨᠠᡥᠠᡵᠠ ᡳ ᠪᡝ ᠪᠠᠰᡝ ᠪᡝ ᠮᡝᡩᡝᡵᡳ ᡩᡝ ᡥᡠᠯᡥᠠᠮᠪᡳ ::

ᠪᡳᠰᡳᡵᡝᠨ ᠪᡝ ᠨᠠᠮᡤᡳᠮᡝ ᡩᡝ ᠪᡝ ᠠᠯᡳᡵᡝ ᡩᡝ ᡨᡠᡵᡤᡠᠨ ᡩᡝ ᡥᡠᠯᡥᠠᠮᠪᡳ ·

ᡨᠣ : ᠨᡳᠶᠠᠯᠮᠠ ᡩᡝ ᠨᠠᠮᡤᡳᡵᡝ ᠰᠠᡳᠨ · ᡨᡝᡵᡝ ᡤᡝᠨᡝᠮᡝ ᠴᠣᡥᠣᠮᡝ ᡳ ᡨᡠᠸᠠᡵᠠ ᠨᡳᠶᠠᠯᠮᠠ ::

ᡩᡠ : ᡤᡠᠸᠠᠯᠠ ᡤᡳᠰᡠᡵᡝᠨ ᠮᡝ ᠰᠠᡳᠨ ᡥᡡᠯᡥᠠᠮᠪᡳ · ᡤᡝᠨᡝᠮᡝᠨᡳᠯᡝ ᡨᡠᠸᠠᡵᡝ ᡩᡝ ᠮᡝᠨᡝ ᡳᠰᡳᠨᠠ ᡨᡝᡵᡝ ::

ᡨᠠ : ᡤᡳᠯᠠᠨ ᡤᡝᠨᡝᡴᡝ ᠰᠠᡳᠨ ᡳᠰᡳᠮᡝ ᠪᡝ ᠪᡳᡥᡝᡨᡝᠮᠪᡳ ::

ᠵᠣ : ᡳ ᠰᡝ ᠪᡠᠯᡳᠶᠠᡵᠠ ᡳ ᠰᡝ ᡨᡝᡵᡝᡨᡝᠮᠪᡳ ::

ᠵᡠ : ᡤᡠᡵᡝᠨ ᡳ ᠰᡝ ᡳᠰᡳᠨᠠᡵᠠ ᡤᡠᡵᡝᠨ ᡳ ᠰᡝ ᡳᠰᡳᠨᠠᠮᠪᡳ ::

ᠵᡠᠸᠠ : ᡥᡝᡨᡝᡴᡝᠨ ᡳᠰᡳᠨᡠ ᠪᡝ ᡥᡝᡨᡝᡵᡳᠰᡠᠮᡝ ᡳᠰᡳᠨᠠᠮᡝ · ᠣᠨ ᡳ ᡳᠰᠠ ᠪᡝ ᡤᡠᡵᡝᠨᡳᠰᡳ ᠰᡝ ᡥᡠᠯᡥᠠᠮᠪᡳ ::

三十三、揚湯止沸

a ：debere muke be tukiyeceme nakabure anggala, jun i moo be gocire de isirakū.
e ：hūda ja de udaci hūda ja de uncambi.
i ：ja de bahaci ja de waliyambi.
o ：mahala gaju seci uju be benjimbi.
u ：hoto giranggi ci sile tucirakū, hojihūn juse de yasai muke akū.
ū ：niyalma de aisilaki seci, akū hafirhūn i ucuri aisila.
na ：beikuwen be jailara de jibca nonggire de isirakū, ehecun be nakabure de beye be dasara de isirakū.
ne ：niyalma be ujelerengge beyebe ujelerengge.
ni ：beyei ekiyehun be takarakū niyalma enteheme ibederakū.

---

a ：揚湯止沸，不如滅火去薪。
e ：賤裡買來賤裡賣。
i ：容易得來容易捨。
o ：叫他拿帽子，却把頭砍來。
u ：枯骨熬不出湯，女婿哭不出淚。
ū ：救人須救急時無。
na ：救寒莫如重裘，止謗莫如自修。
ne ：尊重別人就是尊重自己。
ni ：不知自己缺點的人永遠不會進步。

---

a ：扬汤止沸，不如灭火去薪。
e ：贱里买来贱里卖。
i ：容易得来容易舍。
o ：叫他拿帽子，却把头砍来。
u ：枯骨熬不出汤，女婿哭不出泪。
ū ：救人须救急时无。
na ：救寒莫如重裘，止谤莫如自修。
ne ：尊重别人就是尊重自己。
ni ：不知自己缺点的人永远不会进步。

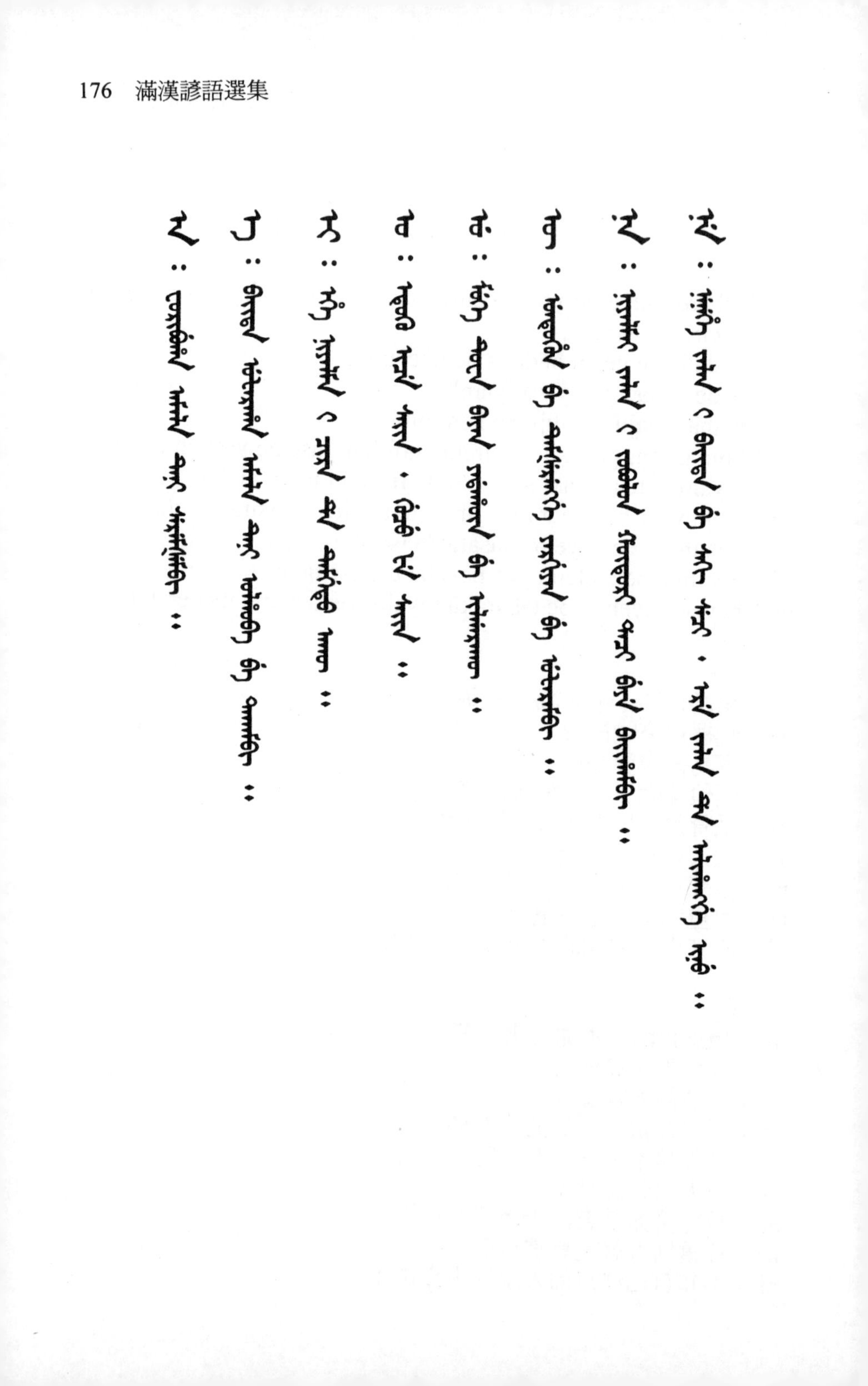

[illegible]

[illegible]

[illegible]

[illegible]

[illegible]

[illegible]

[illegible]

[illegible]

a ：foribuha amala teni seremšembi.
e ：baita ufaraha amala teni olhoba be takambi.
i ：ehe niyalma i cira de temgetu akū.
o ：etuku ice sain, gucu fe sain.
u ：muke tuwa bayan yadahūn be ilgarakū.
ū ：untuhun be temšerengge yargiyan be ufarambi.
na：niyalmai jalan i jobolon hūturi daci beye baihambi.
ne：nenehe jalan i baita be saki seci, ere jalan de alihangge inu.

---

a ：挨棒子以後才會提防。
e ：事情失敗之後才懂得謹慎。
i ：壞人的臉上沒標記。
o ：衣裳新的好，朋友舊的好。
u ：水火不分貧富。
ū ：爭虛者喪其實。
na：人世禍福本自求。
ne：欲知前世事，今生受者是。

---

a ：挨棒子以后才会提防。
e ：事情失败之后才懂得谨慎。
i ：坏人的脸上没标记。
o ：衣裳新的好，朋友旧的好。
u ：水火不分贫富。
ū ：争虚者丧其实。
na：人世祸福本自求。
ne：欲知前世事，今生受者是。

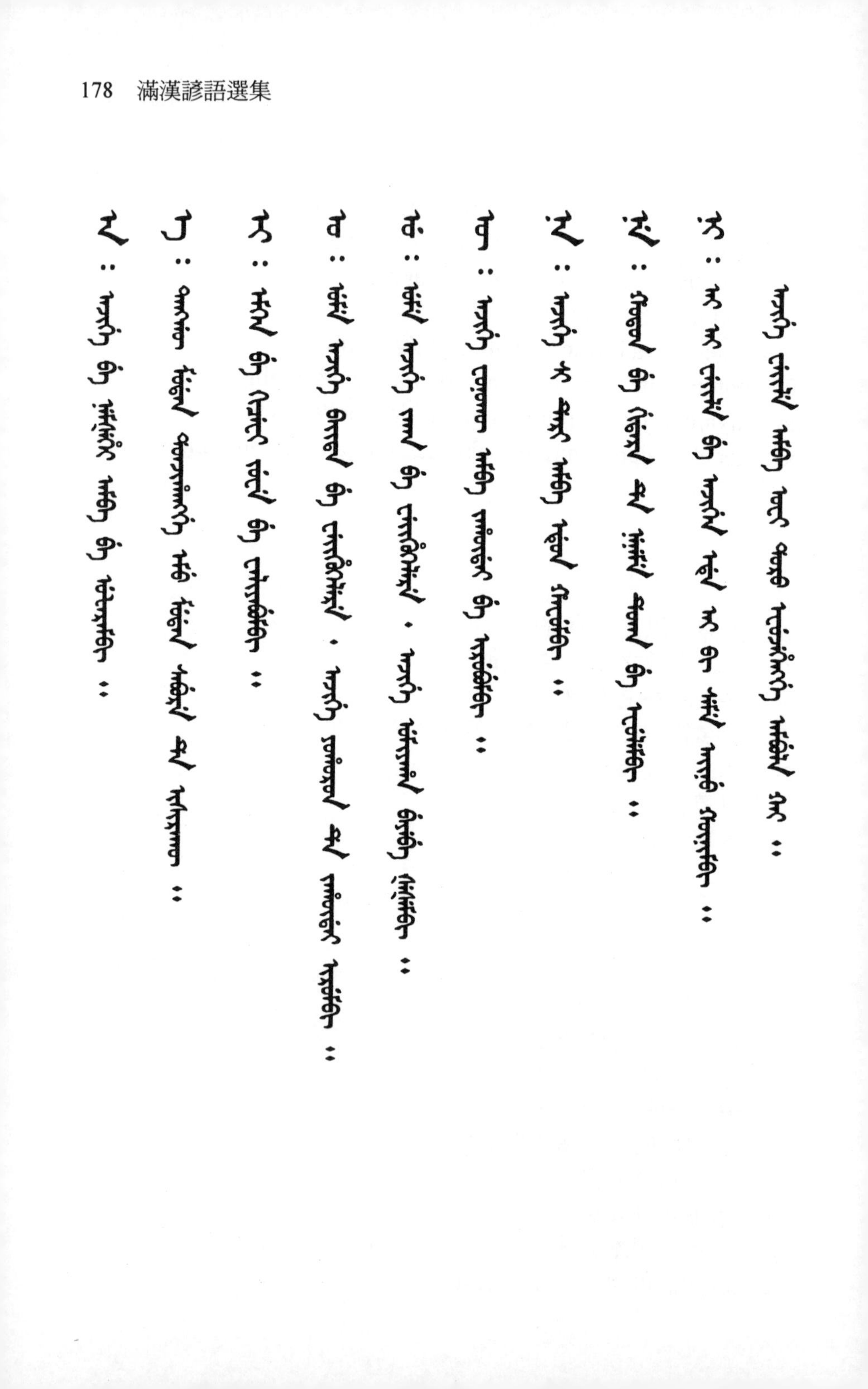

三十四、因小失大

a ：ajige be nemšehei amba be ufarambi.
e ：tanggū mudan donjihangge emu mudan sabure de isirakū.
i ：emken be kicefi juwe be waliyabumbi.
o ：ume ajige baita be weihukelere, ajige yohoron de jahūdai irumbi.
u ：ume ajige jaka be weihukelere, ajige umiyaha beyebe šešembi.
ū ：ajige fonokū amba jahūdai be irubumbi.
na ：ajige si deri amba edun hafumbi.
ne ：hoton be gidara de neneme duka be efulembi.
ni ：ai ai weile be ajigen ede ai bi seme ainu gūnimbi, ajige weile amba ofi doro efujehengge ambula kai.

---

a ：因小失大。
e ：百聞不如一見。
i ：圖一個丟三個。
o ：勿輕細事，小渠溺舟。
u ：勿輕細事，小蟲螫身。
ū ：小窟窿可以沉大船。
na ：小縫隙可以透大風。
ne ：攻城先要破城門。
ni ：凡事勿謂小而無害，不知由小及大有壞於國者多也。

---

a ：因小失大。
e ：百闻不如一见。
i ：图一个丢三个。
o ：勿轻细事，小渠溺舟。
u ：勿轻细事，小虫螫身。
ū ：小窟窿可以沉大船。
na ：小缝隙可以透大风。
ne ：攻城先要破城门。
ni ：凡事勿谓小而无害，不知由小及大有坏于国者多也。

ᠨᡳ :: ᠮᡠᠰᡝᠨ ᠨᡳᠶᠠᠯᠮᠠᡳ ᡳᠨᡝᠩᡤᡳ ᠪᡳᠶᠠ ᠠᠮᠠᡵᡳ ᠰᡝ ᡳᠨᡳ ᡤᡝᠮᡠ ::

ᠨᡳᡳ :: ᡤᡳᠶᠠᠨ ᡨᡠᠮᡝᠨ ᠪᡝᠶᡝ ᠪᡝᡵᡝᡨᡝᡥᡝ ᡤᡳᠰᡠᡵᡝᠮᡝ ::

ᠰᡝ :: ᠨᡳᠶᠠᠯᠮᠠ ᠪᡝᠶᡝᡳ ᠰᡝᠮᡝ ᡤᡳᠰᡠᠨ ᠪᡝ ᠰᡝ ᡤᡝᠮᡠ ::

ᡨᠣ :: ᠰᡳᠩᡤᡳᡵᡝ ᡤᡠᠰᡳᠨ ᠪᠣᠯᠣ ᠠᡴᡡ ᠪᡳᠴᡳ᠈ ᡝᠯᡤᡳᠶᡝᡵᡝ ᡤᡠᠰᡳᠨ ᡳᠴᡳ ᠠᠮᠠᡵᡳ ᡤᡝᠮᡠ ::

ᡨᡠ :: ᡤᡝᠮᡠ ᠨᡳᠶᠠᠯᠮᠠᡳ ᠪᠣᠯᠣ ᠠᡴᡡ ᠪᡳᠴᡳ᠈ ᠨᡳᠶᠠᠯᠮᠠᡳ ᠨᡳᠶᠠᠯᠮᠠᡳ ᡤᡳᠰᡠᠨ ᠠᡴᡡ ::

ᡨᡡ :: ᠰᡝᠮᡝ ᡤᡠᠰᡳᠨ ᠰᡳᠩᡤᡳᠮᡝᡵᡝ ᠮᡠᠰᡝᡳ ᡤᡳᠰᡠᡵᡝᡥᡝ ᡤᡝᠮᡠ ::

ᡨᡳ :: ᠨᡳᠶᠠᠯᠮᠠᠰᡳ ᡤᡝᠮᡠ ᠪᡳᠴᡳ ᠨᡳᠶᠠᠯᠮᠠ ᡥᡝᠩᡴᡳᠪᡠ ::

ᠯᠠ :: ᠨᡳᠶᠠᠯᠮᠠᡳ ᠵᡠᠯᡝ ᠰᡳ ᡤᡝᡵᡤᡝᠨ ᠠᡴᡡ ::

ᠰᡝ :: ᡤᡝᡵᡤᡝᠨ ᠰᡳ ᡤᡝᡵᡤᡝᠨ ᠪᡳᡵᡝ ᠨᡳᠶᠠᠯᠮᠠᡳ ᠵᡠᠯᡝ ᡥᡝᠩᡴᡳᠯᡝᠮᠪᡳ ::

a ：hūwa de hūcin bici ajige juse guwelke.
e ：ajige juse de fakūri akū.
i ：oforo amba oci niyaki labdu.
o ：temen udu macuhūn ocibe giranggi amba.
u ：amba ningge tob akū oci, ajige ningge ginggun akū.
ū ：dergi mulu tob akū oci, fejergi mulu inu waiku ombi.
na：macume bucehe temen hono morin ci amba.
ne：gerben umiyaha bucecibe šekerakū.
ni ：fahūn ajige niyalma beyei fiyoo ci inu gelembi.

---

a ：院內有井防小口。
e ：小孩無褲襠。
i ：鼻孔大，鼻涕多。
o ：駱駝雖瘦，骨頭却大。
u ：大不正，則小不敬。
ū ：上樑不正，則下樑歪。
na：瘦死的駱駝尚比馬大。
ne：百足之蟲，死而不僵。
ni ：膽小鬼自己放屁也害怕。

---

a ：院内有井防小口。
e ：小孩无裤裆。
i ：鼻孔大，鼻涕多。
o ：骆驼虽瘦，骨头却大。
u ：大不正，则小不敬。
ū ：上梁不正，则下梁歪。
na：瘦死的骆驼尚比马大。
ne：百足之虫，死而不僵。
ni ：胆小鬼自己放屁也害怕。

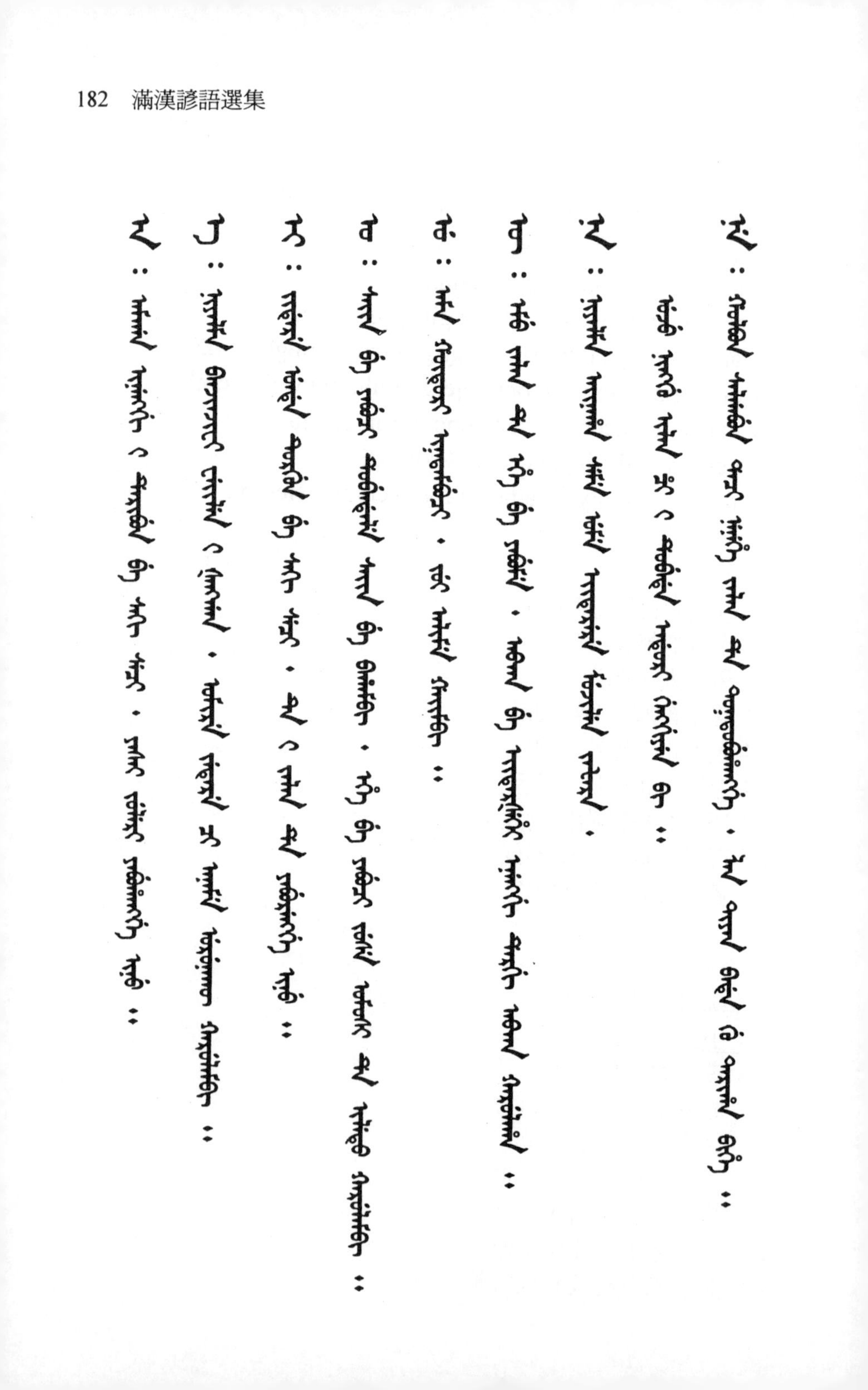

[illegible]

[illegible]

[illegible]

[illegible]

[illegible]

[illegible]

[illegible]

[illegible]

[illegible]

三十五、緣起緣滅

a：amaga inenggi i deribun be saki seci, yasai juleri yabuhangge inu.
e：niyalma banjinjifi weilen i šanggan, omire jetere ci aname urunakū karulambi.
i：jidere unde turgun be saki seci, te i jalan de yaburengge inu.
o：sain be yabuci dubentele sain be bahambi, ehe be yabuci juse omosi de iletu karulambi.
u：ama hūturi iktambuci, jui alime gaimbi.
ū：emu jalan de ehe be yabume, abka be eiteršehei enenggi dergi abka karulaha.
na：niyalma ainaha seme ume eiterere mujilen jafara, uju ninggu ilan c'y i dubede enduri genggiyen bi.
ne：holbon salgabun daci nenehe jalan de toktobuhangge. lan tiyan bade gu tariha bihe.

---

a：欲知後日因，當前作者是。
e：人生業果，飲啄必報。
i：欲知來世因，今生作者是。
o：爲善終須迪吉，作惡果報兒孫。
u：父種福而子享。
ū：平生作惡欺天，今日上蒼報應。
na：爲人切莫用欺心，舉頭三尺有神明。
ne：姻緣本是前生定，曾於藍田種玉來。

---

a：欲知后日因，当前作者是。
e：人生业果，饮啄必报。
i：欲知来世因，今生作者是。
o：为善终须迪吉，作恶果报儿孙。
u：父种福而子享。
ū：平生作恶欺天，今日上苍报应。
na：为人切莫用欺心，举头三尺有神明。
ne：姻缘本是前生定，曾于蓝田种玉来。

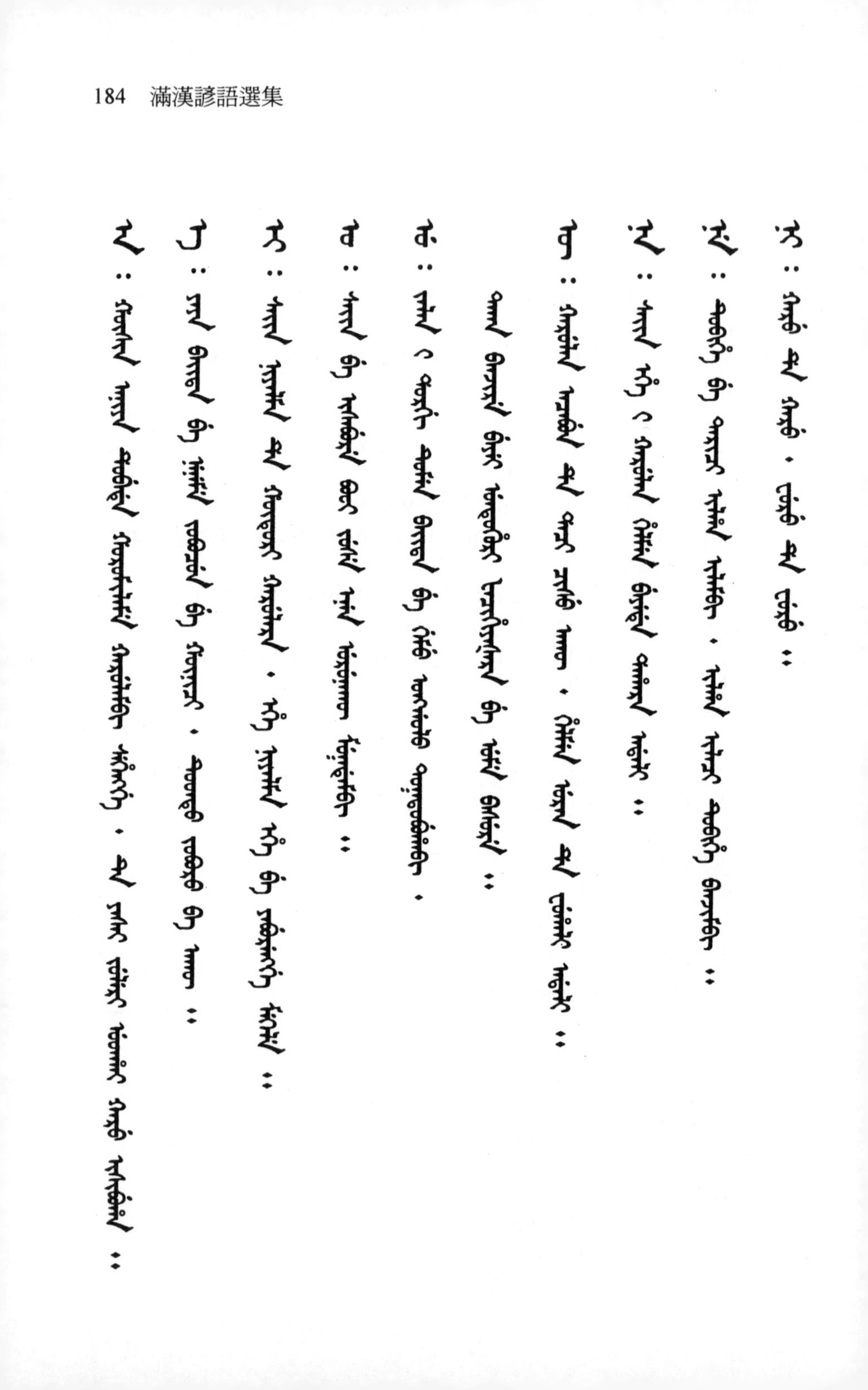

a：gūsin aniya dubede goromilame karulambi sehengge, te yasai juleri uthai karu isibuha.
e：yaya baita be neneme jobocun be gūnici, tuttu joboro ba akū.
i：sain niyalma de hūturi karulara, ehe niyalma ehe be yaburengge mekele.
o：sain be isabure booi juse enen urunakū mukdembi.
u：jalan i dorgi tumen baita be gemu onggolo toktobuhabi, taka banjire beyei untuhuri facihiyašara be ume basure.
ū：karulan acabun de daci cisu akū, helmen uran de fuhali adali.
na：sain ehe i karulan helmen beyede dahara adali.
ne：tubihe be tarici ilha ilambi, ilha ilaci tubihe banjimbi.
ni：karu de karu, furu de furu.

---

a：三十年遠報，而今眼下就報了。
e：凡事先思患，是以無患。
i：好人自有福報，惡人枉使欺心。
o：積善之家，後人必發。
u：世間萬事皆前定，莫笑浮生空自忙。
ū：報應本無私，影響皆相似。
na：善惡的報應如影隨形一樣。
ne：果種花，花結果。
ni：善有善報，惡有惡報。

---

a：三十年远报，而今眼下就报了。
e：凡事先思患，是以无患。
i：好人自有福报，恶人枉使欺心。
o：积善之家，后人必发。
u：世间万事皆前定，莫笑浮生空自忙。
ū：报应本无私，影响皆相似。
na：善恶的报应如影随形一样。
ne：果种花，花结果。
ni：善有善报，恶有恶报。

ᠨᡳ : ᠪᡳᠶᠠᠨ ᡥᠠᡳᡥᠠᠨ ᡤᡳᡥᠠᠨ ᠰᡝ ᠪᡝᡩᡝᡵᡝ ᠣᠵᠣᡵᠠᡴᡡ ::

ᠨᡳᠨ : ᠮᡠᡴᡝ ᡥᠠᡳᡥᠠᠨ ᡤᡳᡥᠠᠨ ᠪᡝ ᡤᡳᠣᡵᡠ ᠨᠠᠨᠠᡳᡵᡝ ᠮᡠᡴᡝ ::

ᠨᡳᠨ : ᠨᡳᠶᠠᠯᠮᠠ ᠪᡝ ᠨᡳᠩᡤᡠᡵᡤᡳ ᠣᠵᠣᡵᠠᡴᡡ · ᠮᡠᡴᡝ ᠨᡳᠶᠠᠯᠮᠠ ᠨᡳᠩᡤᡠᡵᡤᡳ ᠣᠵᠣᡵᠠᡴᡡ ::

ᡨᠣ : ᠮᡳᠶᠠᠯᡥᠠᠨ ᠪᡝ ᠨᡳᠩᡤᡠᡵᡤᡳ ᠣᠵᠣᡵᠠᡴᡡ · ᠪᠠᠯᠵᡳ ᠪᡝ ᡨᡠᠸᠠᠮᡝᡵᡤᡳ ᠣᠵᠣᡵᠠᡴᡡ ::

ᡨᡠᠨ : ᡥᡝᠯᡝ ᡩᡠᠯᡝᡵᡤᡳ ᠣᠵᠣᡵᠣᠪᡠ ᡩᡠᠯᡝᠮᡝ · ᠮᡠᡴᡝᠨ ᡥᡝᠯᡝᠮᡝᡵᡤᡳ ᠣᠵᠣᡵᠠᡴᡡ ᠮᡠᡴᡝ ::

ᡨᡠ : ᠠᠯᡳᠨ ᡥᡝᡵᡤᡝᠨ ᡥᡝᡵᡝᡵ ᡥᡝᡵᡤᡝᠨ ᠮᠠᠩᡤᠠ ᠠᡴᡡ ᡥᡝᠮᡝ ::

ᠨᡳ : ᠠᠯᡳᠨ ᡨᡠᠸᡝᠨ ᡥᡝᡵᡤᡝᠨ ᡳ ᠠᠯᡳᠨ · ᡥᡝᡵᡤᡝᠨ ᡨᡠᠸᡝᠨ ᡥᡝᡵᡤᡝᠨ ᡳ ᡥᡝᡵᡤᡝᠮᡝ ᠠᡴᡡ ᠣᠵᠣᡵᠠᡴᡡ ::

ᠵᡳ : ᡤᡳᠰᡠᠨ ᡩᡝ ᠠᠯᡳᠮᠪᠠᡵᡠᠩᡤᠠ ᠪᡝᡵᡝᡴᡝ ᠣᠵᠣᡵᠠᡴᡡ · ᡤᡳᠰᡠᡵᡝ ᠪᡝ ᠠᠯᡳᠮᠪᠠᡵᡠᠩᡤᠠ ᡥᡡᠸᠠᡵᡳᠶᠠᠮᡝ ᠣᠵᠣᡵᠠᡴᡡ ::

ᠨᡳ : ᡩᡝ ᠪᡝ ᡤᡳᠰᡠᡵᡝ ᠣᠵᠣᡵᠠᡴᡡᠩᡤᡝ ᠮᡠᡴᡝ ::

三十六、天不可欺

a ：den be holtoci ojorakūngge abka.
e ：horon de wacihiyame baitalaci ojorakū, hūturi be wacihiyame sebjeleci ojorakū.
i ：jidere fonde genggiyen i jifi, genere fonde genggiyen i generakū oci ojorakū.
o ：jici genggiyen geneci genggiyen ningge yala haha.
u ：šan donjici ojoro dabala, angga gisureci ojorakū oso.
ū ：nashūn be ufaraci ojorakū, gungge be sirkedeci ojorakū.
na：erin be jurceci ojorakū, inu erin ufaraci ojorakū.
ne：abkai araha gashan be hono jailaci ombi.
ni ：beyei araha gashan de banjici ojorakū.

---

a ：高不可欺者天也。
e ：勢不可用盡，福不可享盡。
i ：來時明白，去不可不明白。
o ：來去明白乃丈夫也。
u ：耳可得聞，口不可得言。
ū ：機不可失，功不可貪。
na：不可違時亦不可失時也。
ne：天作孽，猶可違。
ni：自作孽，不可活。

---

a ：高不可欺者天也。
e ：势不可用尽，福不可享尽。
i ：来时明白，去不可不明白。
o ：来去明白乃丈夫也。
u ：耳可得闻，口不可得言。
ū ：机不可失，功不可贪。
na：不可违时亦不可失时也。
ne：天作孽，犹可违。
ni：自作孽，不可活。

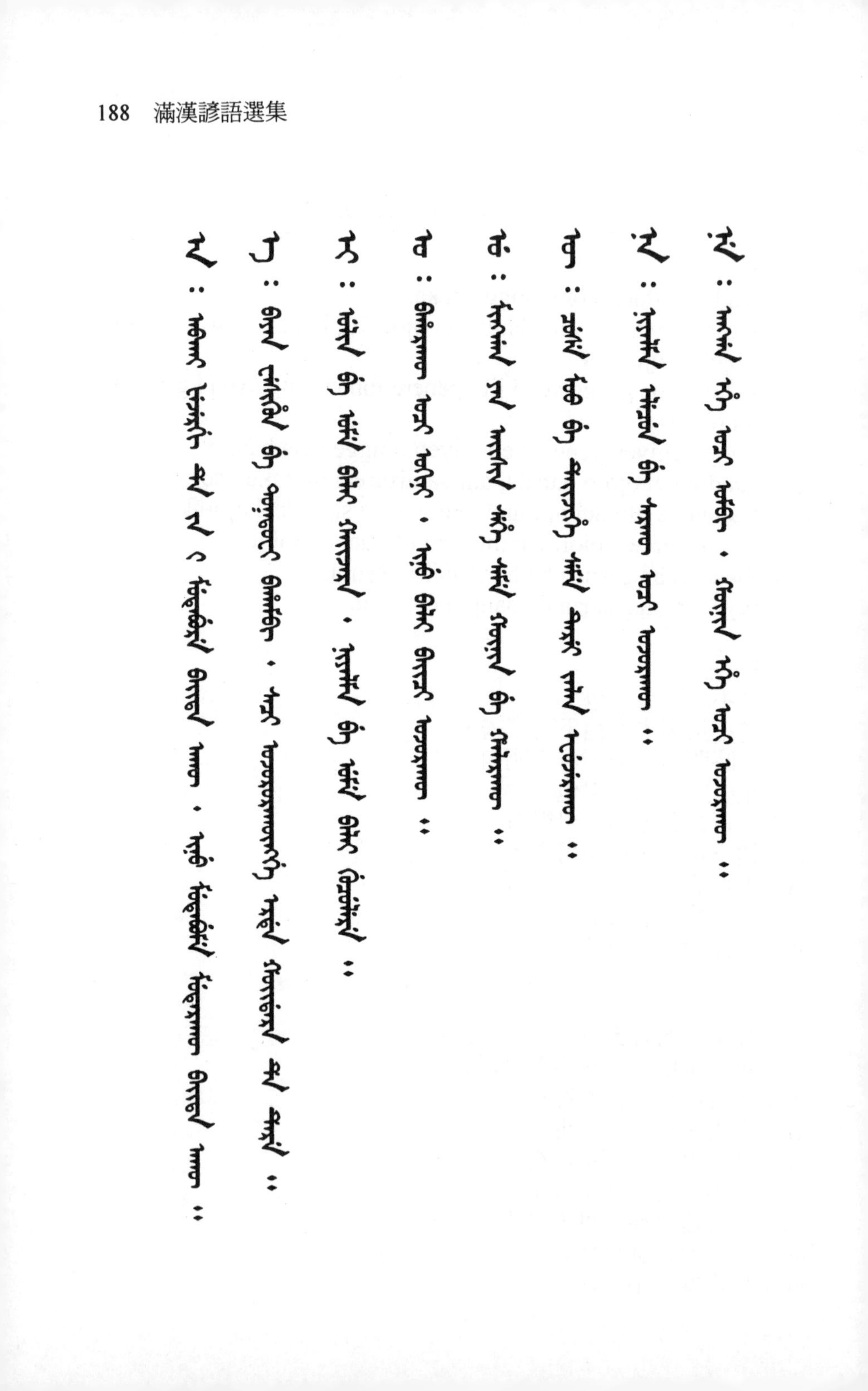

[illegible]

[illegible]

[illegible]

[illegible]

[illegible]

[illegible]

[illegible]

[illegible]

a：abkai fejergi de ja i mutebure baita akū, inu mutebume muterakū baita akū.
e：bayan wesihun be toktofi bahambi, saci ojororakūngge erde goidara de dere.
i：ulin be ume balai gaijara, niyalma be ume balai guculere.
o：baharakū oci okini, inu balai baici ojorakū.
u：minggan yan aisin sehe seme gūnin be halarakū.
ū：cuse moo be deijihe seme terei jalan efujerakū.
na：niyalma elecun be sarkū oci ojorakū.
ne：angga ehe oci ombi, gūnin ehe oci ojorakū.

---

a：天下無易成之業，而亦無不可成之業。
e：富貴所固有，不可知者遲早耳。
i：財勿妄取，人勿妄交。
o：寧可不得，不可妄求。
u：千金不可易其志。
ū：竹可焚，而不可改其節。
na：人不可不知足。
ne：嘴可惡，心勿毒。

---

a：天下无易成之业，而亦无不可成之业。
e：富贵所固有，不可知者迟早耳。
i：财勿妄取，人勿妄交。
o：宁可不得，不可妄求。
u：千金不可易其志。
ū：竹可焚，而不可改其节。
na：人不可不知足。
ne：嘴可恶，心勿毒。

ᡴᡝ : ᠠᠮᠠ ᠪᡝ ᡤᡝᠮᡠᡵᡝᡵᡝ ᠣᠴᡳ ᠣᠵᠣᡵᠠᡴᡡ · ᡝᡵᡝᡨᡝ ᠪᡝ ᡨᠣᡴᠰᠣᡵᡝ ᠣᠴᡳ ᠣᠵᠣᡵᠠᡴᡡ ::

ᡴᡠ : ᡳᠯᡳᠨ ᠪᡝ ᡝᠯᡝᡶᡠᡵᡝ ᠣᠴᡳ ᠣᠵᠣᡵᠠᡴᡡ ::

ᡴᠣ : ᡥᠠᠯᠠ ᠪᡝ ᡨᠣᡴᡨᠣᠪᡠᡵᡝ ᠣᠴᡳ ᠣᠵᠣᡵᠠᡴᡡ ::

ᡴᡠ : ᡝᠮᡠᡨᠣᡵᡝ ᠮᡠᠰᡳᠨ ᠣᠴᡳ ᠣᠵᠣᡵᠠᡴᡡ · ᡝᠮᡠᡨᠠᡵᡝ ᠮᡠᠪᡳ ᠣᠴᡳ ᠣᠵᠣᡵᠠᡴᡡ ::

ᡴᡡ : ᡤᡳᠰᡠᠨ ᠪᡝ ᠣᡤᠣᠮᠪᡠᡵᡝ ᠣᠴᡳ ᠣᠵᠣᡵᠠᡴᡡ · ᡤᡳᠰᡠᡵᡝ ᠪᡝ ᡨᠣᠮᠪᡠᡵᡝ ᠣᠴᡳ ᠣᠵᠣᡵᠠᡴᡡ ::

ᡴᠣ : ᡳᠪᡝᡵᡝ ᠪᡝ ᡥᠣᠯᠪᠣᡵᡝ ᠣᠴᡳ ᠣᠵᠣᡵᠠᡴᡡ · ᠪᠣᡵᡝ ᠪᡝ ᠪᡳᠯᡠᡵᡝ ᠣᠴᡳ ᠣᠵᠣᡵᠠᡴᡡ ::

ᡴᡳ : ᡳᠰᡳᡵᡝ ᡥᡝ ᡳᠰᡳᡥᡳᠶᠠᡵᡝ ᠣᠴᡳ ᠣᠵᠣᡵᠠᡴᡡ · ᡳᡵᡝ ᠪᡝ ᡨᠣᡴᡨᠣᠮᠪᡠᡵᡝ ᠣᠴᡳ ᠣᠵᠣᡵᠠᡴᡡ ::

ᡴᡳ : ᡳᠰᡳᠨᠠᡵᡝ ᡳᠰᡳᠨ ᠪᠣᡳ [illegible] · ᠪᠣᡵᡳᠶᠠ ᡳᠰᡳᠨ ᠪᠣᡳ ᡥᠠᠪᡳᡳ ᠰᡝᠪᡝᡵᡝ ::

ᡴᡝ : ᡥᠠᡵᠠ ᡥᠠ ᡥᠠᠯᡳᠶᠠᡵᡳ [illegible] ᠪᡝ ᠣᠨᡳᡤᠠᡵᡝ ᠣᠴᡳ ᠣᠵᠣᡵᠠᡴᡡ ·

ᠣᠪᡠᡳ ᠰᡳᡵᡝ ᠪᡝ ᡳᠰᡳ ᡥᠣᠪᡳᠶᠠᡵᡝ ᡥᠠᠯᡳᡴᡳᠨ ᠣᠵᠣᡵᠠᡴᡡ ::

a ：abka be eiterere oci ojorakū, niyalma be jabcara oci ojorakū.
e ：waka be faksidara oci ojorakū.
i ：sain be tukiyecere oci ojorakū.
o ：fahūn ajige oci ojorakū, mujilen amba oci ojorakū.
u ：hanci be oihorilara oci ojorakū, goro be erehunjere oci ojorakū.
ū ：sebjen be dababure oci ojorakū, buyen be badarambure oci ojorakū.
na ：mangga de sengguwere oci ojorakū, ja be foihorilara oci ojorakū.
ne ：mujilen ume balai gūnire, bethe ume balai dabali yabure.
ni ：tuwa de tuhefi deijiku be nonggici ojorakū, udu kimun bi seme ebdereme tuhebuci ojorakū.

---

a ：天不可欺，人不可尤。
e ：非不可飾。
i ：善不可伐。
o ：膽不可小，心不可大。
u ：近不可略，遠不可望。
ū ：樂不可極，欲不可縱。
na ：難不可畏，易不可忽。
ne ：心勿妄想，足勿妄履。
ni ：落火不可添薪，雖仇不可排陷。

---

a ：天不可欺，人不可尤。
e ：非不可饰。
i ：善不可伐。
o ：胆不可小，心不可大。
u ：近不可略，远不可望。
ū ：乐不可极，欲不可纵。
na ：难不可畏，易不可忽。
ne ：心勿妄想，足勿妄履。
ni ：落火不可添薪，虽仇不可排陷。

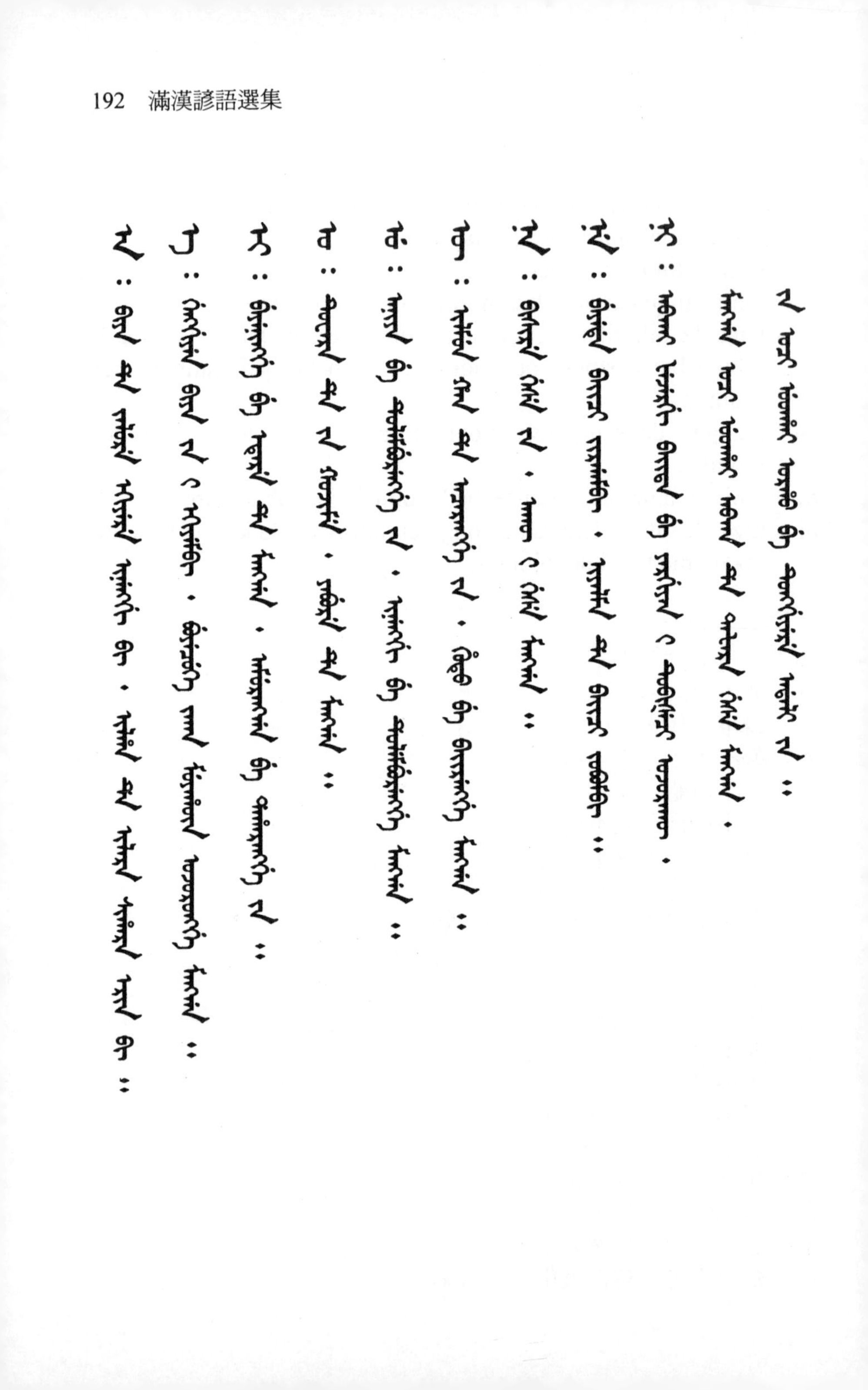

[illegible]

[illegible]

[illegible]

[illegible]

[illegible]

[illegible]

[illegible]

[illegible]

[illegible]

[illegible]

三十七、明月易缺

a ：biya de jalure ekiyere inenggi bi, ilha de ilara sihara erin bi.
e ：genggiyen biya ja i ekiyembi, buyecuke jaka muyahūn ojorongge mangga.
i ：beyeningge be etere de mangga, amurangga be daharangga ja.
o ：tuwara de ja gojime, yabure de mangga.
u ：aniya be dulemburengge ja, inenggi be dulemburengge mangga.
ū ：ilmun han de acarangge ja, hutu be bairengge mangga.
na：bisire gese ja, akū i gese mangga.
ne：beyede baici jirgambi, niyalma de baici jobombi.
ni ：abkai fejergi baita be yargiyan i tubišeci ojorakū, mangga oci uthai abka de tafara gese mangga, ja oci uthai orho be tunggiyere adali ja.

---

a ：月有盈虧，花有開謝。
e ：明月易缺，好物難全。
i ：克己難，從好易。
o ：看着容易做着難。
u ：過年易，度日難。
ū ：閻王好見，小鬼難找。
na：有則易，無則難。
ne：求己易，求人難。
ni ：天下事真不可度，要難則難於登天，要易則易於拾芥。

---

a ：月有盈亏，花有开谢。
e ：明月易缺，好物难全。
i ：克己难，从好易。
o ：看着容易做着难。
u ：过年易，度日难。
ū ：阎王好见，小鬼难找。
na：有则易，无则难。
ne：求己易，求人难。
ni ：天下事真不可度，要难则难于登天，要易则易于拾芥。

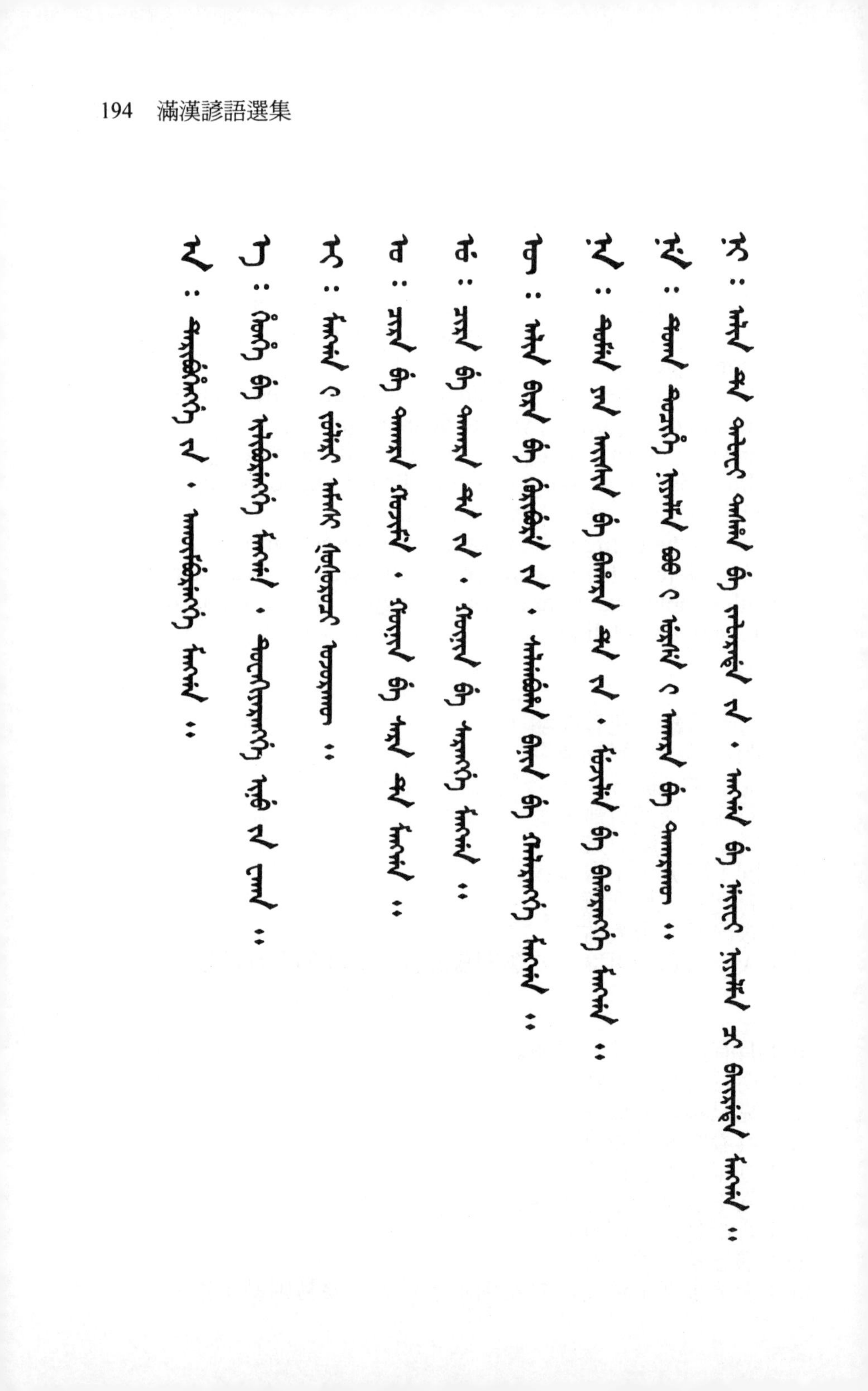

[illegible]

[illegible]

[illegible]

[illegible]

[illegible]

[illegible]

[illegible]

[illegible]

[illegible]

a ：deribuhengge ja, akūmburengge mangga.
e ：hethe be iliburengge mangga, tuwakiyarangge inu ja waka.
i ：mangga i juleri amasi šošoroci ojorakū.
o ：cira be takara gojime, gūnin be sara de mangga.
u ：cira be takara de ja, gūnin be sarangge mangga.
ū ：alin bira be guribure ja, salgabuha banin be halarangge mangga.
na：tumen yan aisin be bahara de ja, mujilen be baharangge mangga.
ne：duka tucihe niyalma boo i urse i akara be takarakū.
ni ：alin de tafafi tasha be jafarade ja, angga be neifi niyalma ci bairede mangga.

---

a ：起頭容易終結難。
e ：創業難，守成也不易。
i ：困難面前不能退縮。
o ：知面而難知心。
u ：知面易，知心難。
ū ：江山易改，本性難易。
na：萬兩黃金容易得，知心一個也難求。
ne：出門人不知家人的憂愁。
ni ：上山擒虎易，開口求人難。

---

a ：起头容易终结难。
e ：创业难，守成也不易。
i ：困难面前不能退缩。
o ：知面而难知心。
u ：知面易，知心难。
ū ：江山易改，本性难易。
na：万两黄金容易得，知心一个也难求。
ne：出门人不知家人的忧愁。
ni ：上山擒虎易，开口求人难。

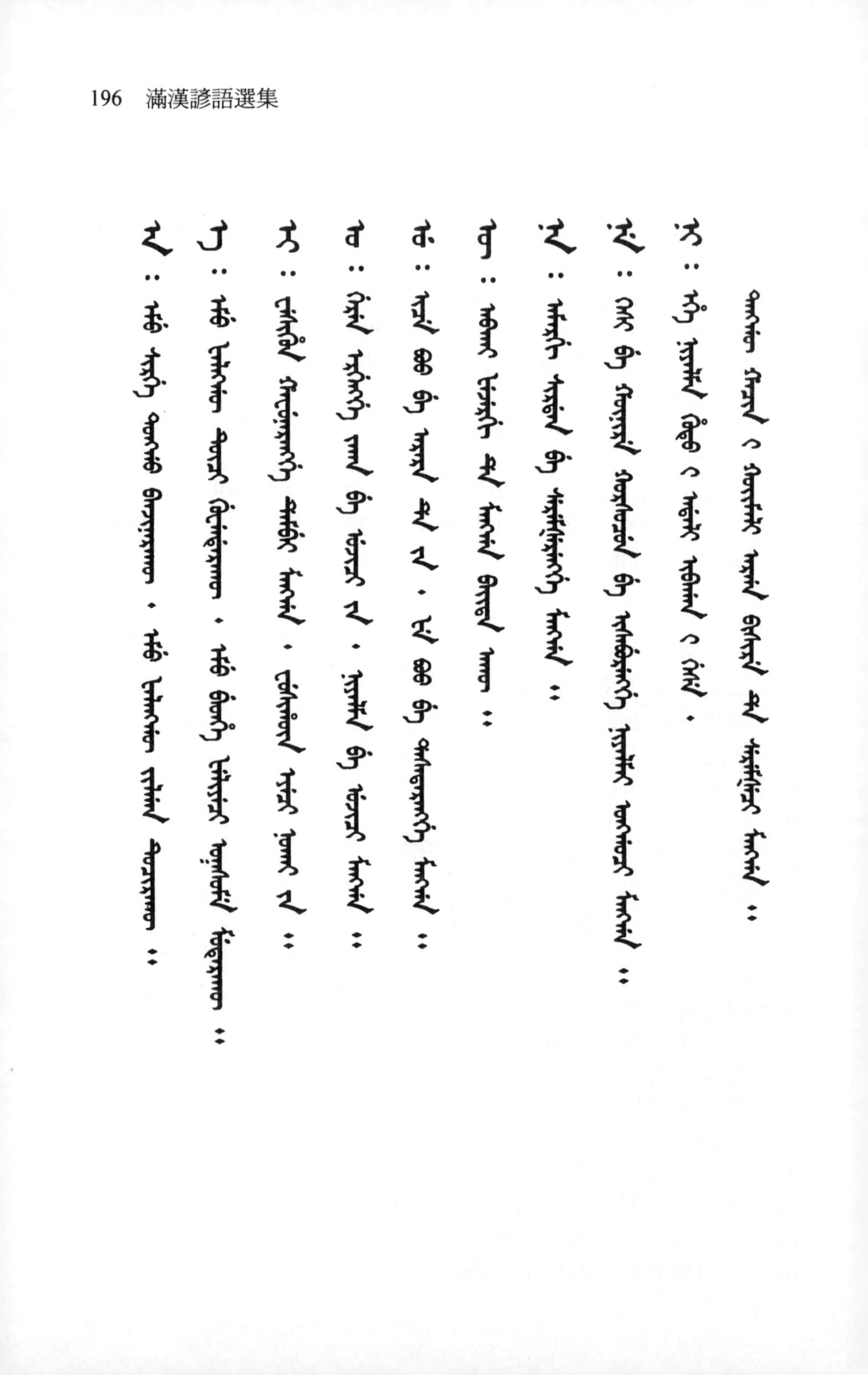

[illegible]

[illegible]

[illegible]

[illegible]

[illegible]

[illegible]

[illegible]

[illegible]

[illegible]

[illegible]

[illegible]

a ：emu sirge tonggo banjinarakū, emu falanggū jilgan tucirakū.
e ：emu falanggū tūci guwenderakū, emu bethe feliyeci oksome muterakū.
i ：wesihun hafunarangge dembei mangga, fusihūn eyeci nokai ja.
o ：geren ergengge jaka be ujici ja, niyalma be ujici mangga.
u ：ice boo be arara de ja, fe boo be dasatarangge mangga.
ū ：abkai fejergi de mangga baita akū.
na：amargi sirdan be seremšerengge mangga.
ne：kesi be gūnire korsocun be isaburengge niyalmai onggoci mangga.
ni ：ehe niyalma hutu i adali ibagan i gese, tanggū hacin i koimali arga bisire de seremšeci mangga.

---

a ：單絲不成線，孤掌難鳴。
e ：一個手打時響不得，一個腳行時去不得。
i ：上達最難，下流甚易。
o ：眾生好度，人難度。
u ：新房子好造立，舊房子難修繕。
ū ：天下無難事。
na：背後來的箭最難防。
ne：感恩積恨，人所難忘。
ni ：惡人如鬼如蜮，詭詐百出難防。

---

a ：单丝不成线，孤掌难鸣。
e ：一个手打时响不得，一个脚行时去不得。
i ：上达最难，下流甚易。
o ：众生好度，人难度。
u ：新房子好造立，旧房子难修缮。
ū ：天下无难事。
na：背后来的箭最难防。
ne：感恩积恨，人所难忘。
ni ：恶人如鬼如蜮，诡诈百出难防。

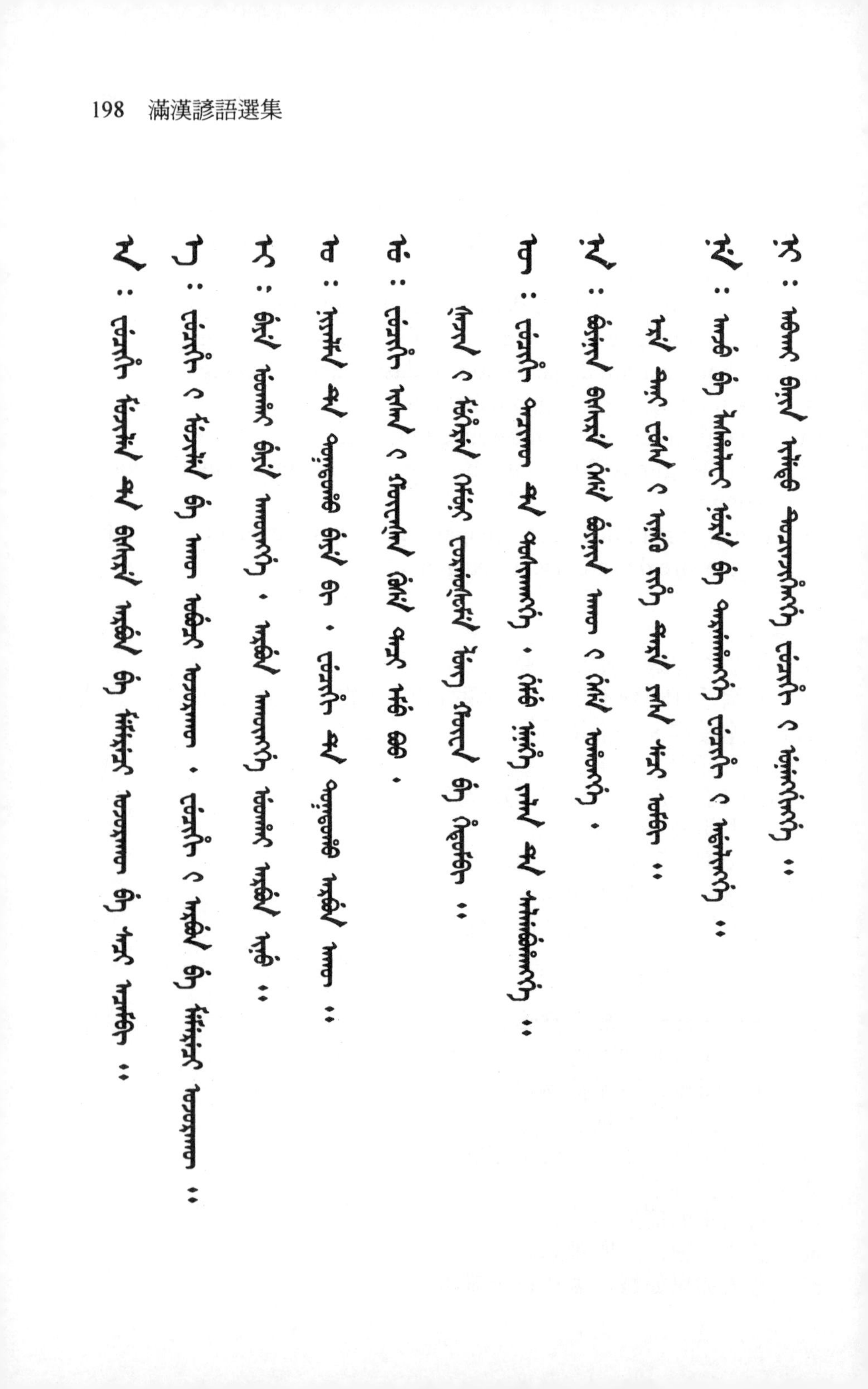

[illegible]

[illegible]

[illegible]

[illegible]

[illegible]

[illegible]

[illegible]

[illegible]

[illegible]

[illegible]

[illegible]

[illegible]

[illegible]

三十八、佛在心頭

a：fucihi mujilen de bisire arbun be memereci ojorakū be saci acambi.
e：fucihi i mujilen be akū obuci ojorakū, fucihi i arbun be memereci ojorakū.
i：beye uthai beye akūngge, arbun akūngge uthai arbun inu.
o：niyalma de toktoho beye bi, fucihi de toktoho arbun akū.
u：fucihi isan i hūwašan guse daci emu boo, šajin i muheren kemuni forgošome lung hūwa be hetumbi.
ū：fucihi tacikū de dosikangge, gemu nenehe jalan de salgabuhangge.
na：buyenin bisire gese buyenin akū i gese ohongge, ere teni fusa i ineku jihe dere yasa seci ombi.
ne：anju be lashalafi nure be targahangge fucihi i adalingge.
ni：abkai banin iletu tucinjihengge fucihi i unenggingge.

---

a：須知佛在心頭，不必著相。
e：佛心不可無，佛相不可著。
i：形是無形，無相是相。
o：人有定形，佛無定相。
u：佛會僧尼是一家，法輪常轉度龍華。
ū：既在佛會下，都是有緣人。
na：若有情若無情，此爲菩薩本來面目。
ne：斷葷戒酒，佛之似也。
ni：爛漫天真，佛之真也。

---

a：须知佛在心头，不必着相。
e：佛心不可无，佛相不可着。
i：形是无形，无相是相。
o：人有定形，佛无定相。
u：佛会僧尼是一家，法轮常转度龙华。
ū：既在佛会下，都是有缘人。
na：若有情若无情，此为菩萨本来面目。
ne：断荤戒酒，佛之似也。
ni：烂漫天真，佛之真也。

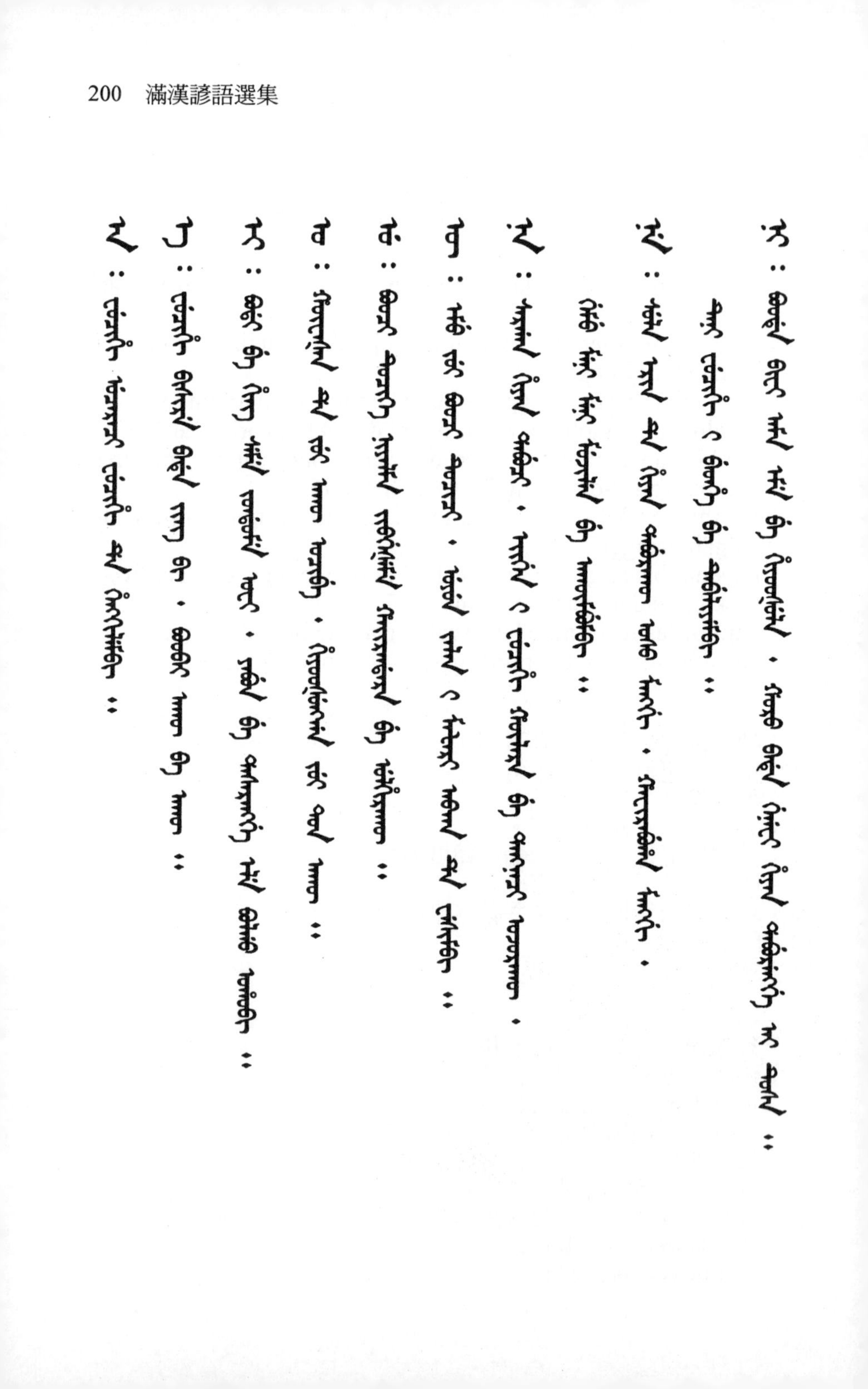

a ：fucihi ucaraci fucihi de hengkilembi.
e ：fucihi bisire bade jing bi, boobai akū ba akū.
i ：bodi be hing seme jondome ofi, yabun be dasarangge ele bolgo ohobi.
o ：hūwašan de jui akū ocibe, siyoošungga jui ton akū.
u ：booci tucike niyalma jibgešeme hairandara be ulhirakū.
ū ：emu jui booci tucici, uyun jalan i mafari abka de wesimbi.
na ：sargan hiyan dabuci, eigen i fucihi hūlara be dangnaci ojorakū, gemu meni meni mujilen be akūmbumbi.
ne ：sula erin de hiyan daburakū oso manggi, hafirabuha manggi, teni fucihi i bethe be tebeliyembi.
ni ：boode bifi ama eme be hiyoošula, goro bade genefi hiyan daburengge ai tusa.

---

a ：遇佛拜佛。
e ：有佛有經，無方無寶。
i ：念切菩提，修行倍潔。
o ：和尚無兒，孝子無數。
u ：出家人不解吝惜。
ū ：一子出家，九祖升天。
na ：婆兒燒香，當不得老子念佛，各自要盡各自的心。
ne ：閒時不燒香，忙時抱佛脚。
ni ：到遠方去拜佛，不如在家敬父母。

---

a ：遇佛拜佛。
e ：有佛有经，无方无宝。
i ：念切菩提，修行倍洁。
o ：和尚无儿，孝子无数。
u ：出家人不解吝惜。
ū ：一子出家，九祖升天。
na ：婆儿烧香，当不得老子念佛，各自要尽各自的心。
ne ：闲时不烧香，忙时抱佛脚。
ni ：到远方去拜佛，不如在家敬父母。

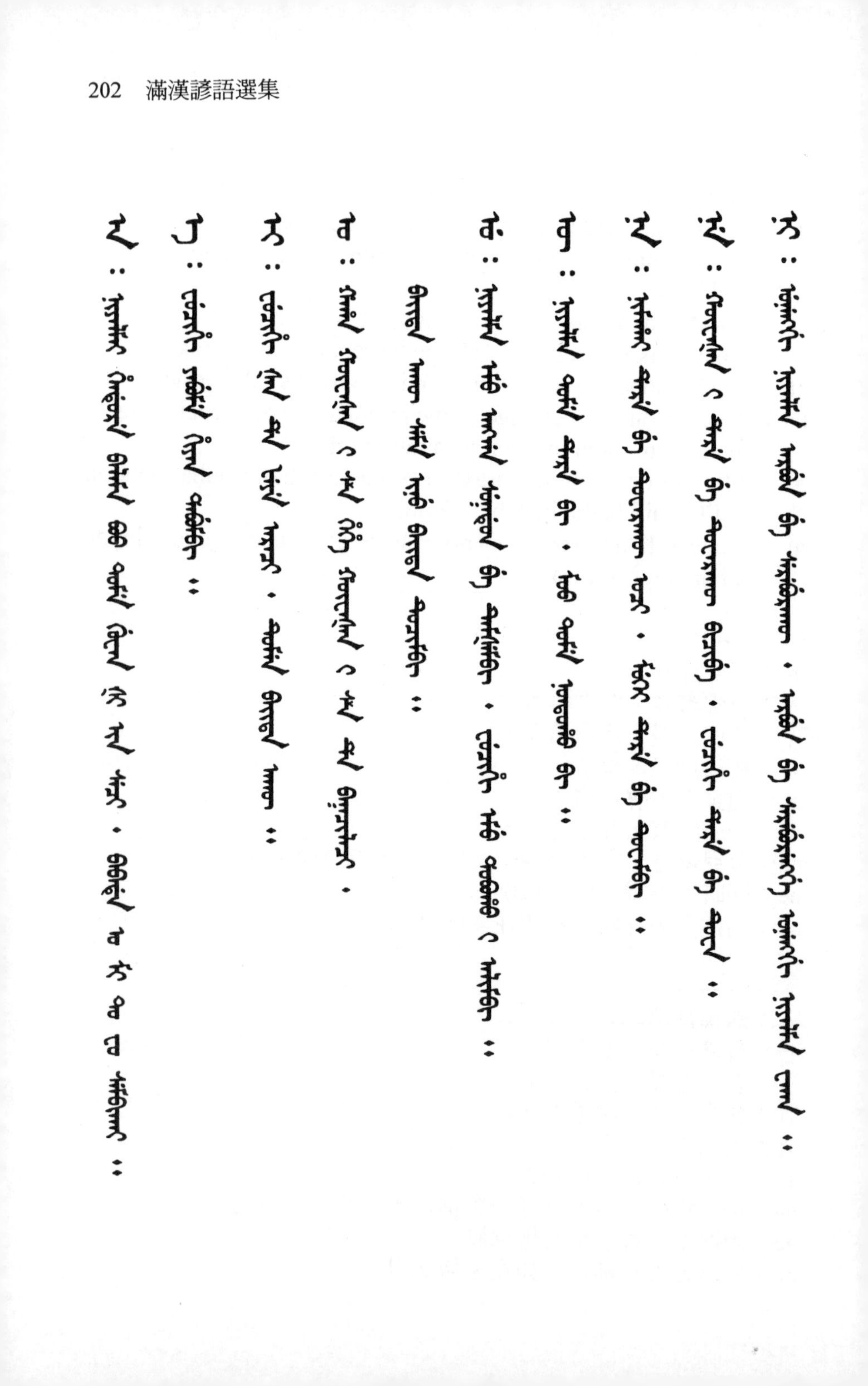

a：niyalmai hendure balama boo tome guwan ši in seci, babade o mi to fo sembikai.
e：fucihi yabume hiyan dabumbi.
i：fucihi šan de feye araci, tumen baita akū.
o：haha hūwašan i sy hehe hūwašan i sy de bakcilaci, baita akū seme inu baita tucimbi.
u：niyalma emu angga sukdun be temšembi, fucihi emu doboho alimbi.
ū：niyalma tome dere bi, moo tome notho bi.
na：nimahai dere be tuwarakū oci, mukei dere be tuwambi.
ne：hūwašan i dere be tuwarakū bicibe, fucihi dere be tuwa.
ni：unenggi niyalma arbun be sereburakū, arbun be sereburengge unenggi niyalma waka.

---

a：可是人說的家家觀世音，處處念彌陀。
e：佛走燒香。
i：佛爺耳邊做窩，萬事大吉。
o：男僧寺對著尼姑庵，沒事也有事。
u：人爭一口氣，佛受一炷香。
ū：人人有面，樹樹有皮。
na：不看魚面看水面。
ne：不看僧面看佛面。
ni：真人不露相，露相非真人。

---

a：可是人说的家家观世音，处处念弥陀。
e：佛走烧香。
i：佛爷耳边做窝，万事大吉。
o：男僧寺对着尼姑庵，没事也有事。
u：人争一口气，佛受一炷香。
ū：人人有面，树树有皮。
na：不看鱼面看水面。
ne：不看僧面看佛面。
ni：真人不露相，露相非真人。

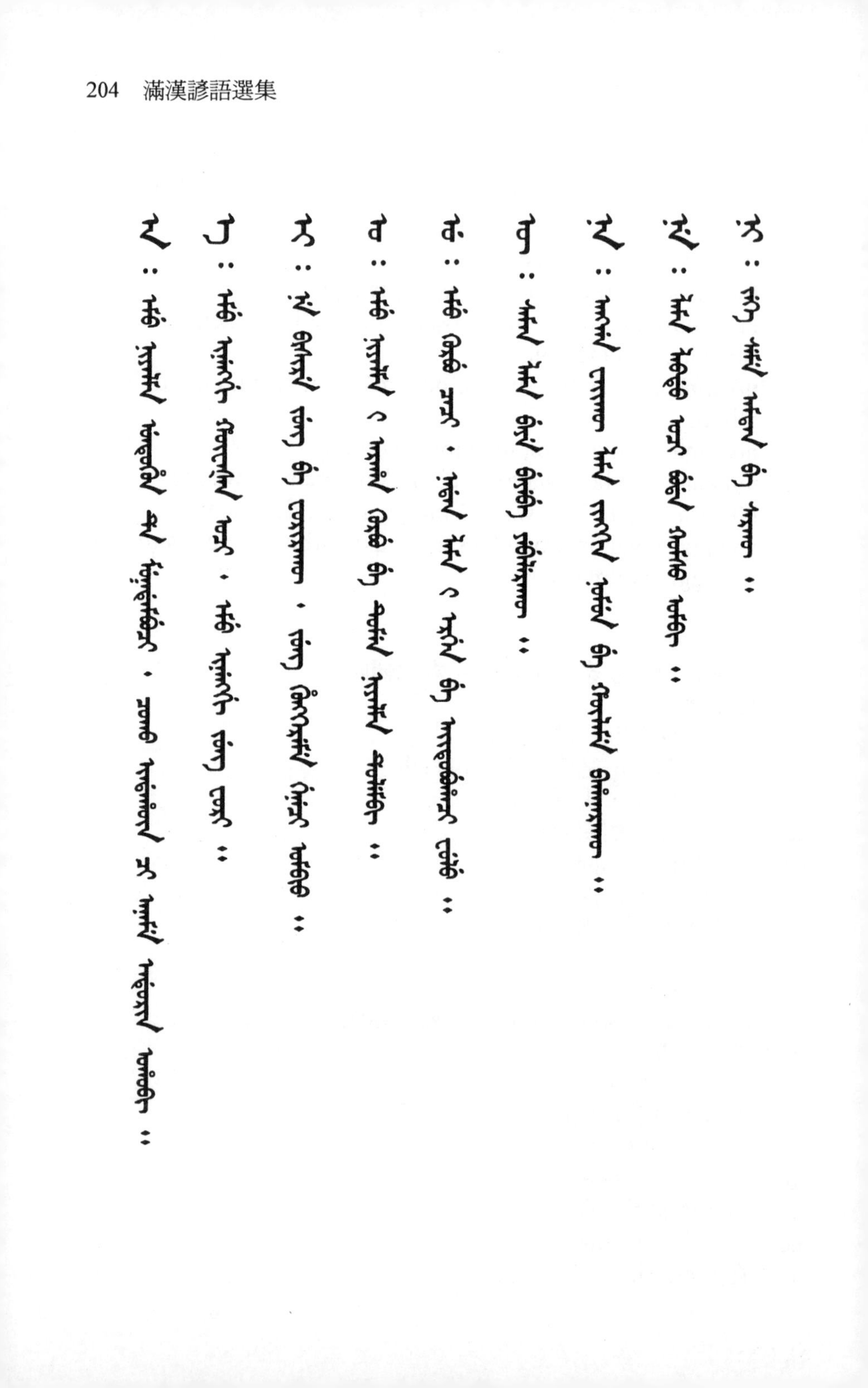

a：emu niyalma untuhun de mukdembuci, coko indahūn ci aname endurin ohobi.
e：emu inenggi hūwašan oci, emu inenggi jung fori.
i：ne bisire jung be forirakū, jung hungkereme geneci ombio?
o：emu niyalma i araha kurbu be tumen niyalma dulembi.
u：emu kurbu caci, nadan lama i ergen be aitubuhaci fulu.
ū：saman lama beye beyebe yebelerakū.
na：angga waikū lama jingkin nomun be hūlame bahanarakū.
ne：lama labdu oci buda komso ombi.
ni：jeke seme amtan be sarkū.

---

a：一人騰達，仙及雞犬。
e：做一天和尚，撞一天鐘。
i：現鐘不打打鑄鐘。
o：一人搭橋萬人過。
u：修橋一座，勝過七個喇嘛超度。
ū：薩滿喇嘛各念各的經。
na：歪嘴喇嘛不會念真經。
ne：喇嘛多則飯少。
ni：食而不知其味。

---

a：一人腾达，仙及鸡犬。
e：做一天和尚，撞一天钟。
i：现钟不打打铸钟。
o：一人搭桥万人过。
u：修桥一座，胜过七个喇嘛超度。
ū：萨满喇嘛各念各的经。
na：歪嘴喇嘛不会念真经。
ne：喇嘛多则饭少。
ni：食而不知其味。

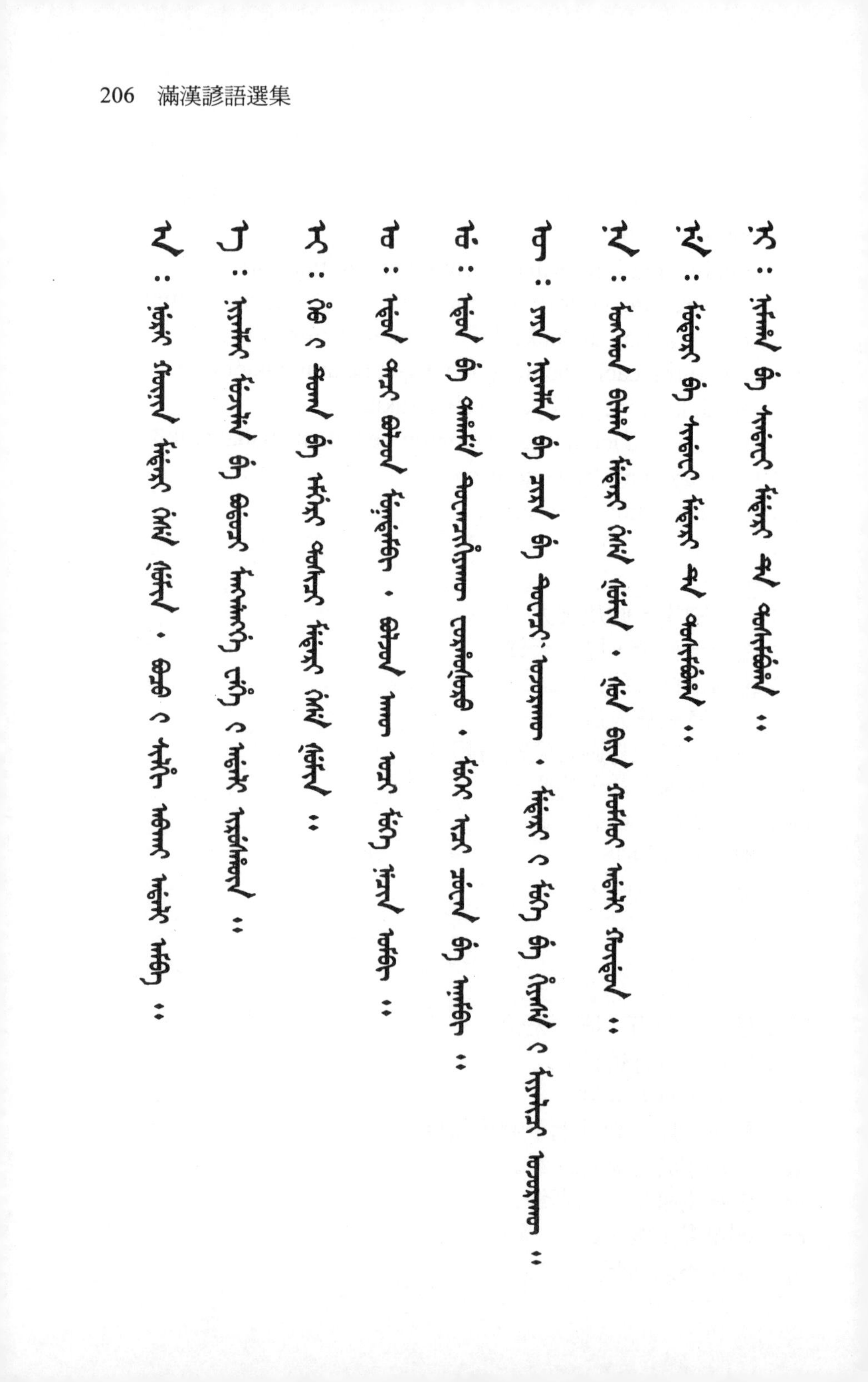

[illegible]

[illegible]

[illegible]

[illegible]

[illegible]

[illegible]

[illegible]

[illegible]

三十九、情深似海

a：nurei gūnin mederi gese šumin, boco i silhi abkai adali amba.
e：niyalmai mujilen be bodoci manggangge wehe adali irushūn.
i：heo i duka be emgeri dosici mederi gese šumin.
o：edun daci boljon mukdembi, boljon akū oci muke necin ombi.
u：edun be dahame tuwancihiyakū forhošoro, mukei ici cuwan be anambi.
ū：yaya niyalma be cira be tuwaci ojorakū, mederi i muke be hiyase i miyalici ojorakū.
na：monggon bilha mederi gese šumin, šun biya homsoi adali hūdun.
ne：muduri be sindafi mederi de dosimbuha.
ni：nimaha be sindafi mederi de dosimbuha.

---

a：酒情深似海，色膽大如天。
e：人心難忖似石沉。
i：一入侯門深似海。
o：有風力起浪，無潮水自平。
u：隨風倒舵，順水推船。
ū：凡人不可貌相，海水不可斗量。
na：咽喉深似海，日月快如梭。
ne：放龍入海。
ni：放魚入海。

---

a：酒情深似海，色胆大如天。
e：人心难忖似石沉。
i：一入侯门深似海。
o：有风力起浪，无潮水自平。
u：随风倒舵，顺水推船。
ū：凡人不可貌相，海水不可斗量。
na：咽喉深似海，日月快如梭。
ne：放龙入海。
ni：放鱼入海。

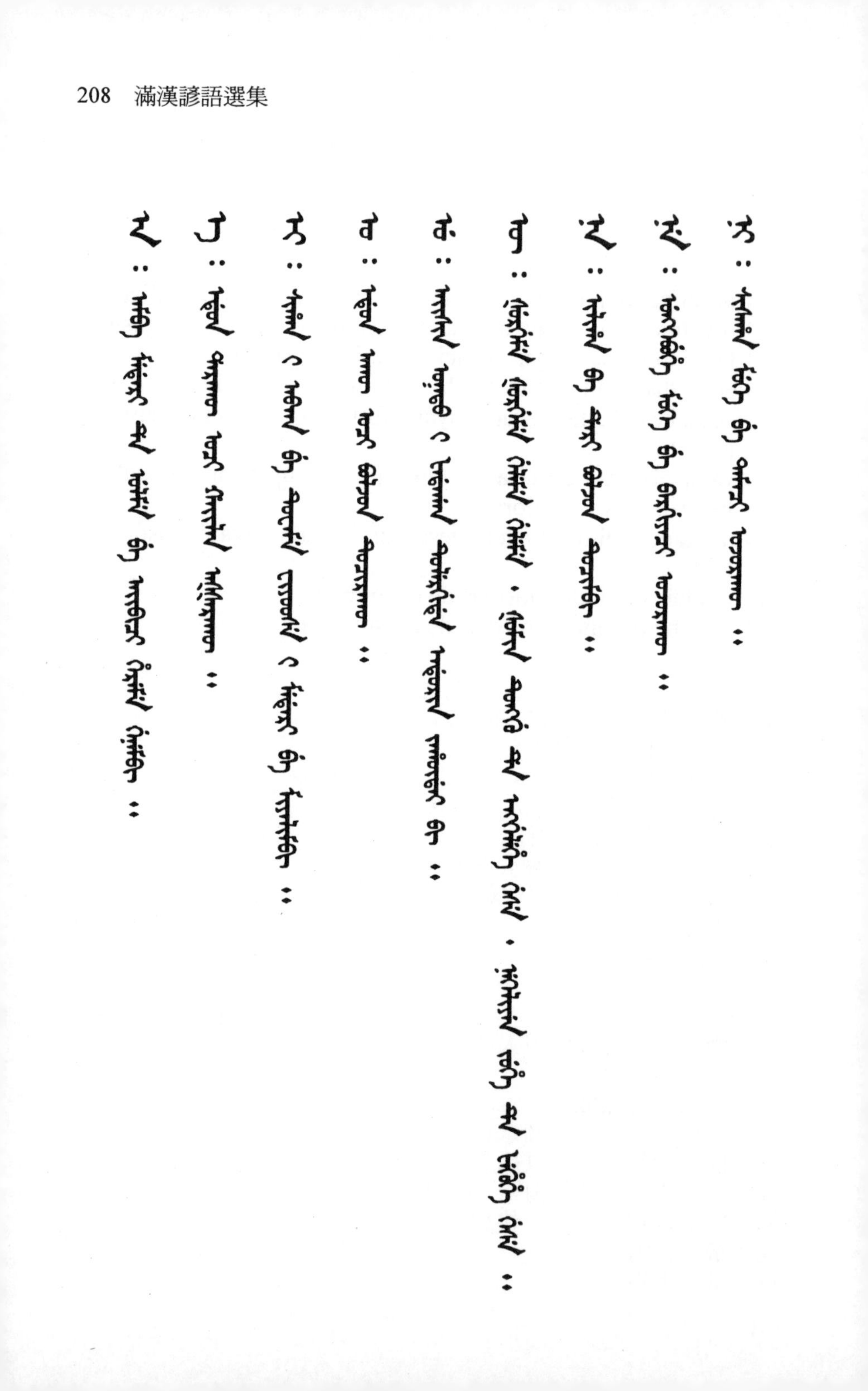

[illegible]

[illegible]

[illegible]

[illegible]

[illegible]

[illegible]

[illegible]

[illegible]

[illegible]

a ：amba mederi de ulme be aibici hereme genembi?
e ：edun darakū oci hailan aššarakū.
i ：sihan i abka be tuwame fiyoose i mederi be miyalimbi.
o ：edun akū oci boljon tucirakū.
u ：aisin okto i fadagan tulergide endurin jahūdai bi.
ū ：šurgeme šurgeme geleme geleme, šumin tunggu de enggelehe gese, nekeliyen juhe de fehuhe gese.
na：iliha ba deri boljon tucimbi.
ne：ungkebuhe muke be bargiyaci ojorakū.
ni ：sisaha muke be tamaci ojorakū.

---

a ：大海裡哪裡尋針去？
e ：風不刮，樹不動。
i ：以管窺天，以蠡測海。
o ：無風不起浪。
u ：金丹法外，有仙舟。
ū ：戰戰兢兢，如臨深淵，如履薄冰。
na：平地起波浪。
ne：覆水難收。
ni ：潑水難收。

---

a ：大海里哪里寻针去？
e ：风不刮，树不动。
i ：以管窥天，以蠡测海。
o ：无风不起浪。
u ：金丹法外，有仙舟。
ū ：战战兢兢，如临深渊，如履薄冰。
na：平地起波浪。
ne：覆水难收。
ni ：泼水难收。

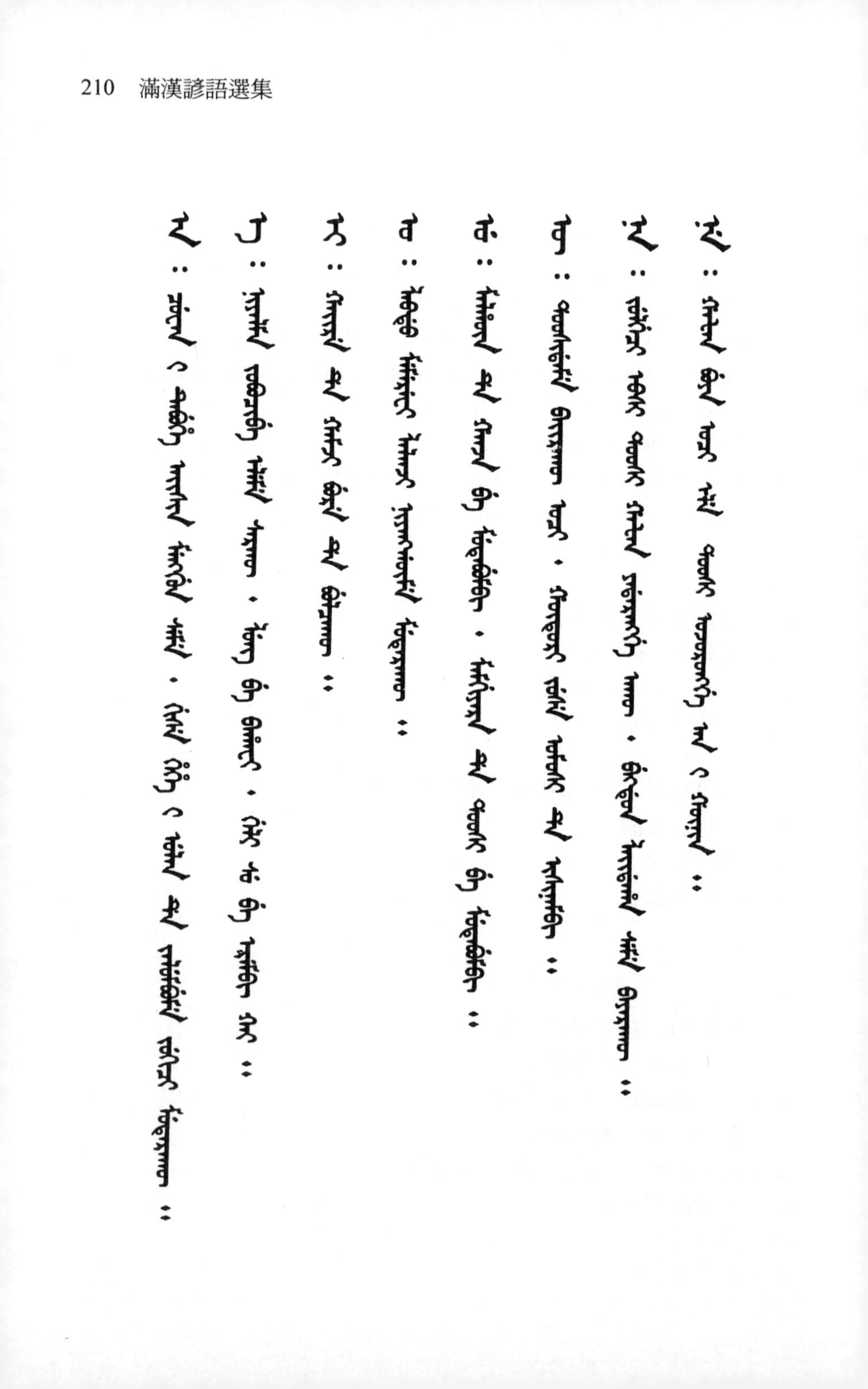

[illegible]

[illegible]

[illegible]

[illegible]

[illegible]

[illegible]

[illegible]

[illegible]

四十、得隴望蜀

a ：cuwan i tebuhe aisin menggun seme, gise hehe i ulan de jalumbume jukici muterakū.

e ：niyalma jobocibe eleme sarkū, lung be bahafi, geli su be erembi kai.

i ：gaire de gamji bure de bulcakū.

o ：labdu memerefi lalanji niyanggūme muterakū.

u ：malhūn de hanja be mutebumbi, mamgiyara de doosi be mutebumbi.

ū ：doosidame bairakū oci, hūturi juse omosi de isinambi.

na：julgeci ebsi doosi hafan yadarangge akū, bekdun laidaha seme bayarakū.

ne：hafan buya oci doosi ojorongge an i gūnin.

---

a ：船載的金銀，填不滿煙花債。

e ：人若不知足，既得隴復望蜀耶。

i ：拿時貪，納時推。

o ：貪多嚼不爛。

u ：儉以成廉，侈以成貪。

ū ：不貪不求，福及子孫。

na：自古貪官不貧，賴債不富。

ne：官卑愈貪，乃其常情。

---

a ：船载的金银，填不满烟花债。

e ：人若不知足，既得陇复望蜀耶。

i ：拿时贪，纳时推。

o ：贪多嚼不烂。

u ：俭以成廉，侈以成贪。

ū ：不贪不求，福及子孙。

na：自古贪官不贫，赖债不富。

ne：官卑愈贪，乃其常情。

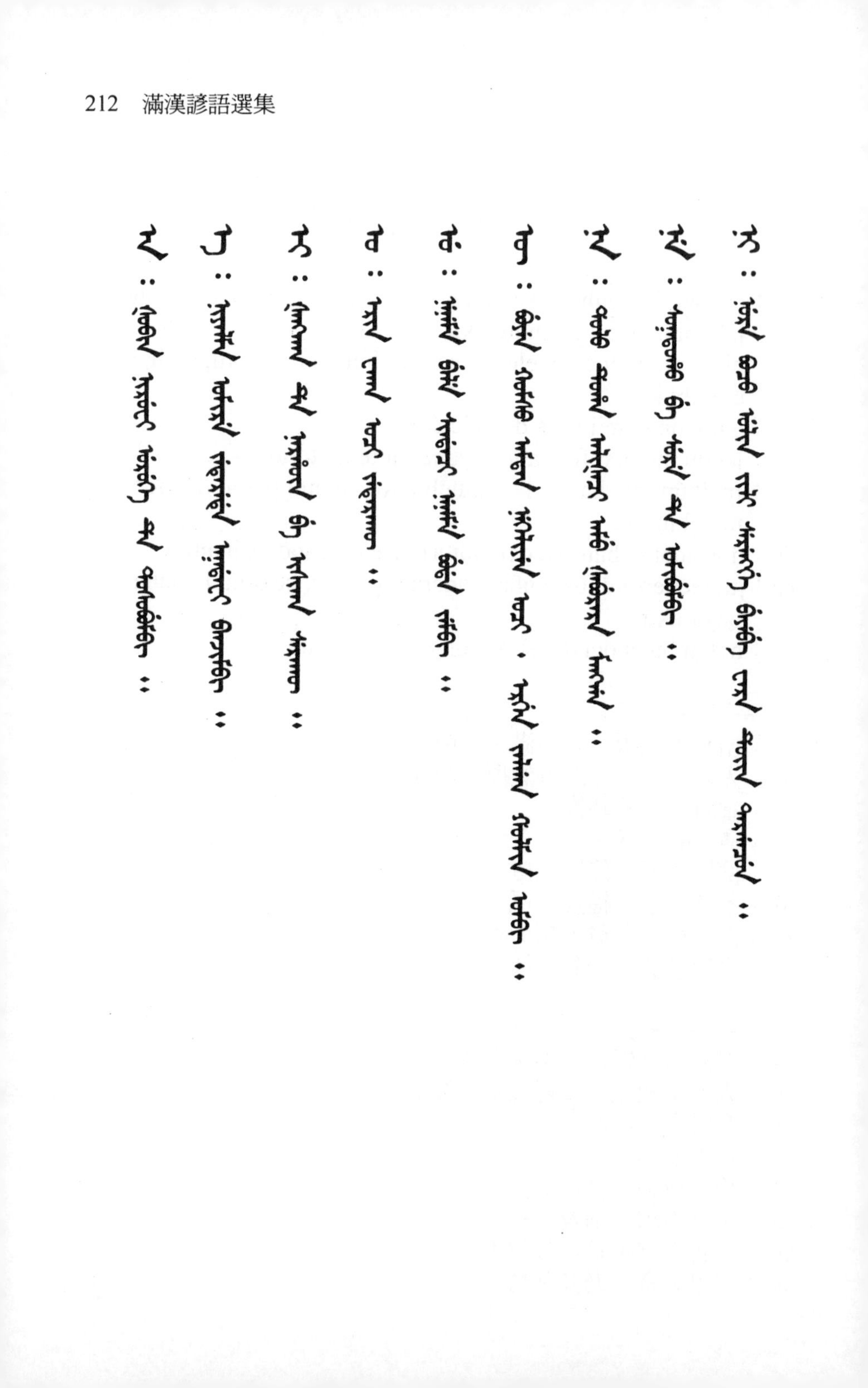

[illegible] ::

[illegible] ::

[illegible] ::

[illegible] ::

[illegible] ::

[illegible] ::

[illegible] ::

[illegible] ::

[illegible] ::

四十一、畫餅充饑

a：šobin nirufi uruke de dosobumbi.
e：niyalma omire jeterede akdafi banjimbi.
i：šangkan de narhūn be isika serakū.
o：erin waka oci jeterakū.
u：neneme bele sindaci neneme buda jembi.
ū：buyen komso amtan nekeliyen oci, ergen jalgan golmin ombi.
na：dolo duha ališaci emu šaburara mangga.
ne：soktoho be sure de omibumbi.
ni：nure boco ulin jili serengge beyebe wara duin targacun.

---

a：畫餅充饑。
e：人以飲食爲命。
i：膾不厭細。
o：不時不食。
u：先下米，先食飯。
ū：寡欲薄味，壽命延長。
na：悶入愁腸磕睡多。
ne：解醉以酒。
ni：酒色財氣者，殺身之四忌。

---

a：画饼充饥。
e：人以饮食为命。
i：脍不厌细。
o：不时不食。
u：先下米，先食饭。
ū：寡欲薄味，寿命延长。
na：闷入愁肠磕睡多。
ne：解醉以酒。
ni：酒色财气者，杀身之四忌。

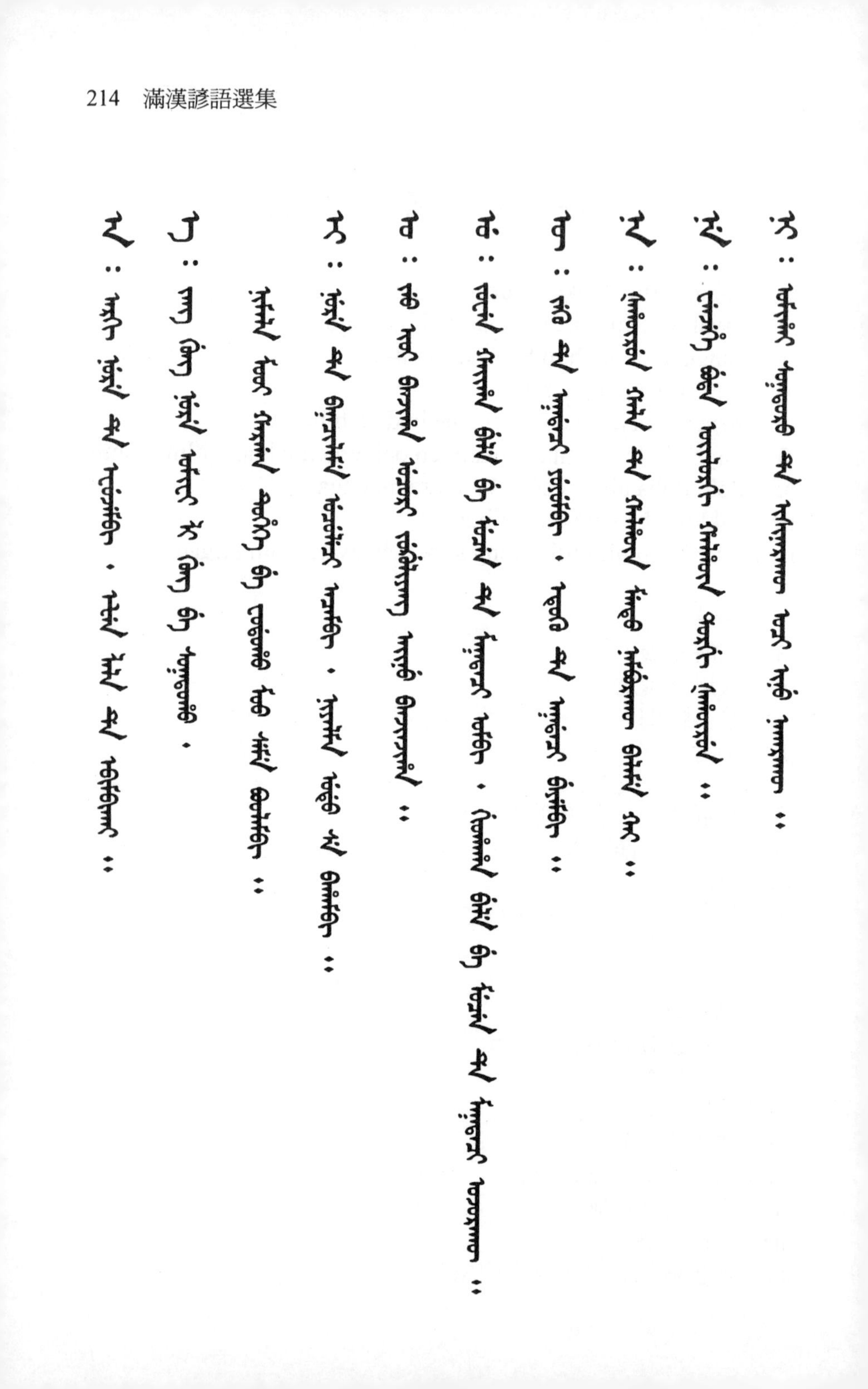

[illegible]

[illegible]

[illegible]

[illegible]

[illegible]

[illegible]

[illegible]

[illegible]

[illegible]

[illegible]

a ：arki nure de efujembi, efen lala de ebimbikai.
e ：jang gung nure omifi li gung be soktoho, nimala mooi gargan tuheke be fodoho moo seme boolambi.
i ：nure de bakcilame uculeci acambi, niyalma udu se bahambi.
o ：jeo ioi banjiha ucuri jug'oliyang ainu banjinjiha.
u ：juwen gaiha bele be mucen de maktaci ombi, giohaha bele be mucen de maktaci ojorakū.
ū ：jeku de akdaci yuyumbi, etuku de akdaci beyembi.
na ：šahūrun gala de halhūn mentu namburakū balame kai.
ne ：wenjehe buda oilorgi halhūn dorgi šahūrun.
ni ：omihai soktoro de isinarakū oci inu nakarakū.

---

a ：酒能傷人，食能飽人。
e ：張公吃酒李公醉，桑樹折枝柳樹報。
i ：對酒當歌，人生幾何？
o ：既生瑜何生亮？
u ：借米下得鍋，討米下不得鍋。
ū ：借米不解饑，他衣不解寒。
na ：冷手抓不著熱饅頭。
ne ：回鍋飯，外面熱，裡面冷。
ni ：不醉不休。

---

a ：酒能伤人，食能饱人。
e ：张公吃酒李公醉，桑树折枝柳树报。
i ：对酒当歌，人生几何？
o ：既生瑜何生亮？
u ：借米下得锅，讨米下不得锅。
ū ：借米不解饥，他衣不解寒。
na ：冷手抓不着热馒头。
ne ：回锅饭，外面热，里面冷。
ni ：不醉不休。

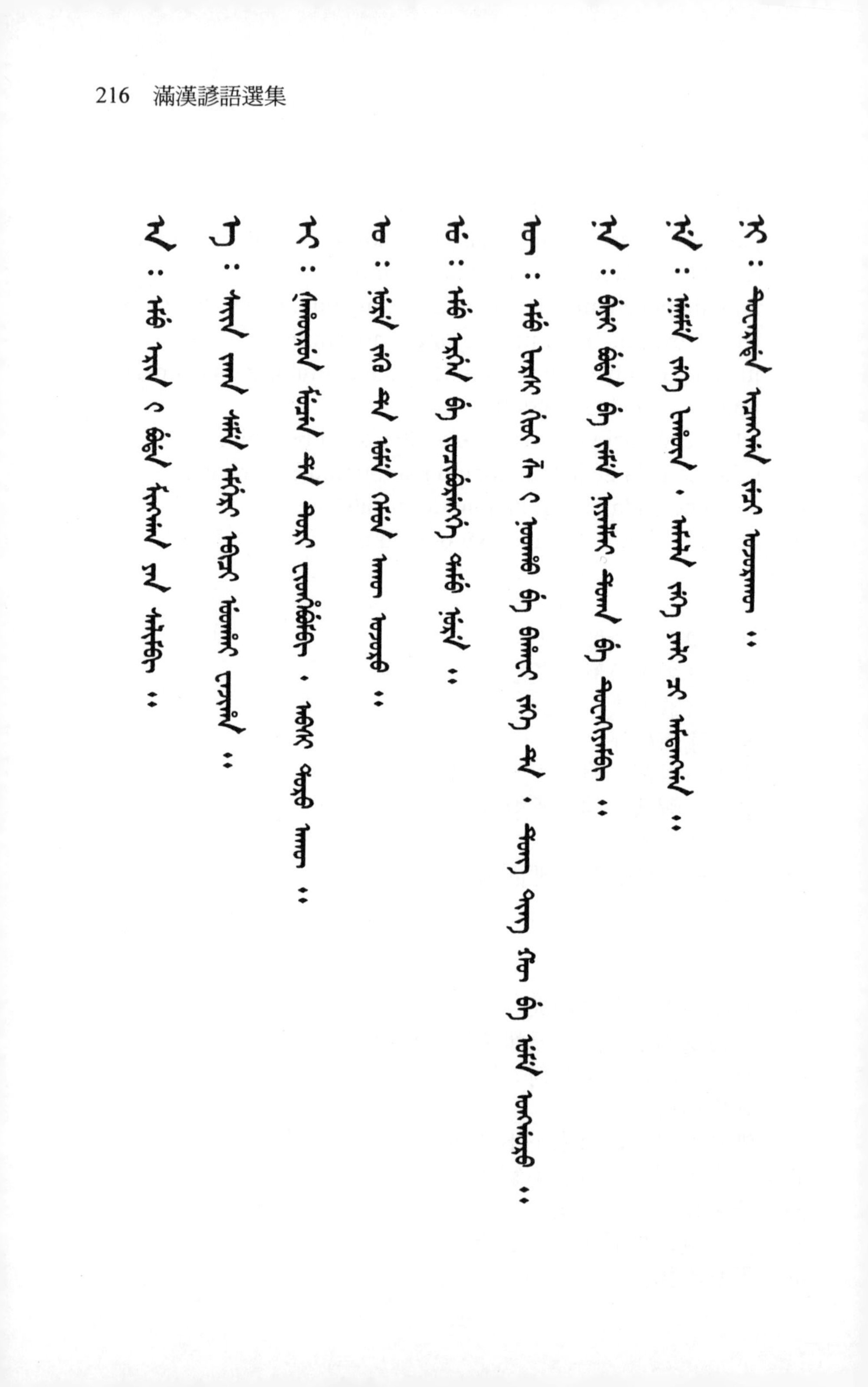

a ：emu erin i buda minggan yan salimbi.
e ：sain jaka seme emgeri ebici uthai wajiha.
i ：šahūrun mucen de turi fithebumbi, absi doro akū.
o ：nure jeku de ume kemun akū ojoro.
u ：emu ergen be jociburengge damu nure.
ū ：emu farsi gioi dz i notho be bahafi jeke de, dung ting hū be ume onggoro.
na：beyei buda be jeme niyalmai duka be tuwakiyambi.
ne：neneme jeke fahūn, amala jeke yali ci amtangga.
ni ：tuwarade icangga jeci ojorakū.

---

a ：一飯千金。
e ：珍饈百味，一飽便休。
i ：冷鍋中豆兒爆，好沒道理。
o ：飲食不可無節。
u ：斷送一生惟有酒。
ū ：便得一片橘皮吃，切莫忘了洞庭湖。
na：吃自家的飯，看別人的門。
ne：先吃的肝子，比後吃的肉香。
ni ：中看不中吃。

---

a ：一饭千金。
e ：珍馐百味，一饱便休。
i ：冷锅中豆儿爆，好没道理。
o ：饮食不可无节。
u ：断送一生惟有酒。
ū ：便得一片橘皮吃，切莫忘了洞庭湖。
na：吃自家的饭，看别人的门。
ne：先吃的肝子，比后吃的肉香。
ni ：中看不中吃。

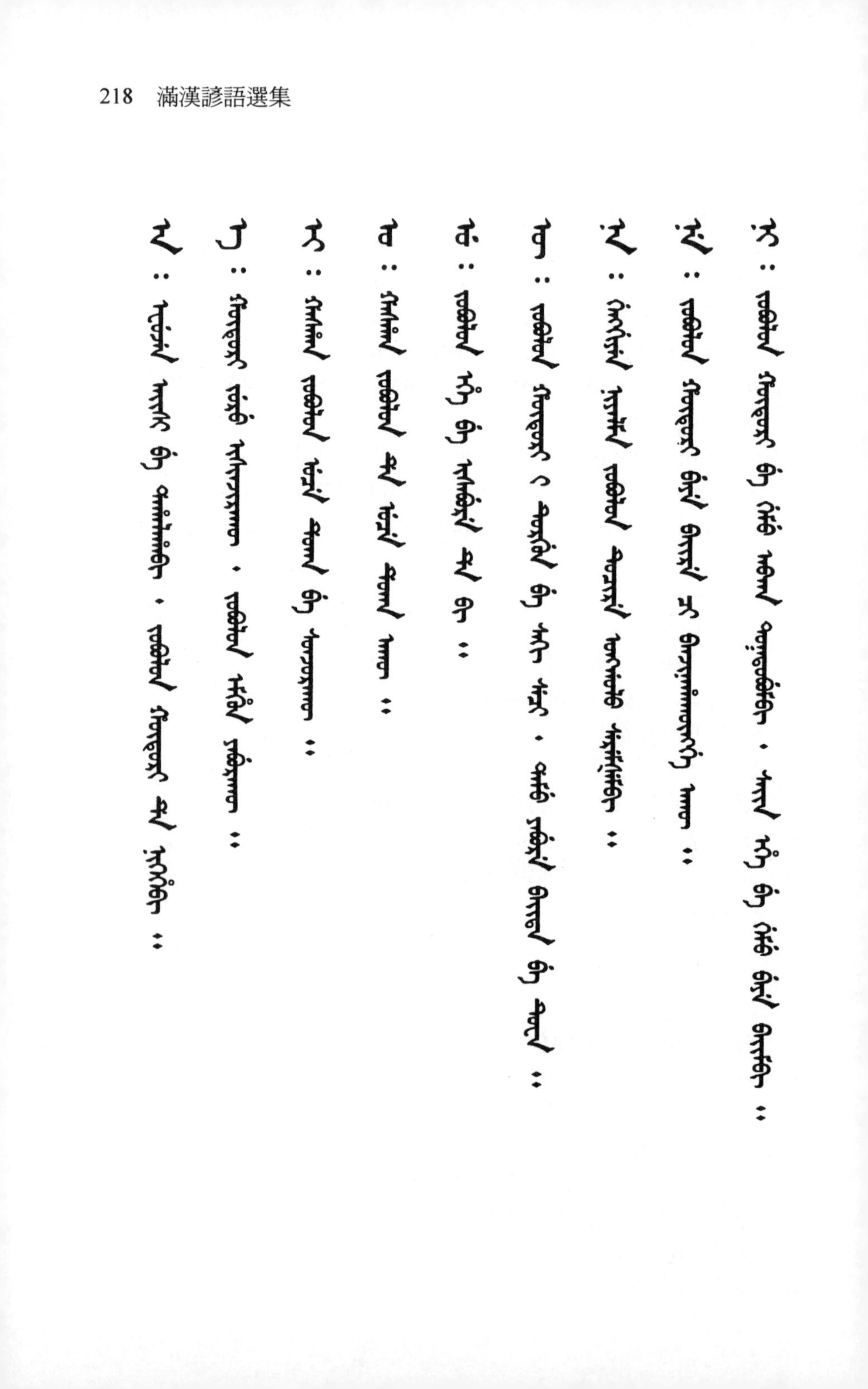

[illegible]

[illegible]

[illegible]

[illegible]

[illegible]

[illegible]

[illegible]

[illegible]

[illegible]

四十二、禍與福倚

a ：efujen aisi be dahalahabi, jobolon hūturi de nikehebi.
e ：hūturi juru isinjirakū, jobolon emhun yaburakū.
i ：gashan jobolon uce duka be sonjorakū.
o ：gashan jobolon de uce duka akū.
u ：jobolon ehe be isabure de bi.
ū ：jobolon hūturi i turgun be saki seci, damu yabure baita be tuwa.
na：genggiyen niyalma jobolon tucire onggolo seremšembi.
ne：jobolon hūturi beye baire ci banjinahakūngge akū.
ni ：jobolon hūturi be gemu abka toktobumbi, sain ehe be gemu beye baimbi.

---

a ：害與利隨，禍與福倚。
e ：福無雙至，禍不單行。
i ：災禍無門。
o ：災禍不認門。
u ：禍在積惡。
ū ：要知禍福因，但看所爲事。
na：明者防禍於未萌。
ne：禍福無不自己求之者。
ni ：禍福皆天定，善惡皆自求。

---

a ：害与利随，祸与福倚。
e ：福无双至，祸不单行。
i ：灾祸无门。
o ：灾祸不认门。
u ：祸在积恶。
ū ：要知祸福因，但看所为事。
na：明者防祸于未萌。
ne：祸福无不自己求之者。
ni ：祸福皆天定，善恶皆自求。

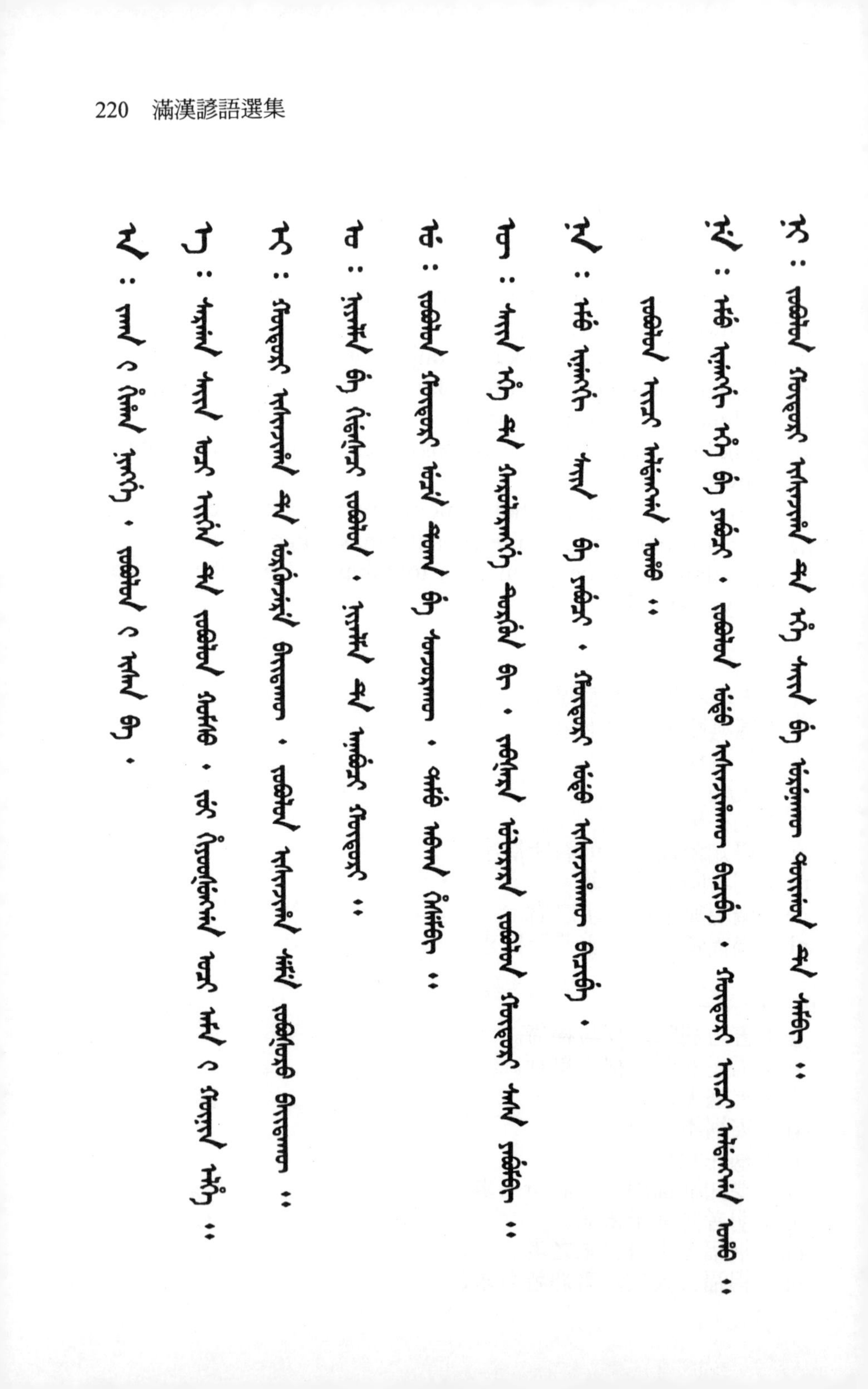

[illegible]

[illegible]

[illegible]

[illegible]

[illegible]

[illegible]

[illegible]

[illegible]

[illegible]

[illegible]

[illegible]

a：jaka i hihan ningge, jobolon i isan ba.
e：sargan sain oci eigen de jobolon komso, jui hiyoošungga oci ama i gūnin elhe.
i：hūturi isinjiha de urgunjere baitakū, jobolon isinjiha seme jobošoro baitakū.
o：niyalma be gidašaci jobolon, niyalma de anabuci hūturi.
u：jobolon hūturi uce duka be sonjorakū, damu abka hesembi.
ū：sain ehe de karularangge turgun bi, jabšara ufarara jobolon hūturi sasa yabumbi.
na：emu inenggi sain be yabuci, hūturi udu isinjihakū bicibe, jobolon eici aldangga oho.
ne：emu inenggi ehe be yabuci, jobolon udu isinjihakū bicibe, hūturi eici aldangga oho.
ni：jobolon hūturi isinjiha de ehe sain be urunakū doigon de sambi.

---

a：物之尤者，禍之府。
e：妻賢夫禍少，子孝父心寬。
i：福來不必喜，禍來不必憂。
o：欺人是禍，饒人是福。
u：禍福不擇門戶，只有老天來定。
ū：善惡從來報有因，吉凶禍福並肩行。
na：一日爲善，福雖未至，禍自遠矣。
ne：一日爲惡，禍雖未至，福自遠矣。
ni：禍福將至，善惡必先知之。

---

a：物之尤者，祸之府。
e：妻贤夫祸少，子孝父心宽。
i：福来不必喜，祸来不必忧。
o：欺人是祸，饶人是福。
u：祸福不择门户，只有老天来定。
ū：善恶从来报有因，吉凶祸福并肩行。
na：一日为善，福虽未至，祸自远矣。
ne：一日为恶，祸虽未至，福自远矣。
ni：祸福将至，善恶必先知之。

[illegible] : ᠰᠠᡵᡤᠠᠨ ᠪᡝ [illegible] [illegible] [illegible] ᠉

[illegible] : [illegible] [illegible] ᠰᠠᡵᡤᠠᠨ [illegible] ᠉

[illegible] : [illegible] [illegible] [illegible] ᠰᠠᡵᡤᠠᠨ [illegible] [illegible] ᠉

[illegible] : [illegible] ᠰᠠᡵᡤᠠᠨ ᡩᡝ [illegible] [illegible] ᠪᡝ [illegible] ᠉

[illegible] : [illegible] [illegible] [illegible] [illegible] ᠈ [illegible] [illegible] [illegible] [illegible] ᠉

[illegible] : [illegible] ᡩᡝ ᠰᠠᡵᡤᠠᠨ [illegible] ᡩᡝ [illegible] [illegible] ᠈ [illegible] [illegible] [illegible] ᠉

[illegible] : [illegible] [illegible] ᡩᡝ [illegible] [illegible] ᠪᡳ ᠈ [illegible] ᠰᠠᡵᡤᠠᠨ ᡩᡝ [illegible] [illegible] ᠪᡳ ᠉

[illegible] : ᠰᠠᡵᡤᠠᠨ [illegible] [illegible] [illegible] ᠪᡝ [illegible] [illegible] ᠉

四十三、福不空來

a ：hūturi isinjirengge turgun bisire be saci ombi.
e ：sain ehe de nenden amaga bi, jobolon hūturi de elhe hahi bi.
i ：sain de hūturi dufe de jobolon isiburengge, abkai enteheme doro.
o ：jidere erinde domnome dorolombime, genere erinde domnome dorolombi.
u ：emu hūturi de tanggū jobolon be gidambi.
ū ：funiyagan amba oci hūturi inu amba.
na：urgun isaci hūturi banjinambi.
ne：hūturi be wacihiyame sebjeleci ojorakū.

---

a ：須知福至有因。
e ：善惡有先後，禍福有遲速。
i ：福善禍淫，天之常道。
o ：來時萬福，去時萬福。
u ：一福壓百禍。
ū ：量大福亦大。
na：集慶福生。
ne：福不可享盡。

---

a ：须知福至有因。
e ：善恶有先后，祸福有迟速。
i ：福善祸淫，天之常道。
o ：来时万福，去时万福。
u ：一福压百祸。
ū ：量大福亦大。
na：集庆福生。
ne：福不可享尽。

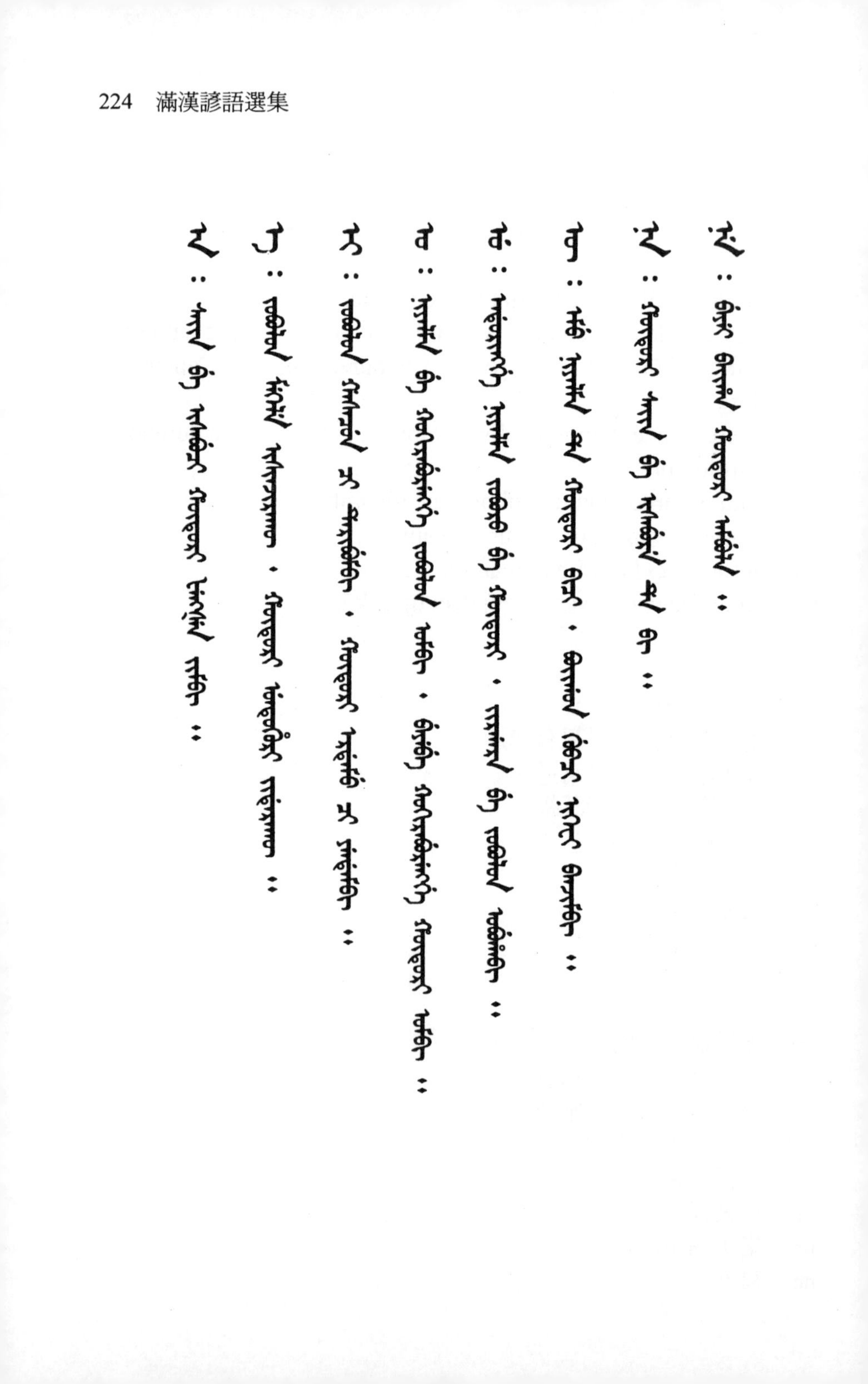

a：sain be isabuci hūturi fengšen jimbi.
e：jobolon mekele isinjirakū, hūturi untuhuri jiderakū.
i：jobolon gasacun ci deribumbi, hūturi erdemu ci yendembi.
o：niyalma be kokiraburengge jobolon ombi, beyebe kokiraburengge hūturi ombi.
u：enduringge niyalma joboro be hūturi, jirgara be jobolon obuhabi.
ū：emu niyalma de hūturi bici, boigon gubci nikefi banjimbi.
na：hūturi sain be isabure de bi.
ne：beyei baiha hūturi ambula.

---

a：積善則福祿至。
e：禍不虛至，福不空來。
i：禍由怨起，福自德興。
o：虧人是禍，虧己是福。
u：聖人以勞爲福，以逸爲禍。
ū：一人有福，帶挈一屋。
na：福在積善。
ne：自求多福。

---

a：积善则福禄至。
e：祸不虚至，福不空来。
i：祸由怨起，福自德兴。
o：亏人是祸，亏己是福。
u：圣人以劳为福，以逸为祸。
ū：一人有福，带挈一屋。
na：福在积善。
ne：自求多福。

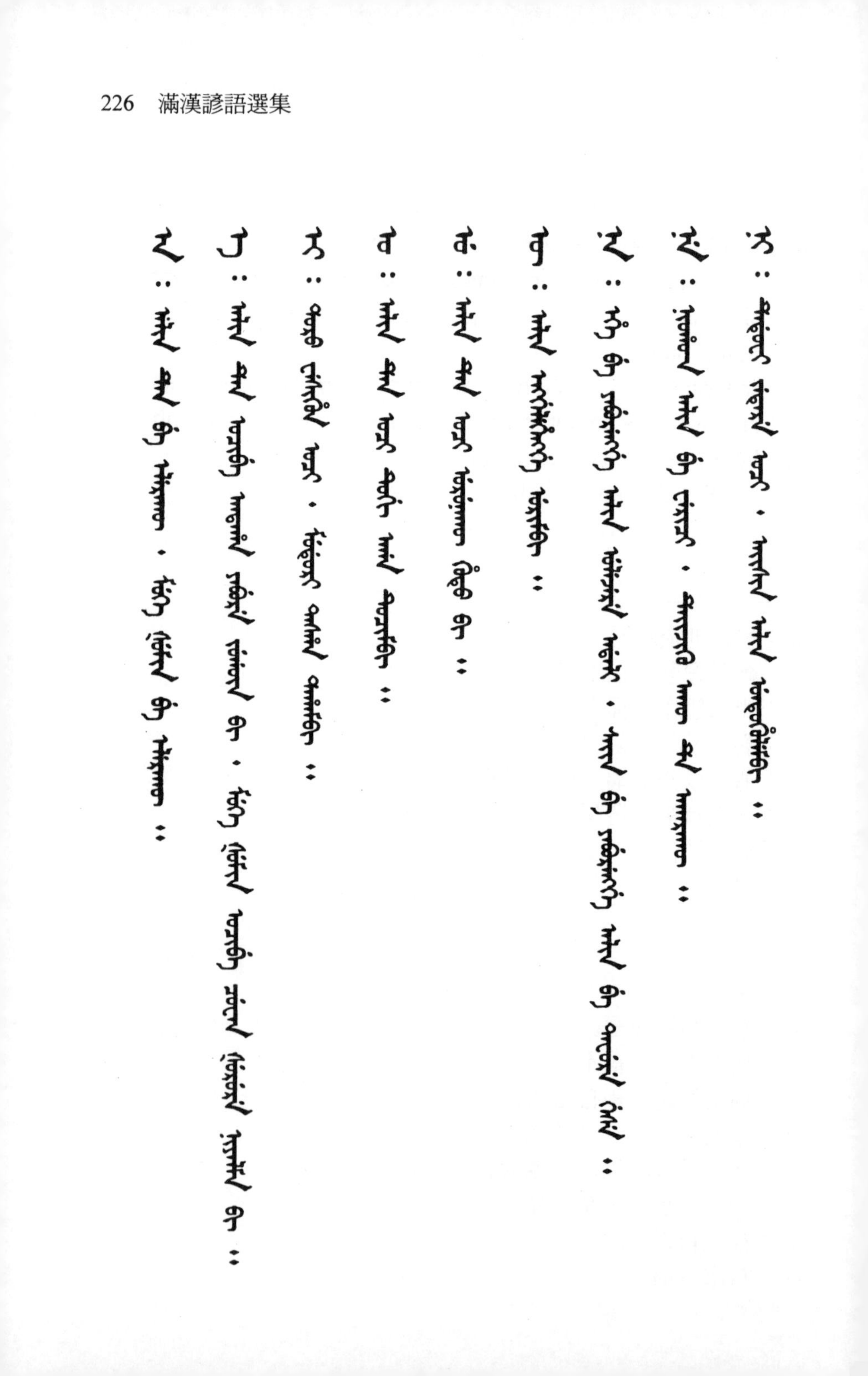

四十四、山不厭高

a ：alin den be elerakū, muke šumin be elerakū.
e ：alin den ocibe antaha yabure jugūn bi, muke šumin ocibe cuwan šurure niyalma bi.
i ：doro wesihun oci, muduri tasha dahambi.
o ：alin den oci tugi aga tucimbi.
u ：alin den oci urunakū hutu bi.
ū ：alin enggelehengge urimbi.
na：ehe be yaburengge alin ulejere adali, sain be yaburengge alin be tafure gese.
ne：niohon alin be werici, deijiku akū de akarakū.
ni ：dedufi jetere oci, aisin alin untuhulembi.

---

a ：山不厭高，水不厭深。
e ：山高自有客行路，水深自有渡船人。
i ：道高龍虎伏。
o ：山高出雲雨。
u ：山高原有怪。
ū ：山峭者崩。
na：行惡者如山崩，行善者如登山。
ne：留得青山在，不愁無柴燒。
ni ：躺著吃，金山空。

---

a ：山不厌高，水不厌深。
e ：山高自有客行路，水深自有渡船人。
i ：道高龙虎伏。
o ：山高出云雨。
u ：山高原有怪。
ū ：山峭者崩。
na：行恶者如山崩，行善者如登山。
ne：留得青山在，不愁无柴烧。
ni ：躺着吃，金山空。

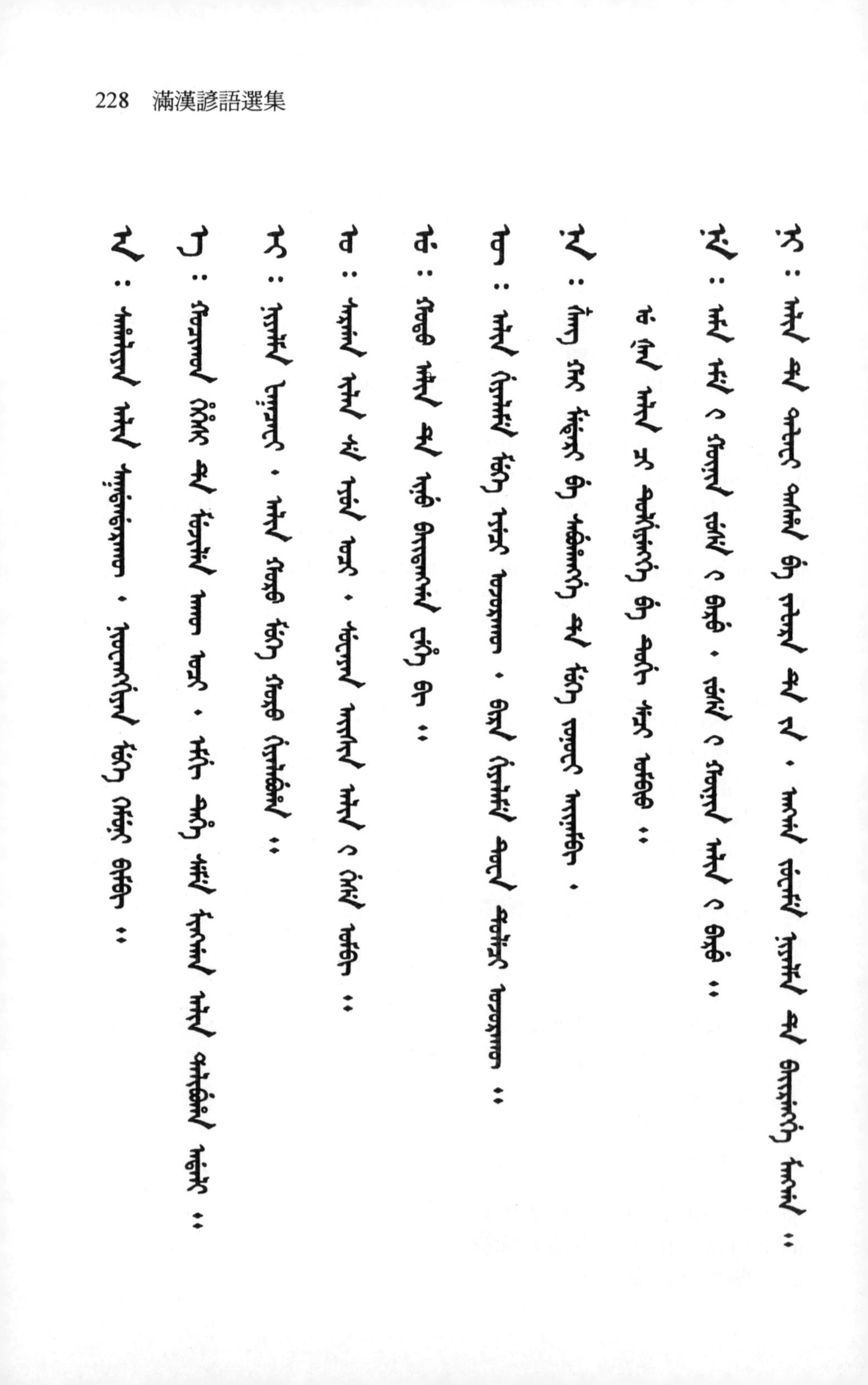

a ：sahaliyan alin sakdandarakū, niowanggiyan muke kemuni bimbi.
e ：hocikon hehesi de mujilen akū oci, emgi tehe seme minggan alin dalibuha adali.
i ：niyalma fakcafi, alin goro muke goro giyalabuha.
o ：sargan ilan se eyun oci, suwayan aisin alin i gese ombi.
u ：hoto alin de inu baitangga wehe bi.
ū ：alin giyalame muke eyeci ojorakū, bira giyalame tuwa duleci ojorakū.
na ：ts'ang hai mederi be sabuhangge de muke jonofi ainambi, u šan alin ci tulgiyengge be tugi seci ombio?
ne ：ama eme i gūnin juse i baru, juse i gūnin alin i baru.
ni ：alin de tafafi tasha be jafara de ja, angga juwame niyalma de bairengge mangga.

---

a ：青山不老，綠水長存。
e ：紅粉無情，總然共坐隔千山。
i ：人別後山遙水遙。
o ：妻大三，黃金山。
u ：荒山可採有用之石。
ū ：隔山水難流，隔水火難燒。
na ：曾經滄海難為水，除卻巫山不是雲。
ne ：父母之心向兒女，兒女之心向山外。
ni ：上山捉虎易，開口求人難。

---

a ：青山不老，绿水长存。
e ：红粉无情，总然共坐隔千山。
i ：人别后山遥水遥。
o ：妻大三，黄金山。
u ：荒山可采有用之石。
ū ：隔山水难流，隔水火难烧。
na ：曾经沧海难为水，除却巫山不是云。
ne ：父母之心向儿女，儿女之心向山外。
ni ：上山捉虎易，开口求人难。

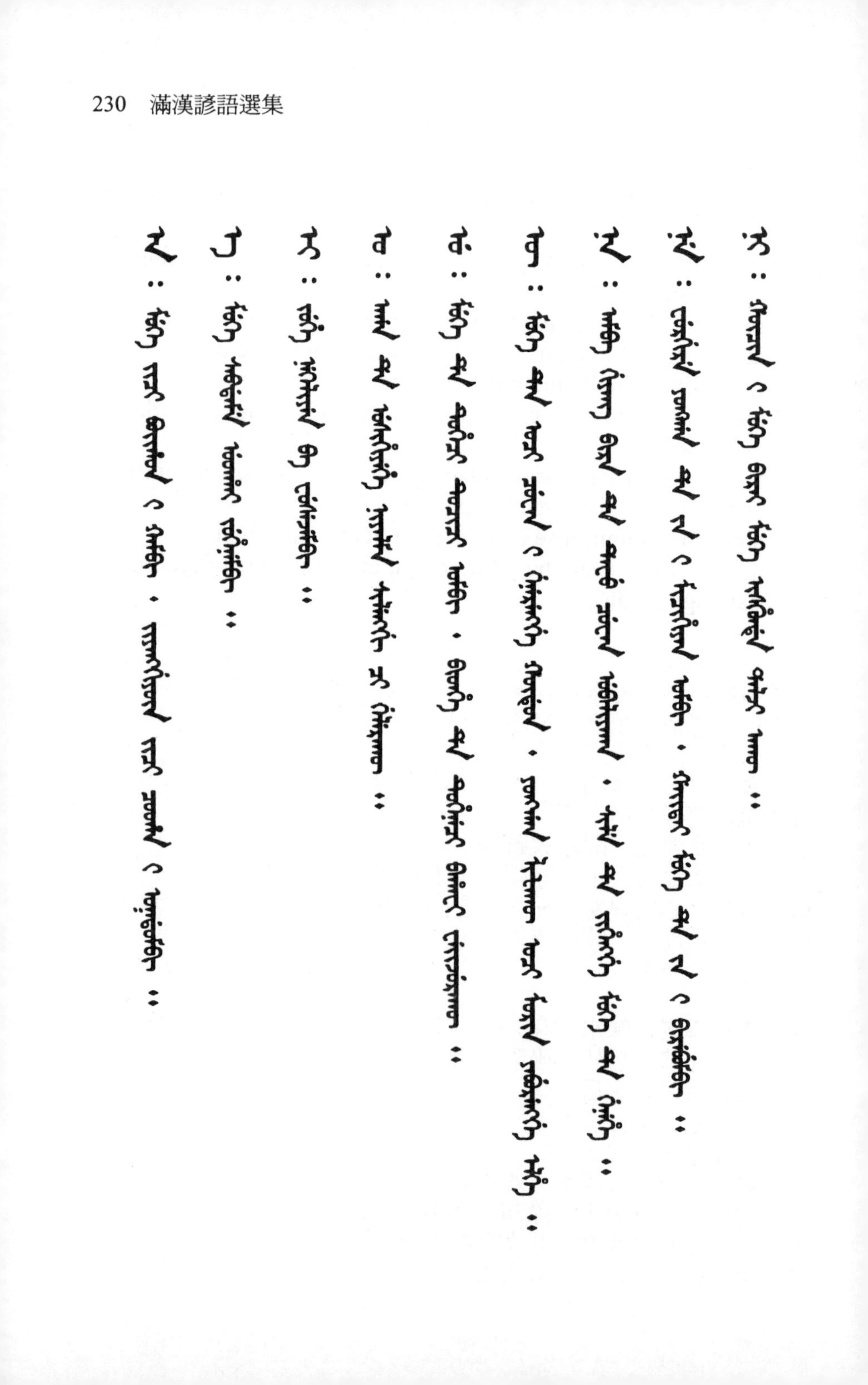

[illegible]

[illegible]

[illegible]

[illegible]

[illegible]

[illegible]

[illegible]

[illegible]

[illegible]

四十五、水來土掩

a ：muke jici boihon i kambi, jiyanggiyūn jici cooha i okdombi.
e ：muke sabdame uthai juhenembi.
i ：juhe nekeliyen ba fusejembi.
o ：aga de usihiyehe niyalma silenggi ci gelerakū.
u ：muke de tuheci tucici ombi, bithe de tuheneci bahafi weijurakū.
ū ：muke den oci cuwan i generengge hūdun, yonggan lifakū oci morin yaburengge elhe.
na：amba giyang bira de defu cuwan ubaliyaka, sile de jihengge muke de genehe.
ne：furgire yonggan de ja i micihiyan ombi, gaitai muke de ja i birebumbi.
ni ：hūcin i muke birai muke ishunde dalji akū.

---

a ：水來土掩，將來兵擋。
e ：滴水成冰。
i ：冰從薄處破。
o ：雨淋之人，不怕露水。
u ：陷水可脫，陷文不活。
ū ：水高船去急，沙陷馬行遲。
na：大江裡翻了豆腐船，湯裡來，水裡去。
ne：浮沙易淺，聚水易沖。
ni ：井水不犯河水。

---

a ：水来土掩，将来兵挡。
e ：滴水成冰。
i ：冰从薄处破。
o ：雨淋之人，不怕露水。
u ：陷水可脱，陷文不活。
ū ：水高船去急，沙陷马行迟。
na：大江里翻了豆腐船，汤里来，水里去。
ne：浮沙易浅，聚水易冲。
ni ：井水不犯河水。

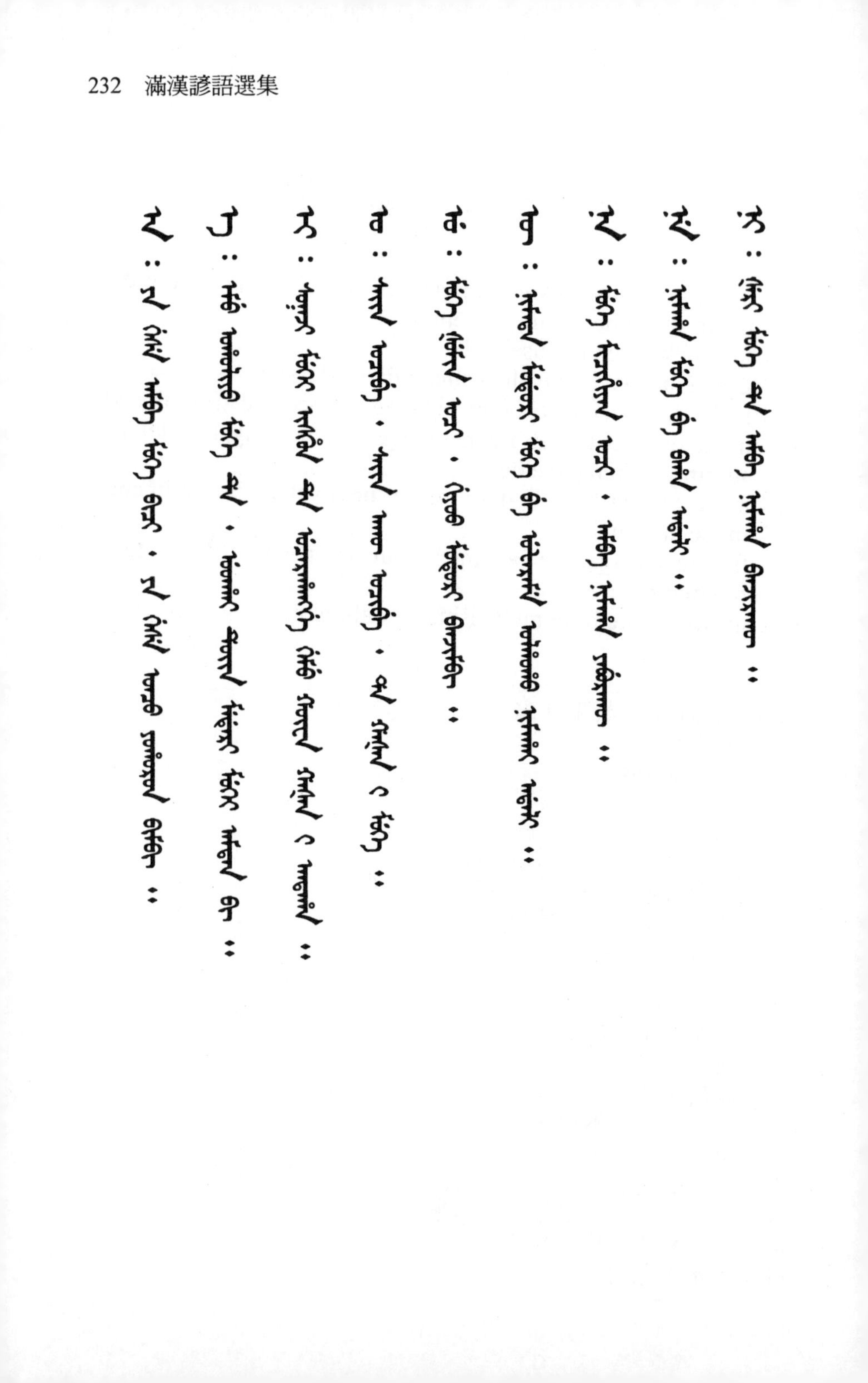

a ：ya gese amba muke bici, ya gese onco yohoron bimbi.
e ：emu oholiyo muke de, uthai duin mederi mukei amtan bi.
i ：sokji mukei ishun de ucarahangge gemu gūwa gašan i antaha.
o ：sain ocibe, sain akū ocibe, da gašan i muke.
u ：muke šumin oci, giyoo muduri banjimbi.
ū ：nimata muduri muke be ufarame olhoho nimahai adali.
na：muke micihiyan oci, amba nimaha yaburakū.
ne：nimaha muke be baha adali.
ni ：šeri muke de amba nimaha banjirakū.

---

a ：有多大的水，就有多寬的渠。
e ：一捧水裡，具四海之味。
i ：萍水相逢，盡是他鄉之客。
o ：美不美，鄉中水。
u ：水深生蛟龍。
ū ：蛟龍失水似枯魚。
na：水淺者大魚不游。
ne：如魚之得水。
ni ：泉水裡沒大魚。

---

a ：有多大的水，就有多宽的渠。
e ：一捧水里，具四海之味。
i ：萍水相逢，尽是他乡之客。
o ：美不美，乡中水。
u ：水深生蛟龙。
ū ：蛟龙失水似枯鱼。
na：水浅者大鱼不游。
ne：如鱼之得水。
ni ：泉水里没大鱼。

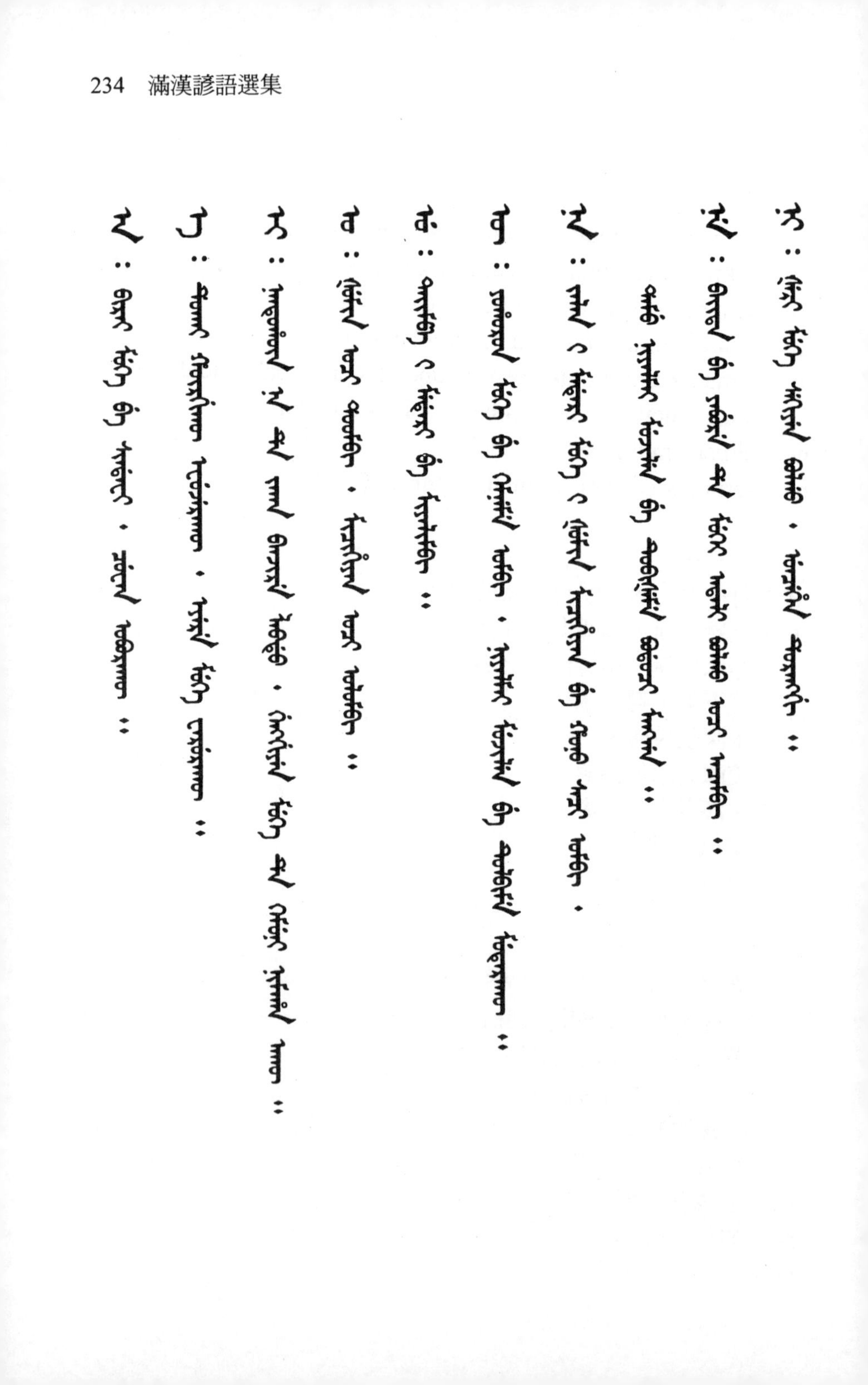

[illegible] : [illegible] , [illegible] ::

[illegible] : [illegible] ::

[illegible] ::

[illegible] : [illegible] ,

[illegible] : [illegible] , [illegible] ::

[illegible] : [illegible] ::

[illegible] : [illegible] , [illegible] ::

[illegible] : [illegible] , [illegible] ::

[illegible] : [illegible] , [illegible] ::

[illegible] : [illegible] , [illegible] ::

a ：birai muke be sindafi, cuwan oborakū.
e ：dukai hūrgikū efujerakū, eyere muke warurakū.
i ：nantuhūn na de jaka banjire labdu, genggiyen muke de kemuni nimaha akū.
o ：šumin oci doombi, micihiyan oci olombi.
u ：taimpa i mederi be miyalimbi.
ū ：yohoron muke be kemneme ombi, niyalmai mujilen be tulbime muterakū.
na ：jalan i mederi muke i šumin micihiyan be hono saci ombi, damu niyalmai mujilen be tubišeme bodoci mangga.
ne ：baita be yabure de mukei adali bolgo oci acambi.
ni ：šeri muke sekiyen bolgo, uncehen duranggi.

---

a ：放著河水不洗船。
e ：戶樞不蠹，流水不腐。
i ：地之穢者多生物，水之清者常無魚。
o ：水深則渡，水淺則涉。
u ：以蠡測海。
ū ：渠水可以量，人心不可測。
na ：世間海水知深淺，惟有人心難忖量。
ne ：作事當如水之清。
ni ：泉源清，泉尾濁。

---

a ：放着河水不洗船。
e ：户枢不蠹，流水不腐。
i ：地之秽者多生物，水之清者常无鱼。
o ：水深则渡，水浅则涉。
u ：以蠡测海。
ū ：渠水可以量，人心不可测。
na ：世间海水知深浅，惟有人心难忖量。
ne ：作事当如水之清。
ni ：泉源清，泉尾浊。

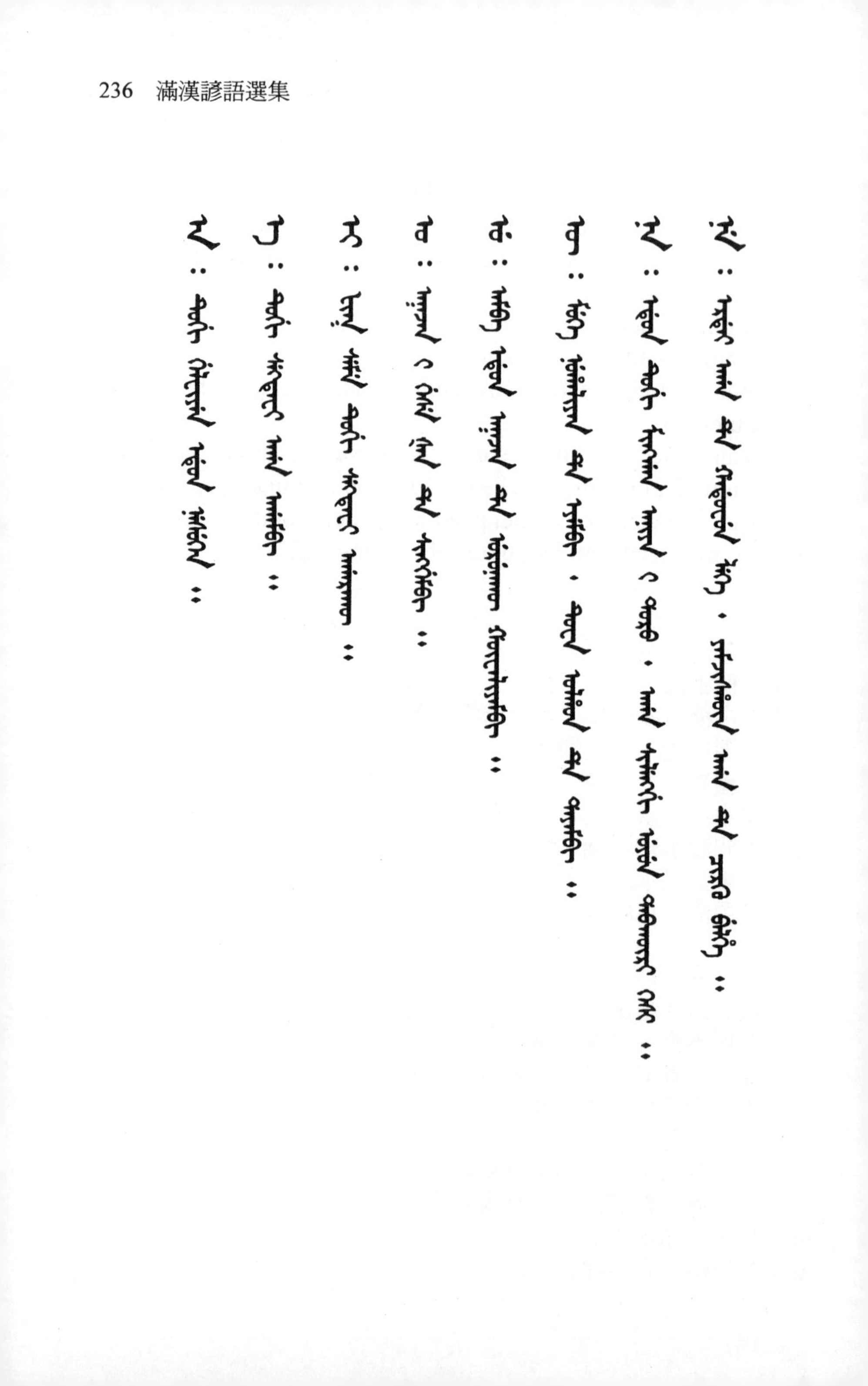

四十六、風雲雨露

a ：tugi gelfiyen edun nesuken.
e ：tugi sektefi aga agambi.
i ：fik seme tugi sektefi agarakū.
o ：akjan i gese šan de singgembi.
u ：amba edun akjan de urunakū gūwaliyambi.
ū ：muke nuhaliyan de eyembi, tuwa olhon de dayambi.
na：edun tugi minggan aniya i doro, aga silenggi uyun dabkūri kesi.
ne：erdei aga de hadufun leke, yamjishūn aga de cirku belhe.

---

a ：雲淡風輕。
e ：雲行雨施。
i ：密雲不雨。
o ：如雷灌耳。
u ：迅雷風烈必變。
ū ：水流濕，火就燥。
na：風雲千古業，雨露九重恩。
ne：早晨的雨磨鐮刀，黃昏的雨備枕頭。

---

a ：云淡风轻。
e ：云行雨施。
i ：密云不雨。
o ：如雷灌耳。
u ：迅雷风烈必变。
ū ：水流湿，火就燥。
na：风云千古业，雨露九重恩。
ne：早晨的雨磨镰刀，黄昏的雨备枕头。

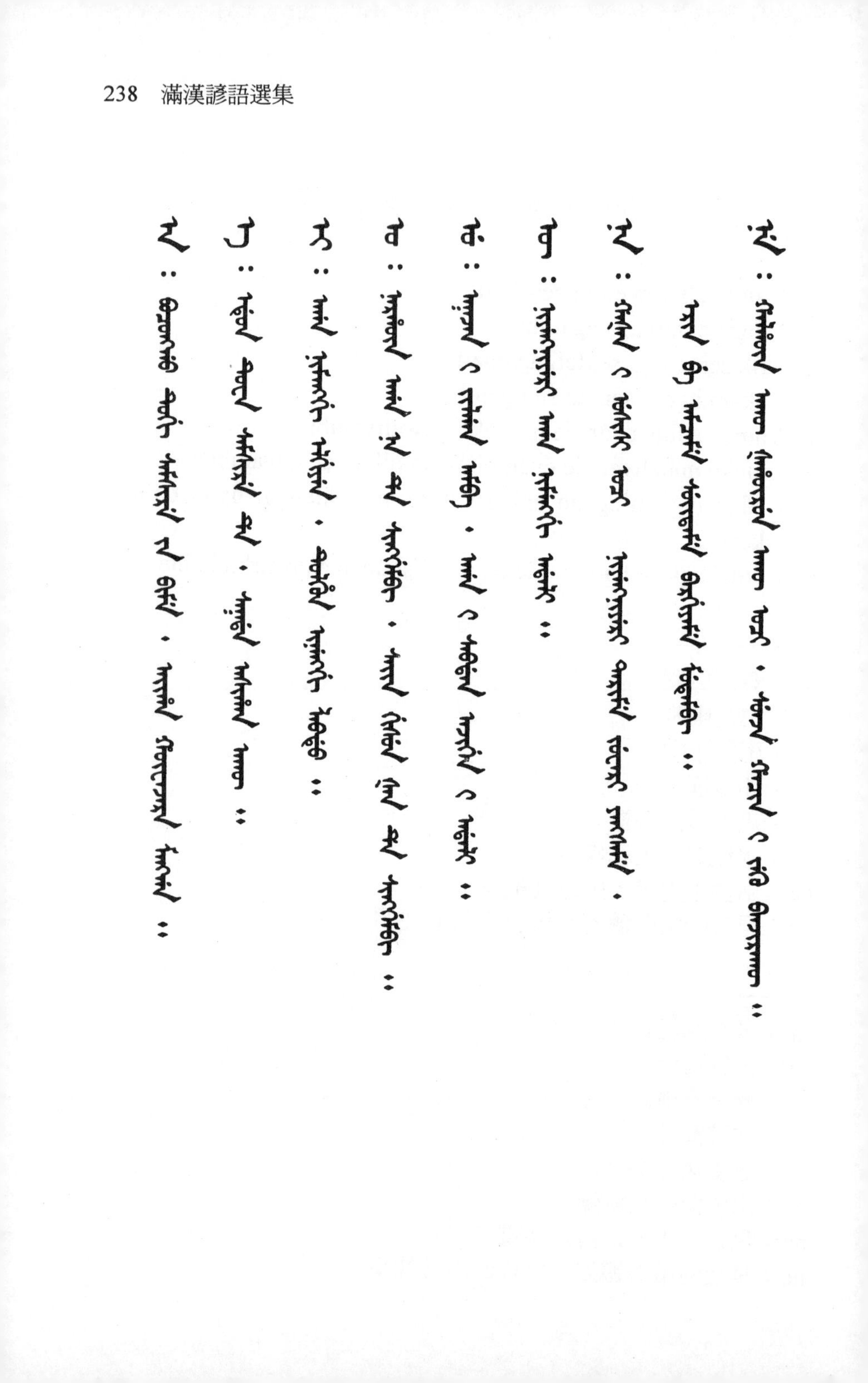

a ：boconggo tugi samsire ja bime, aiha hūwajara mangga.
e ：edun tuwa samsire de, sakda asihan akū.
i ：aga nimanggi elgiyen, tulhun inengggi labdu.
o ：narhūn aga na de singgembi, sain gisun šan de singgembi.
u ：akjan i jilgan amba, aga i sabdan ajigen i adali.
ū ：niyengniyeri aga nimenggi adali.
na ：gašan i usisi oci, niyengniyeri tarime juwari yangsame, erin be amcame suitame bargiyame mutembi.
ne ：halhūn akū šahūrun akū oci, sunja hacin i jeku banjirakū.

---

a ：彩雲易散琉璃易脆。
e ：風火散時無老少。
i ：雨雪勤，陰天多。
o ：細雨潤土，好話入耳。
u ：雷聲大雨點小。
ū ：春雨貴如油。
na ：鄉農春耕夏耨，及時灌溉收成。
ne ：不冷不熱，五穀不結。

---

a ：彩云易散琉璃易脆。
e ：风火散时无老少。
i ：雨雪勤，阴天多。
o ：细雨润土，好话入耳。
u ：雷声大雨点小。
ū ：春雨贵如油。
na ：乡农春耕夏耨，及时灌溉收成。
ne ：不冷不热，五谷不结。

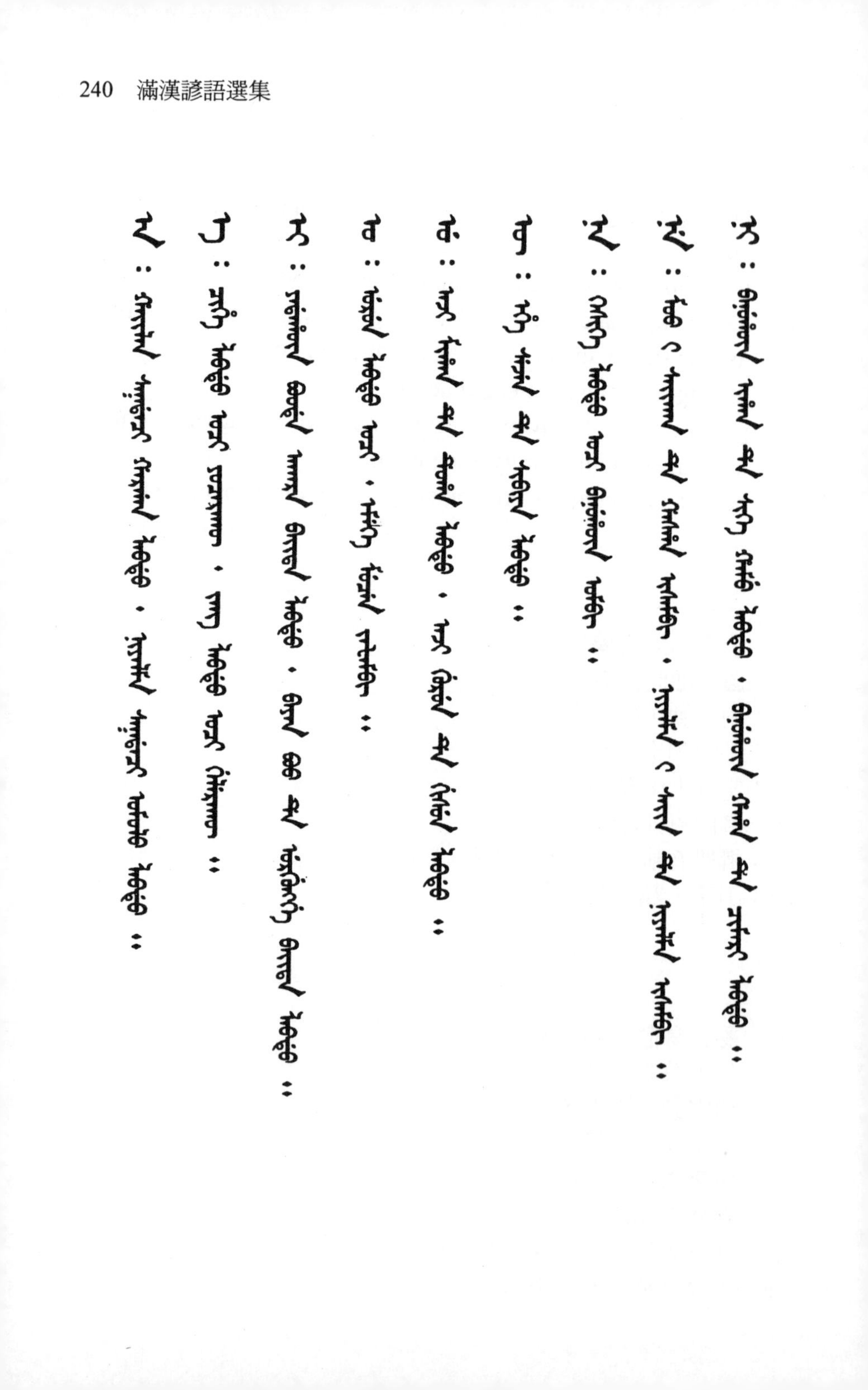

[illegible]

[illegible]

[illegible]

[illegible]

[illegible]

[illegible]

[illegible]

[illegible]

[illegible]

四十七、樹老枝多

a ：hailan sakdaci gargan labdu, niyalma sakdaci omolo labdu.
e ：cihe labdu oci yocarakū, jang labdu oci gelerakū.
i ：yadahūn boode akara baita labdu, bayan boo de urgungge baita labdu.
o ：urun labdu oci, emhe mucen jafambi.
u ：aji mihan de duha labdu, aji gurun de gisun labdu.
ū ：ehe sejen de sibiya labdu.
na：kesike labdu oci banuhūn ombi.
ne：moo i saikan de gasha isambi, niyalma i sain de niyalma isambi.
ni ：banuhūn ihan de sike hamu labdu, banuhūn haha de cimari labdu.

---

a ：樹老枝多，人老孫多。
e ：虱多不癢，債多不怕。
i ：窮人多愁，富人多喜。
o ：媳婦多，婆做飯。
u ：小豬腸多，小孩話多。
ū ：破車楔子多。
na：貓多偷懶。
ne：嘉樹棲鳥多，好漢朋友多。
ni ：懶牛屎尿多，懶漢明天多。

---

a ：树老枝多，人老孙多。
e ：虱多不痒，债多不怕。
i ：穷人多愁，富人多喜。
o ：媳妇多，婆做饭。
u ：小猪肠多，小孩话多。
ū ：破车楔子多。
na：猫多偷懒。
ne：嘉树栖鸟多，好汉朋友多。
ni ：懒牛屎尿多，懒汉明天多。

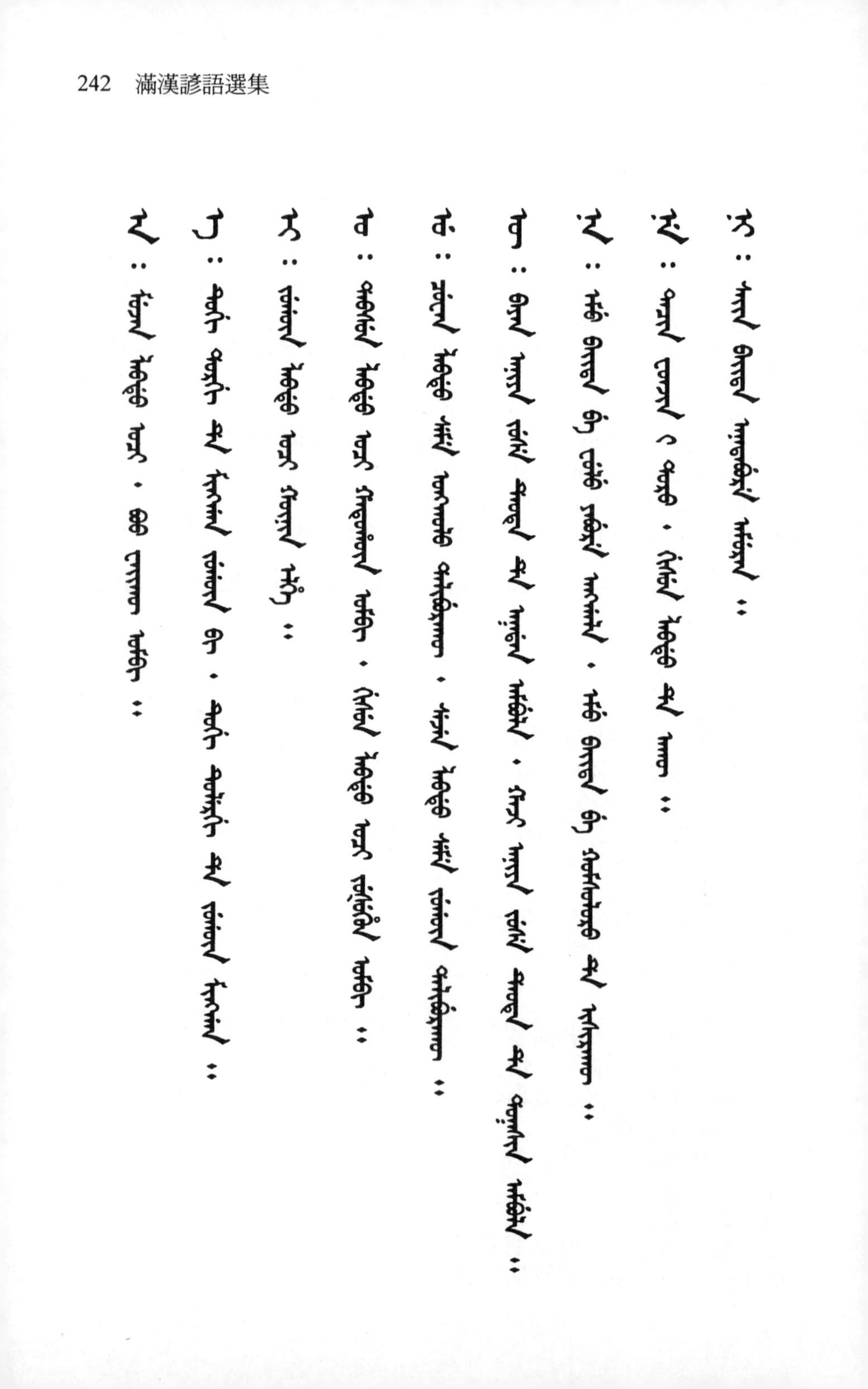

a ：mujan labdu oci, boo waikū ombi.
e ：tugi dorgi de minggan jugūn bi, tugi tulergi de jugūn minggan.
i ：jugūn labdu oci gūnin elhe.
o ：dabsun labdu oci hatuhūn ombi, gisun labdu oci jušuhun ombi.
u ：cuwan labdu seme ongkolo daliburakū, sejen labdu seme jugūn daliburakū.
ū ：bayan aniya juse deote de akdan ambula, haji aniya juse deote de doksin ambula.
na：emu baita be fulu yabure anggala, emu baita be komsoloro de isirakū.
ne：tacin fonjin i doro, gisun labdu de akū.
ni ：sain baita anatabure amuran.

---

a ：木匠多，房子歪。
e ：雲裡千條路，雲外路千條。
i ：路多心廣。
o ：鹽多鹹，話多酸。
u ：船多不礙港，車多不礙路。
ū ：富歲子弟多賴，凶歲子弟多暴。
na：多一事，不如省一事。
ne：學問之道，不在多言。
ni ：好事多磨。

---

a ：木匠多，房子歪。
e ：云里千条路，云外路千条。
i ：路多心广。
o ：盐多咸，话多酸。
u ：船多不碍港，车多不碍路。
ū ：富岁子弟多赖，凶岁子弟多暴。
na：多一事，不如省一事。
ne：学问之道，不在多言。
ni ：好事多磨。

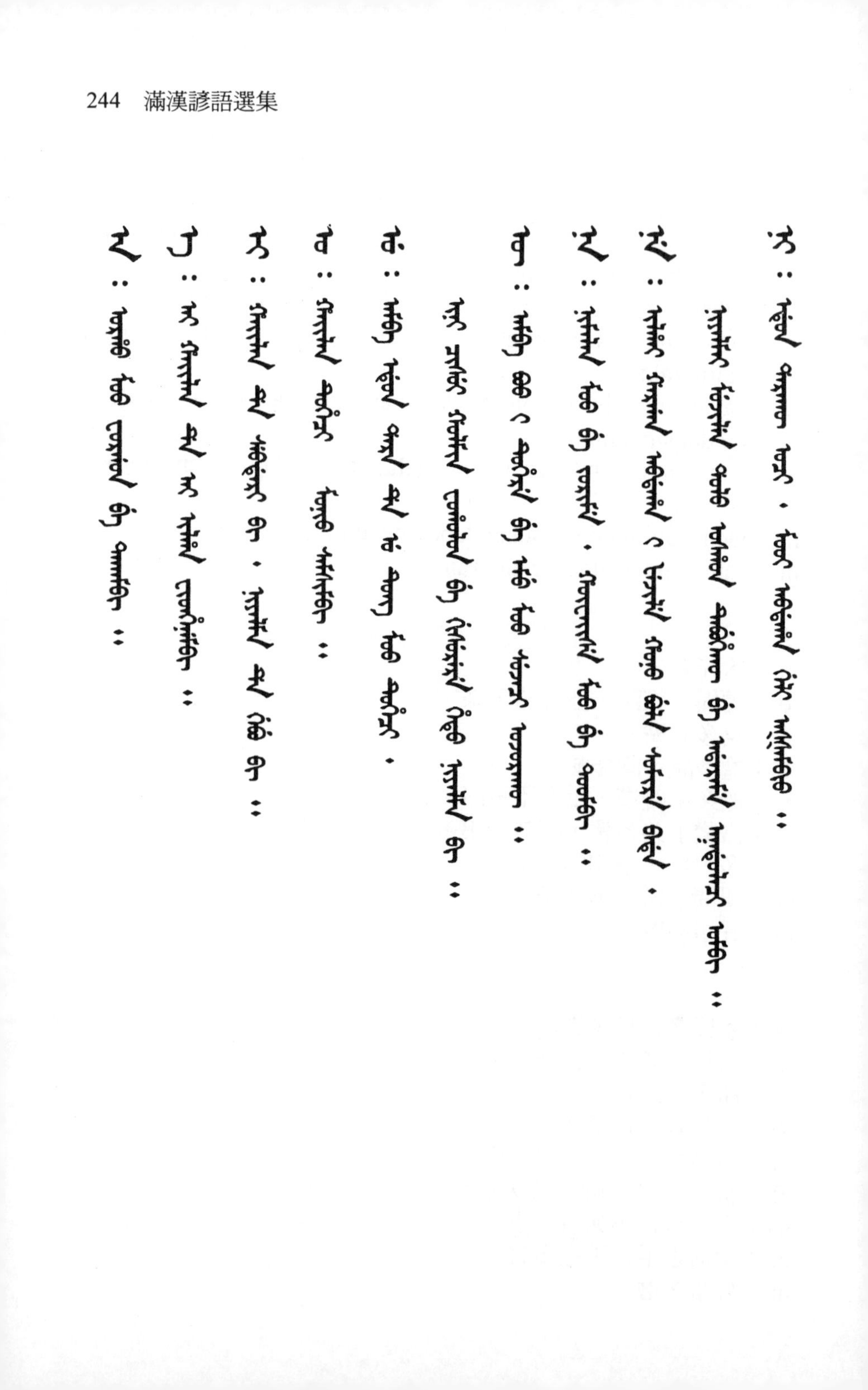

四十八、草木知運

a ：orho moo forgon be takambi.
e ：ai hailan de ai ilha fithenembi.
i ：hailan de sebderi bi, niyalma de gebu bi.
o ：hailan tuheci, monio samsimbi.
u ：amba edun dara de u tung moo tuheci, ini cisui golmin foholon be gisurere hetu niyalma bi.
ū ：amba boo i tuhere be emu moo sujaci ojorakū.
na：nimalan moo be jorime, hūwaise moo be toombi.
ne：ilhai gargan abdaha i fejile hono bula somire bade, niyalmai mujilen dolo oshon tebuhekū be adarame akdulaci ombi.
ni ：edun darakū oci, mooi abdaha geli aššambio?

---

a ：草木知運。
e ：什麼樹開什麼花。
i ：樹有蔭，人有名。
o ：樹倒猢猻散。
u ：大風刮倒梧桐樹，自有旁人說短長。
ū ：大厦將傾，一木難扶。
na：指桑樹罵槐樹。
ne：花枝葉下猶藏刺，人心怎保不懷毒。
ni ：風若不刮，樹葉兒也動嗎？

---

a ：草木知运。
e ：什么树开什么花。
i ：树有荫，人有名。
o ：树倒猢狲散。
u ：大风刮倒梧桐树，自有旁人说短长。
ū ：大厦将倾，一木难扶。
na：指桑树骂槐树。
ne：花枝叶下犹藏刺，人心怎保不怀毒。
ni ：风若不刮，树叶儿也动吗？

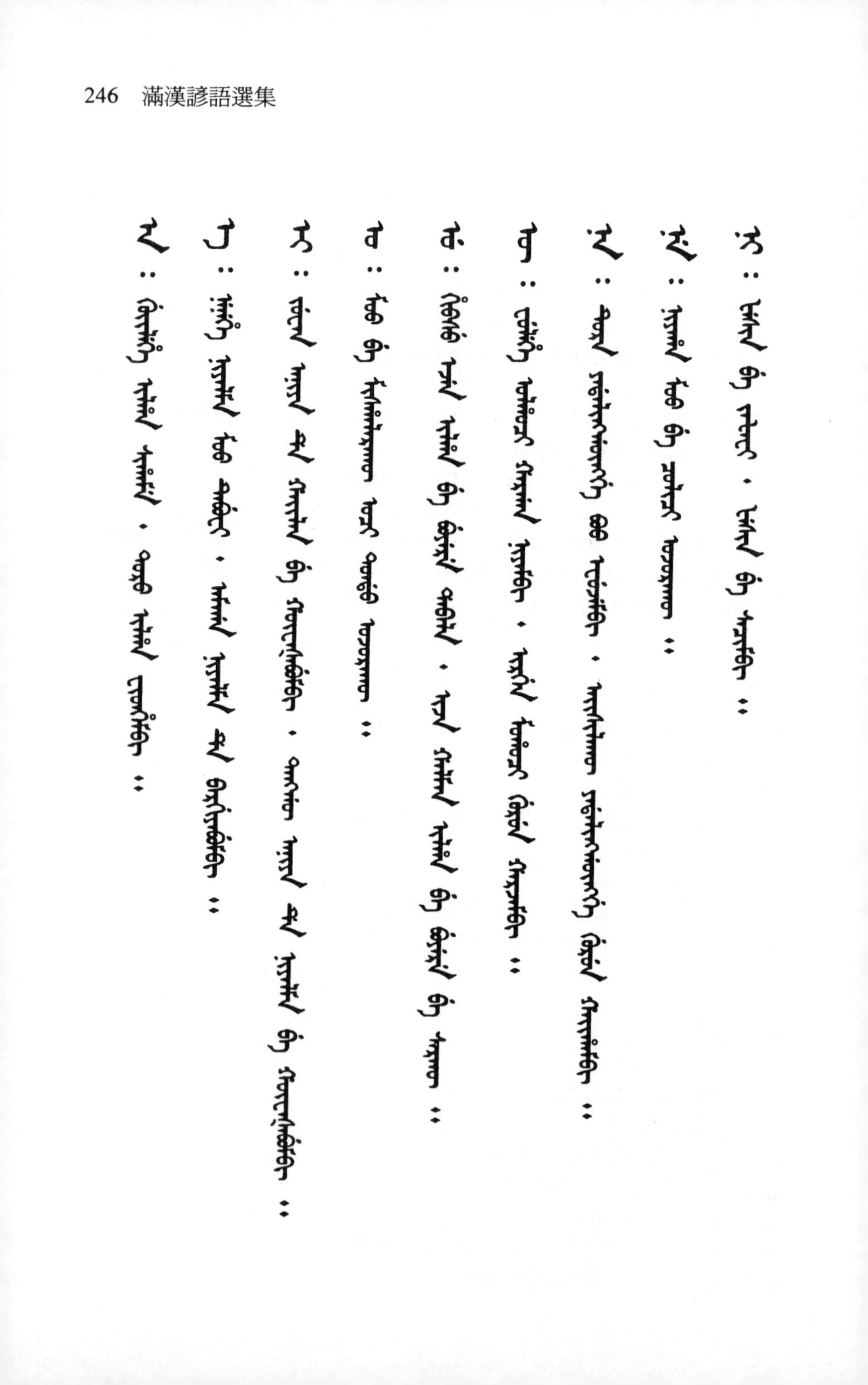

a：guilehe ilha sihame, toro ilha fithembi.
e：nenehe niyalma moo tebufi, amaga niyalma de bargiyabumbi.
i：juwan aniya de hailan be hūwašabumbi, tanggū aniya de niyalma be hūwašabumbi.
o：moo be mishalarakū oci tondo ojorakū.
u：hibsu ejen ilha be buyere dabala, ija galman ilha be buyere be sarkū.
ū：fulehe olhoci gargan niyambi, irgen mohoci gurun garjambi.
na：tura yadalinggūngge boo efujembi, aisilakū yadalinggūngge gurun haihambi.
ne：niyaha moo be colici ojorakū.
ni：fesin be jafafi, fesin be sacimbi.

---

a：杏花謝了桃花開。
e：前人種樹後人收。
i：十年樹木，百年樹人。
o：木不繩不直。
u：蜜蜂愛花，虻蚊不知愛花。
ū：根枯枝朽，人困國殘。
na：柱弱屋頹，輔弱國傾。
ne：朽木不可雕。
ni：執柯以伐柯。

---

a：杏花谢了桃花开。
e：前人种树后人收。
i：十年树木，百年树人。
o：木不绳不直。
u：蜜蜂爱花，虻蚊不知爱花。
ū：根枯枝朽，人困国残。
na：柱弱屋颓，辅弱国倾。
ne：朽木不可雕。
ni：执柯以伐柯。

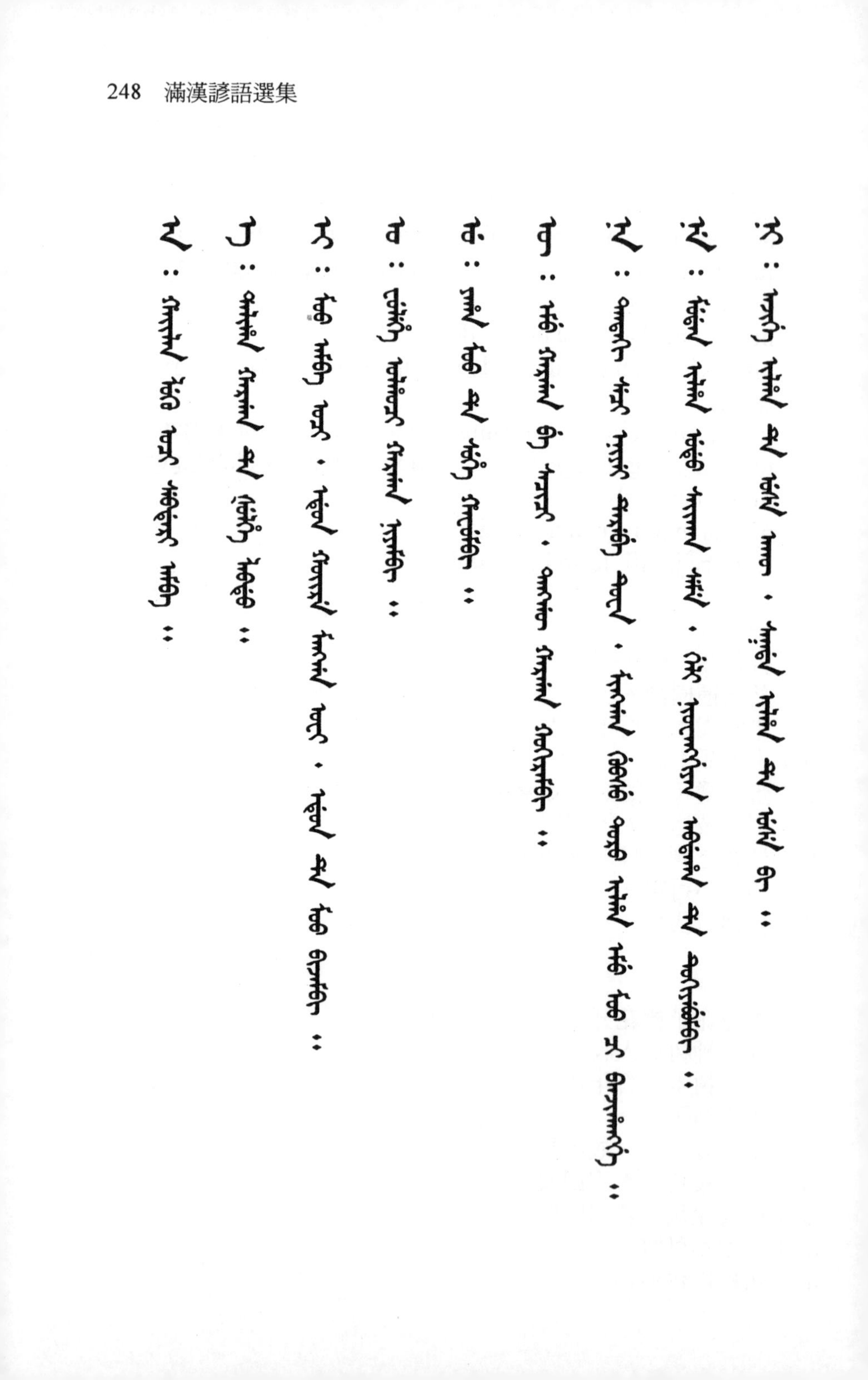

[illegible]

[illegible]

[illegible]

[illegible]

[illegible]

[illegible]

[illegible]

[illegible]

[illegible]

a ：hailan luku oci sebderi amba.
e ：daliha gargan de šulhe labdu.
i ：moo amba oci, edun goire mangga ofi, edun de moo bijambi.
o ：fulehe olhoci gargan niyambi.
u ：yaha moo de suhe hafumbi.
ū ：emu gargan be sacici, tanggū gargan kokirambi.
na ：tantaki seci eniyei derebe tuwa, minggan gubsu toro ilha emu moo ci banjihangge.
ne ：mudan ilha udu saikan seme, geli niowanggiyan abdaha de tukiyebumbi.
ni ：ajige ilha de use akū, sakda ilha de use bi.

---

a ：樹茂蔭廣。
e ：果多壓枝。
i ：樹大招風，風損樹。
o ：根枯枝朽。
u ：利斧劈朽木。
ū ：砍一枝損百枝。
na ：要打看娘面，千朵桃花一樹生。
ne ：牡丹花兒雖好，還要綠葉扶持。
ni ：小花不結，老花兒結。

---

a ：树茂荫广。
e ：果多压枝。
i ：树大招风，风损树。
o ：根枯枝朽。
u ：利斧劈朽木。
ū ：砍一枝损百枝。
na ：要打看娘面，千朵桃花一树生。
ne ：牡丹花儿虽好，还要绿叶扶持。
ni ：小花不结，老花儿结。

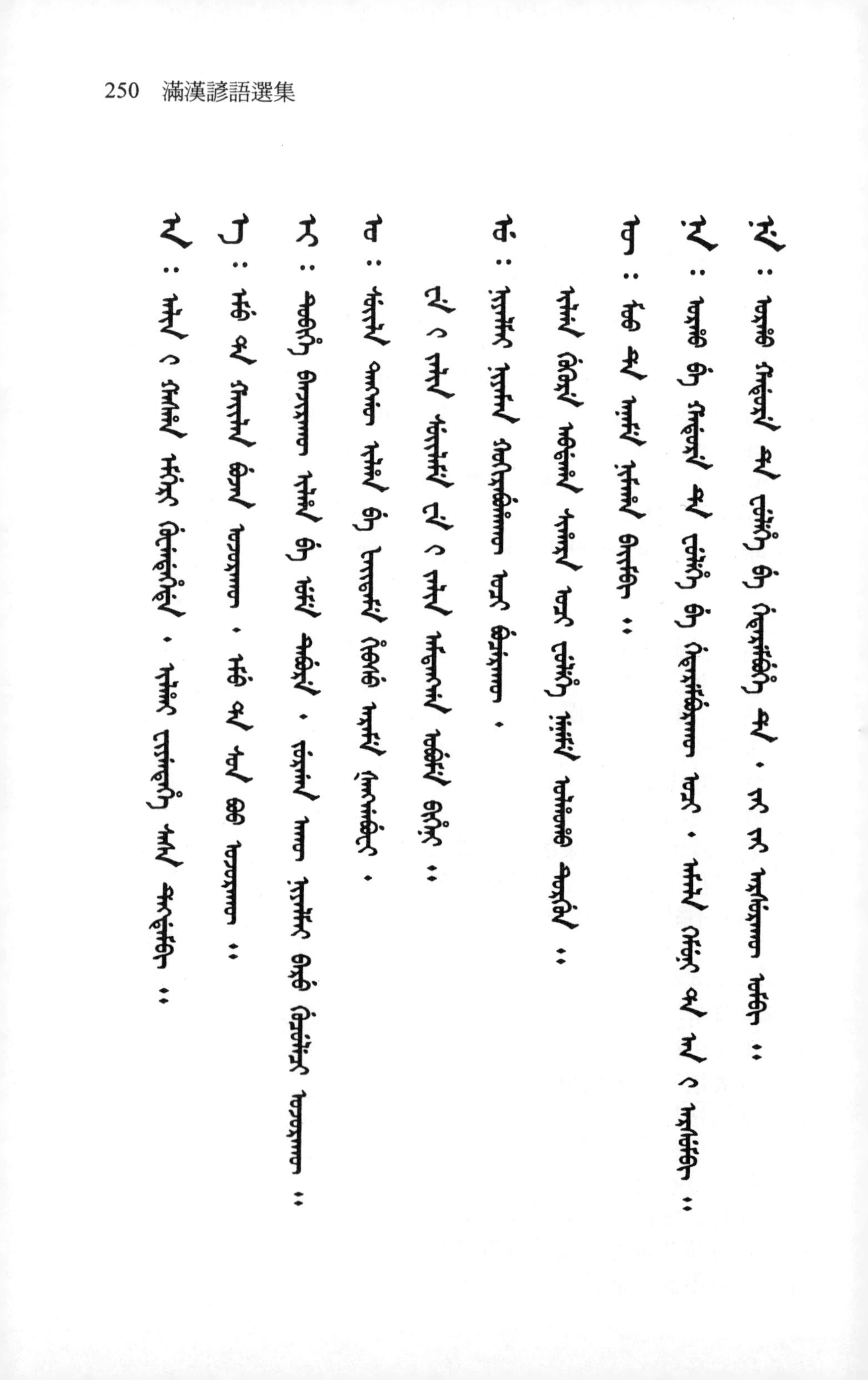

a ：alin i gasha emgeri guwendehede, ilhai fiyentehe sasa dekdembi.
e ：emu da hailan bujan ojorakū, emu da son boo ojorakū.
i ：tubihe banjirakū ilha be ume tebure, jurgan akū niyalmai baru guculeci ojorakū.
o ：suila tanggū ilha be faitame hibsu arame šanggabufi, we i jalin suilame we i jalin amtangga obume biheni.
u ：niyalmai niyaman kokirabuhakū oci bucerakū, ilga gukure abdaha sihara oci fulehe neneme olhoho turgun.
ū ：moo de aname nimaha baimbi.
na：orho be hadure de fulehe be geterembur akū oci, amala kemuni da an i arsumbi.
ne：orho hadure de fulehe be geterembuhe de, jai jai arsurakū ombi.

---

a ：山鳥一鳴，花片齊飛。
e ：孤樹不成林，獨木不起屋。
i ：不結子花休要種，無義之人不可交。
o ：蜂採百花成蜜後，爲誰辛苦爲誰甜。
u ：人心未傷不會死，花殘葉落根先枯。
ū ：緣木求魚。
na：剪草不除根，萌芽依舊生。
ne：剪草若除根，萌芽再不生。

---

a ：山鸟一鸣，花片齐飞。
e ：孤树不成林，独木不起屋。
i ：不结子花休要种，无义之人不可交。
o ：蜂采百花成蜜后，为谁辛苦为谁甜。
u ：人心未伤不会死，花残叶落根先枯。
ū ：缘木求鱼。
na：剪草不除根，萌芽依旧生。
ne：剪草若除根，萌芽再不生。

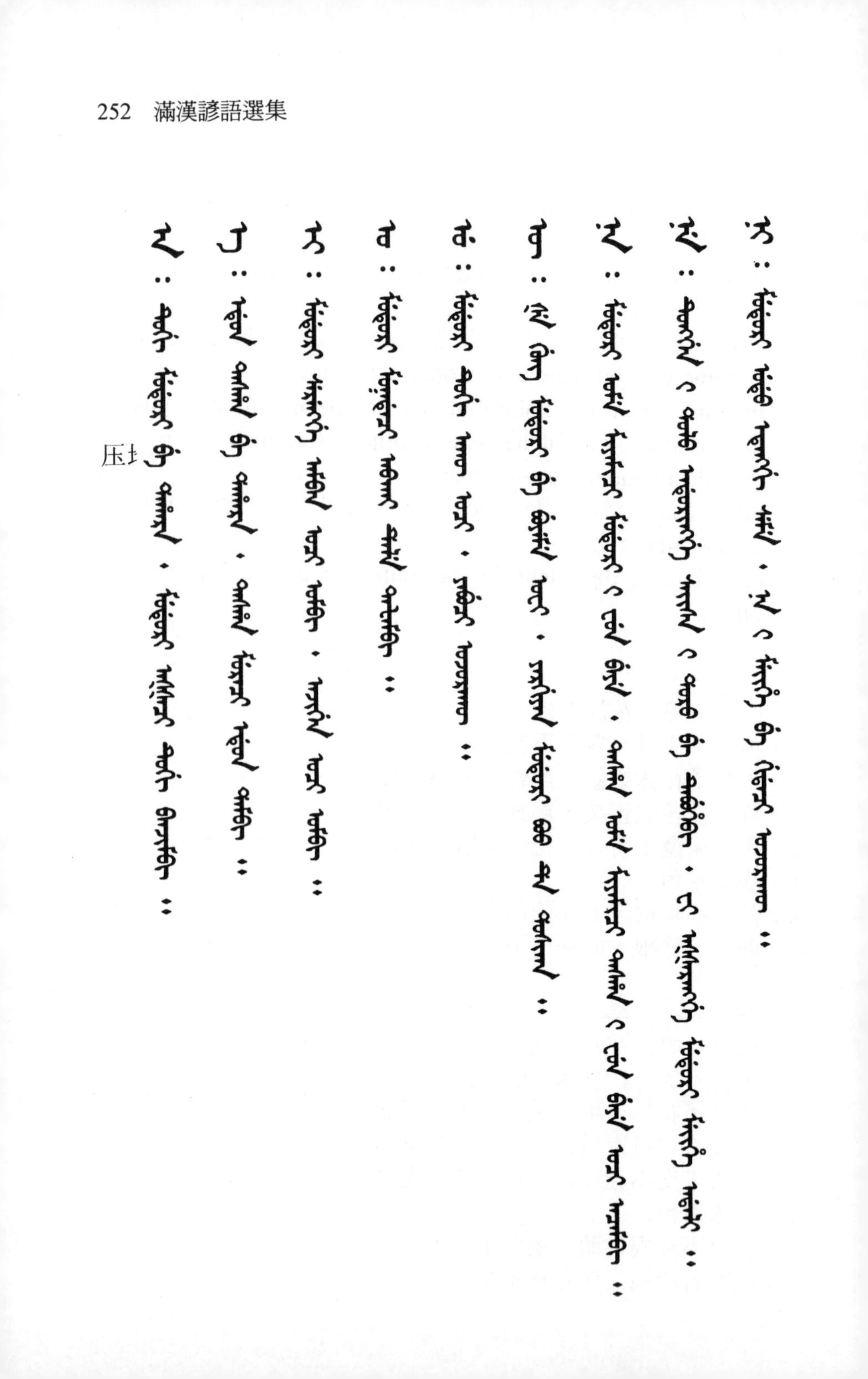

四十九、筆走龍蛇

a：tugi muduri be dahara, muduri aššaci tugi banjimbi.
e：edun tasha be dahara, tasha muraci edun dambi.
i：muduri serengge amba oci ombi, ajigen oci ombi.
o：muduri mukdeci abkai dele tafambi.
u：muduri tugi akū oci, yabuci ojorakū.
ū：še gung, muduri be buyeme ofi, yargiyan muduri boo de dosika .
na：muduri ome miyamici muduri i fun beye, tasha ome miyamici tasha i fun beye oci acambi.
ne：tunggen i dolo enduringge saisa i doro be tebuhebi, fi aššarangge muduri meihe adali.
ni：muduri udu etenggi seme, na i meihe be gidaci ojorakū.

---

a：雲從龍，龍動則景雲起。
e：風從虎，虎嘯則谷風生。
i：龍能大能小。
o：龍發則飛升九天。
u：龍無雲而不行。
ū：葉公之好龍，則真龍入室。
na：裝龍似龍，裝虎似虎。
ne：胸藏賢聖，筆走龍蛇。
ni：強龍不壓地頭蛇。

---

a：云从龙，龙动则景云起。
e：风从虎，虎啸则谷风生。
i：龙能大能小。
o：龙发则飞升九天。
u：龙无云而不行。
ū：叶公之好龙，则真龙入室。
na：装龙似龙，装虎似虎。
ne：胸藏贤圣，笔走龙蛇。

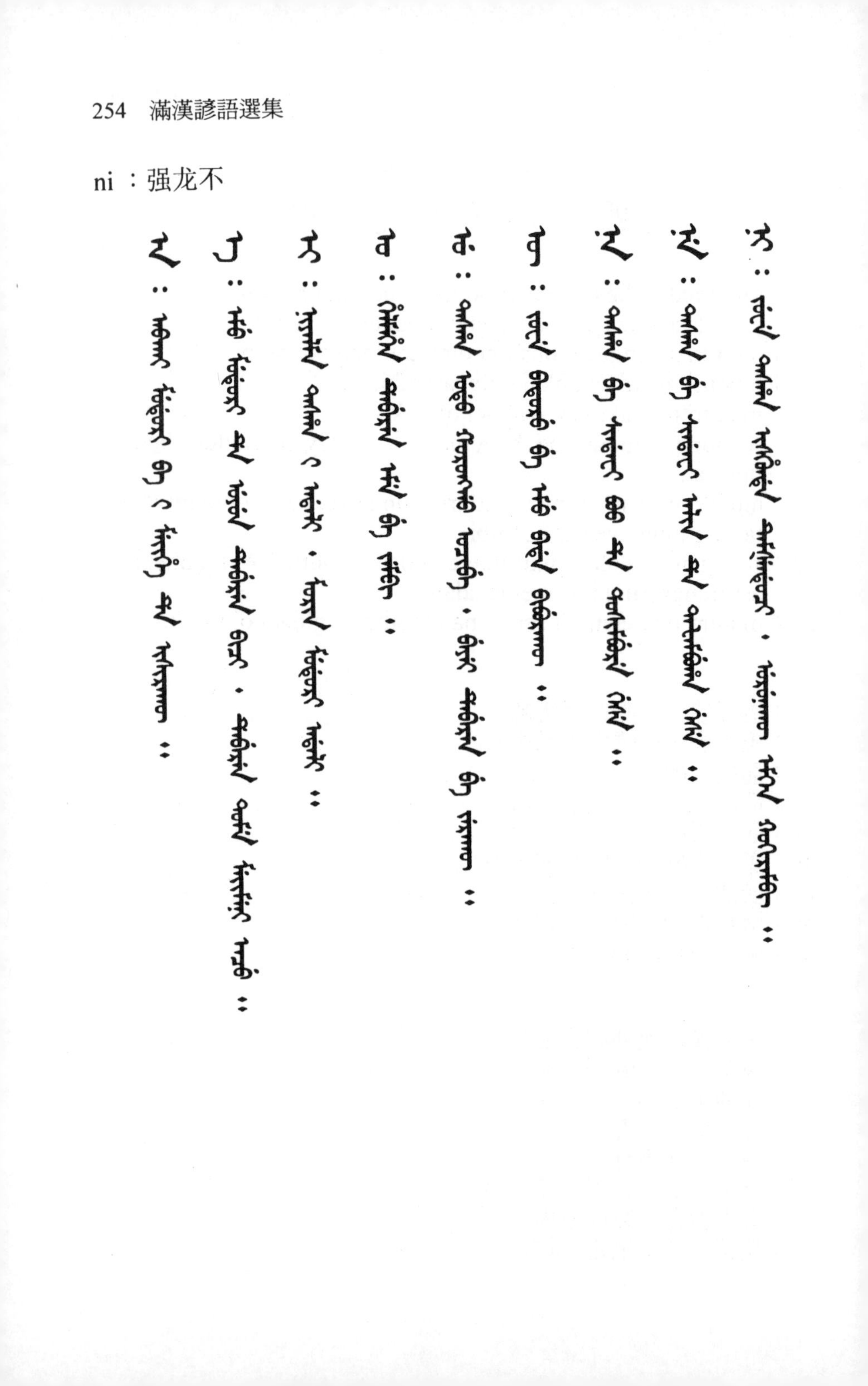

ni：强龙不

[illegible]

[illegible]

[illegible]

[illegible]

[illegible]

[illegible]

[illegible]

[illegible]

[illegible]

a ：abkai muduri ba i meihe de isirakū.
e ：emu muduri de uyun deberen bici, deberen tome meimeni encu.
i ：niyalma tasha i adali, morin muduri adali.
o ：helmehen deberen eme be jembi.
u ：tasha udu horonggo ocibe, beyei deberen be jerakū.
ū ：juwe baturu be emu bade biburakū.
na ：tasha be sindafi boo de dosimbure gese.
ne ：tasha be sindafi alin de tafambuha gese.
ni ：juwe tasha ishunde temšenduci, urunakū emken kokirambi.

---

a ：天上的龍，不如地頭蛇。
e ：一龍生九種，種種有別。
i ：人如猛虎，馬如龍。
o ：蜘蛛仔吃蜘蛛。
u ：虎雖毒不吃仔。
ū ：二雄不並立。
na ：如縱虎入室。
ne ：如縱虎於山林。
ni ：兩虎相鬥，必有一傷。

---

a ：天上的龙，不如地头蛇。
e ：一龙生九种，种种有别。
i ：人如猛虎，马如龙。
o ：蜘蛛仔吃蜘蛛。
u ：虎虽毒不吃仔。
ū ：二雄不并立。
na ：如纵虎入室。
ne ：如纵虎于山林。
ni ：两虎相斗，必有一伤。

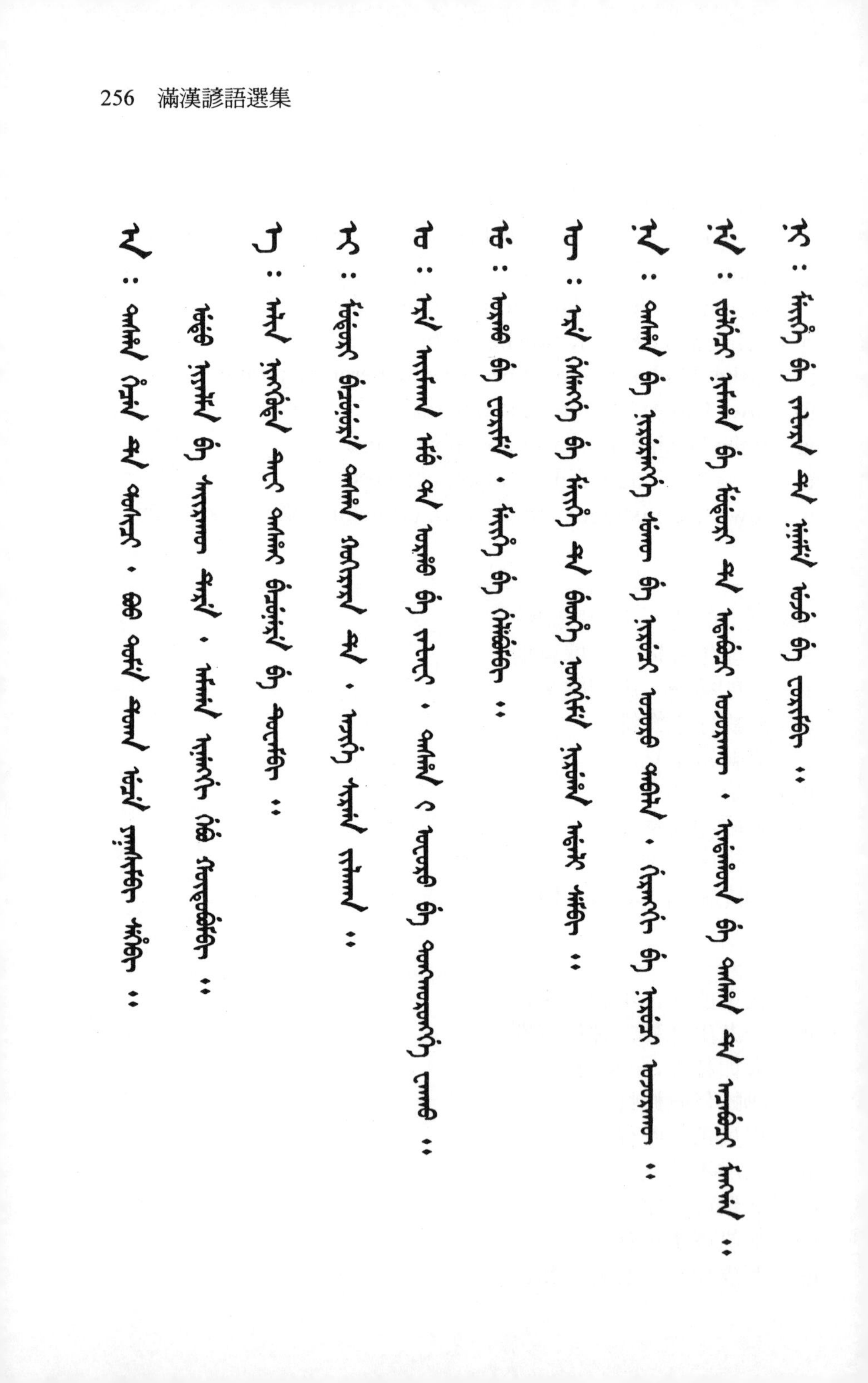

a ：tasha hecen de dosici, boo tome duka uce yaksimbi sehebi, udu niyalma be sairakū dere, amaga inenggi gebu gūtubumbi.
e ：alin ninggude tefi tashai becunere be tuwambi.
i ：muduri becunure tasha kokirara de, ajige sirga jilakan.
o ：ere aimaka emu da orho be jafafi, tasha i oforo be tongkorongge wakao?
u ：orho be forime, meihe be gelebumbi.
ū ：ere gesengge be meihe de bethe nonggime niruha adali sembi.
na：tasha be nirurengge sukū be niruci ojoro dabala, giranggi be niruci ojorakū.
ne：julgeci nimaha be muduri de adabuci ojorakū, indahūn be tasha de acabuci mangga.
ni ：meihe be jafara de neneme uju be forimbi.

---

a ：有道是老虎進了城，家家都閉門。雖不咬人，日後壞了名。
e ：坐山觀虎鬥。
i ：龍鬥虎傷，苦了小獐。
o ：難道這不是拿根草戳老虎鼻子嗎？
u ：打草驚蛇。
ū ：正所謂畫蛇添足也。
na：畫虎畫皮難畫骨。
ne：從來魚不偶龍，犬難偕虎。
ni ：捉蛇先要打蛇頭。

---

a ：有道是老虎进了城，家家都闭门。虽不咬人，日后坏了名。
e ：坐山观虎斗。
i ：龙斗虎伤，苦了小獐。
o ：难道这不是拿根草戳老虎鼻子吗？
u ：打草惊蛇。
ū ：正所谓画蛇添足也。
na：画虎画皮难画骨。
ne：从来鱼不偶龙，犬难偕虎。
ni ：捉蛇先要打蛇头。

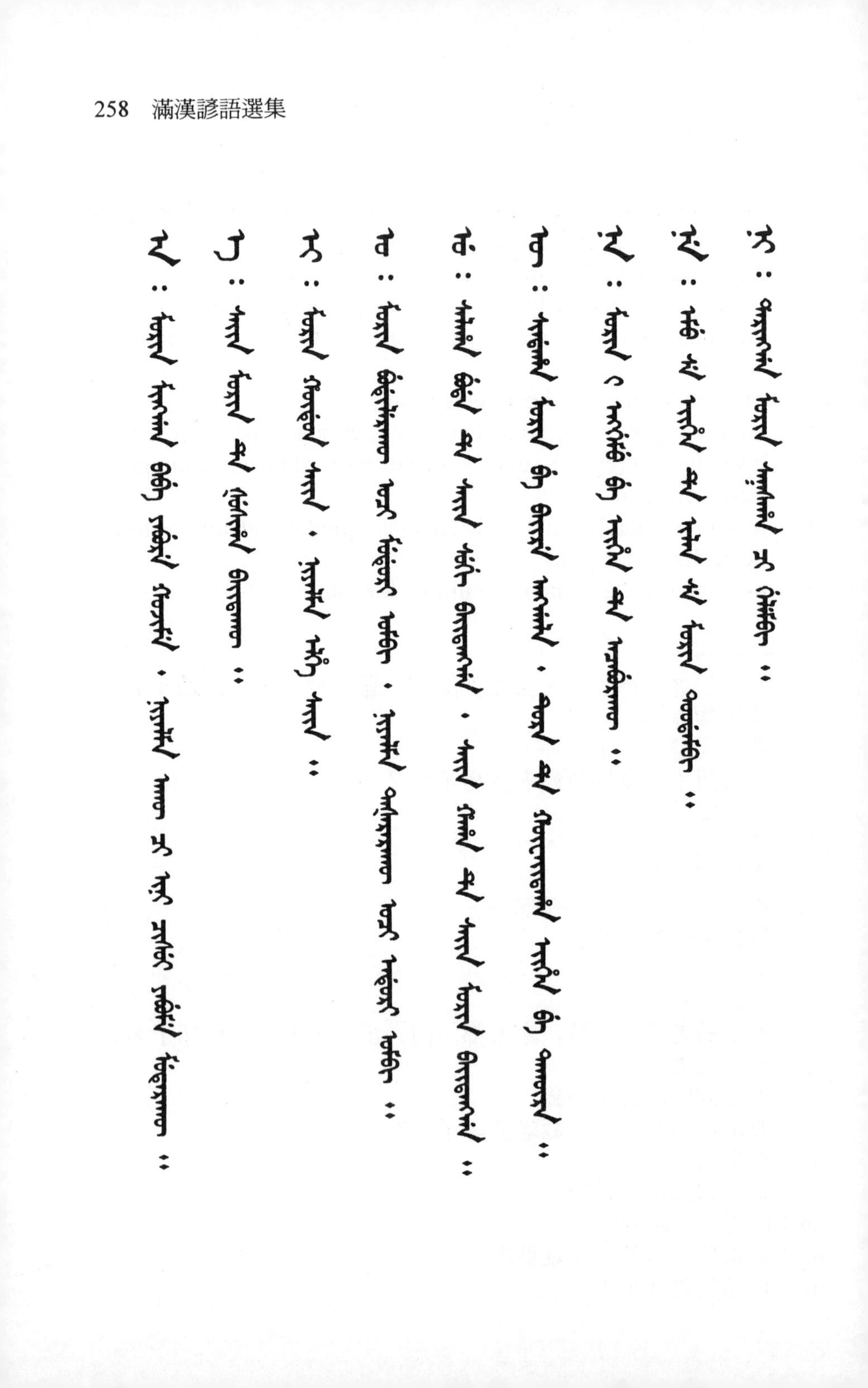

五十、馬行千里

a ：morin minggan babe yabure gojime, niyalma akū ci ini cisui yabume muterakū.
e ：sain morin de šusiha baitakū.
i ：morin hūdun sain, niyalma elhe sain.
o ：morin budilerakū oci muduri ombi, niyalma tašararakū oci enduri ombi.
u ：salaha buda de sain sogi baitangga, sain haha de sain morin baitangga.
ū ：sindaha morin be baire anggala, tura de hūwaitaha eihen be takūra.
na ：morin i enggemu be eihen de acaburakū.
ne ：emu se eihen de ilan se morin toodambi.
ni ：daringga morin saksaha ci gelembi.

---

a ：馬行千里，無人不能獨往。
e ：好馬不用鞭。
i ：馬好在快，人好在穩。
o ：馬不失蹄則變龍，人若無過便成神。
u ：涼麵要拌熱菜，好漢要騎駿馬。
ū ：與其找放走的馬，不如使拴著的驢。
na ：驢不配馬鞍。
ne ：丟了一歲的驢，要賠三歲的馬。
ni ：長脊瘡的馬怕喜鵲。

---

a ：马行千里，无人不能独往。
e ：好马不用鞭。
i ：马好在快，人好在稳。
o ：马不失蹄则变龙，人若无过便成神。
u ：凉面要拌热菜，好汉要骑骏马。
ū ：与其找放走的马，不如使拴着的驴。
na ：驴不配马鞍。
ne ：丢了一岁的驴，要赔三岁的马。
ni ：长脊疮的马怕喜鹊。

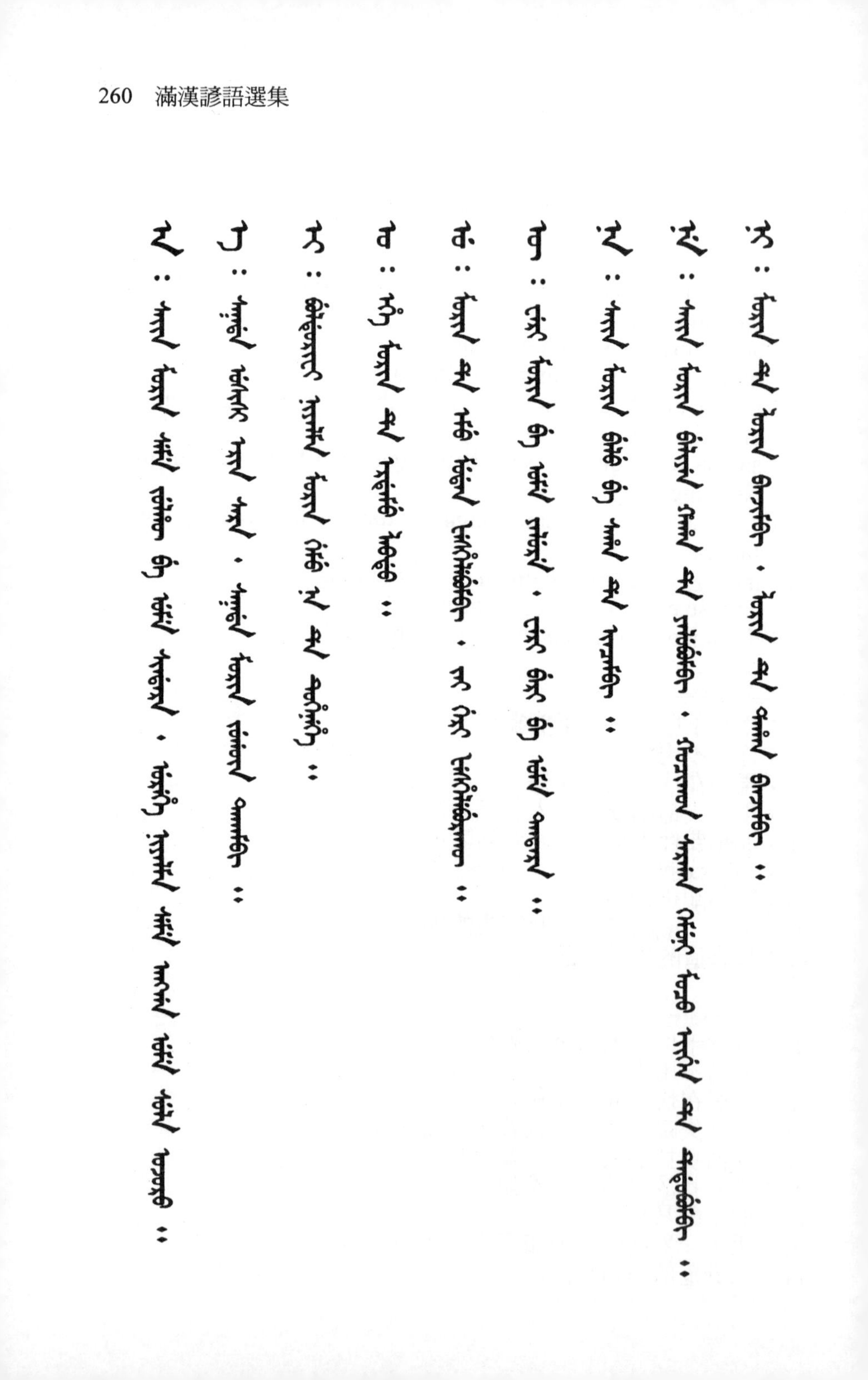

a ：sain morin seme julhū be ume sindara, urehe niyalma seme angga ume sula ojoro.
e ：sakda usisi erin sara, sakda morin jugūn takambi.
i ：buldurifi niyalma morin gemu na de tuhenehe.
o ：ehe morin de erdemu labdu.
u ：morin de emu mudan feshelebumbi, jai geri fesheleburakū.
ū ：weri morin be ume yalure, weri beri be ume tantara.
na：sain morin belo be saha de incambi.
ne：sain morin beliyen haha de yalubumbi, hocikon sargan kemuni moco eigen de dedubumbi.
ni ：morin de lorin banjimbi, lorin de dahan banjimbi.

---

a ：良馬勿放偏繮，熟人勿鬆口吻。
e ：老農知時，老馬識途。
i ：馬失前蹄，連人帶馬倒地。
o ：駑馬毛病多。
u ：被馬踢一回，下次就當心。
ū ：勿騎他人之馬，勿拉他人之弓。
na：好馬逢伯樂而嘶。
ne：駿馬卻駝癡漢走，美女常伴拙夫眠。
ni ：馬生騾，騾生駒。

---

a ：良马勿放偏缰，熟人勿松口吻。
e ：老农知时，老马识途。
i ：马失前蹄，连人带马倒地。
o ：驽马毛病多。
u ：被马踢一回，下次就当心。
ū ：勿骑他人之马，勿拉他人之弓。
na：好马逢伯乐而嘶。
ne：骏马却驼痴汉走，美女常伴拙夫眠。
ni ：马生骡，骡生驹。

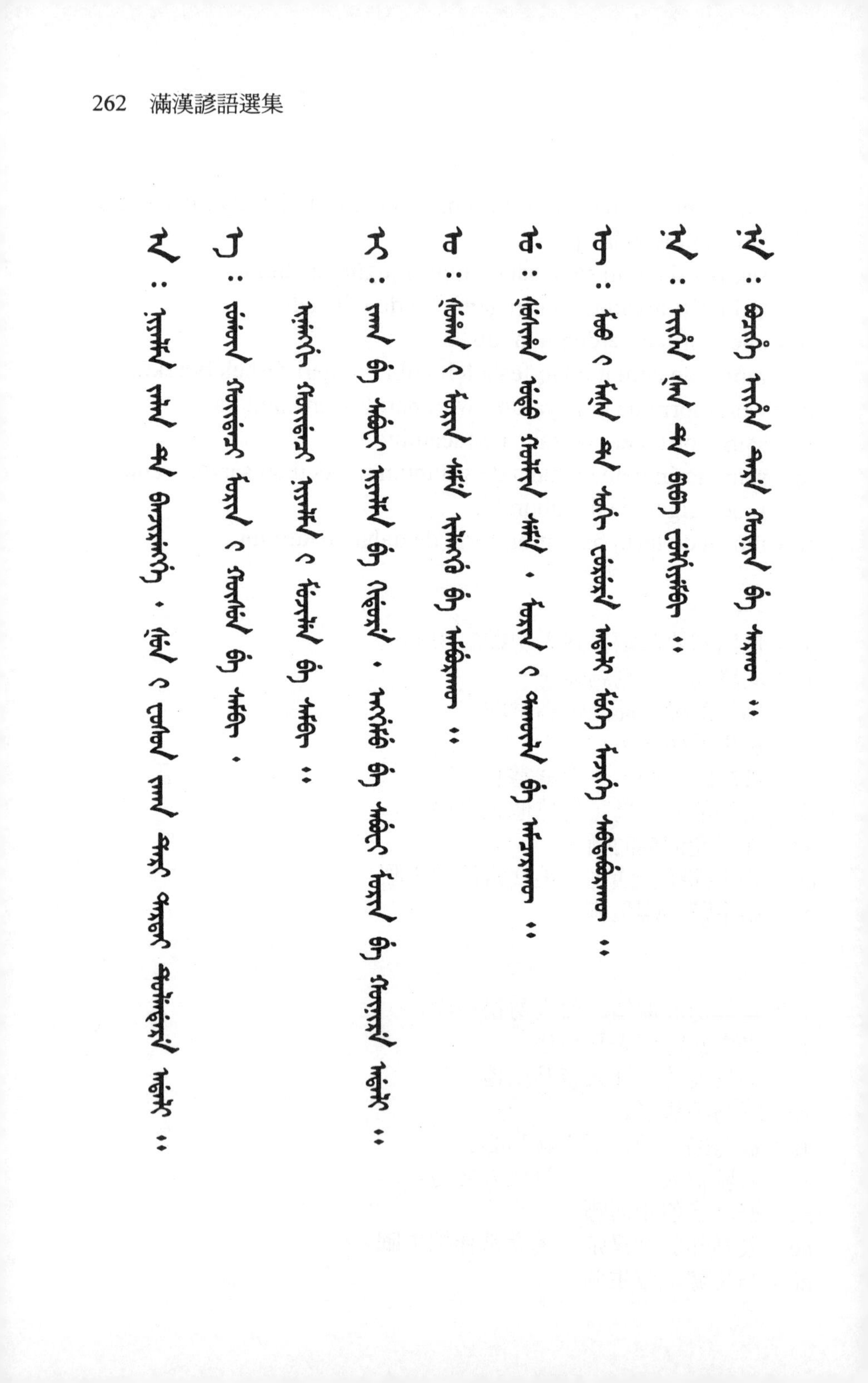

a：niyalma jalan de banjirengge, šun i foson jaka deri dartai dulendere adali.
e：jugūn goidaci morin i hūsun be sambi, inenggi goidaci niyalma i mujilen be sambi.
i：jaka be sabufi niyalma be kidure, enggemu be sabufi morin be gūnire adali.
o：šuhan i morin seme ilenggu be amburakū.
u：šusiha udu golmin seme, morin i dakūla be amcarakū.
ū：moo i maša de sogi furure adali muke majige sabdaburakū.
na：eihen šan de pipa fulgiyembi.
ne：bocihe eihen tere gūnin be sarkū.

---

a：人生處世，如白駒過隙。
e：路遙知馬力，日久見人心。
i：睹物思人，見鞍思馬。
o：駟馬不及舌。
u：鞭雖長，不及馬腹。
ū：木瓢裡切菜，滴水不漏。
na：對驢耳彈琵琶。
ne：醜驢不知其味。

---

a：人生处世，如白驹过隙。
e：路遥知马力，日久见人心。
i：睹物思人，见鞍思马。
o：驷马不及舌。
u：鞭虽长，不及马腹。
ū：木瓢里切菜，滴水不漏。
na：对驴耳弹琵琶。
ne：丑驴不知其味。

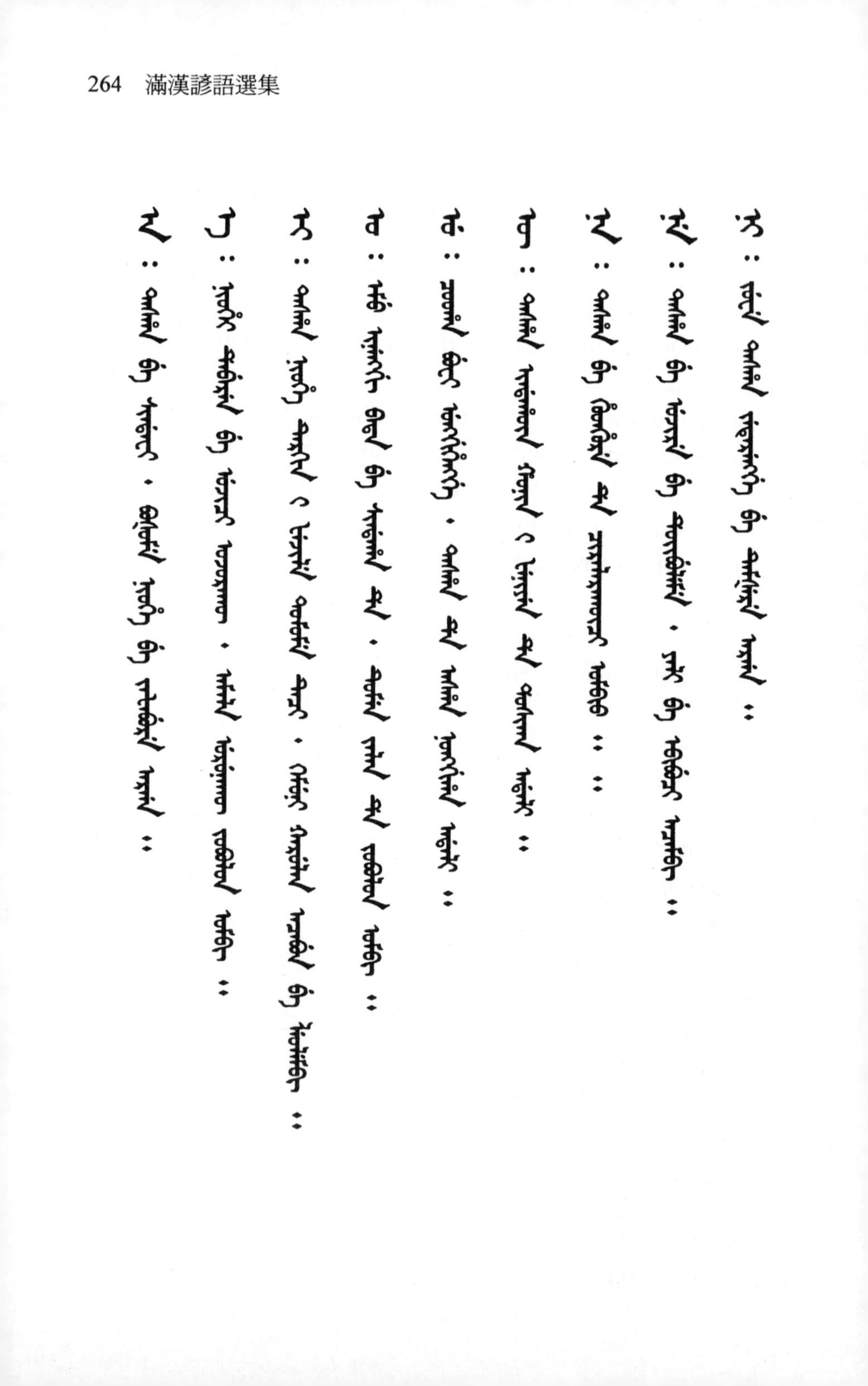

[illegible]

[illegible]

[illegible]

[illegible]

[illegible]

[illegible]

[illegible]

[illegible]

[illegible]

五十一、驅虎吞狼

a ：tasha be sindafi, bošome niohe be jafabure arga.
e ：niohei deberen be ujici ojorakū, amala urunakū jobolon ombi.
i ：tasha niohe terkin i fejile tomome teci, kemuni karulan acabun be leolembi.
o ：emu inenggi bata be sindaha de, tumen jalan de jobolon ombi.
u ：cooha bufi unggihengge, tasha de asha nonggiha adali.
ū ：tasha indahūn honin i feniyen de dosika adali.
na：tasha be huthure de ciralarakūci ombio?
ne：tasha be ujire be duibuleme, yali be ebibuci acambi.
ni ：juwe tasha jeterengge be temšere arga.

---

a ：驅虎吞狼之計。
e ：狼子不可養，後必爲害。
i ：虎狼屯於階陛尚談因果。
o ：一日縱敵，萬世之患。
u ：兵與之如虎添翼。
ū ：如猛虎入犬羊之群。
na：縛虎不得不緊也。
ne：譬如養虎，當飽其肉。
ni ：二虎競食之計。

---

a ：驱虎吞狼之计。
e ：狼子不可养，后必为害。
i ：虎狼屯于阶陛尚谈因果。
o ：一日纵敌，万世之患。
u ：兵与之如虎添翼。
ū ：如猛虎入犬羊之群。
na：缚虎不得不紧也。
ne：譬如养虎，当饱其肉。
ni ：二虎竞食之计。

[illegible] : [illegible] ᠪᡝ [illegible] [illegible] [illegible] , [illegible] ᠪᡝ [illegible] [illegible] [illegible] ::

[illegible] : [illegible] [illegible] ᡳ [illegible] [illegible] ᡩᡝ [illegible] [illegible] [illegible] ::

[illegible] : [illegible] [illegible] [illegible] [illegible] ᠪᡝ [illegible] [illegible] [illegible] [illegible] [illegible] ::

[illegible] : ᠨᡳᠶᠠᠯᠮᠠ ᠪᡝ [illegible] [illegible] [illegible] , [illegible] [illegible] ᡳ [illegible] ᡩᡝ [illegible] ::

[illegible] : [illegible] ᠪᡝ [illegible] ᠨᡳᠶᠠᠯᠮᠠ [illegible] ::

[illegible] : ᠨᡳᠶᠠᠯᠮᠠ ᡳ [illegible] ᡩᡝ [illegible] [illegible] , ᠨᡳᠶᠠᠯᠮᠠ ᡳ [illegible] ᠪᡝ [illegible] [illegible] ::

[illegible] : ᠨᡳᠶᠠᠯᠮᠠ ᡩᡝ [illegible] [illegible] , [illegible] ᡩᡝ [illegible] ::

[illegible] : ᠨᡳᠶᠠᠯᠮᠠ ᡩᡝ [illegible] [illegible] [illegible] ::

[illegible] : [illegible] ᠨᡳᠶᠠᠯᠮᠠ [illegible] [illegible] [illegible] [illegible] ::

a ：juwe tasha becunuci urunakū emke bucembi.
e ：tasha de asha banjiha gese.
i ：tasha de yalurengge ja, ebure de mangga.
o ：tasha i yeru de dosirakū oci, tasha i deberen be adarame bahambi.
u ：kesike be dursuleme tasha nirumbi.
ū ：tasha be niruci banjinarakū oci, elemangga indahūn i duwali de ojorahū.
na ：ehe horon bisire meihe be narhūn seme ume fusihūšara jebkele.
ne ：meihe iseleku i gese gašan de goidafi teci ojorakū.
ni ：jabjan be jafarangge jadeng haha, meihe be jafarangge mergen haha.

---

a ：二虎爭鬥必有一死。
e ：如虎添翼。
i ：騎虎易，下來難。
o ：不入虎穴，焉得虎子。
u ：照猫畫虎。
ū ：畫虎不成反類犬。
na ：勿以毒蛇之微而忽之，須加防範。
ne ：蛇蝎之鄉不可久居。
ni ：智者捉蟒，謀者捉蛇。

---

a ：二虎争斗必有一死。
e ：如虎添翼。
i ：骑虎易，下来难。
o ：不入虎穴，焉得虎子。
u ：照猫画虎。
ū ：画虎不成反类犬。
na ：勿以毒蛇之微而忽之，须加防范。
ne ：蛇蝎之乡不可久居。
ni ：智者捉蟒，谋者捉蛇。

[illegible]: [illegible] [illegible] [illegible] [illegible] ᡩᡝ [illegible] ᠉

[illegible]: [illegible] [illegible] ᡳ ᠨᡳᠶᠠᠯᠮᠠ [illegible] ᡩᡝ [illegible] ᠉

[illegible]: ᠨᡳᠶᠠᠯᠮᠠ [illegible] [illegible] ᠈ [illegible] [illegible] [illegible] ᠉

[illegible]: ᠨᡳᠶᠠᠯᠮᠠ [illegible] [illegible] [illegible] ᠈ [illegible] [illegible] ᠪᡝ [illegible] [illegible] [illegible] ᠉

[illegible]: ᠨᡳᠶᠠᠯᠮᠠ ᠪᡝ [illegible] ᠈ [illegible] ᠪᡝ [illegible] ᠉

[illegible]: [illegible] [illegible] [illegible] ᠨᡳᠶᠠᠯᠮᠠ [illegible] ᠉

[illegible]: [illegible] ᠨᡳᠶᠠᠯᠮᠠ ᡩᡝ [illegible] [illegible] ᠈ [illegible] [illegible] ᡩᡝ [illegible] [illegible] ᠉

[illegible]: [illegible] [illegible] ᠨᡳᠶᠠᠯᠮᠠ [illegible] ᠪᡝ [illegible] ᠈ ᠨᡳᠶᠠᠯᠮᠠ [illegible] [illegible] [illegible] ᠪᡝ [illegible] ᠉

[illegible]: [illegible] ᠨᡳᠶᠠᠯᠮᠠ [illegible] [illegible] [illegible] [illegible] ᠉

五十二、虎口牛羊

a ：tuktan banjiha tukšen tasha ci gelerakū.
e ：ilan se i ihan tasha ci gelerakū.
i ：ihan hūsun tucimbi, morin gebu gaimbi.
o ：ihan muke omirakū oci, terei uju be gidame ergeltei omibumbio?
u ：ihan be sabuha, honin be saburakū.
ū ：uihe bihengge gemu ihan waka.
na：wara ihan ci senggi gaimbi, wara niyalma ci gisun gaimbi.
ne：morin yaluhangge ihan yaluhangge be injembi, ihan yaluhangge eihen yaluha be basumbi.
ni ：ehe ihan de ume hūcin takabure.

---

a：初生之犢不怕虎。
e：三歲的牛不怕虎。
i：牛出力，馬占功。
o：牛不喝水，豈可強按頭。
u：見牛未見羊。
ū：長角的不一定都是牛。
na：宰牛要放血，殺人要取供。
ne：騎馬的笑騎牛的，騎牛的笑騎驢的。
ni：莫叫惡牛認井。

---

a：初生之犊不怕虎。
e：三岁的牛不怕虎。
i：牛出力，马占功。
o：牛不喝水，岂可强按头。
u：见牛未见羊。
ū：长角的不一定都是牛。
na：宰牛要放血，杀人要取供。
ne：骑马的笑骑牛的，骑牛的笑骑驴的。
ni：莫叫恶牛认井。

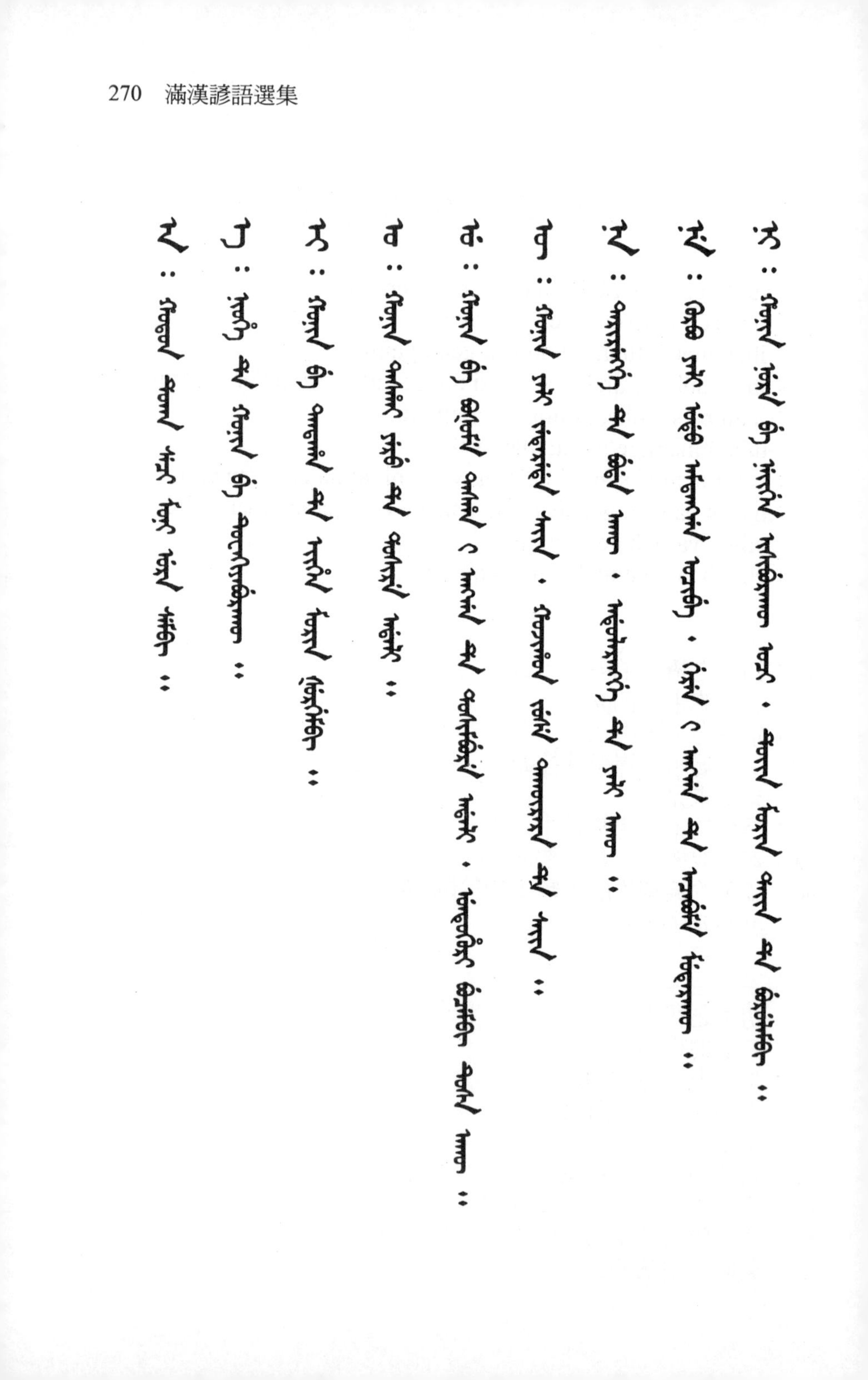

[illegible]

[illegible]

[illegible]

[illegible]

[illegible]

[illegible]

[illegible]

[illegible]

[illegible]

a ：hoton duka seci moni ura sembi.
e ：niohe de honin be tuwakiyaburakū.
i ：honin be tantaha de eihen morin šurgembi.
o ：honin tashai yeru de dosire adali
u ：honin be bošome tasha i angga de dosimbure adali, untuhuri bucembi tusa akū.
ū ：honin yali jeterede sain, hojihon juse takūrara de sain.
na ：tarirengge de buda akū, adularangge de yali akū.
ne ：kurbo yali udu amtangga ocibe, geren i angga de acabume muterakū.
ni ：honin nure be neigen isiburakū oci, duin morin dain de burulambi.

---

a ：城門說是猴屁股，答非所問。
e ：莫叫狼放羊。
i ：打著羊駒驢戰。
o ：羊入虎穴。
u ：驅羊而入虎口，士空死無益。
ū ：羊肉好吃，女婿好使。
na ：種田人沒飯吃，放牧人沒肉吃。
ne ：羊羔肉雖好吃，難合眾人口味。
ni ：羊酒不均，駟馬奔陣。

---

a ：城门说是猴屁股，答非所问。
e ：莫叫狼放羊。
i ：打着羊驹驴战。
o ：羊入虎穴。
u ：驱羊而入虎口，士空死无益。
ū ：羊肉好吃，女婿好使。
na ：种田人没饭吃，放牧人没肉吃。
ne ：羊羔肉虽好吃，难合众人口味。
ni ：羊酒不均，驷马奔阵。

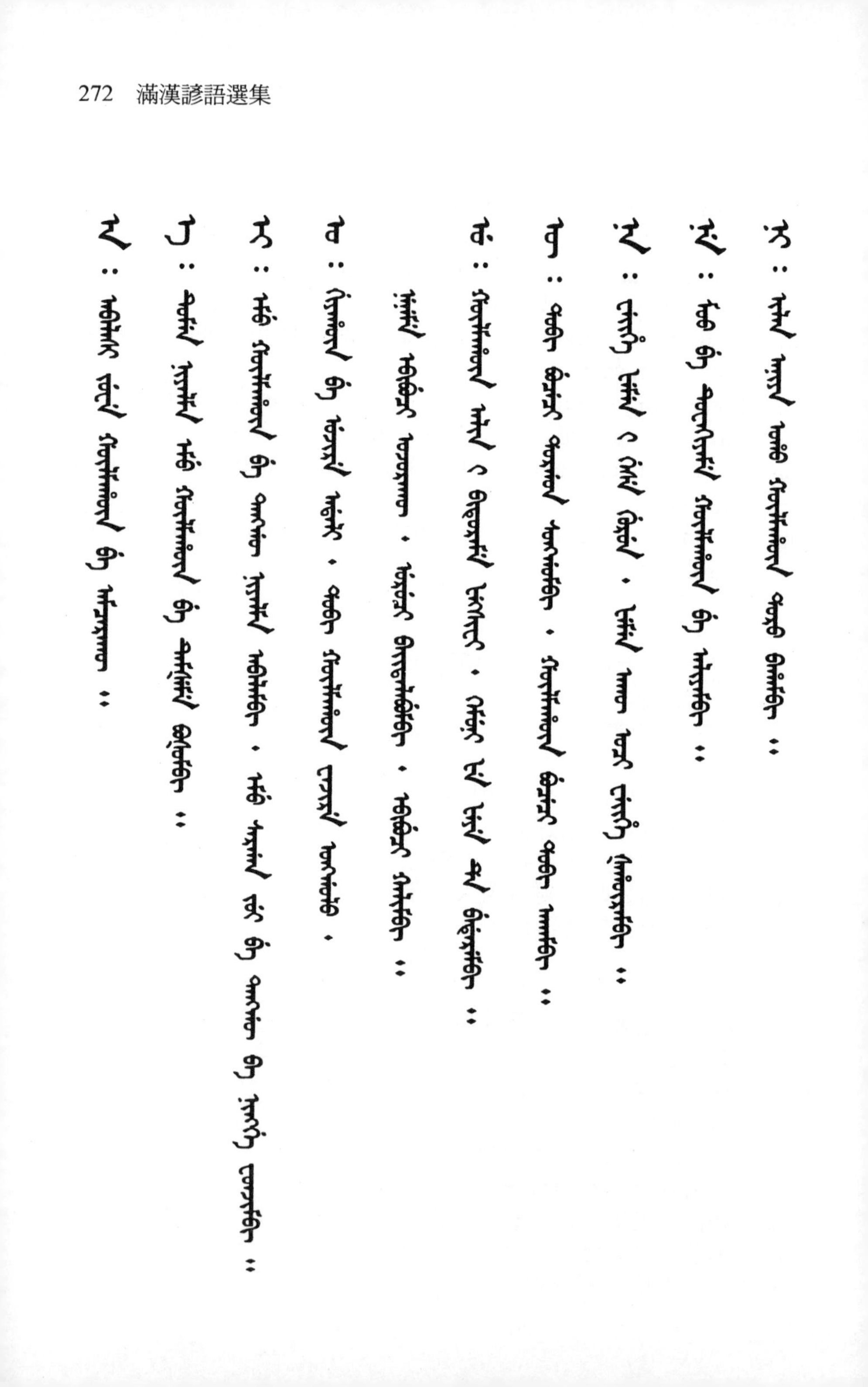

[illegible]

[illegible]

[illegible]

[illegible]

[illegible]

[illegible]

[illegible]

[illegible]

[illegible]

五十三、物傷其類

a ：abalasi juwe gūlmahūn be amcarakū.
e ：tumen niyalma emu gūlmahūn be temšeme bošombi.
i ：emu gūlmahūn be tanggū tanggū niyalma abalambi, emu sargan jui be tanggū ba ningge fonjimbi.
o ：giyahūn be ujire adali, dobi gūlmahūn wajire onggolo, neneme ebibuci ojorakū, uruci baitalabumbi, ebibuci kalimbi.
u ：gūlmahūn alin i biturame feksifi, kemuni fe feye de bederembi.
ū ：dobi buceci dorgon songgombi, gūlmahūn buceci dobi akambi.
na：weihe femen i gese gurun, femen akū oci weihe šahūrambi.
ne：moo be tuwakiyame gūlmahūn be aliyambi.
ni ：ilan aniya oho gūlmahūn doro bahambi.

---

a ：獵人不追二兎。
e ：萬人爭逐一兎。
i ：一隻兎子百人獵，一個姑娘百人相。
o ：如養鷹耳，狐兎未息，不可先飽，饑則爲用，飽則颺去。
u ：兎兒沿山跑，還來歸舊窩。
ū ：狐死獾泣，兎死狐悲。
na：唇齒之邦，唇亡則齒寒也。
ne：守株待兎。
ni ：三年的兎子能成精。

---

a ：猎人不追二兎。
e ：万人争逐一兎。
i ：一只兎子百人猎，一个姑娘百人相。
o ：如养鹰耳，狐兎未息，不可先饱，饥则为用，饱则扬去。
u ：兎儿沿山跑，还来归旧窝。
ū ：狐死獾泣，兎死狐悲。
na：唇齿之邦，唇亡则齿寒也。
ne：守株待兎。
ni ：三年的兎子能成精。

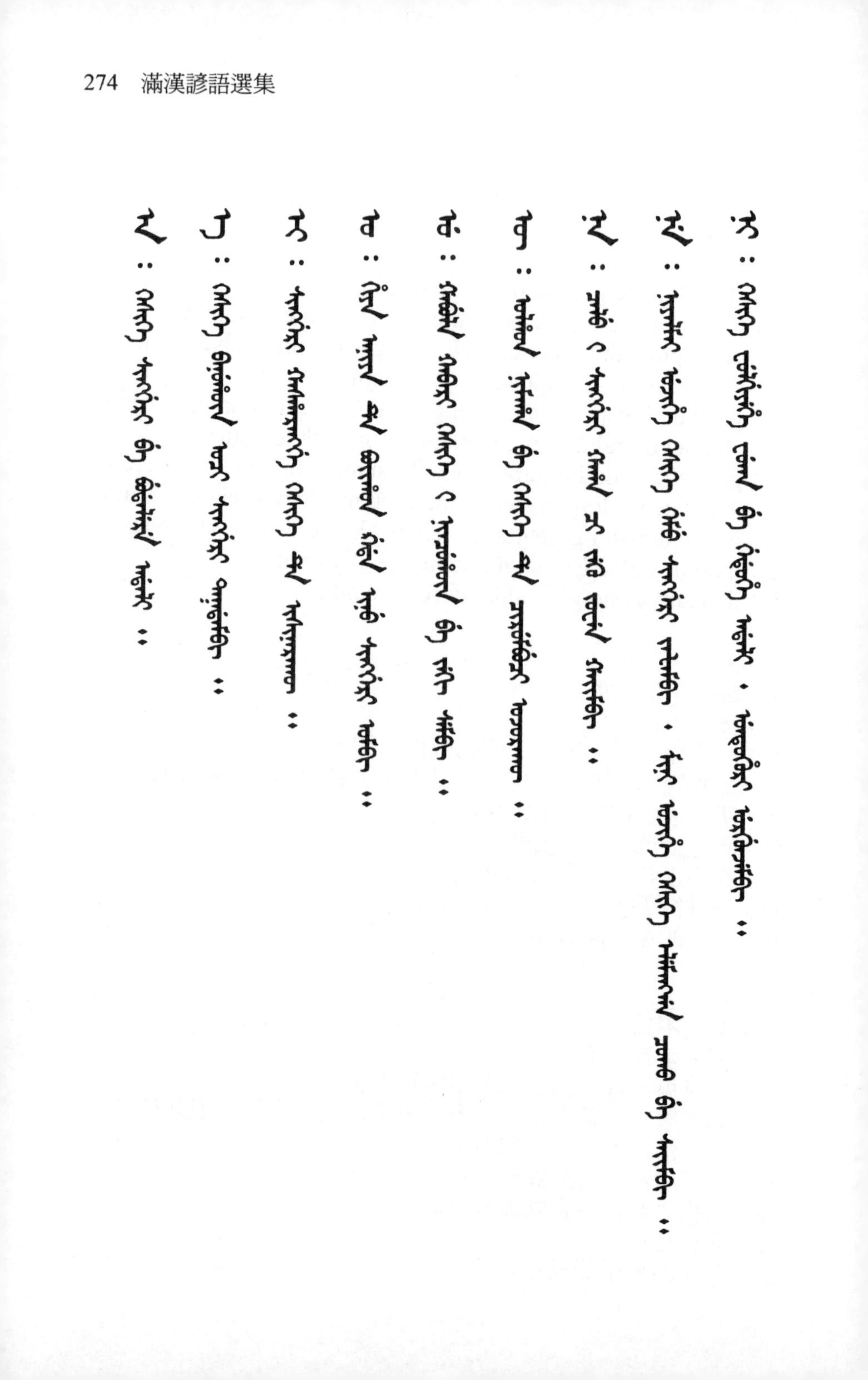

五十四、投鼠忌器

a ：kesike singgeri be budalere adali.
e ：kesike banuhūn oci singgeri takdambi.
i ：singgeri gasharangge kesike de isinarakū.
o ：hiya aniya de boihon g'ada inu singgeri ombi.
u ：gabula kabari kesike i nincuhūn be jeki sembi.
ū ：olhon nimaha be kesike de cirumbuci ojorakū.
na：calu i singgeri gaha ci jeku juwen gaimbi.
ne：niyalmai ujihe kesike gemu singgeri jafambi, mini ujihe kesike elemangga coko be saimbi.
ni ：kesike fulgiyehe fuka be geduhe adali, untuhuri urgunjembi.

---

a ：如貓喂鼠。
e ：貓懶鼠逞強。
i ：老鼠的詛咒奈何不得貓。
o ：荒年的土疙瘩也變成老鼠。
u ：饞狗兒欲吃貓之腥。
ū ：乾魚不得給貓作枕頭。
na：倉鼠跟老鴰借糧。
ne：人家養貓拿耗子，我養的貓反倒咬雞。
ni ：貓咬氣泡空歡喜。

---

a ：如猫喂鼠。
e ：猫懒鼠逞强。
i ：老鼠的诅咒奈何不得猫。
o ：荒年的土疙瘩也变成老鼠。
u ：馋狗儿欲吃猫之腥。
ū ：干鱼不得给猫作枕头。
na：仓鼠跟老鸹借粮。
ne：人家养猫拿耗子，我养的猫反倒咬鸡。
ni ：猫咬气泡空欢喜。

[illegible]: ᠨᡳᠶᠠᠯᠮᠠ [illegible] ᠪᡝ [illegible] [illegible]::

[illegible]: [illegible] [illegible] ᠪᡝ ᠨᡳᠶᠠᠯᠮᠠ [illegible]::

[illegible]: [illegible] [illegible] ᡳ ᠨᡳᠶᠠᠯᠮᠠ [illegible] ᠪᡝ [illegible] [illegible], [illegible] [illegible] [illegible] [illegible]::

[illegible]: ᠨᡳᠶᠠᠯᠮᠠ [illegible] [illegible] [illegible]::

[illegible]: ᠨᡳᠶᠠᠯᠮᠠ [illegible] ᠪᡝ [illegible] [illegible] [illegible]:: [illegible] [illegible] [illegible] [illegible] [illegible]::

[illegible]: ᠨᡳᠶᠠᠯᠮᠠ [illegible] ᠪᡝ [illegible] [illegible] [illegible].

[illegible]: ᠨᡳᠶᠠᠯᠮᠠ ᡳ [illegible] [illegible] [illegible] [illegible] ᡳ [illegible] [illegible]::

[illegible]: ᠨᡳᠶᠠᠯᠮᠠ ᡳ [illegible] [illegible] [illegible] ᡳ [illegible]::

a ：singgeri be fahaki seci tetun be guwelke.
e ：singgeri be tantara jalin gu i tampin be kokiraci ojorakū.
i ：singgeri uncehen de yoo banjiha adali, niyaki bihe seme giyanakū udu.
o ：singgeri uncehen de yoo tucike adali.
u ：singgeri jurun baha adali.
ū ：halhūn muke be singgeri jurun de suitaha adali, emu feye yooni bucembi.
na：dogo kesike de singgeri pungtelembi.
ne：singgeri duha de senggi tebumbi.

---

a ：投鼠忌器。
e ：不得爲打老鼠傷了玉瓶。
i ：老鼠尾巴長瘡，有膿也不多。
o ：如耗子尾上長瘡。
u ：雲端裡老鼠，天生的耗子。
ū ：滾水潑老鼠洞，一窩兒都是死。
na：瞎猫碰上死老鼠。
ne：老鼠腸子做灌腸。

---

a ：投鼠忌器。
e ：不得为打老鼠伤了玉瓶。
i ：老鼠尾巴长疮，有脓也不多。
o ：如耗子尾上长疮。
u ：云端里老鼠，天生的耗子。
ū ：滚水泼老鼠洞，一窝儿都是死。
na：瞎猫碰上死老鼠。
ne：老鼠肠子做灌肠。

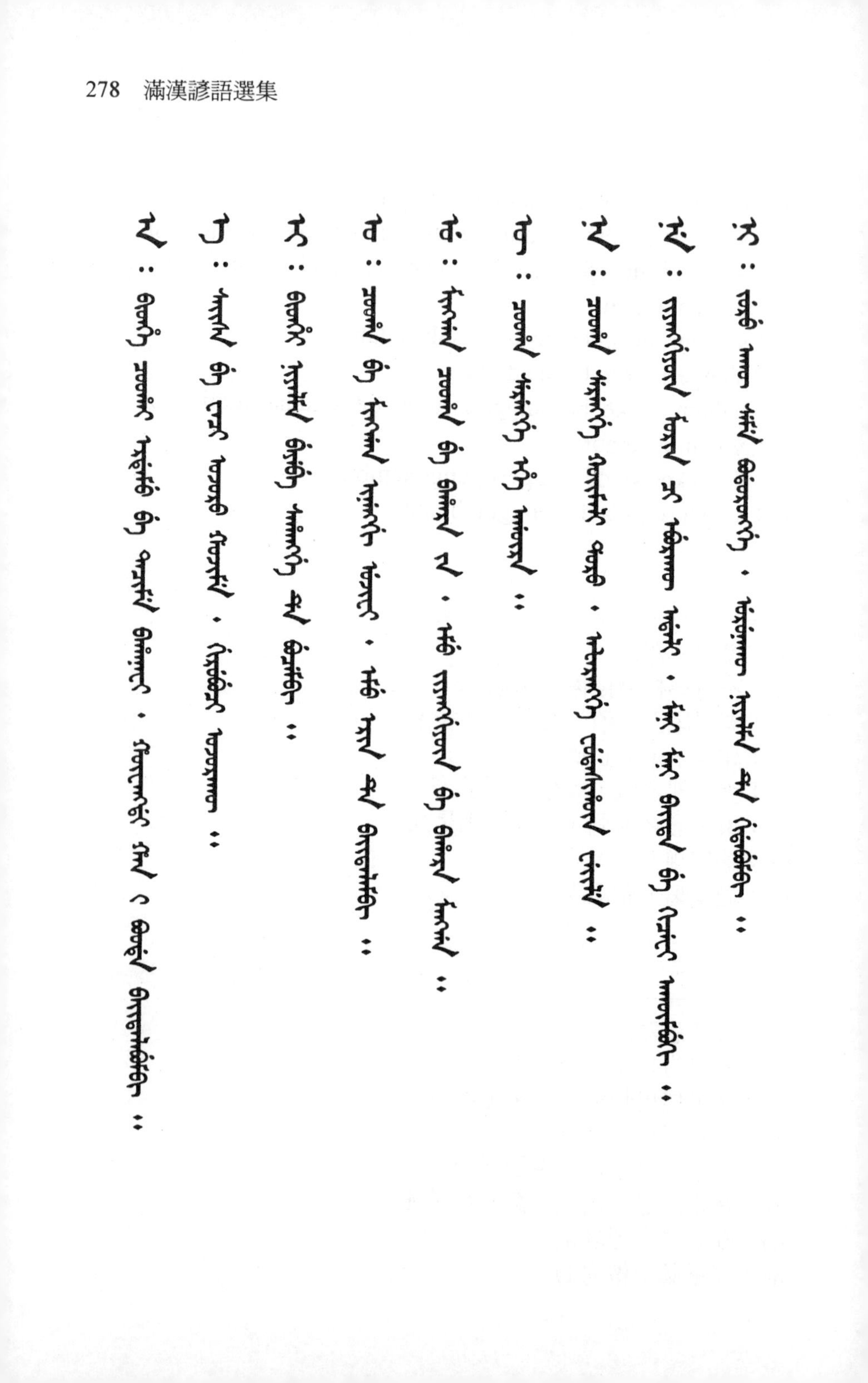

五十五、用兵之道

a：bithe coohai erdemu be tacime bahanafi, hūwangdi han i boode baitalabumbi.
e：saisa be waci ojoro gojime, girubuci ojorakū.
i：bithei niyalma beyebe sahangge de bucembi.
o：cooha be minggan inenggi ujifi, emu erin de baitalambi.
u：minggan cooha be bahara ja, emu jiyanggiyūn be bahara mangga.
ū：cooha serengge ehe agūra.
na：cooha serengge koimali doro, afarangge fudasihūn weile.
ne：jiyanggiyūn morin ci eburakū adali, meni meni baita be kicefi akūmbuki.
ni：juru akū seme bodorongge, urunakū niyalma de gidabumbi.

---

a：學成文武藝，貨於帝王家。
e：士可殺不可辱。
i：士爲知己者死。
o：養兵千日，用在一朝。
u：千兵易得，一將難求。
ū：兵者，凶器也。
na：兵者詭道也，戰者逆道也。
ne：將軍不下馬，各自奔前程。
ni：自料無敵，必敗於人。

---

a：学成文武艺，货于帝王家。
e：士可杀不可辱。
i：士为知己者死。
o：养兵千日，用在一朝。
u：千兵易得，一将难求。
ū：兵者，凶器也。
na：兵者诡道也，战者逆道也。
ne：将军不下马，各自奔前程。
ni：自料无敌，必败于人。

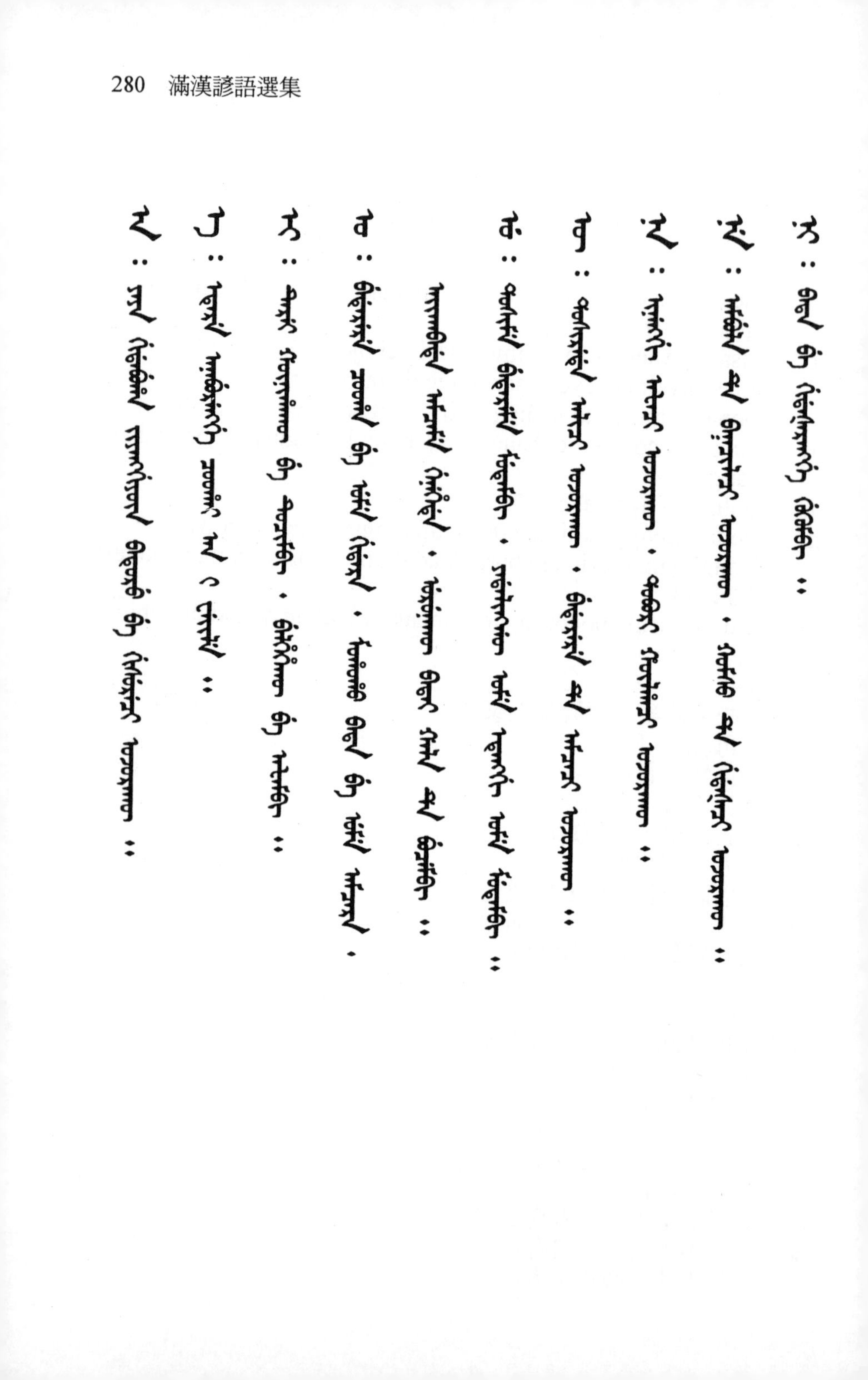

[illegible]

[illegible]

[illegible]

[illegible]

[illegible]
[illegible]

[illegible]

[illegible]

[illegible]

[illegible]

[illegible]

a ：yaya gidabuha jiyanggiyūn baturu be gisureci ojorakū.
e ：etere anaburengge coohai an i weile.
i ：terei gūnihakū be tucimbi, belhehekū be afambi.
o ：bederere cooha be ume gidara, mohoho bata be ume amcara, aikabade amcame genehede, urunakū batai gala de bucembi.
u ：dosime bedereme mutembi, yadalinggū ome etenggi ome mutembi.
ū ：dosirede alici ojorakū, bederere de amcaci ojorakū.
na：inenggi afaci ojorakū, dobori hūlhaci ojorakū.
ne：ambula de bakcilaci ojorakū, komso de gidašaci ojorakū.
ni ：bata be gidašarangge gukumbi.

---

a ：凡敗軍之將，不可以言勇。
e ：勝負乃兵家常事。
i ：出其不意，攻其不備。
o ：歸師勿掩，窮寇莫追，若追必死敵手。
u ：能進能退，能弱能強。
ū ：進不可當，退不可追。
na：晝不可攻，夜不可襲。
ne：多不可敵，少不可欺。
ni ：欺敵者亡。

---

a ：凡败军之将，不可以言勇。
e ：胜负乃兵家常事。
i ：出其不意，攻其不备。
o ：归师勿掩，穷寇莫追，若追必死敌手。
u ：能进能退，能弱能强。
ū ：进不可当，退不可追。
na：昼不可攻，夜不可袭。
ne：多不可敌，少不可欺。
ni ：欺敌者亡。

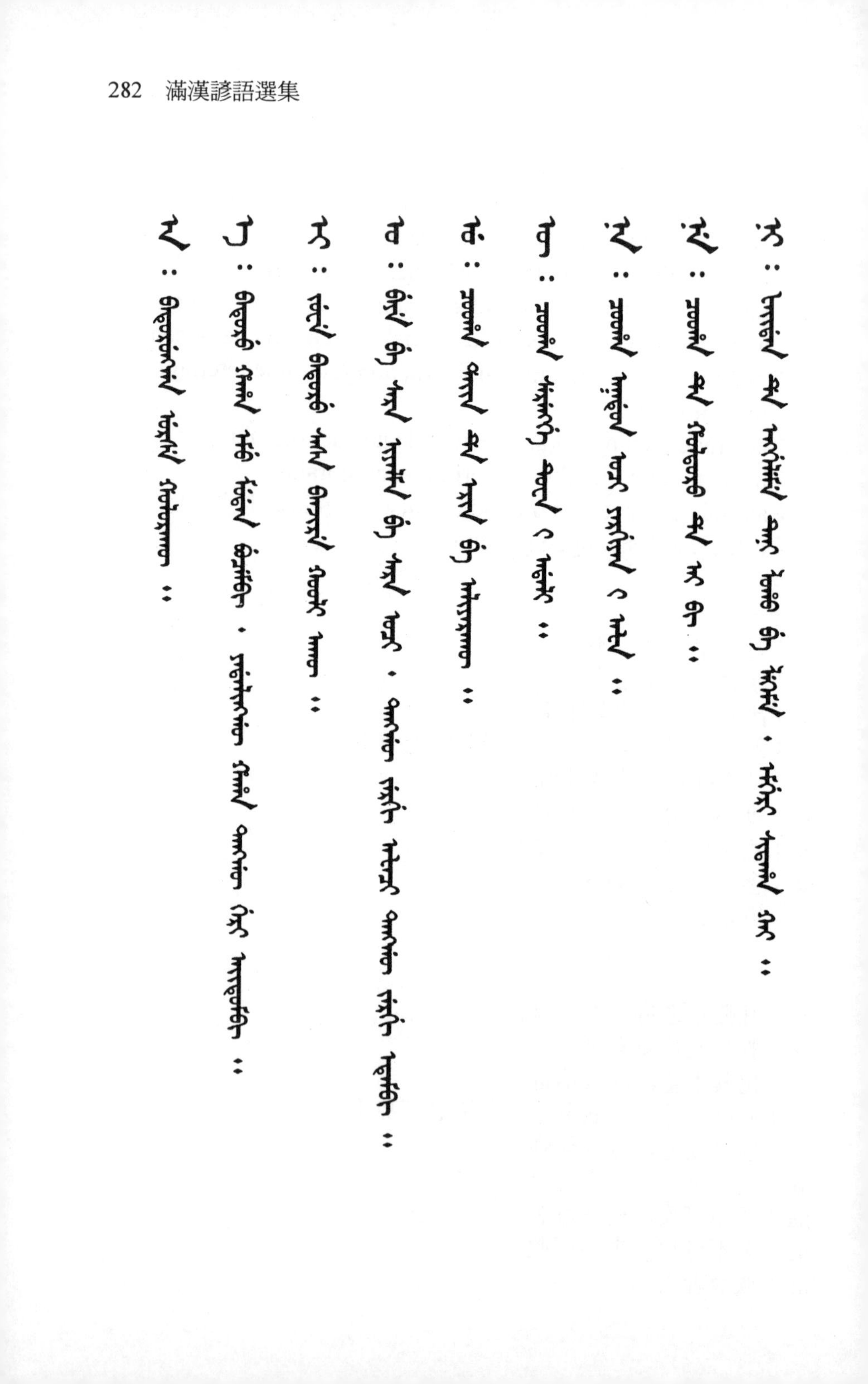

[illegible]

[illegible]

[illegible]

[illegible]

[illegible]

[illegible]

[illegible]

[illegible]

[illegible]

a ：baturungga urse golorakū.
e ：baturu haha emu mudan bucembi, yadalinggū haha tanggū geri aitumbi.
i ：juwe baturu sasa banjire kooli akū.
o ：beye be sara niyalma be sara oci, tanggū jergi afaci tanggū jergi etembi.
u ：cooha dain de erin be aliyarakū.
ū ：cooha serengge tuwa i adali.
na：cooha akdun oci yargiyan i afa.
ne：cooha de holtoro de ai bi.
ni ：faidan de enggeleme teni loho be lekeme, emgeri sitaha kai!

---

a ：勇者不懼。
e ：勇士只有一死，懦夫却活千次。
i ：二雄不並立。
o ：知己知彼，百戰百勝。
u ：征不待時。
ū ：兵猶火也。
na：信兵實戰。
ne：兵不厭詐。
ni ：臨陣磨刀，爲時已晚矣。

---

a ：勇者不惧。
e ：勇士只有一死，懦夫却活千次。
i ：二雄不并立。
o ：知己知彼，百战百胜。
u ：征不待时。
ū ：兵犹火也。
na：信兵实战。
ne：兵不厌诈。
ni ：临阵磨刀，为时已晚矣。

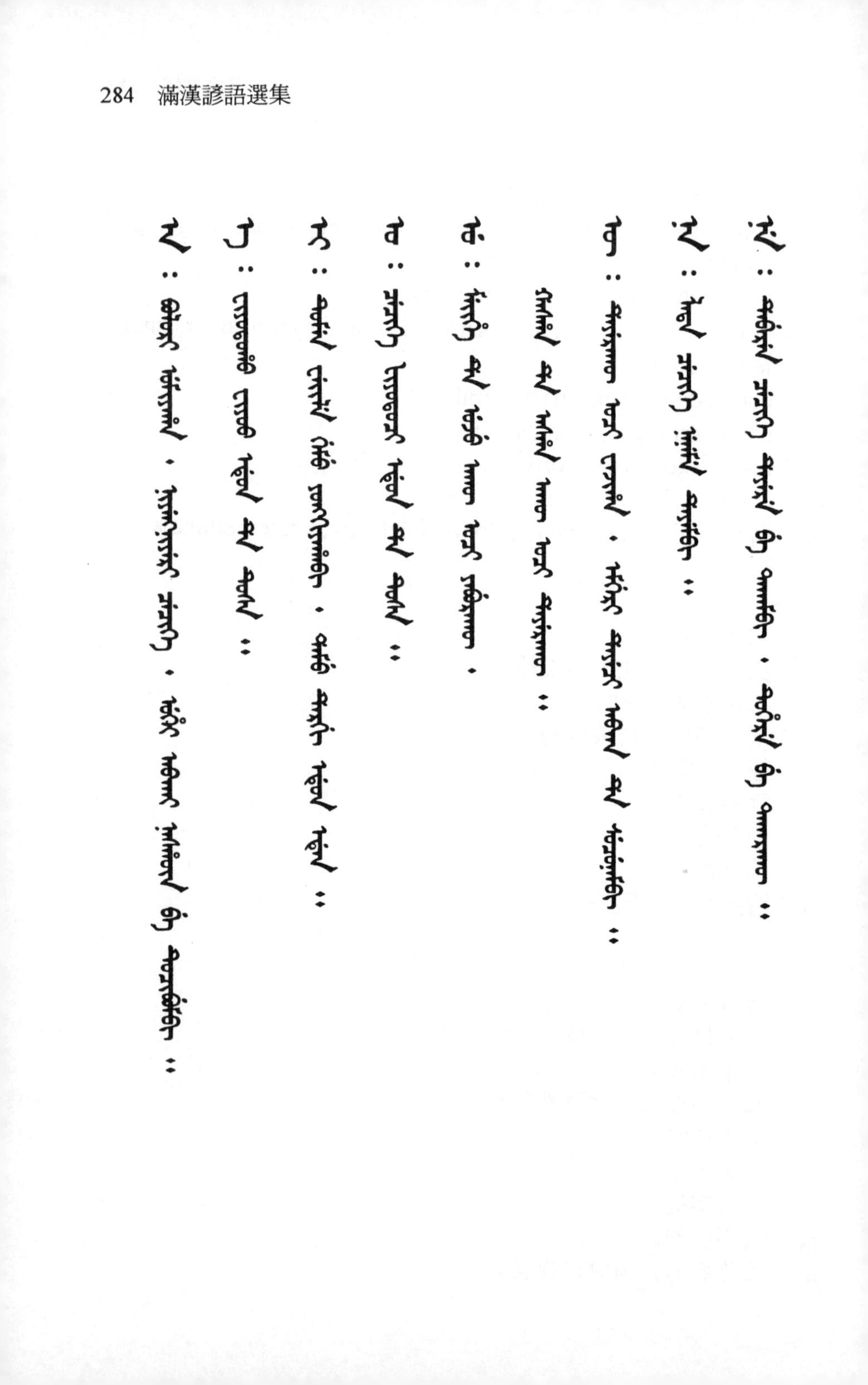

五十六、放屁添風

a：bolori umiyaha niyengniyeri cecike, uhei abkai nashūn be tucibumbi.
e：fiyotoho fiyoo edun de tusa.
i：tumen weile gemu yongkiyahabi, damu dergi edun eden.
o：cecike fiyotoci edun de tusa.
u：meihe de uju akū oci yaburakū, gasha de asha akū oci deyerakū.
ū：deyerakū oci wajiha, emgeri deyeci abka de sucunambi.
na：lata cecike neneme deyembi.
ne：deberen cecike deyere be takambi, tuhere be takarakū.

---

a：秋蟲春鳥共暢天機。
e：放屁添風。
i：萬事俱備，只欠東風。
o：雀兒放屁利於風。
u：蛇無頭而不行，鳥無翅而不飛。
ū：不飛則已，一飛衝天。
na：夯雀兒先飛。
ne：雛鳥只知飛，不知落。

---

a：秋虫春鸟共畅天机。
e：放屁添风。
i：万事俱备，只欠东风。
o：雀儿放屁利于风。
u：蛇无头而不行，鸟无翅而不飞。
ū：不飞则已，一飞冲天。
na：夯雀儿先飞。
ne：雏鸟只知飞，不知落。

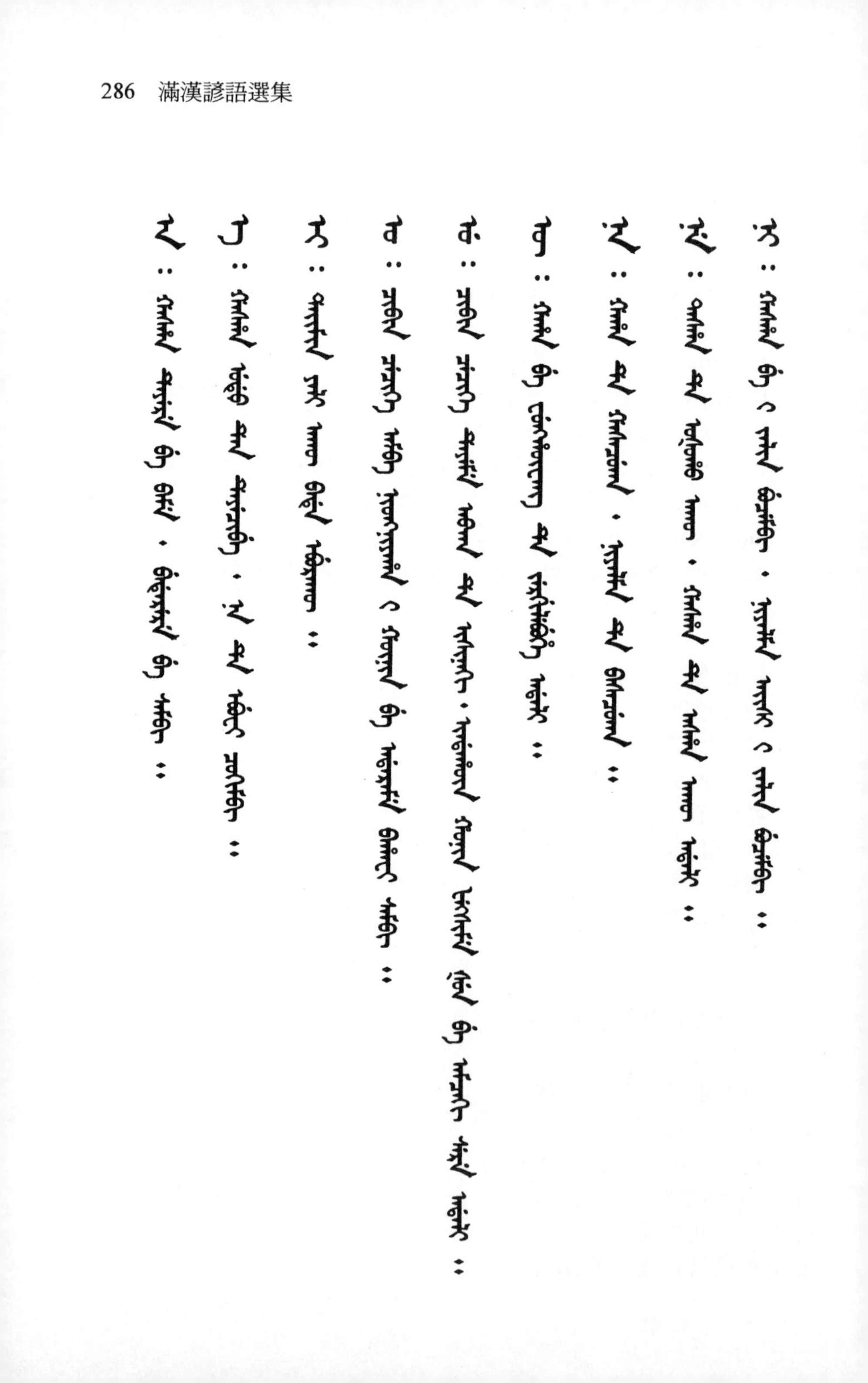

a ：gasha deyere be bame, bederere be sambi.
e ：gasha udu den deyecibe, na de ebufi cokimbi.
i ：daimin yali akū bade eburakū.
o ：cibin cecike amba niongniyaha i gūnin be adarame bahafi sambi.
u ：cibin cecike deyeme abka de isinaki, indahūn honin feksime šun be amcaki sere adali.
ū ：gaha be funghūwang de jergilebuhe adali.
na ：gaha de gasacuka, niyalma de basacuka.
ne ：tasha de ošoho akū, gasha de asha akū adali.
ni ：gasha be i jalin bucembi, niyalma aisi i jalin bucembi.

---

a ：鳥倦飛而知還。
e ：鳥兒飛得再高，也要落地啄食。
i ：山鷹不會盤旋在無肉的地方。
o ：燕雀安知鴻鵠之志？
u ：如燕雀之物而慕冲天之棲，犬羊之蹄而移近日之步。
ū ：寒鴉以配鸞鳳。
na ：烏鴉怨，人恥笑。
ne ：如虎無爪，鳥無翼。
ni ：鳥爲食亡，人爲財死。

---

a ：鸟倦飞而知还。
e ：鸟儿飞得再高，也要落地啄食。
i ：山鹰不会盘旋在无肉的地方。
o ：燕雀安知鸿鹄之志？
u ：如燕雀之物而慕冲天之栖，犬羊之蹄而移近日之步。
ū ：寒鸦以配鸾凤。
na ：乌鸦怨，人耻笑。
ne ：如虎无爪，鸟无翼。
ni ：鸟为食亡，人为财死。

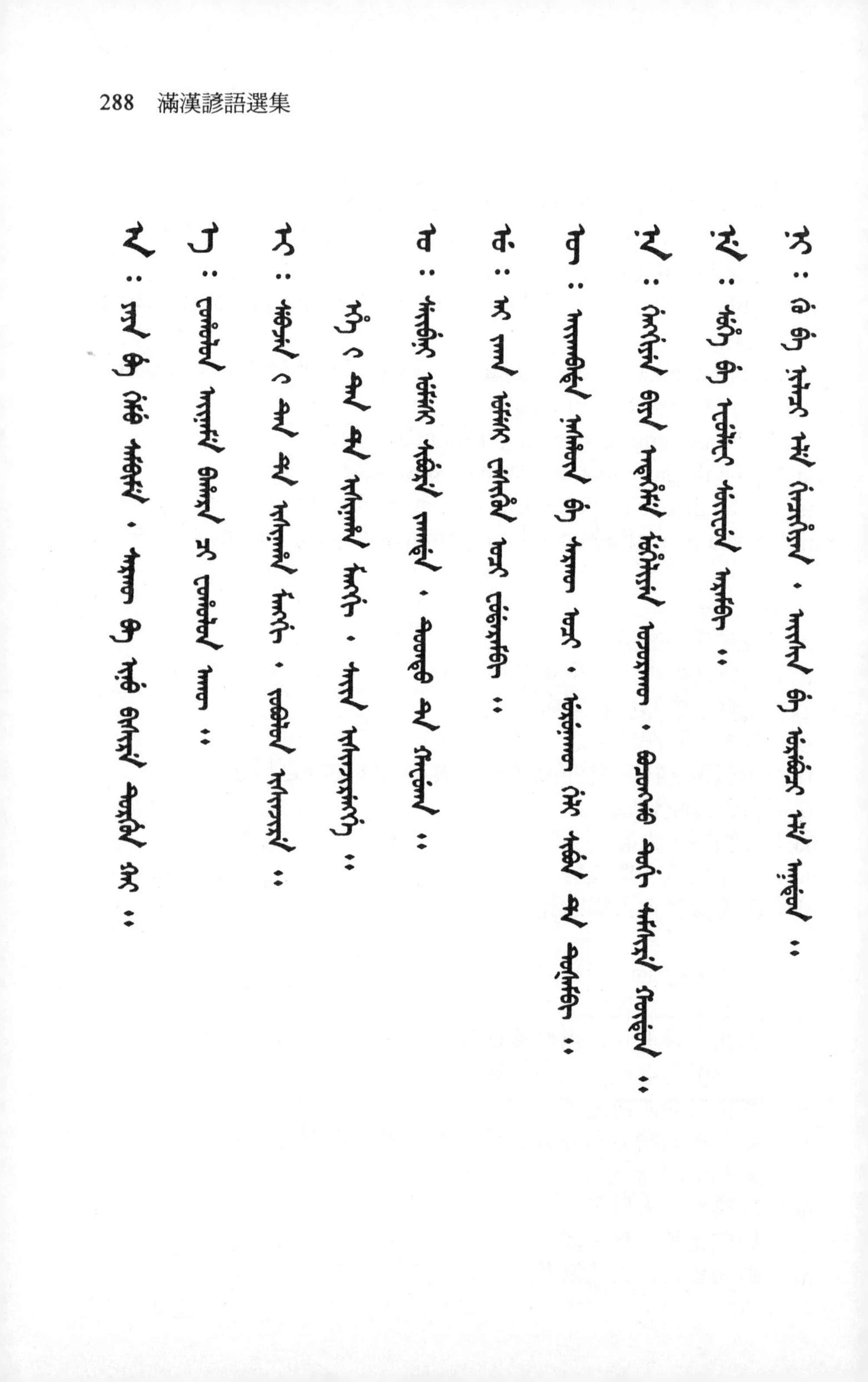

五十七、有長有短

a ：yaya be gemu sambime, sarkū ba inu bisire turgun kai.
e ：foholon ainame bahara ci foholon akū.
i ：sebjen i ten de isinaha manggi, jobolon isinjire, ehe i ten de isinaha manggi, sain isinjirengge.
o ：seibeni umesi sibure jakade, tuttu te hafuka.
u ：ai jaka umesi wesihun oci fudarambi.
ū ：aikabade nashūn be sarkū oci, urunakū geli sibun de tušambi.
na：genggiyen biya enteheme muheliyen ojorakū, boconggo tugi samsire hūdun.
ne：suhe be efulefi suifun arambi.
ni ：gu be nilaci ele gincihiyan, aisin be urebuci ele akdun.

---

a ：凡有長必有所短也。
e ：短莫短於苟得。
i ：樂極生悲，否極泰來。
o ：當時否極，故有今日之泰。
u ：物極則反。
ū ：若不知機，定又遭否。
na：明月不常圓，彩雲容易散。
ne：毀了斧子做錐子。
ni ：玉磨愈潔，金煉愈堅。

---

a ：凡有长必有所短也。
e ：短莫短于苟得。
i ：乐极生悲，否极泰来。
o ：当时否极，故有今日之泰。
u ：物极则反。
ū ：若不知机，定又遭否。
na：明月不常圆，彩云容易散。
ne：毁了斧子做锥子。
ni ：玉磨愈洁，金炼愈坚。

ᡨᡳ : ᡶᡝᠴᡝᠨ ᡨᠣᠮᠣᡵᡳ ᠨᡳᠶᠠᠯᠮᠠ ᡩᡝ ᠠᠯᡳᠪᡠᡵᡝᡴᡡ ᠪᡳᡥᡝ᠈ ᡩᡝ ᡤᡝᠰᡝ ᠠᡴᡡ ᠵᠠᡳᡤᠣᠰᡳ ᠨᡳᠶᠠᠯᠮᠠ ᡩᡝ ᠠᠴᠠᠪᡠᡵᠠᡴᡡ᠉

ᡩᡳ : ᡶᡠᡩᠠᠰᡳ ᡨᠣᠮᠣᡵᡳ ᠨᡳᠶᠠᠯᠮᠠ ᡤᡝᠪᡠᠩᡤᡝ ᡨᠣᠮᠣᡵᡳ ᠨᡳᠶᠠᠯᠮᠠ ᠪᡝ ᡤᡝᠰᡝᡵᡝ ᠵᠠᡴᡡᠨ ᠠᡴᡡ᠉

ᡨᠣ : ᡨᡠᠸᠠᡵᡳ ᠪᡝ ᡤᡝᠰᡝᡵᡝ ᠪᡳᠰᡳᡵᠠᡴᡡ᠈ ᠰᡝᡵᡝᡤᡝ ᡳᠰᡳᡵᡝ ᠪᡝ ᡤᡝᠰᡝᡵᡝ ᠵᠣᡵᠣᡵᠠᡴᡡ᠉

ᡥᠣᠩ ᠨᡳᠶᠠᠯᠮᠠ ᠪᡝ ᡥᡝᠰᡝ ᡤᡳᠰᡠᠨ ᠠᡴᡡᠩᡤᡝ ᡥᠣᠩ ᠨᡳᠶᠠᠯᠮᠠ ᠪᡳ᠉

ᡩᠣ : ᡩᡝᠨ ᡥᠠᠯᡥᡡᠨ ᡨᡠᠸᠠᠪᡠ ᠰᡳᠨᡩᡝ ᡩᡝ ᠰᡳᠮᡝᡵᡝ᠈ ᠰᡳᠨᡩᡝ ᡨᡠᠸᠠᡵᡳ ᡩᡝ ᠰᡳᠮᡝᡴᡝ᠈

ᡨᡠ : ᠵᠠᡴᡡ ᡨᠣᠪ ᡳ ᠪᡝ ᡨᡠᡴᡠᠪᡠ ᡳᠯᠠᠨ ᠪᡳᠰᡠᠪᡠ᠈ ᠰᡠᠨᠵᠠᠴᡳ ᠨᡳᠶᠠᡴᡠᡵᡝ ᠪᠣᠪᠣ ᠠᡴᡡ᠉

ᠰᡠᠨᠵᠠᠨ ᠰᡳᠮᡝᡵᡝ ᡩᡝ ᡝᡵᡝ ᠪᡠᠯᡝ ᠪᡝ ᡨᡠᠸᠠᡴᡡᠨ᠉

ᡩᡠ : ᡨᡠᠸᠠᡵᡝ ᡤᡳᠰᡠᠨ ᡩᡝ ᠵᠠᡳᡤᠣᠰᡳ ᠠᡴᡡ ᡩᡝ ᡤᡝᠯᡝᠮᡝᡵᡝᡴᡡ᠈

ᡨᡡ : ᠨᡳᠶᠠᠯᠮᠠ ᡨᠣᠰᡳ ᠪᡝᠴᡝᡵᡝ ᠨᡳᠶᠠᠯᠮᠠ᠈ ᡝᡵᡝ ᠪᡳᡥᡝ ᠠᠯᡳᠪᡠᡥᡝ ᡨᡠᠸᠠᡵᠠᡴᡡ᠉

ᡩᡡ : ᡥᡠᠪᡠ ᡥᠣᠪᡠᡵᡝ ᡨᡠᠸᠠᡵᡳ ᡩᡝ ᡤᡝᠰᡠᠪᡠᡵᡝ᠈ ᡥᠠᠪᡠ ᡨᡠᠪᡠᡵᡝ ᡩᡝ ᡤᡝᠯᡳᠪᡠᡵᡝ᠉

a：emu abdaha muke de dekdeci, amba mederi de dosinambi.
e：niyalma ofi banjire niyalma, ya bade ishunde ucararakū.
i：umesi hiya de jancuhūn aga de teisulebuhe, gūwa gašan de fe gucu be ucaraha.
o：yang jeo i ba udu sain bicibe, goidame narašara boo waka.
u：teni arsuka orho gecen de geleme, gecen šun de gelere, ehe niyalma be ini cisui akabure ehe niyalma bi.
ū：šun be dahaci beyerakū, genggiyen hafan be dahaci yuyurakū.
na：mursa uncara niyalma dabsun uncara niyalma be dahame yabure adali.
ne：matan uncara niyalma de eiterebuhe bihe, te kemuni angga jancuhūn niyalma de akdarakū.

---

a：一葉浮萍歸大海。
e：爲人何處不相逢。
i：久旱逢甘雨，他鄉遇故知。
o：揚州雖好，不是久戀之家。
u：嫩草怕霜霜怕日，惡人自有惡人磨。
ū：跟著太陽不挨凍，跟著清官不受窮。
na：賣蘿蔔的跟著鹽擔子走。
ne：曾被賣糖君子哄，到今不信口甜人。

---

a：一叶浮萍归大海。
e：为人何处不相逢。
i：久旱逢甘雨，他乡遇故知。
o：扬州虽好，不是久恋之家。
u：嫩草怕霜霜怕日，恶人自有恶人磨。
ū：跟着太阳不挨冻，跟着清官不受穷。
na：卖萝卜的跟着盐担子走。
ne：曾被卖糖君子哄，到今不信口甜人。

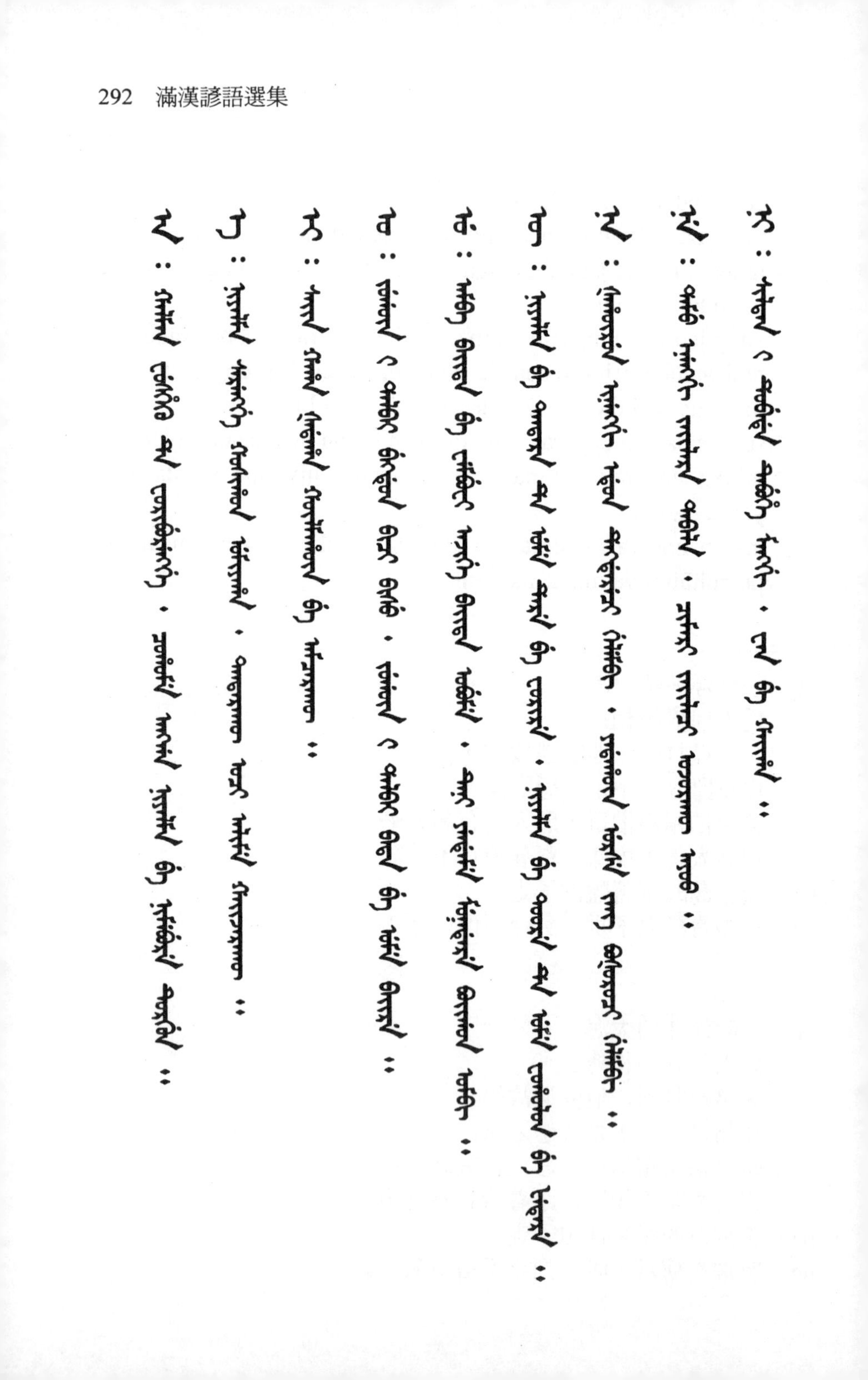

[illegible]

[illegible]

[illegible]

[illegible]

[illegible]

[illegible]

[illegible]

[illegible]

[illegible]

a：galman fusheku de foriburengge, cohome angga niyalma be nimebure turgun.
e：niyalma serengge gosihon umiyaha, tantarakū oci alime gaijarakū.
i：sain haha šadaha gūlmahūn be amcarakū.
o：jugūn i dalbai bekdun bici bisu, jugūn i dalbai bata be ume baire.
u：amba baita be wembufi ajige baita obume, teni yendeme mukdere boigon ombi.
ū：niyalma be tantara de ume dere be forire, niyalma be toore de ume foholon be fetere.
na：šahūrun inenggi edun dekdereci gelembi,yadahūn urse jang bošoroci gelembi.
ne：damu enenggi jailara dabala, cimari jailaci ojorakū ayoo.
ni：siltan i dubede tebuhe manggi, wan be gaiha.

---

a：蚊蟲遭扇打，只爲嘴傷人。
e：人是苦蟲，不打不招。
i：好漢子不趕乏兎兒。
o：寧少路邊錢，莫少路邊拳。
u：大事化爲小事，方是興旺之家。
ū：打人休打臉，罵人休揭短。
na：天寒怕起風，人窮怕討債。
ne：只怕躲過今日，也躲不過明日。
ni：叫人坐在杆頭上，却將梯子移去。

---

a：蚊虫遭扇打，只为嘴伤人。
e：人是苦虫，不打不招。
i：好汉子不赶乏兎儿。
o：宁少路边钱，莫少路边拳。
u：大事化为小事，方是兴旺之家。
ū：打人休打脸，骂人休揭短。
na：天寒怕起风，人穷怕讨债。
ne：只怕躲过今日，也躲不过明日。
ni：叫人坐在杆头上，却将梯子移去。

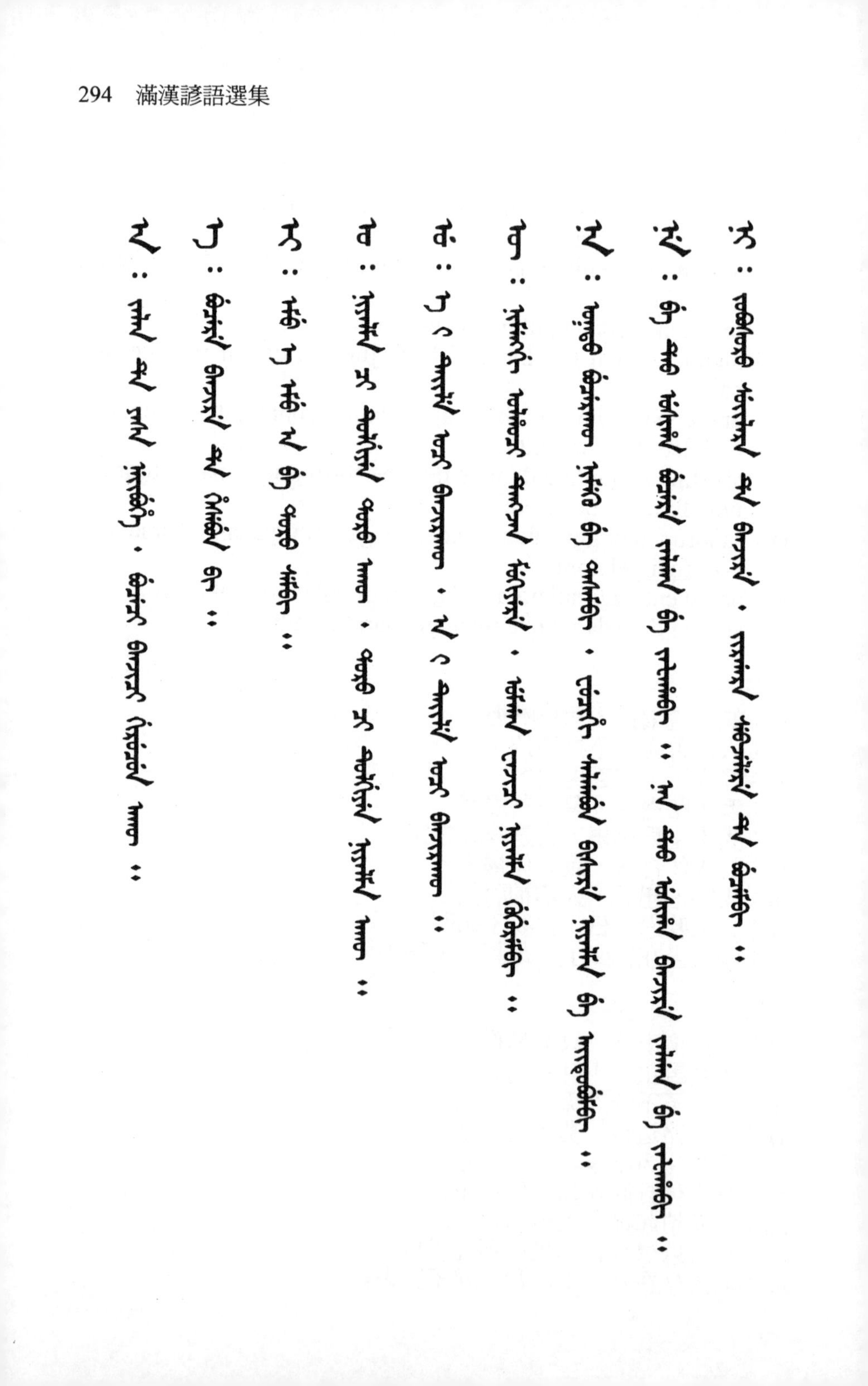

五十八、死生不愧

a ：jalan de yasa neibuhe, buceci banjici girucun akū.
e ：bucere banjire de hesebun bi.
i ：emu e emu a be doro sembi.
o ：niyalma ci tulgiyen doro akū, doro ci tulgiyen niyalma akū.
u ：e i teile oci banjirakū, a i teile oci banjirakū.
ū ：nimenggi olhoci dengjan mukiyere, umgan wajici niyalma gugurembi.
na：okto bucerakū nimeku be dasambi, fucihi salgabun bisire niyalma be aitubumbi.
ne：be deo usiha bucere jalgan be jafahabi, nan deo usiha banjire jalgan be jafahabi.
ni ：jobošoro suilara de banjire, jirgara sebjelere de bucembi.

---

a ：明目於當世，死生不愧。
e ：生死有命。
i ：一陰一陽謂之道。
o ：人外無道，道外無人。
u ：獨陰不生，獨陽不生。
ū ：油枯燈滅，髓竭人亡。
na：藥醫不死病，佛度有緣人。
ne：北斗注死，南斗注生。
ni ：生於憂患，而死於安樂。

---

a ：明目于当世，死生不愧。
e ：生死有命。
i ：一阴一阳谓之道。
o ：人外无道，道外无人。
u ：独阴不生，独阳不生。
ū ：油枯灯灭，髓竭人亡。
na：药医不死病，佛度有缘人。
ne：北斗注死，南斗注生。
ni ：生于忧患，而死于安乐。

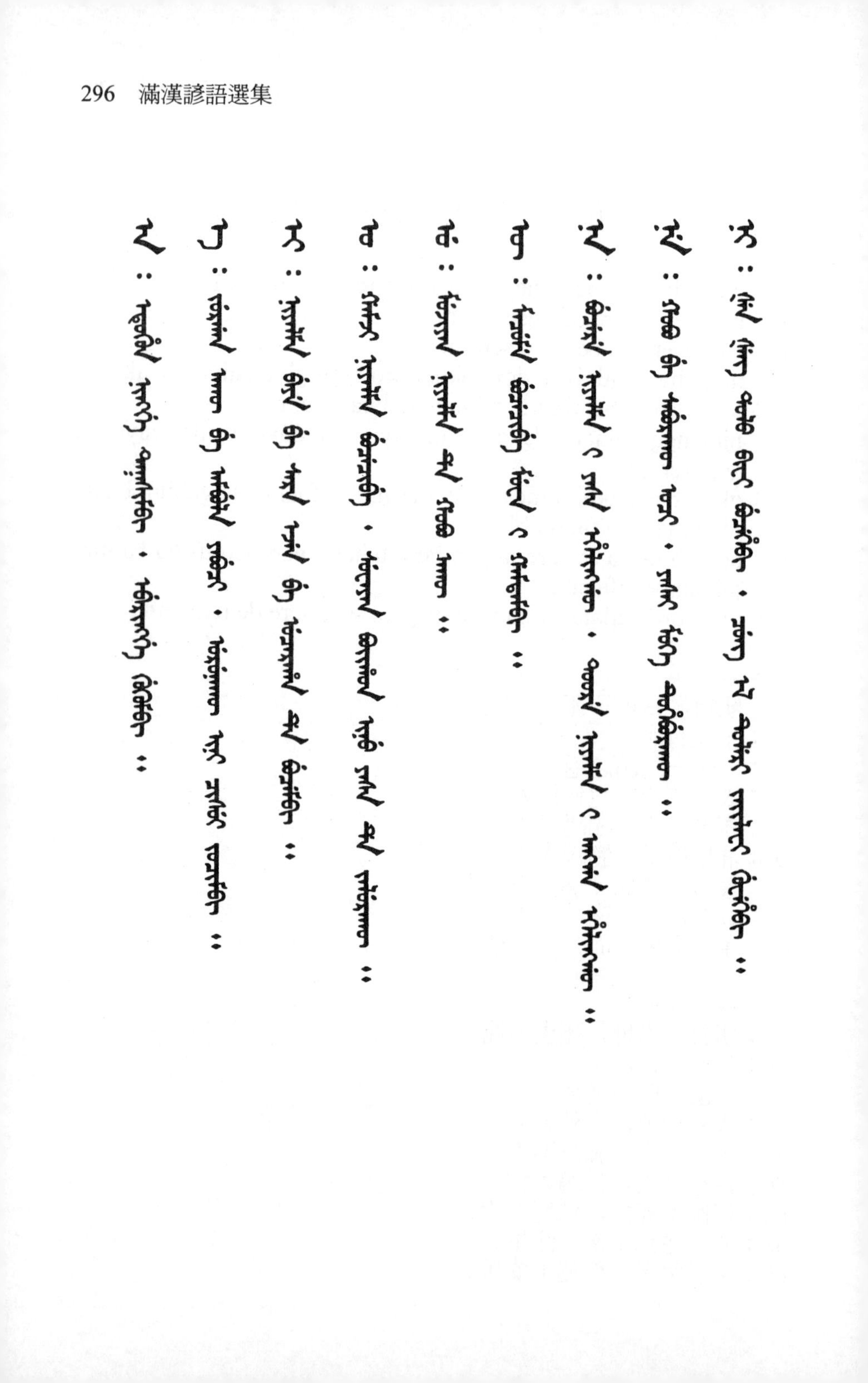

[illegible]

[illegible]

[illegible]

[illegible]

[illegible]

[illegible]

[illegible]

[illegible]

[illegible]

a ：etuhun ningge taksimbi, eberingge gukumbi.
e ：jurgan akū be ambula yabuci, urunakū ini cisui jocimbi.
i ：niyalma beye be sara ejen be ucaraha de bucembi.
o ：gamji niyalma bucecibe, suwayan boihon inu yasa de jalurakū.
u ：mujiyan niyalma de hobo akū.
ū ：macume bucecibe muwa i hamtambi.
na ：bucere niyalma i yasa ehelinggū, toore niyalma i angga ehelinggū.
ne ：hobo be saburakū oci, yasai muke tuheburakū.
ni ：šen šeng dolo bifi bucehebi, cung el tuleri jailafi guwehebi.

---

a ：強者存，弱者亡。
e ：多行不義必自斃。
i ：人遇知己而死。
o ：貪心的人即便死了，黃土也填不滿他的眼窩。
u ：木匠死了無棺材。
ū ：瘦死屎也粗。
na ：死人的眼可怕，罵人的嘴骯髒。
ne ：不見棺材不掉淚。
ni ：申生在內而亡，重耳在外而安。

---

a ：强者存，弱者亡。
e ：多行不义必自毙。
i ：人遇知己而死。
o ：贪心的人即便死了，黄土也填不满他的眼窝。
u ：木匠死了无棺材。
ū ：瘦死屎也粗。
na ：死人的眼可怕，骂人的嘴肮脏。
ne ：不见棺材不掉泪。
ni ：申生在内而亡，重耳在外而安。

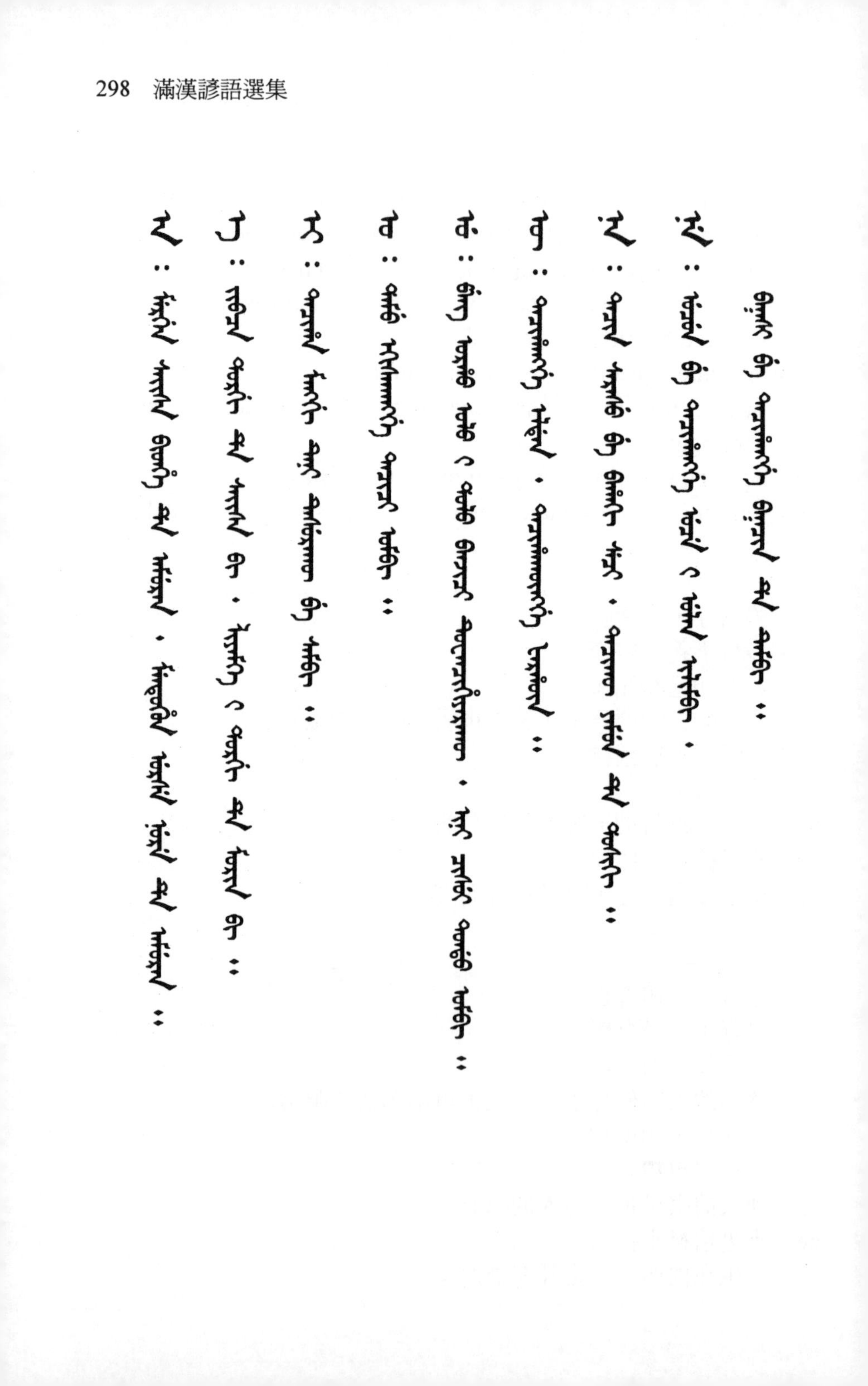

五十九、開卷有益

a ：mergen saisa bithe de amuran, mentuhun urse nure de amuran.
e ：jibca dorgi de saisa bi, liyamke i dorgi de morin bi.
i ：taciha manggi teni tesurakū be sambi.
o ：damu ekisakangge tacici ombi.
u ：pung orho olo i dolo banjici tuwancihiyarakū, ini cisui tondo ombi.
ū ：tacihangge elden, tacihakūngge farhūn.
na：tacin sarasu be bahaki seci, tacikū yamun de dosiki.
ne：ucun be tacihangge uce i ulan ilimbi, baksi be tacihangge bakcin de tembi.

---

a ：君子好書，小人戀酒。
e ：皮襖裡有聖人，鞍下有千里馬。
i ：學後方知不足。
o ：惟靜者可以爲學。
u ：蓬生麻中，不扶自直。
ū ：學則明，不學則暗。
na：要想有學問，就得進學府。
ne：學唱的立門僻，學儒的坐對膝。

---

a ：君子好书，小人恋酒。
e ：皮袄里有圣人，鞍下有千里马。
i ：学后方知不足。
o ：惟静者可以为学。
u ：蓬生麻中，不扶自直。
ū ：学则明，不学则暗。
na：要想有学问，就得进学府。
ne：学唱的立门僻，学儒的坐对膝。

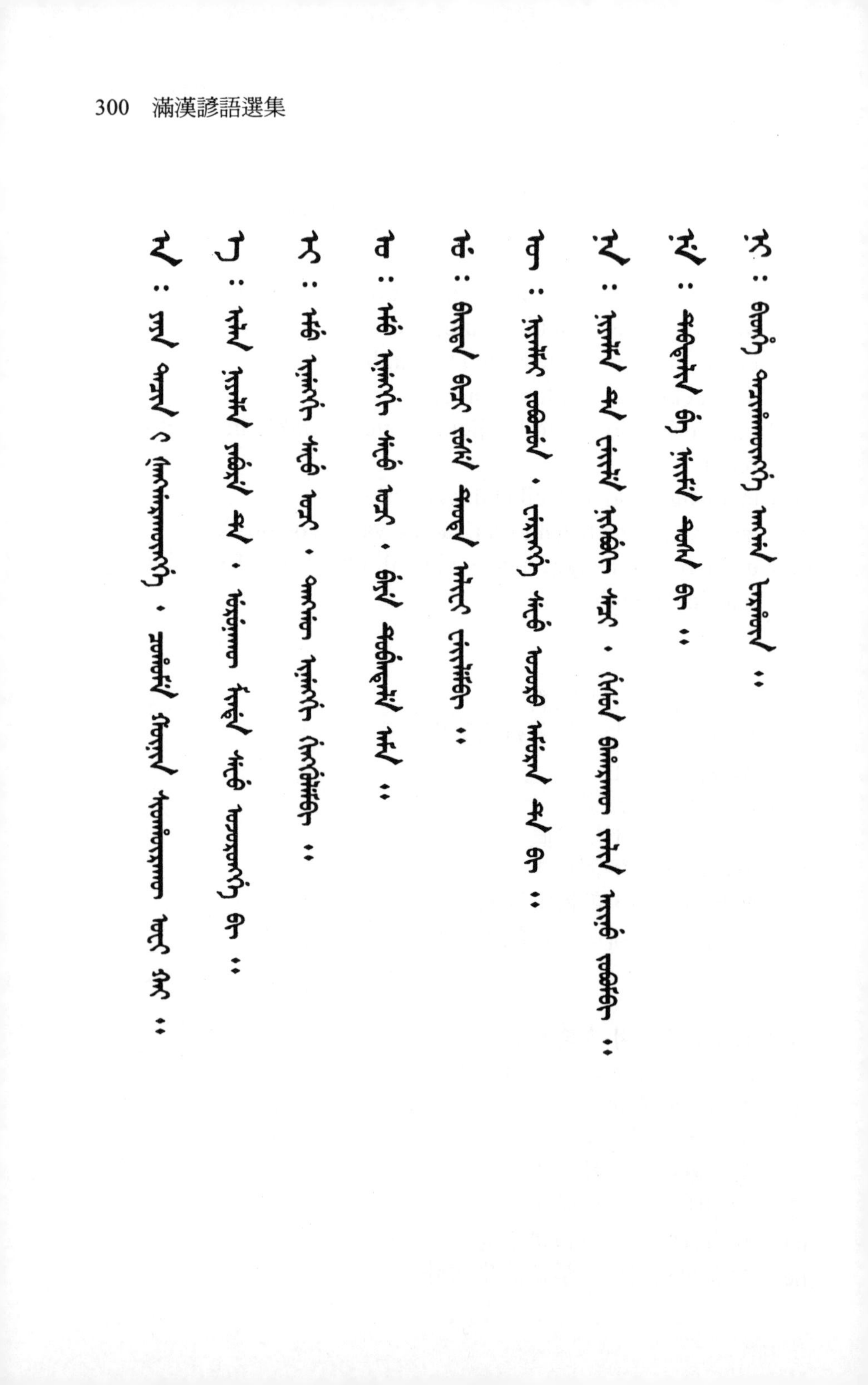

a ：yaya tacin i šanggarakūngge, cohome gūnin sithūrakū ofi kai.
e ：ilan niyalma yabure de, urunakū minde sefu ojorongge bi.
i ：emu inenggi sefu oci, tanggū inenggi ginggulembi.
o ：emu inenggi sefu oci, beye dubentele ama.
u ：baita bici juse deote alifi weilembi.
ū ：niyalmai jobocun, weringge sefu ojoro amuran de bi.
na：niyalma de weile nikebuki seci, gisun baharakū jalin ainu jobombi.
ne：debtelin be neime tusa bi.
ni ：bithe tacihakūngge angga farhūn.

---

a ：凡學之無成者，以其心不專也。
e ：三人行，必有我師焉。
i ：一日師父百日敬。
o ：一日爲師，終身爲父。
u ：有事弟子服其勞。
ū ：人之患，在好爲人師。
na：欲加之罪，何患無辭。
ne：開卷有益。
ni ：不讀詩書，是口濁。

---

a ：凡学之无成者，以其心不专也。
e ：三人行，必有我师焉。
i ：一日师父百日敬。
o ：一日为师，终身为父。
u ：有事弟子服其劳。
ū ：人之患，在好为人师。
na：欲加之罪，何患无辞。
ne：开卷有益。
ni ：不读诗书，是口浊。

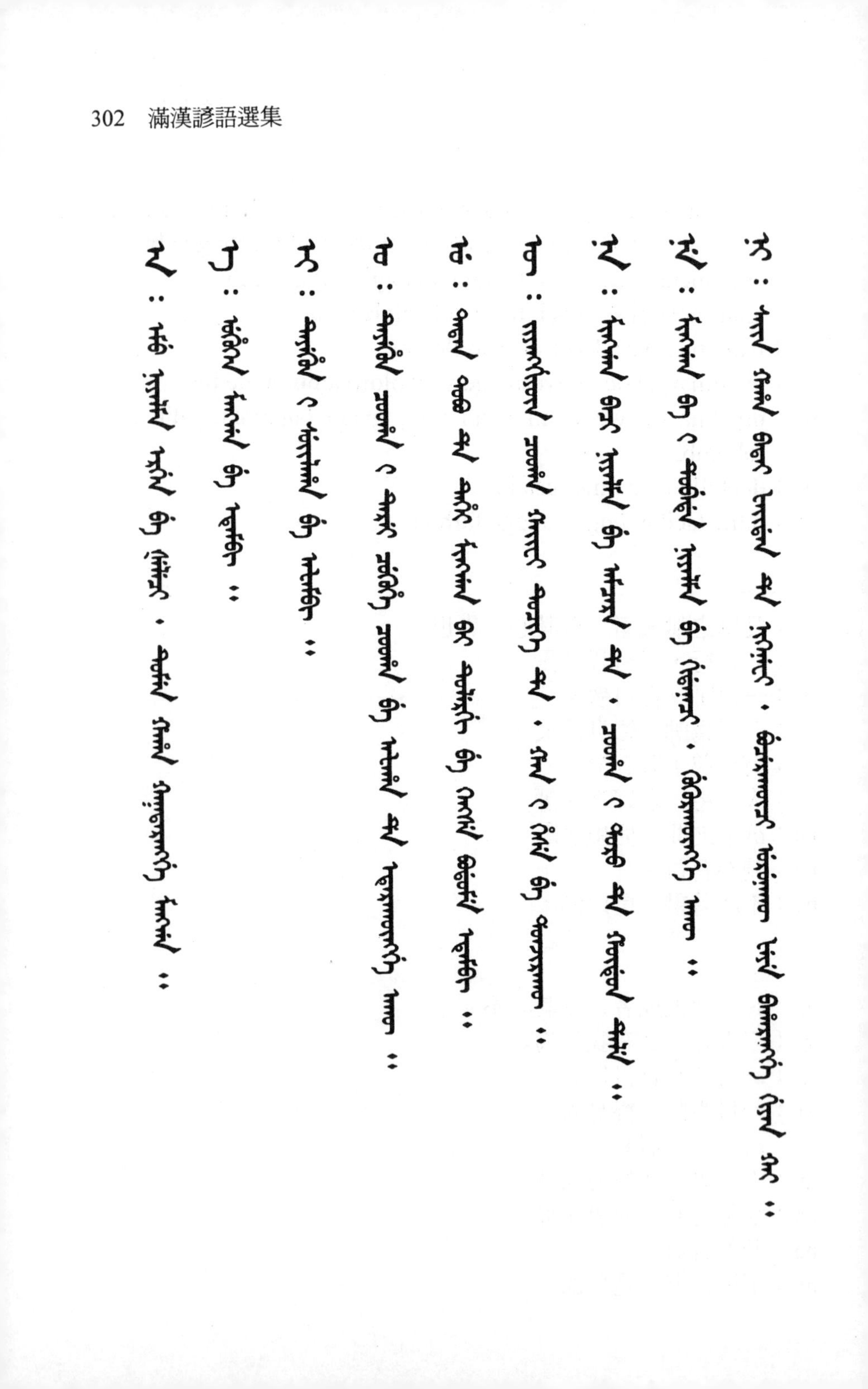

六十、柔能克剛

a：emu niyalma ergen be šeleci, tumen haha kaktarangge mangga.
e：uhuken mangga be etembi.
i：teyehun i suilaha be afambi.
o：teyehun cooha i terei cukuhe cooha be afaha de eterakūngge akū.
u：tatan tobo de tehei minggan bai tulergi be kengse bodome etembi.
ū：jiyanggiyūn cooha gaifi tucike de, han i hese be donjirakū.
na：minggan baci niyalma be amcara de, cooha i doro de hūdun dele.
ne：minggan ba i dubede niyalma be gidanaci, gukurakūngge akū.
ni：sain haha batai faidan de nikenefi, bucerakūci urunakū feye baharangge giyan kai.

---

a：一人捨命，萬夫莫當。
e：柔能克剛。
i：以逸待勞。
o：以逸待勞，戰無不勝。
u：運籌帷幄之中，決勝千里之外。
ū：將在外，君命有所不受。
na：千里襲人，兵貴神速。
ne：千里襲人，未有不亡者也。
ni：壯士臨陣，不死帶傷，理之自然也。

---

a：一人舍命，万夫莫当。
e：柔能克刚。
i：以逸待劳。
o：以逸待劳，战无不胜。
u：运筹帷幄之中，决胜千里之外。
ū：将在外，君命有所不受。
na：千里袭人，兵贵神速。
ne：千里袭人，未有不亡者也。
ni：壮士临阵，不死带伤，理之自然也。

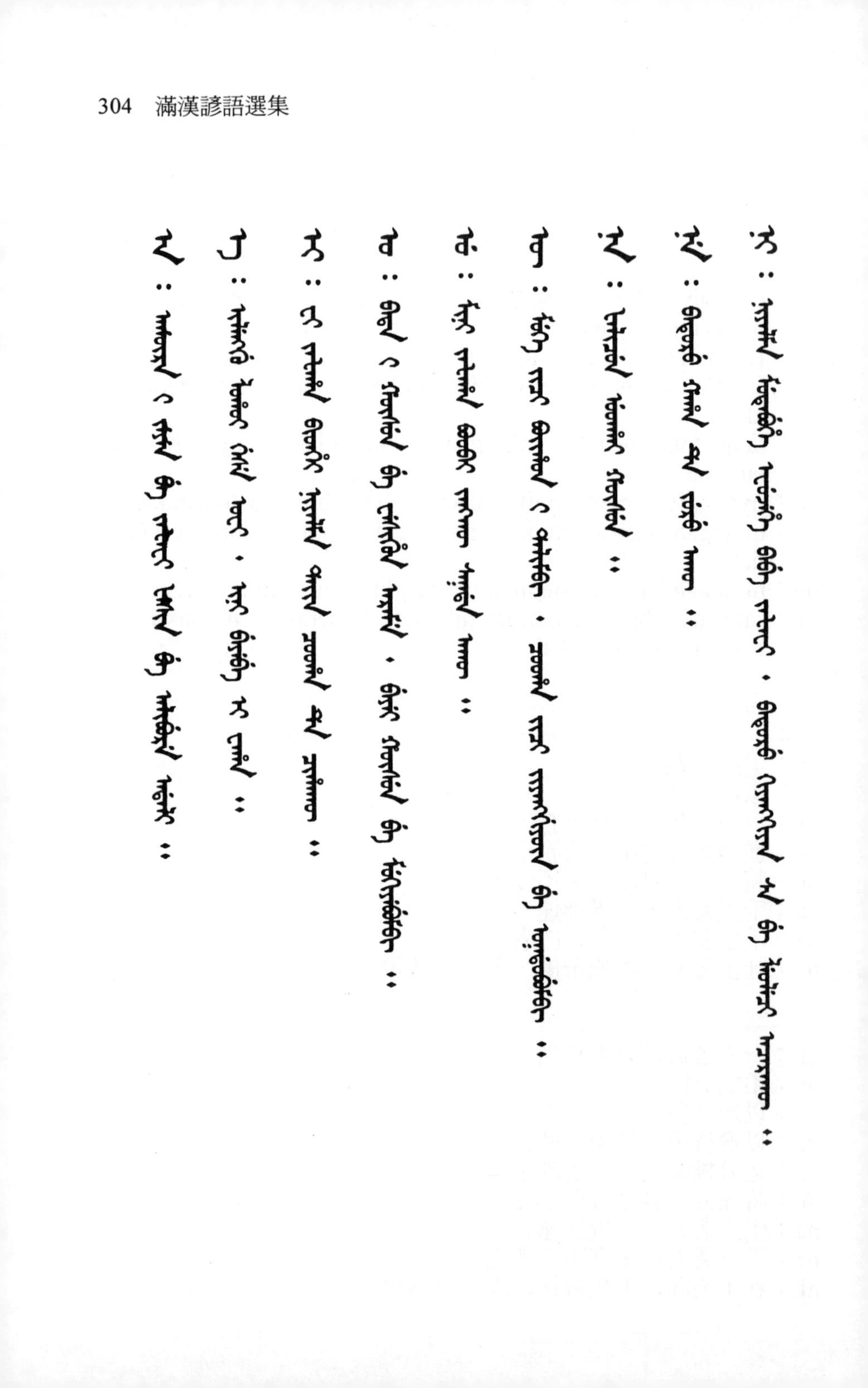

a：agūra i jeyen be jafafi fesin be alibure adali.
e：ilenggu lohoi gese ofi, ini beyebe i waha.
i：fi jafaha bithei niyalma dain cooha de cihakū.
o：bata i hūsun be wesihun arame, beyei hūsun be mukiyebumbi.
u：mini jafaha boobai jangkū sakda akū.
ū：muke jici boihon i dalimbi, cooha jici jiyanggiyūn be okdobumbi.
na：falicun uthai hūsun.
ne：baturu haha de juru akū.
ni：niyalma mutebuhe efujehe babe jafafi, baturu kiyangkiyan sa be leoleci acarakū.

---

a：倒持干戈，授人以柄。
e：腐儒舌劍反自誅。
i：弄筆書生不樂征伐。
o：長敵人志氣，滅自己威風。
u：吾手中寶刀不老。
ū：水來土掩，兵來將擋。
na：團結就是力量。
ne：英雄眼裡無對手。
ni：人不當以成敗論英雄。

---

a：倒持干戈，授人以柄。
e：腐儒舌剑反自诛。
i：弄笔书生不乐征伐。
o：长敌人志气，灭自己威风。
u：吾手中宝刀不老。
ū：水来土掩，兵来将挡。
na：团结就是力量。
ne：英雄眼里无对手。
ni：人不当以成败论英雄。

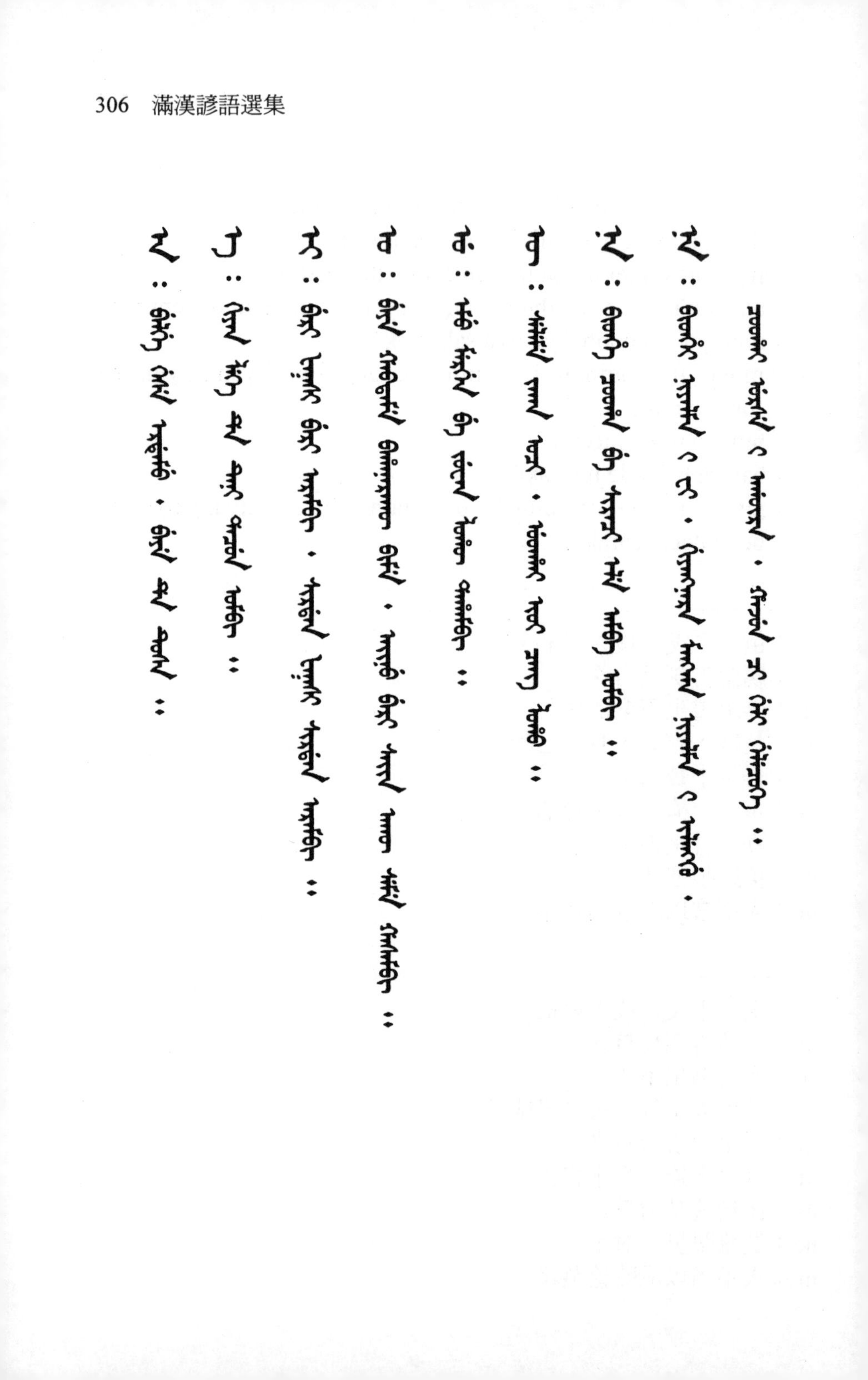

[illegible]

[illegible]

[illegible]

[illegible]

[illegible]

[illegible]

[illegible]

[illegible]

[illegible]

a ：belge gese erdemu, beye de tusa.
e ：giyan leke de teni dacun ombi.
i ：beri faksi beri arambi, sirdan faksi sirdan arambi.
o ：beye gabtame bahanarakū bime, ainu beri sain akū seme gasambi.
u ：emu mergen be juwan lohū dahambi.
ū ：seleme waka oci, uthai ioi cang loho.
na：bithe cooha be siraci ele amba ombi.
ne：bithei niyalma i fi, giyangnara mangga niyalma i ilenggu, coohai urse i agūra, hajun ci geli gelecuke.

---

a ：一粒之藝，於身有益。
e ：劍待砥而後利。
i ：造弓的造弓，造箭的造箭。
o ：自家不會射箭，怎反埋怨弓不利。
u ：一人善射十拙隨而分肉。
ū ：不是匕首，就是魚腸刀。
na：文繼武而益大。
ne：文人筆端，辯士舌端，比武士兵端，更加利害。

---

a ：一粒之艺，于身有益。
e ：剑待砥而后利。
i ：造弓的造弓，造箭的造箭。
o ：自家不会射箭，怎反埋怨弓不利。
u ：一人善射十拙随而分肉。
ū ：不是匕首，就是鱼肠刀。
na：文继武而益大。
ne：文人笔端，辩士舌端，比武士兵端，更加利害。

ᠰᡝᠮᡝ ᠰᡝᠮᡝ ᡨᡠᠮᡝᠨ ᠮᡝᡳᡥᡝ ᡤᡳᠰᡠᠨ ᠪᡝ ᠰᡳᠮᡝᠩᡤᡝ ᠪᡝᠶᡝ ::

ᠨᡳ : ᠰᡝᠮᡝ ᠪᡝ ᠰᡝᡴᡠ ᠪᡝᡳᡥᡝ ᠰᡳᠮᡝ ᠰᡝᠮᡝᠩᡤᡝ ᠪᡝᠶᡝ ·

ᠨᡳ : ᠨᡳᠶᠠᠯᠮᠠ ᡳ ᠪᠠᠨᡳᠨ ᡩᡝ ᠮᡝᠰᡝᠮᡝ ᡳ ᠨᡳᠶᠠᠯ ᠪᡝ ᠰᡝᠮᡝ ᠰᡳᠮᡝᡴᡝᠩᡤᡝ ::

ᠨᠣ : ᠰᡝᠮᡝ ᠰᡝᠮᡝᠩᡤᡝ ᠰᡳᠮᡝ ᠰᡝᠮᡝᠨ ᠮᡝᡳᡥᡝ ᠪᡠᡩᡝ ::

ᠰᡝᠮᡝ ᡩᡝ ᡤᡳᠰᡠᠨ ᠨᡳᠶᠠᠯᠮᠠ ᠪᡝ ᡳ ᠪᡝᠶᡝᠩᡤᡝ ᠰᡳᠮᡝ ᠪᡝᠰᡝᠮᡝᠩᡤᡝ ::

ᡤᠣ : ᡤᡳᠰᡠᠨ ᠪᡝᠰᡝᠮᡝ ᡳ ᠮᡝᠮᡝᠪᡝ · ᠨᡳᠶᠠᠮᠠᠨ ᠪᡝᠰᡝᠮᡝ ᡳ ᠪᡝ ·

ᠰᡝᠮᡝᠨᡳᠶᠠᠨᠠ ᠪᡝᠰᡝᠮᡝᠨ ᠰᡳᠮᡝ ᠰᡝᠮᡝᠨ ᡳ ᠮᡝᠰᡝ ᡤᡳᠰᡠ ᠪᡝᠰᡝᠮᡝᠩᡤᡝ ::

ᡤᡠ : ᡤᡳᠰᡠᠨ ᠨᡳᠶᠠᠯᠮᠠ ᡤᡳᠰᡠᠨ ᠨᡳᠶᠠᠯᠮᠠ ᠪᡝ ᠰᡝᠮᡝᡴᡠ ·

ᠪᡝ : ᠪᡝᠶᡝᠨ ᠮᡝᠮᡝ ᠰᡝᠮᡝ ᠪᡝᠶᡝᠨ ᠮᡝᠰᡝ ᡤᡳᠰᡠᠨ · ᠨᡳᠶᠠᠯᠮᠠ ᠮᡝᠰᡝᠮᡝ ᠪᡝ ᠨᡳᠶᠠᠮᡝᠩᡤᡝ ::

ᠪᡳ : ᠨᡳᠶᠠᠮᠠᠨᡳᠶᠠᠨ ᠰᡝᠮᡝ ᠨᡳᠶᠠᠮᠠᠪᡠᡴᡡ · ᠪᡝᠰᡝᠮᡝ ᡤᡳᠰᡠ ᠪᡝᠰᡝᠮᡝᠪᡠᡴᡡ ::

ᠪᡠ : ᠮᡝᠮᡝ ᠪᡝ ᠰᡝᠮᡝᡴᡝ ᠨᡳᠶᠠᠯᠮᠠ ᠪᡝ ᡤᡳᠰᡠᠨᡳᠶᠠᠪᡝ ::

六十一、睹物思人

a：jaka be sabume niyalma be gūnimbi.
e：niyengniyeri edun nimecuke, bolori muke buyecuke.
i：gurjen jar seme bigan jalu guweme, niyalmai ališara be nonggimbi.
o：haji niyalma haji niyalma be sabuci, umainaci ojorakū juwe jurgan i yasai muke tuhebumbi.
u：muwa burha i fiyoo, narhūn burha i to, jalan de haha niyalma be we bocihe seme basumbi.
ū：ilha sihame emu amba langgū tuheke.
na：niyalma i banjire de asihan i erin be ume urgedere.
ne：ilha be sabufi bilaki seci uthai bila, ume ilha wajiha manggi gargan be untuhuri bilara.

---

a：睹物思人。
e：春天的風厲害，秋天的水可愛。
i：促織鳴四野助人愁。
o：情人見情人，不覺簇簇地兩行淚下。
u：粗柳簸箕細柳斗，世上誰見男兒醜。
ū：花兒落了結個大南瓜。
na：人生莫負少年時。
ne：見花欲折須當折，莫待無花空折枝。

---

a：睹物思人。
e：春天的风厉害，秋天的水可爱。
i：促织鸣四野助人愁。
o：情人见情人，不觉簇簇地两行泪下。
u：粗柳簸箕细柳斗，世上谁见男儿丑。
ū：花儿落了结个大南瓜。
na：人生莫负少年时。
ne：见花欲折须当折，莫待无花空折枝。

ᠨᠠ : ᡤᡳᠣᠰᠣ ᠪᡝᠶᡝᠩᡤᡝ ᡨᠠᠮᠠᠨ ᡨᠠᡳ ᠪᡠᡥᡝ ᡨᡠᠴᡳᠨᠵᡳᡵᡝ ::

ᠨᡝ : ᡨᠠᠯᠠ ᠨᡳᠶᠠᠯᠮᠠᡳ ᠨᡳᠶᠠᠯᠮᠠ ᠨᠣᠪᠣᡵᡤᠣ · ᠴᡳᡵᡤᡠ ᠨᡳᠶᠠᠯᠮᠠᡳ ᠨᡳᠶᠠᠯᠮᠠ ᡨᡝᠣᠨ ::

ᠨᡳ : ᡤᡠᠨᡳᠨ ᡤᡝᠨᡝᡥᡠᡴᡝ ᡤᡠᠨᡳᠨ ᡤᡝᠨᡝᡥᡠᠩᡤᡝ ᠨᡠᠨᡳᠨ ::

ᠨᠣ : ᠮᡝᠩᡤᡠᠨ ᠨᡳᠶᠠᠯᠮᠠ ᡨᡝᠨ ᡤᡳᠣᠷᡤᠣᠨ ᠪᡝᠶᡝ · ᡨᡝᠯᡳᠨ ᠣᠯᠣᠨ ᠨᠠ ᡨᡝᠨ ᠣᡠ ᠮᡝᡳᠨ ᡤᡠᠨᡳᠨ ᠪᡝ ᠮᠠᠩᡤᠠ ::

ᠨᡠ : ᠨᠣᡥᠣ ᠨᡠᠨᡳᠨ ᡤᡠᡤᡠᠨ ᡤᡳᠣᠰᠣᡵᠣ ᡨᡠᠮᡝ ᡤᡳᡵᡤᡠᠨ ᡳ ᡨᡠᠪᡝᡵᡝᠪᡝ ::

ᠨᡡ : ᠪᡝᡳᠨ ᠨᡠᡤᡝᠨ ᠨᡳᠶᠠᠯᠮᠠᡳ ᠪᡝᡳᡤᠣᠨ ᡤᡳᠣᡩᡠᡥᡝᠮᡝ ᠪᡝ ᡨᡝᠨᠰᠠᠮᠠ ::

ᡴᠠ : ᡤᡳᠣᠣᠣ ᡨᡝᠨᡳᡤᡝ ᡨᡝᠣᡠᠯᡝᠨᠰᠠᠮᠠ ::

ᡴᠣ : ᠰᠣᡳᡨᠠ ᠮᠠᠮᠠ ᠮᠣᡥᠣᠨ ᠮᠠᠨ ᠰᡝᠨᠰᠠᠮᠠ ::

ᡴᡝ : ᠨᡳᠮᡝᡵᡳᠯᡝ ᡤᡳᠣᡩᡠᡥᡝᠨᡝᡵᡳ ᠰᠣᡥᠣᡵᠣ ᠪᡝᡥᡠᠪᡝᡥᡝᠪᡝ ::

a ：ineneggi gūnihangge dobori bitubuhabi.
e ：tugi akū oci aga darakū.
i ：holo langgu sadularakū.
o ：biyai elden niyalmai baita kūbulika be sarkū.
u ：emu adali kidure gūnin juwe hacin i jobošombi.
ū ：saikan niyalma de gūnin bici, tumen jang ni den fu seme gelere ba akū.
na：hefeli giyalabuci hecen giyalabuha adali.
ne：yasa nimere niyalma ibiyon, weihe nimere niyalma jilun.
ni ：hojo banjiha cira ci buda tucirakū.

---

a ：日有所思，夜有所夢。
e ：沒有雲彩不下雨。
i ：葫蘆南瓜不結親。
o ：月色不知人事改。
u ：一種相思兩樣愁。
ū ：佳人有意，那怕粉牆高萬丈。
na：隔一層肚皮如隔一堵墻。
ne：害眼人可厭，牙疼人可憐。
ni ：美貌不能當飯吃。

---

a ：日有所思，夜有所梦。
e ：没有云彩不下雨。
i ：葫芦南瓜不结亲。
o ：月色不知人事改。
u ：一种相思两样愁。
ū ：佳人有意，那怕粉墙高万丈。
na：隔一层肚皮如隔一堵墙。
ne：害眼人可厌，牙疼人可怜。
ni ：美貌不能当饭吃。

[illegible] : ᠨᡳᠶᠠᠯᠮᠠ [illegible] [illegible] [illegible] ᠠᡴᡡ [illegible] · [illegible] ᠠᡴᡡ [illegible] [illegible] [illegible] ::

[illegible] : ᠮᡝᠩᡤᡠᠨ ᠪᡝ [illegible] [illegible] · [illegible] ᠪᡝ ᠮᡝᠩᡤᡠᠨ [illegible] ::

[illegible] : ᠨᡳᠶᠠᠯᠮᠠ ᠮᡝᠩᡤᡠᠨ ᠪᡝ [illegible] ᠪᡝ [illegible] [illegible] ::

[illegible] : [illegible] ᠨᡳᠶᠠᠯᠮᠠ ᠮᡝᠩᡤᡠᠨ [illegible] ᠠᡴᡡ · ᠮᡝᠩᡤᡠᠨ ᠪᡝ [illegible] [illegible] ᠮᡝᠩᡤᡠᠨ ᠠᡴᡡ [illegible] ::
[illegible] [illegible] [illegible] [illegible] [illegible] ᠨᡳᠶᠠᠯᠮᠠ [illegible] ::

[illegible] : ᠨᡳᠶᠠᠯᠮᠠ [illegible] [illegible] [illegible] ᠮᡝᠩᡤᡠᠨ ᠪᡝ [illegible] ·

[illegible] : ᠨᡳᠶᠠᠯᠮᠠ [illegible] ᠮᡝᠩᡤᡠᠨ [illegible] · [illegible] [illegible] [illegible] · [illegible] ᠪᡝ [illegible] [illegible] ::

[illegible] : ᠮᡝᠩᡤᡠᠨ ᠪᡝ [illegible] [illegible] · [illegible] [illegible] [illegible] [illegible] ᠠᡴᡡ ::

[illegible] : ᠮᡝᠩᡤᡠᠨ ᠠᡴᡡ [illegible] [illegible] [illegible] ::

[illegible] : ᠨᡳᠶᠠᠯᠮᠠ [illegible] ᠮᡝᠩᡤᡠᠨ ᠠᡴᡡ ::

六十二、人誰無過

a ：niyalma wede endebuku akū.
e ：endebuku akū oci enduri ombi.
i ：endebuku be halame muteci, sain tereci amba ningge akū.
o ：niyalma de endebuku bici, urunakū beyebe wakala, halara be ume sengguwendere.
u ：niyalma ofi unenggi beyei endebuku be safi, eteme halaha manggi uthai sain niyalma ombikai.
ū ：yaya niyalma endebuku akūngge akū, endebuku be halame muteci endebuku akū kai.
na：niyalma endebuku be halara be wesihun obuhabi.
ne：endebuhe be halarakū oci, tere be endebuku sembi.
ni ：mujilen de unenggi berten akū oci, boo akū jalin ainu jobombi.

---

a ：人誰無過。
e ：人無過成神仙。
i ：過而能改，善莫大焉。
o ：人有過必自責勿憚改。
u ：人誠能知過速改，便是好人。
ū ：凡人莫不有過，過而能改則無過矣。
na：人以改過爲貴。
ne：過而不改是謂過矣。
ni ：心苟無瑕何恤乎無家。

---

a ：人谁无过。
e ：人无过成神仙。
i ：过而能改，善莫大焉。
o ：人有过必自责勿惮改。
u ：人诚能知过速改，便是好人。
ū ：凡人莫不有过，过而能改则无过矣。
na：人以改过为贵。
ne：过而不改是谓过矣。
ni ：心苟无瑕何恤乎无家。

[illegible] : [illegible] [illegible] [illegible] ᠴᡳ [illegible] [illegible] ᠪᡝ [illegible] ::

[illegible] : [illegible] [illegible] ᠨᡳᠶᠠᠯᠮᠠ [illegible] ᠪᡝ [illegible] ::

[illegible] : ᠨᡳᠶᠠᠯᠮᠠ [illegible] ᠪᡝ [illegible] [illegible] ᠪᡝ [illegible] ::

[illegible] : ᠨᡳᠶᠠᠯᠮᠠ ᠪᡝᠶᡝ ᠴᡳ [illegible] • [illegible] ᠪᡝ [illegible] ::

[illegible] : ᠨᡳᠶᠠᠯᠮᠠ [illegible] ᠴᡳ [illegible] • [illegible] ᠪᡝ [illegible] ::

[illegible] : ᠨᡳᠶᠠᠯᠮᠠ [illegible] ᠴᡳ [illegible] • [illegible] ᠪᡝ [illegible] ::

[illegible] : ᠪᠣᠣ ᠪᡝ [illegible] • [illegible] [illegible] ᠪᡝ [illegible] ::

[illegible] : [illegible] [illegible] ᠴᡳ [illegible] [illegible] • [illegible] [illegible] ᠴᡳ [illegible] ::

[illegible] : [illegible] [illegible] [illegible] [illegible] ᠪᡝ [illegible] [illegible] [illegible] [illegible] ::

六十三、大匠誨人

a ：amba faksi niyalma de tacibure de urunakū erguwejitu durbejitu be baitalambi.
e ：baili isibucibe ume karulara be gūnire.
i ：ume sure be baitalame mentuhun be eiterere.
o ：ume bayan de akdafi, yadahūn be fusihūsara.
u ：ume wesihun de ertufi, fusihūn be gidašara.
ū ：ume etenggi de akdafi, yadalinggū be bukdašara.
na：boo be tuwarakū, damu adaki be tuwambi.
ne：hahi cahi de akdaci ojorongge, gašan falga de isirengge akū.
ni ：jirgacun sebjen jobocun suilacun be emu booi gese gūnimbi.

---

a ：大匠誨人，必以規矩。
e ：施恩不必望報。
i ：毋飾智以欺愚。
o ：毋恃富以侮貧。
u ：毋挾貴以凌賤。
ū ：毋倚強以凌弱。
na：非宅是卜，惟鄰是卜。
ne：緩急可恃者，莫如鄉黨。
ni ：安樂憂患，視同一家。

---

a ：大匠誨人，必以規矩。
e ：施恩不必望報。
i ：毋飾智以欺愚。
o ：毋恃富以侮貧。
u ：毋挾貴以凌賤。
ū ：毋倚強以凌弱。
na：非宅是卜，惟鄰是卜。
ne：緩急可恃者，莫如鄉黨。
ni ：安樂憂患，視同一家。

[illegible] : ᠨᡳᠶᠠᠯᠮᠠ ᡩᡝ [illegible] ᠪᡳᠮᡝ [illegible] , [illegible] ᡩᡝ [illegible] ᠪᡳᠮᡝ [illegible] ::

[illegible] : [illegible] ::

[illegible] : ᠨᡳᠶᠠᠯᠮᠠ [illegible] ::

[illegible] : [illegible] ::

[illegible] : [illegible] ::

[illegible] : [illegible] ::

[illegible] : ᠨᡳᠶᠠᠯᠮᠠ [illegible] ::

[illegible] : [illegible] ᡩᡝ [illegible] , [illegible] ::

[illegible] : ᠨᡳᠶᠠᠯᠮᠠ ᡩᡝ [illegible] , [illegible] ᠠᡴᡡ ::

a ：niyalma be ume balai guculere, ulin be ume balai gaijara.
e ：muten bifi erdemu akūngge boode ejen akū adali.
i ：niyalma de nasara anggala beye be šorgi.
o ：beye i icihiyaha baita be aliyašame ojorakū.
u ：bedereme oksorongge uthai ibeme oksoro deribure da.
ū ：hūlha be dahaci sain jugūn akū.
na：niyalma de gemu yaburakū babi.
ne：gu tana be boobai oburengge, jobolon urunakū beyede isinjimbi.
ni ：niyalma be sarkū okini seci, beyei yaburakū de isirengge akū.

---

a ：人勿妄交，財勿妄取。
e ：有才無德如家無主。
i ：與其怨恨別人，不如鞭策自己。
o ：自己做的事不能後悔。
u ：退步是進步的根本。
ū ：跟賊子沒有好路子走。
na：人皆有所不爲。
ne：寶珠玉者，殃必及身。
ni ：若要人不知，除非己莫爲。

---

a ：人勿妄交，财勿妄取。
e ：有才无德如家无主。
i ：与其怨恨别人，不如鞭策自己。
o ：自己做的事不能后悔。
u ：退步是进步的根本。
ū ：跟贼子没有好路子走。
na：人皆有所不为。
ne：宝珠玉者，殃必及身。
ni ：若要人不知，除非己莫为。

ᡴᡝ: ᡨᡠᠮᡝᠨ ᡤᡳᠰᡠᠨ ᠵᡝ ᡤᡝᠨᡳᡥᡝ ᠠᡴᡡ ::

ᡤᡠ: ᠠᠮᠠᠯᠠ ᡤᡝᠨᡳ ᠪᡝᠶᡝᡩᡝᡩᡝ ::

ᡤᠣ: ᠠᠯᡳᠨ ᠨᡳᠶᠠᠯᠮᠠ ᠠᠩᡤᠠ ᠰᡝᠮᡝᠩᡤᡝᠩᡤᡝ ᠈ ᡨᡠᠮᡝᠨ ᡤᡝᠨᡳ ᠮᡝᠨᡳ ᡤᡳᠰᡠᠨ ᡳ ᠰᡝᠮᡝᠩᡤᡝ ::

ᡥᡠ: ᠨᡳᠶᠠᠯᠮᠠ ᡤᡳᠶᠠᠨ ᠪᡝᡵᡤᡝᠪᡳ ᠈ ᡨᡠᠮᡝᠨ ᡨᡠᡴᡳᠶᡝᠨ ᠪᡝᠶᡝ ᡤᡝᠨᡳᠮᠪᡳ ::

ᡥᡠ: ᡤᡝᠨᡳ ᠨᡳᠶᠠᠯᠮᠠ ᠵᡝ ᡤᡝᠨᡳᡥᡝᠩᡤᡝ ᠈ ᠰᡳ ᡨᡠᠮᡝᠨ ᡳ ᡤᡝᠨᡳ ᡤᡝᠯᡝᠪᡠ ᠠᡴᡡ ::

ᡥᠣ: ᠪᡳᠶᠠᠰᡳ ᠠᡴᡡ ᠮᡠᡴᡝ ᠪᡝ ::

ᡴᡝ: ᠠᠯᡳᠨ ᡳ ᠪᠣᠯᠣᠨ ᡩᡝ ᡤᡝᠩᡤᡳᠶᡝᠨ ᠠᡴᡡ ᡤᡠᡵᡠᠨ ᠈ ᠠᡳᠰᡳᠯᠠᠨ ᠠᡴᡡ ᠵᡝ ᠠᡳᠰᡳᠯᠠᠨ ::

ᡤᡝ: ᠨᡳᠶᠠᠯᠮᠠ ᠪᠣᠯᠣᠨ ᠠᡳᠰᡳ ᠮᡝᡳ ᠠᡳᠰᡳᠯᠠᠮᠪᡳ ::

ᡤᠣ: ᠠᠯᡳᠨ ᡳ ᡨᡠᡵᡤᡝᠨ ᡤᡳᠶᠠᠨ ᡤᡳᠰᡠᠨ ᠈ ᠨᡳᠶᠠᠯᠮᠠ ᡤᡳᠰᡠᠨ ᡨᡠᠮᡝᠨ ᡨᡠᠴᡳᠨᡳᡵᡝᡩᡝ ::

六十四、玉韞山輝

a ：gebu hergen de hūda akū.
e ：jingkin giyan buruburakū.
i ：ilan niyalma angga temšerengge, emu giyan sere hergen be dulerakū.
o ：niyalma hanci bicibe, mujilen minggan bade giyalabuha.
u ：giyan niyalma de gisureci, c'y jurhun i gese goro akū.
ū ：gungge aisi emu boo.
na：jalan i baita be getukeleme saha manggi, amtangga akū de amtangga.
ne：niyalma baitai amala teni aliyašambi.
ni ：jalan i jugūn kekte gakta, niyalmai gūnin ubašatame forgošombi.

---

a ：聲譽無價。
e ：真理永閃光。
i ：三人擡不過一個『理』字。
o ：人面咫尺，心隔千里。
u ：真理對人來說，近在咫尺。
ū ：功利是一家。
na：識破世間事，淡中滋味長。
ne：人事後方悔恨。
ni ：世路崎嶇，人情反覆。

---

a ：声誉无价。
e ：真理永闪光。
i ：三人抬不过一个『理』字。
o ：人面咫尺，心隔千里。
u ：真理对人来说，近在咫尺。
ū ：功利是一家。
na：识破世间事，淡中滋味长。
ne：人事后方悔恨。
ni ：世路崎岖，人情反复。

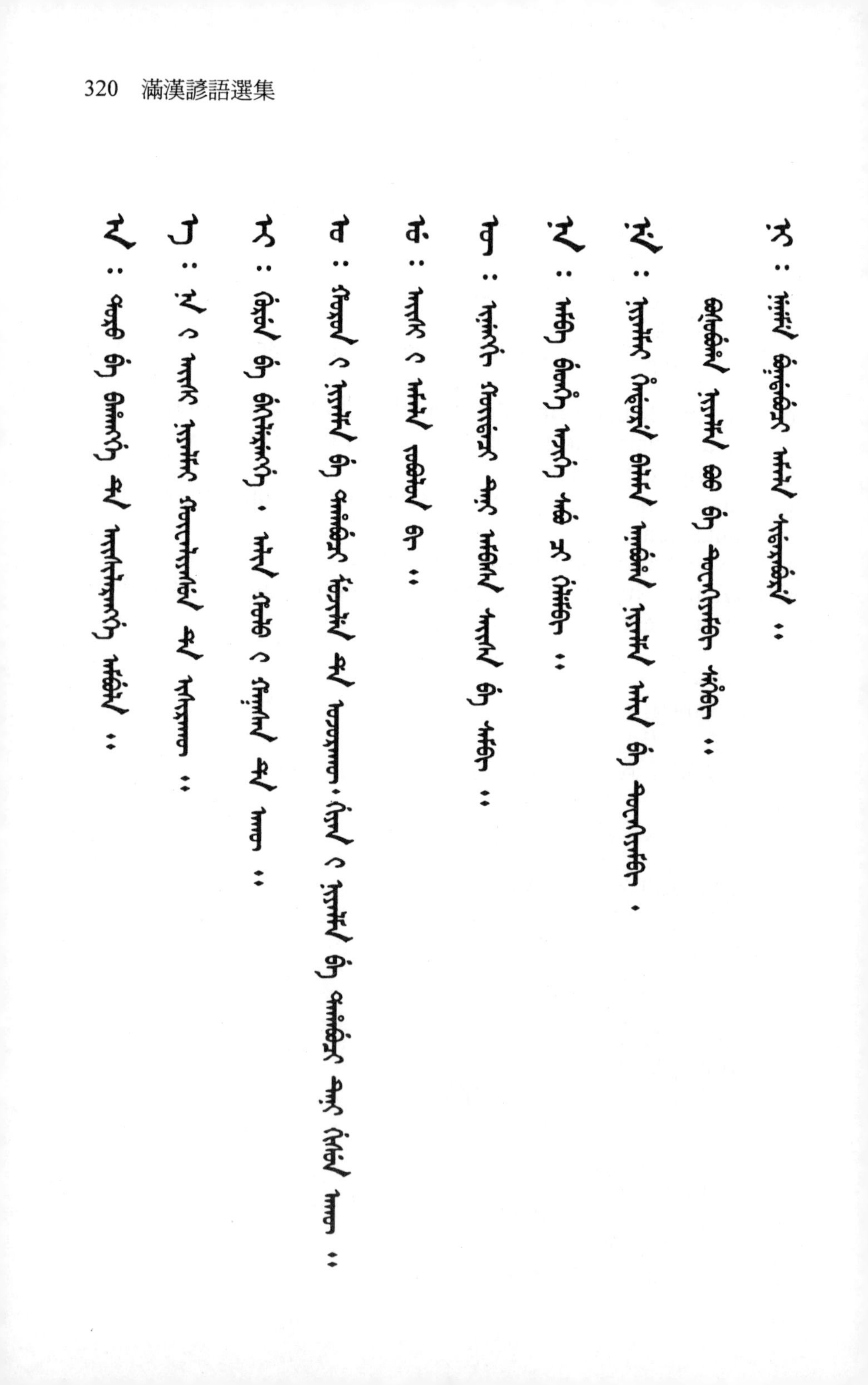

[illegible]

[illegible]

[illegible]

[illegible]

[illegible]

[illegible]

[illegible]

[illegible]

[illegible]

a ：doro be bahangge de aisilarangge ambula.
e ：na i aisi niyalmai hūwaliyasun de isirakū.
i ：gurun be bekilerengge, alin holo i haksan de akū.
o ：horon i niyalma be dahabuci mujilen de ojorakū, giyan i niyalma be dahabuci teni gisun akū.
u ：aisi i amala jobolon bi.
ū ：inenggi goidaci teni ambasa saisa be sambi.
na：amba bethe ajige sabu ci gelembi.
ne：niyalmai hendure balama anabuha niyalma alin be tuwakiyambi, bošobuha niyalma boo be tuwakiyambi sehebi.
ni ：neneme bukdabuci amala sidarabure.

---

a ：得道者多助。
e ：地利不如人和。
i ：固國不以山谿之險。
o ：以勢服人，心不然；以理服人，方無言。
u ：利後跟著禍。
ū ：過後方知君子。
na：脚大怕穿小鞋。
ne：可是人說的，讓人不是痴，過後得便宜。
ni ：屈於前伸於後。

---

a ：得道者多助。
e ：地利不如人和。
i ：固国不以山溪之险。
o ：以势服人，心不然；以理服人，方无言。
u ：利后跟着祸。
ū ：过后方知君子。
na：脚大怕穿小鞋。
ne：可是人说的，让人不是痴，过后得便宜。
ni ：屈于前伸于后。

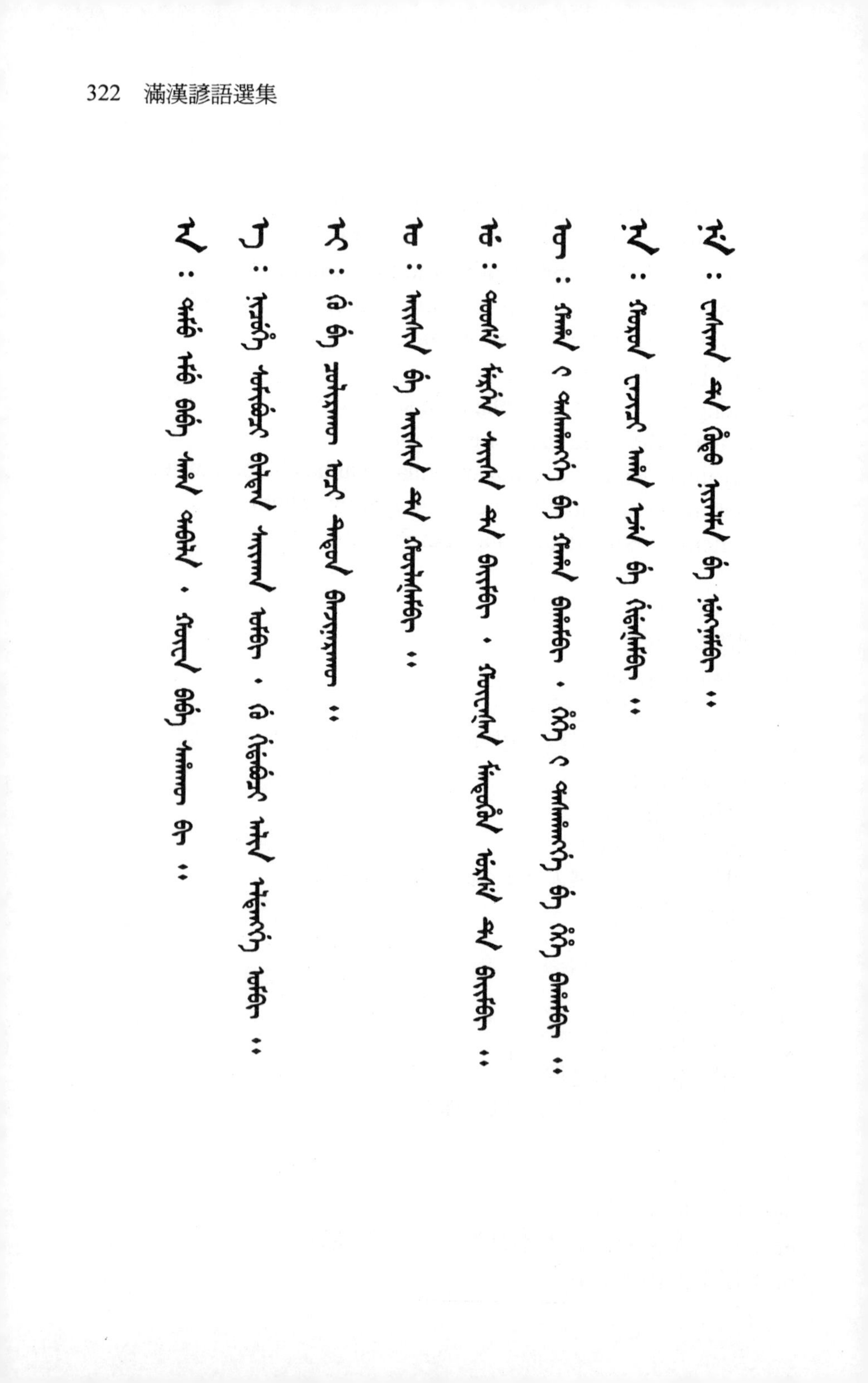

a ：damu emu babe saha dabala gūwa babe sahakū bi.
e ：nicuhe somibuci, bilten saikan ombi, gu gidabuci alin eldengge ombi.
i ：gu be colirakū oci tetun banjinarakū.
o ：aisin be aisin de hūlašambi.
u ：doose mergen saisa de baimbi, hūwašan, mentuhun urse de baimbi.
ū ：haha i dasahangge be haha bahambi, hehe i dasahangge be hehe bahambi.
na：horon wajici aha ejen be gidašambi.
ne：wasika de hutu niyalma be nungnembi.

---

a ：只知其一，不知其二。
e ：珠藏溪媚，玉韞山輝。
i ：玉不琢不成器。
o ：金子還是金子換。
u ：道化賢良釋化愚。
ū ：公修公得，婆修婆得。
na：勢敗奴欺主。
ne：時衰鬼弄人。

---

a ：只知其一，不知其二。
e ：珠藏溪媚，玉韫山辉。
i ：玉不琢不成器。
o ：金子还是金子换。
u ：道化贤良释化愚。
ū ：公修公得，婆修婆得。
na：势败奴欺主。
ne：时衰鬼弄人。

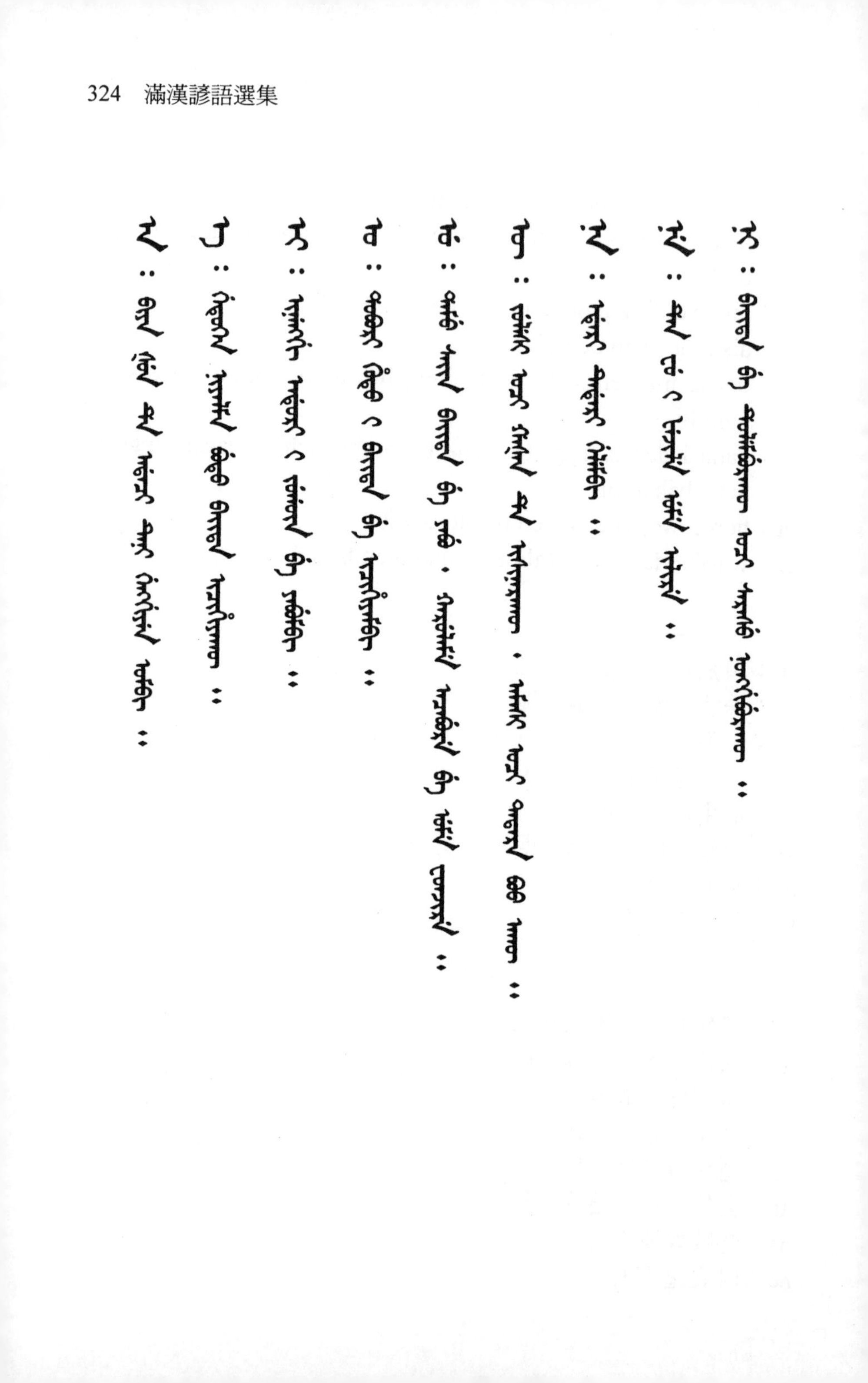

[illegible]

[illegible]

[illegible]

[illegible]

[illegible]

[illegible]

[illegible]

[illegible]

[illegible]

六十五、知足者富

a ：biya šun de adaci teni genggiyen ombi.
e ：getuken niyalma butu baita icihiyakū.
i ：inenggi enduri i jugūn be yabumbi.
o ：dobori hutu i baita be icihiyambi.
u ：damu sain baita be yabu, karulame acabure be ume fonjire.
ū ：julesi oci gašan de isinarakū, amasi oci tatara boo akū.
na：ederi tederi gelembi.
ne：den fu i fejile ume ilire.
ni ：baita be dulemburakū oci sarasu nonggiburakū.

---

a ：月依日而成明。
e ：明人不做暗事。
i ：白天行神仙的路。
o ：夜裡幹魔鬼的事。
u ：但行好事，莫問前程。
ū ：前不著村，後不著店。
na：前怕狼後怕虎。
ne：高墻之下不稍停。
ni ：不經一事，不長一智。

---

a ：月依日而成明。
e ：明人不做暗事。
i ：白天行神仙的路。
o ：夜里干魔鬼的事。
u ：但行好事，莫问前程。
ū ：前不着村，后不着店。
na：前怕狼后怕虎。
ne：高墙之下不稍停。
ni ：不经一事，不长一智。

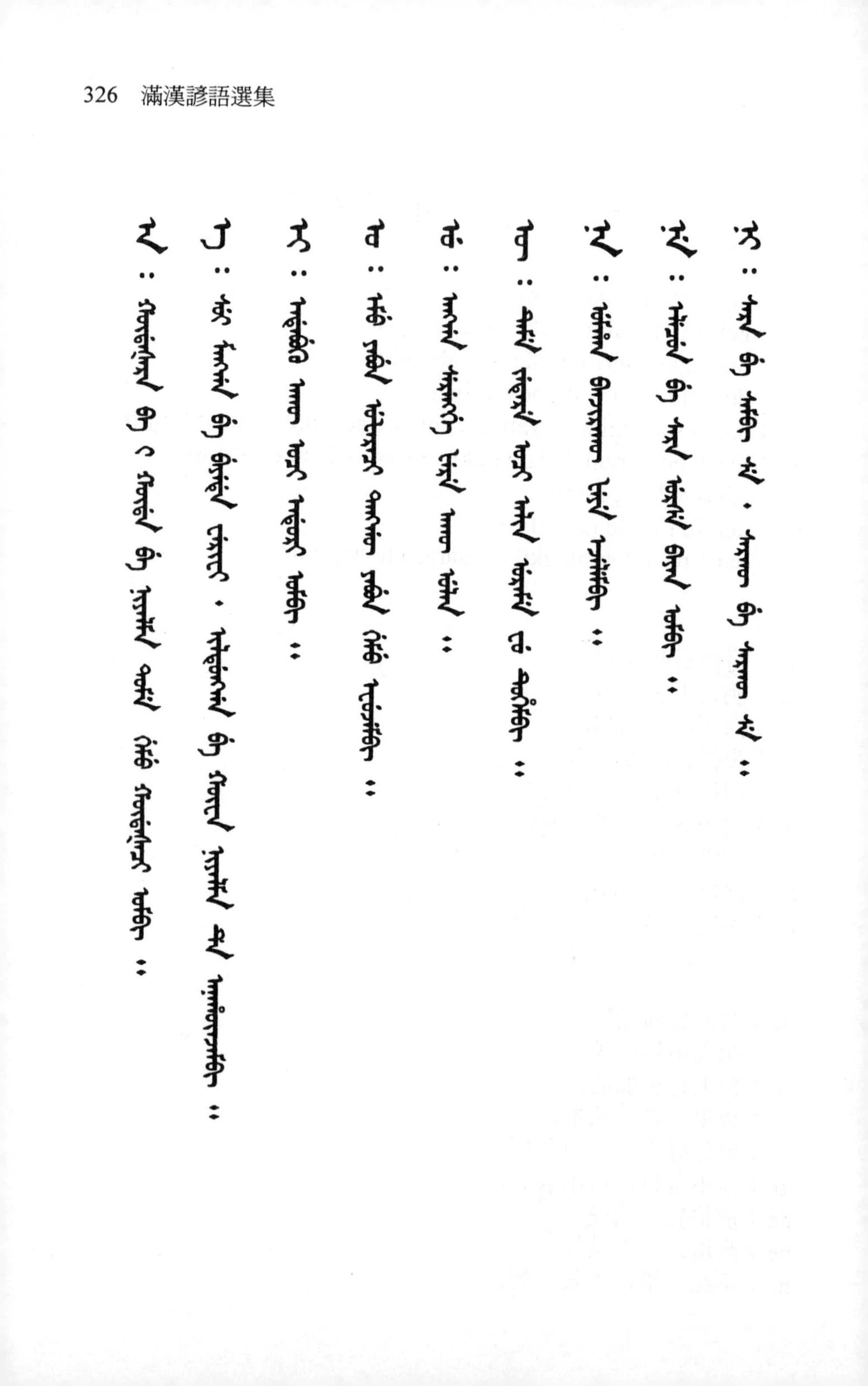

a ：hūdašara ba i hūda be niyalma tome gemu hūdašaci ombi.
e ：sui mangga be beyede werifi, ildungga be gūwa niyalma de anahūnjambi.。
i ：endebuku akū oci enduri ombi.
o ：emu yabun ufaraci tanggū yabun gemu efujembi.
u ：angga serengge fere akū ulan.
ū ：teme jetere oci alin urame fu tuhembi.
na：umhan banjirakū feye ejelembi.
ne：elecun be sara urse bayan ombi.
ni ：sara be sambi se, sarkū be sarkū se.

---

a ：露天買賣諸人做。
e ：把困難留給自己，把方便讓給別人。
i ：人若無過成神仙。
o ：一步走錯，百步俱倒。
u ：口是無底之坑。
ū ：坐吃山崩則壁倒。
na：佔住茅坑不拉屎。
ne：知足者富。
ni ：知之爲知之，不知爲不知。

---

a ：露天买卖诸人做。
e ：把困难留给自己，把方便让给别人。
i ：人若无过成神仙。
o ：一步走错，百步俱倒。
u ：口是无底之坑。
ū ：坐吃山崩则壁倒。
na：占住茅坑不拉屎。
ne：知足者富。
ni ：知之为知之，不知为不知。